【제3판】

# 사회문제론

김소연 · 박은복 · 박지윤 · 신성희 · 안은영 · 윤남식
이선우 · 이수경 · 이윤지 · 정지민 · 최나래 · 황세인

KNOWLEDGE COMMUNITY 공동체

## | 머리말 |

인류가 무리를 지어 살면서부터 구성원들 사이에는 항상 갈등과 문제가 존재해 왔다. 이처럼 구성원들 사이의 갈등과 문제는 인류의 역사와 함께 있어 왔으며, 문제의 범위도 삶의 전 분야에 걸쳐 복잡하게 존재해 왔다. 이러한 문제를 접근하는 시각은 여러 가지 다양한 관점이 있겠지만, 현재와 같은 사회문제는 산업화에서 비롯되었다는 것이 사회복지학계의 일반적인 견해이다. 그리고 자본주의가 발달하면서 산업구조가 변화하고, 도시화, 핵가족화, 임금노동이 가속화되면서 현대 사회문제는 더욱 복잡·심각해지고 있다.

우리나라도 1960년대 이후 산업화의 결과로 압축적인 경제성장을 이루었지만, 압축적인 경제성장의 과정에서 사회문제도 짧은 시간 내에 압축적으로 표출되고 있다. 그리고 이러한 사회문제들을 해결하고자 하는 노력은 우리 사회의 여러 분야에서 다양하게 시도되고 있지만, 사회복지 분야에서 사회문제를 해결하고자 하는 것은 학문적으로나 실천적으로 중요한 목표가 아닐 수 없다.

이처럼 사회문제와 사회복지는 동전의 앞뒷면과 같은 관계여서, 사회복지란 결국 사회문제를 인간의 존엄성의 측면에서 해결하고자 하는 노력이라고 할 수 있다. 따라서 사회복지학에서는 입문과정에서 사회문제를 이해하고자 하는 과정이 필수적이며, 사회복지사 교육과정에서도 사회문제론을 법정과목으로 편성하고 있다.

이에 따라 인제대학교 사회복지학과에서는 전공 기초과목으로 사회문제론을 편성하여, 사회복지를 전공하고자 하는 학생들에게 사회복지가 해결해야 하는 사회복지적 과제들이 무엇인가를 공부하도록 하고 있으며, 이러한 교육과정에서 교수와 강사들이 전공별로 나누어 사회문제의 개론서를 집필하게 되었다.

이 책은 사회문제론의 한 학기 수업을 위하여 모두 13장으로 구성되어 있다. 1장은 도입부로, 사회문제의 개괄적인 이해를 위하여 사회문제의 정의와 사회문제를 바라보는 이론들이 정리되어 있다. 2장부터는 인구문제, 지역사회의 문제, 빈곤문제, 주거문제, 중독문제, 정신건강 문제, 장애인 문제, 노인문제, 가족문제, 청소년 문제, 다문화사회 문제, 젠더 문제의 12개의 사회문제를 다루고 있다.

집필에 참여한 교수들은 집필회의를 통하여 공통적인 체계를 갖추고, 가능한 한 다양한 분야에서 상호 통합적인 관점으로 분야별 사회문제를 기술하고자 노력하였다. 그러나 개론서의 성격상 많은 문제를 심층적으로 다루기에는 한계가 있으며, 분야별로 집필자에 따라 상이한 부분이 있을 수 있다. 이러한 부분은 앞으로 계속하여 수정 · 보완해 가기를 바라며, 이 책이 사회복지를 처음 접하는 학생들에게 사회문제를 올바르게 인식할 수 있는 지침서가 되기를 기대해 본다.

2025년 8월

집필자 일동

# | 차 례 |

## 제3장 지역사회의 문제 _ 55



## 제4장 빈곤문제 _ 81



## 제5장 주거문제 _ 103

## 제9장 노인문제 _ 211



## 제10장 가족문제 _ 255



## 제11장 청소년 문제 _ 279

## 제12장 다문화사회 문제 _ 305



## 제13장 젠더 문제 _ 339

# 제1장
# 사회문제의 정의와 이론

1. 사회문제의 정의와 이론
2. 이론적 관점에 따른 사회문제의 해결방안

# 제1장

# 사회문제의 정의와 이론

## 1. 사회문제의 정의와 이론

청년실업, 빈곤, 자살, 낮은 출산율, 청소년 비행, 과다한 주거비, 가정폭력, 아동학대, 약물남용, 여성차별, 장애인 차별, 다문화가정 아동 차별 등 우리 사회가 당면한 사회문제는 대략만 생각해 봐도 매우 많다. 이 중에서 자살률은 10만 명당 24.8명(2023년 기준)으로 OECD 38개국 중 가장 높다. 노인 자살률은 인구 10만 명당 39.9명(2023년 기준)으로 이전에 비해서는 약간 낮아졌으나 여전히 OECD 평균보다 2배 이상 높았다. 또한 65세 이상 노인 빈곤율은 38.1%(2022년 기준)로 OECD 국가 중 가장 높아서 사람들의 관심이 높은 문제 중의 하나이다. 이와 같이 사람들이 일상생활에서 가지고 있는 관심은 심각한 사회문제에 대한 중요한 암시가 될 수 있다. 위에서 언급한 문제들뿐 아니라 구조조정으로 인한 실업, 가족 동반자살 등은 개인의 문제일 뿐 아니라 사회문제가 된다. 그렇다면 무엇이 사회문제이고 사회문제에 어떻게 접근해야 하는가? 이 장에서는 먼저 사회문제의 개념 정의를 살펴보고, 이어서 사회문제에 접근하는 여러 가지 이론에 대해서 논의해 보자.

### 1) 사회문제의 정의

'사회문제를 어떻게 해결해야 하는가?'라는 질문은 '사회문제를 어떻게 보는가?'라는 질문과 밀접하게 관련되어 있다. 예를 들어, 빈곤은 대부분 사회에서 사회문제로 인식하지만, 빈곤을 어떻게 보느냐 또는 빈곤의 원인을 무엇으로 보느냐에 따라 해결하는 방식에서 상당한 차이를 가져올 수 있다. 어떤 사람은 빈곤한 원인을 그 사람이 게으르거나 일을 해야 한다는 근로의지가 부족하기 때문이라고 볼 수 있다. 또한 복지제도가 빈곤층이 일을 하도록 동기를 부여하는 대신 일을 하지 않아도 생활할 수 있도록 되어 있어서 힘들게 일하기보다는 복지제도의 혜택을 받으면서 복지제도에 의존하려 하기 때문에 빈곤하다고 볼 수 있다. 이와 같이 빈곤의 원인을 개인적 원인에서 찾게 되면 그에 대한 대책으로 빈민들에게 근로의식을 가르치기 위해 교육을 시키거나, 빈민들이 복지제도에 의존하지 않도록 복지제도를 변경할 수 있다. 반면에 빈곤의 원인을 사회에서 일자리가 부족하여 만성 실업이 심각하게 발생하기 때문이라고 볼 수도 있다. 빈곤의 원인을 구조적 원인으로 보게 되면 경제구조를 변화시켜 양질의 일자리를 많이 만들 수 있도록 변화시켜야 한다. 또한 빈민들은 인적자원이 부족하여 급여가 높은 일자리를 구하지 못하고 저임금의 일자리밖에 없어서 급여가 낮기 때문에 빈곤문제가 발생하는 것으로 볼 수 있다. 이 경우에는 빈곤문제를 해소하기 위해 교육의 혜택을 빈민에게도 확대하고, 교육의 질을 높여 고임금의 일자리를 찾을 수 있도록 할 수 있다.

그렇다면 사회문제란 무엇인가? 첫째, 사회문제는 사회구성원 또는 사회에 부정적인 결과를 가져오는 사회적 상태이다. 긍정적인 결과만 있다면 사회문제라고 보지 않는다. 둘째, 사회문제에는 객관적 실재와 주관적 실재가 있다. 사회문제의 객관적 실재는 경험적 자료를 통해서 확인할 수 있다. 반면에 사회문제의 주관적 실재는 어떤 상태를 어떻게 문제로 정의하게 되는지를 다룬다. 이러한 생각은 실재의 사회적 구성이라는 개념에 근거를 두고 있다. 이는 우리를 둘러싸고 있는 세계가 어떻게 매일 우리의 사고와 행동에서 발생하여 진화하는 사회적 생성물인지를 언급하는 용어이다. 인간은 세계가 인간 존재의 외부에 이미 객관적으로 결정되어 주어진 것으로 가정하고 행동한다. 그러나 인간은 우리 존재와 경험에 주관적인 의미를 부여한다. 다시 말해서, 인간의 경험은 단순히 인간에게 발생하는 것이 아니라 '좋다', '나쁘다', '긍정적이다', '부정적이다'와 같은 의미를 실재에 부여한다.

이런 관점에서 보면 사회문제는 객관적으로 미리 정해지는 것이 아니다. 사회문제는 문제가 많다고 주관적으로 정의되거나 인식될 때에만 실제적이 된다. 이러한 관점을 사회구성주의라고 한다. 사회문제의 주관적 측면을 인지하게 되면 어떤 사회적 상태가 어떻게 사회의 한 부분에서는 문제로 정의되지만, 다른 부분에서는 완전히 무시될 수 있는지 이해하도록 해준다. 예를 들어, 어떤 사람들은 컴퓨터 게임을 즐거운 놀이로 여기고 전혀 사회문제로 인식하지 않지만 다른 사람들은 게임중독으로 재정의하면서 사회문제로 인식한다.

정보기술의 발달은 우리의 삶을 편하게 해주고 생산성을 높여주는 등 긍정적 효과가 높다. 정부에서도 전산화된 정보망으로 신용정보, 의료정보, 자동차 정보, 세금정보 등 다양한 개인정보를 활용하여 국민기초생활수급자를 효율적으로 관리할 수 있다. 그런데 정보기술이 업무의 단순화, 사생활 침해 등의 부정적 영향을 미칠 수 있다. 정보기술로 업무가 전산화되면 업무를 수행하는 데 필요한 기술이 줄어들고, 필요로 하는 인력 자체도 크게 줄어들어 결과적으로 노동자들의 임금과 고용에 부정적인 영향을 미친다. 공공영역에서도 국민건강보험공단 직원이 업무와 관계없이 건강보험가입자의 개인정보를 열람했던 것과 같은 사생활 침해와 같은 문제를 일으킨다. 또한 사회복지통합관리망을 활용한 국민기초수급자 정보 관리 또한 사생활 침해와 통제 등의 문제를 야기할 수 있다. 그러나 이러한 사회적 상태는 상당수의 사람들, 또는 사회 내에서 권력, 부, 영향력을 가지고 있는 사람들 중 많은 사람들이 해로운 것, 고쳐야 하는 것으로 보기 전에는 사회문제로 인식되지 않는다.

스펙터와 키추스(Spector & Kitsuse, 1973)는 역기능적 조건에 집중하고 잠재적 문제, 집합적 목적, 통합된 사회체계와 같은 추상 관념에 흥미를 가졌던 기능주의 관점을 비판하였다. 두 사람은 사회문제라는 용어는 개념 정의의 과정과 그 과정에 연결되어 있는 활동을 언급하는 것이라고 지적한다. 사회문제는 생산품 또는 산물이라기보다는 참여자가 정의하는 활동이 사회문제를 구성한다는 것이다. 즉, 사회문제는 "어떤 추정되는 조건에 대한 불만과 요구를 주장하는 집단의 활동"이다. 이러한 요구에는 서비스를 요구하기, 양식 작성하기, 불만 제기하기, 법적 소송 제기, 기자회견 하기, 항의서한 쓰기, 결의하기, 폭로하기, 신문에 광고하기, 정부 정책 지지 또는 반대하기, 시위하기 등이 포함된다. 사회문제의 원인을 연구하는 것은 그런 활동이 어떻게 나오고 어떻게 유지되는지를 검토하는 것이다.

사회구성주의에서 가장 인기 있는 주제는 문제 있는 조건, 행위 및 사람들에 대한 관료적이며 전문적인 범주를 만드는 것이다(Schneider, 1985). 그래서 사회구성주의에서는 다음과 같은 질문을 던진다. 변해야 하는 문제가 있는 상태가 존재한다는 것을 다른 사람들에게 확신시키기 위해 무엇을 말하거나 해야 하는가?, 사회문제가 관심을 끌게 되는 전형적인 방식의 결과는 무엇인가?, 사회문제에 대한 주관적 이해가 우리를 둘러싼 세계의 객관적 특성을 어떻게 변화시키는가?

스펙터와 키추스(1987)는 사회문제를 확인하는 과정은 주관적인 과정으로, 4단계를 거친다고 본다. 1단계는 변환과정이며, 이 과정에서 사적인 어려움을 공적 쟁점으로 변환시킨다. 이 단계에서는 영향력 있는 집단, 활동가, 대변자들이 특정 쟁점에 주목하여 이를 사회문제로 정의한다. 2단계는 합법화 과정으로, 사회문제와 그 문제로 인한 불만을 처리하는 방법을 공식화한다. 예를 들어, 그 상태에 대응하기 위한 조직이나 정책을 만들 수 있다. 또는 기존 조직이 그 상태를 처리하는 책임을 맡을 수도 있다. 이러한 조직은 공식적으로 대응하면서 문제를 합법화하기 시작한다. 3단계는 갈등단계로, 2단계에서 문제에 제대로 대응할 수 없는 때이다. 3단계에서 활동가, 대변자, 문제의 희생자들은 공식 대응조직에 대해 불신과 냉소감을 갖게 된다. 3단계의 활동에는 공식 대응체계의 재조정이 포함되는데, 과정의 재협상, 실천방법의 개선, 행정적 또는 조직적 재구조화 등이다. 마지막으로 4단계는 집단들이 기존 체계 내에서 더 이상 활동할 수 없다고 믿게 될 때 시작된다. 활동가, 대변자들은 기존 체계를 급진적으로 바꾸거나 체계 외부에서 일하는 등 두 가지 선택의 기로에 놓인다.

### 2) 사회문제의 이론적 관점

사회문제의 이론으로는 크게 기능주의, 갈등주의, 그리고 상호작용주의를 들 수 있다.

#### (1) 기능주의 관점

기능주의 관점에서는 인간의 몸이 전체적으로 유지되기 위해 근육, 피부, 내장 등 몸을 구성하는 부분들이 특정한 기능을 수행하는 것처럼 사회도 다양한 하위 부분이 사회의 유지와 보전에 기여한다고 본다. 그런 면에서 사회는 전체적으로 사회의 안정에 기여하는 기능을 수행하는 상호 관련된 부분으로 구성된 안정적이고 질서 있는 체계이다. 예를 들어, 가족, 복지, 경제, 교육과 같은 사회제도로 구성되어 있는 체계가 사회이다.

기능주의는 콩트(Comte)와 스펜서(Spencer)라는 초기 사회학자들의 유기체론에서 출발하였는데, 유기체론은 사회 구조와 기능을 생물학적 유기체에 비유하였다. 사회를 하위 부분과 상호 관련성을 갖는 체계로 보면서, 고유한 특성을 가진 실체로 이해하였다. 사회는 체계로 구성되어 있고, 체계를 구성하는 부분, 즉 하위체계들은 상호 연관되어 있다.

이들 각각의 체계는 생존을 위하여 만족시켜야 하는 욕구와 조건이 있다. 유기체가 성장하는 것처럼 이들 체계는 성장하고 발전하는데, 그 과정에서 정상적 상태만이 아니라 병리적 상태를 경험하게 되기도 한다. 이때 체계는 균형과 항상성을 갖고 있어서 이 균형과 항상성이 깨지거나 위협을 받게 되면 원래의 상태로 돌아가려는 경향이 있다.

머튼(Merton)은 광범위한 정도의 비행행위 형태로서 사회문제는 사회의 사회적·문화적 구조에 대한 '자연스러운' 반응이라고 가정하였다. 반사회적 행위가 상당한 규모로 일어나는 것은 문화적 가치체계가 전체 집단에게 성공의 상징을 제시는 하지만 사회구조가 많은 사람들이 상징을 획득할 수 있는 인정된 접근방식을 엄격히 제한하거나 완전히 차단할 때 일어날 수 있다. 사회문제는 어떤 상징(특히 돈)의 가치와 그 상징을 얻기 위한 구조적 가능성 간의 불일치에 의해서 설명될 수 있다. 즉, 사회의 객관적인 사회적 및 문화적 구조가 사회문제를 설명할 수 있다(Nissen, 2014).

벡커(Becker)의 낙인이론은 사회문제의 확인으로 이끄는 과정을 이해할 수 있게 해준다. 벡커는 사회의 가치와 규칙이 어떻게, 어떤 사람 또는 집단을 일탈자의 역할을 강제로 맡게 만드는 경향이 있는지 보여준다. 낙인의 과정, 즉 사회문제의 구성은, 예를 들어 전문가의 지식, 미디어, 정치적 조종과 조직화된 이해집단 간 협상의 복잡한 과정에 의해 추진되고 설명될 수 있다. 하지만 벡커는 사회의 맥락에 대한 개념화를 제공하지는 않았다. 그는 사회문제를 정의하는 과정과 개인적 결과에 대해 더 관심을 가졌으며, 도대체 왜 그런 과정이 가능한지에 대한 사회적 전제조건에는 관심이 덜했다(Nissen, 2014).

### ① 사회적 현실

기능주의 관점에서 개인은 상호작용의 행위체계를 구성하고, 이 상호작용의 행위체계는 기존의 가치, 규범 및 기타 관념들의 제약을 받으면서 일정한 기준하에서 유형화된다. 이와 같이 상호작용이 일정한 형태로 유형화되고 제도화된 것이 사회이다.

사회체계가 존재하고 있다는 것은 사회가 균형상태를 이루며, 체계의 각 부분이 통합되어 있다는 것을 의미한다. 사회체계는 균형을 유지하려 하고, 균형이 파괴되는 경우에는 균형상태를 회복하려 한다. 사회는 부분 체계가 전체 체계에 대하여 기능적으로 기여해야 생존하고 발전할 수 있다.

### ② 인간의 본성

기능주의 관점에서 인간의 본성은 선하지도, 악하지도 않은 중립적인 상태이다. 인간은 환경에 의해 크게 변화될 수 있는데, 환경, 즉 문화 속에서 사회화 과정을 통하여 목적추구적인 존재가 된다. 또한 인간은 어떤 목적을 추구할 것인가, 사회적으로 어떤 욕구를 가져야 할 것인가를 배우게 되며, 이러한 사회적 욕구가 인간 행동의 주요 동기가 된다.

인간은 사회화 과정을 통하여 목표 달성과 욕구 충족을 위한 수단과 방법으로 바람직스러운 것과 그렇지 않은 것을 배우게 된다. 인간 행위의 상호작용 과정에서 생겨나는 합의에 의한 규범이 사회적 가치판단의 기준이 되며, 이 기준이 인간 행위의 선, 악, 적합, 그리고 부적합을 판단하는 기준이 된다.

### ③ 사회문제의 정의

기능주의 관점에서 사회문제는 어떤 사회체계가 상위 체계에 대하여 기능적 요건을 충족하지 못하는 상태이거나, 한 사회체계가 사회적으로 합의된 규범을 준수하지 못하는 상태, 또는 어떤 사회체계가 사회화 과정과 결과에서 실패한 상태를 의미한다. 대표적 기능주의 학자인 머튼은 사회문제는 사회적 또는 문화적으로 설정된 목표를 달성하기 위한 수단이 사회적으로 합의되고 인정된 범위에서 벗어난 것이라고 하였다.

### ④ 사회문제의 원인

사회에는 각각의 부분 체계가 긍정적인 기여를 하기 위하여 적합한 사회화 기능과 통제 기능을 발휘하는 장치가 있어야 한다. 사회문제가 발생하는 것은 사회 전체의 기능적 결함이라기보다는 사회체계 일부의 기능인 사회화 기능과 사회통제 기능이 실패했기 때문이다. 첫째, 사회화의 실패는 사회화가 불충분하거나 부적당한 것으로, 사회화 과정이 불완전하거나 결함이 있을 때, 사회화 자체가 상반될 때, 사회의 지배문화와 다른 일탈된 하위문화에 사회화되었을 때 발생한다. 사회병리론은 사회문제의 원인이 이와 같은 사회화의 실패에 있다고 본다. 또한 일탈행위론에서는 적절한 기능 수행을 위하여 사회에서 기대되는 행동규범으로부터 벗어나는 일탈행위가 발생하는 원인이 부적절한 사회화라고 보았다.

둘째, 사회통제의 실패는 보상과 처벌을 제대로 하지 못하거나 불공평하게 하는 것에서 발생한다. 어떤 규범의 위반사항을 처벌하지 않거나 불충분하게 처벌하거나 비슷한 사항을 처벌하지 못하게 되면 이후 일탈행동을 더욱 조장하게 된다. 예를 들어, 교통위반, 부정부패 등을 제대로 처벌하지 못하여 사회통제가 실패하게 된다.

또한 사회문제는 사회의 분배기능(경제제도, 조세제도, 사회복지제도)의 결함에서 나타날 수 있다. 그뿐만 아니라 사회문제는 사회체계 부분의 변화(구조와 기능의 변화)의 속도 차이 또는 갈등으로 인한 부적응일 수 있는데, 구조조정으로 인한 실업의 증가는 그 예가 될 수 있다. 사회변화론에서는 사회 부분 간에 변화속도가 다르거나 변화가 상호 갈등을 일으켜 사회문제가 발생할 수 있다고 본다.

이와 같이 기능주의 관점에서 사회문제는 사회 전체에 근본적인 원인이 있다기보다는 개인, 가족, 일탈적 하위문화, 사회제도, 기회구조 일부의 결함에 그 원인이 있다고 본다.

### (2) 갈등주의 관점

갈등주의 이론은 기능주의 이론처럼 사회의 거시적 수준인 구조, 제도 등을 살펴본다. 기능주의자들은 사회가 규범, 가치, 공동의 도덕성 등으로 유지된다고 보는 반면에, 갈등주의자들은 사회가 권력을 가진 사람들을 위해 권력과 강제로 유지된다고 본다.

갈등주의의 대표적 학자는 칼 마르크스(Karl Marx)로, 그에 따르면 갈등은 자본주의의 경제적 하부구조에서 발생한다. 마르크스는 사회계급에 따른 갈등에 초점을 두었는데, 자본가와 프로레타리아 간의 갈등이다. 밀즈(Mills)는 갈등이 가치관, 자원, 이해와 같은 다른 사회적 근거에서도 나타날 수 있다고 보았다. 그는 사회를 통제하는 소수의 정치 · 경제 · 군사 지도자들인 "파워 엘리트"가 존재한다고 보았다.

### ① 사회적 현실

갈등주의 관점에서 사회적 현실은 질서, 안정, 합의보다는 무질서, 변화, 갈등과 투쟁이 상존하는 현상이다. 사회의 구성원들이 높은 가치를 부여하는 대상은 대부분 공급량이 제한되어 있어서 희소한 가치가 있는 경제적 자원(돈), 권력, 권위 등이다. 따라서 갈등주의 관점에서 사회적 현실은 희소자원을 소유하고 지배하려는 경쟁과 투쟁, 갈등이 있는 상태이다.

사회는 본질적으로 대립자를 내포하고 있으며, 사회의 안정상태는 내포된 대립자의 표출로 다시 갈등상태로 되는, 끊임없는 이해집단들 간의 변증법적 갈등이 순환된다. 사회는 갈등으로 인해 끊임없이 변동한다. 마르크스로 대변되는 변증법적 갈등주의에서 사회는 계급투쟁의 역학에서 창출된 것이며, 사회는 권력을 가진 사람들을 위한 도구로서의 의미를 가진다. 변증법적 갈등주의에서 계급은 사회보다 더 중요한 위치를 차지하며, 실제로 계급은 사회를 초월하여 존재한다. 변증법적 갈등주의에서 갈등은 기존 사회체계를 와해시키거나 변동을 가져오는 부정적 작용을 한다. 한편 짐멜(Simmel)이 대표적 학자라고 할 수 있는 기능적 갈등주의에서 사회현실은 상호 관련된 이해관계의 집단들이 희소자원을 소유 또는 지배하려고 갈등을 계속하면서도 통합과 적응을 이루고 유지하고 발전하는 상태이며, 갈등은 부정적으로 인식되기보다는 사회체계를 유지시키고 발전시키는 결과를 가져오는 나름의 긍정적 작용을 한다.

### ② 인간의 본성

인간의 본성을 바라보는 시각도 변증법적 갈등주의와 기능적 갈등주의는 다소 상이한 측면이 있다. 변증법적 갈등주의에서 인간은 선천적으로 조화와 화평으로 공존을 지향하려는 본성을 가지고 있다. 그러나 생후 경제적 · 사회적 · 역사적 조건에 의해서 후천적으로 정 · 반 · 합의 변증법적 갈등의 본성을 형성하게 된다. 따라서 현재 인간의 갈등적 성격은 희소자원을 소유하고 지배하려는 갈등의 결과로 형성된 제도적인 영향(자본주의 체제) 때문이므로 제도의 전반적인 변혁이 이루어지면 인간의 본성은 원래의 모습대로 조화와 화평, 공존을 지향하는 것으로 회복될 수 있다고 본다.

반면에 기능적 갈등주의에서 인간은 본성적으로 이기적인 존재이며, 부와 권력, 사회적 인정, 기타의 보상을 얻으려는 욕구를 지니고 있으며, 적대적 충동과 타인에 대한 사랑과 애정의 본능도 가지고 있다. 결국 기능적 갈등주의 관점에서는 인간이 갈등을 일으키는 것은 이기적인 본성과 적대적 본성이 반영된 것이다.

#### ③ 사회문제의 정의

변증법적 갈등주의에서 사회문제는 희소자원의 불균등한 소유로 인하여 발생하는 갈등현상으로, 희소자원을 통제하는 데 있어 권위와 권력이 유형화되어 있는 것에 대한 불만스러운 반응이다. 결국 사회문제는 희소자원을 많이 소유한 사람이 희소자원을 적게 소유한 사람을 착취하고 특권을 행사하고 시장경제를 수립한 결과로 생겨난 현상에 다름 아니다.

기능적 갈등주의에서도 사회문제는 자원의 불평등한 분배에 대한 갈등의 결과로 보지만, 기능적 측면을 강조하여 사회문제가 사회체계의 통합과 발전에 역기능적인 현상을 나타내고 있는 것으로 본다.

#### ④ 사회문제의 원인

갈등주의 관점에서 사회문제의 원인은 비합법적인 사회통제와 착취, 희소자원의 불균등한 분배, 불균등한 분배를 가져오는 사회의 권위와 권력의 구조, 즉 사회제도이다. 기능적 갈등주의에서도 사회문제의 원인은 주로 사회제도라고 보지만 갈등이 어느 정도 인간의 적대적 본능 때문에 유발되는 측면이 있다고 본다.

### (3) 상호작용주의 관점

상호작용주의는 인간이 당연한 것으로 받아들이는 기대, 규칙, 규범 등에 초점을 두었다. 다른 사람들과의 상호작용에서 인간은 사회적 실재의 산물이며 생성자가 된다. 상호작용을 통해서 사회문제가 만들어지고 정의된다.

미드(Mead)에 따르면 개인들 간의 모든 상호작용은 상징의 교환을 수반한다. 따라서 사람들은 다른 사람들과 상호작용할 때 항상 어떤 행동유형이 그 상황에서 적절할까, 다른 사람들이 의도하는 것을 어떻게 해석할까에 대한 해답을 찾는다. 이어서 블루머(Blumer, 1971)는 사회문제를 객관적인 조건과 사회적 배치라기보다는 집합적 정의 과정의 산물로서 정의를 반영하도록 개념화에 근본적인 변화를 요구했다. 그는 기능주의를 비판하면서 비행, 역기능 등과 같은 개념은 왜 어떤 조건은 사회문제가 되고, 어떤 조건은 사회문제가 되지 않는지 설명하지 못한다고 지적하였다. 사회학자는 사회가 사회문제를 인식하게 되는 과정을 연구해야 한다고 주장했다(Schneider, 1985).

#### ① 사회적 현실

상호작용주의는 개인 간의 상호작용과 상호작용이 개인과 사회에 미치는 결과에 초점을 둔다. 인간은 상호작용의 도구로 언어, 몸짓 등의 상징을 사용하며, 상호작용주의는 상징의 주관적 의미를 중요시한다.

상호작용주의 관점에서는 개인이 처한 현재의 상황과 그 상황에서 이루어지는 행동을 개인이 주관적으로 정의하고 해석하는 것이 사회현상을 파악하는 기본적인 방법이 된다.

사회적 현실은 개인들이 상호작용 과정에서 주관적인 의미를 부여함으로써 창조되고 재창조된다. 사회적 현실의 창조자는 개인이며, 사회적 현실은 항상 유동적이며 변한다. 그러나 개인마다 다른 주관적인 의미를 부여하는 것이 아니라 집단구성원들의 사고 안에서 자신의 행위를 지향하고 타인의 행위를 해석하는 공통 규칙에 의미를 부여하는 것으로, 간주관적인 의미를 부여한다. 따라서 상호작용주의 관점에서는 개인의 영향력을 중요시하며 사회변화의 주체는 개인이다.

#### ② 인간의 본성

상호작용주의 관점에서 인간의 본성은 백지상태이며 타인과의 상호작용을 통하여 형성된다. 인간의 본성은 매우 가변적이며 이러한 성격에 의하여 사회세계와 개인세계는 끊임없이 재형성(재창조)된다. 타인과의 상호작용을 위하여 상징을 사용하고 사회적 상황에서 자신을 대상으로 파악하며 인간의 행위는 자발적이고 비결정적인 잠재력에 의해서 지배된다. 인간의 모든 행위는 대상과 의미를 주고받는 것이어서, 인간의 행위란 상징(의미)을 매개로 하는 상호작용이다.

### ③ 사회문제의 정의

상호작용주의에서 사회문제는 사회의 한 집단이 다른 집단의 의미에 동의할 수 없는 것으로 규정하고, 그 집단의 의미대로 행동하지 않는 것이다. 따라서 같은 현상이나 행동도 의미를 부여하는 데 따라 사회문제가 될 수도, 되지 않을 수도 있다. 즉, 누가 그 상황과 행동을 정의하느냐에 따라 사회문제가 될 수도, 되지 않을 수도 있다.

### ④ 사회문제의 원인

상호작용주의 관점에서 사회문제의 원인은 어떤 현상이나 행동에 대한 의미에 동의할 수 없다는 판단을 하는 것, 어떤 현상을 바람직하지 않은 행동으로 낙인을 찍는 것, 어떤 행위에 대하여 다른 의미로 사회화된 것, 또는 상징의 차이다.

상호작용주의에서 발전된 낙인이론에 따르면 사회의 주류집단이 일탈을 구성하는 규칙을 만들어 그 규칙을 특정한 사람들에게 적용하여 그들을 국외자로 낙인찍음으로써 일탈을 창출한다. 이들에게 일탈은 사람들이 범하는 행위의 속성이 아니라 타자에 의한 규칙의 적용, 그리고 규칙을 위반하는 사람들에 대한 제재의 결과일 따름이다. 어떤 사람의 최초 행위를 바람직스럽지 못한 것으로 규정하여 사회의 일반 구성원들도 그런 행위를 하는 사람들에게 부정적인 의미가 있는 특정 행위자로 낙인찍게 되면 구성원들은 행위자가 그러한 낙인에 어울리는 행동을 할 것으로 기대하고, 낙인찍힌 행위자도 그 낙인에 어울리는 행동을 하게 된다.

또한 상호작용주의 관점에서 알코올중독이나 청소년 비행과 같은 사회문제는 다른 사람으로부터 배운다. 사회구성원들이 수행하는 다른 역할들처럼 사람들은 비행 청소년이 되는 방법을 배운다.

## 2. 이론적 관점에 따른 사회문제의 해결방안

### 1) 기능주의 관점

기능주의 관점에서는 사회가 개인과 사회제도 일부에 변화를 가하여 사회문제를 해결할 수 있다. 기능주의는 사회적 현실은 변화가 가능하며 자기조정의 성향을 가지고 있으며, 개인도 사회환경에 적응할 수 있는 유연성을 가지고 있기 때문에 균형상태로 회복할 수 있다고 본다. 결국 기능주의 관점에서 사회문제의 해결방안은 사회화 기능, 사회통제 기능 등을 강화하고 수정하며, 재사회화 기능, 재활기능을 강화하는 한편 사회의 물질 및 기회의 분배기능을 강화하고 수정하는 것이 된다.

### 2) 갈등주의 관점

갈등주의 관점에서 사회문제의 해결은 사회제도를 바꾸는 것이다. 특히 변증법적 갈등주의에서 보면, 희소자원의 불평등한 지배를 영속화시키고 있는 기본적인 사회체제 자체를 재조직하지 않는 한 사회문제의 근본적 해결은 불가능하다. 사회제도의 재조직은 자원의 소유와 통제를 평등화시키는 것을 보장하는 것이다. 결국 사회제도의 재조직은 현 체제에 대한 전반적인 부정과 도전이 되며 이에 대한 현 체제의 저항이 심할 수밖에 없어서 사회문제는 단기적으로 해결하기 어렵다. 그러나 장기적으로는 역사적인 발전과정에서 필연적으로 사회제도의 재조직이 달성된다. 즉, 사회제도의 재조직으로 공산주의 사회체제로 귀착하면 그 이전 단계의 사회문제는 자연히 해결이 가능하다는 관점이다. 따라서 그 전에 사회문제를 해결하려는 노력은 별로 효과가 없어서 단기적인 차원에서 문제를 해결하려는 것은 현실적으로 어렵다. 생산수단을 공유화하거나, 자유경쟁시장 체제를 폐기하고, 세제를 전면적으로 개혁하는 것 등은 단기적 해결책이라고 할 수 있으나 본질적으로 사회문제를 해결하지는 못한다. 반면에 기능적 갈등주의에서는 제도의 단편적 개혁, 개선, 보완으로 사회문제를 해결할 수 있다. 따라서 역기능적인 제도에 관련된 자원분배를 평등화하고, 사회복지 프로그램을 보편적이고 제도적인 방향으로 강화하며, 세제를 개선하는 방법으로 사회문제를 해결할 수 있다.

### 3) 상호작용주의 관점

상호작용주의 관점에서 사회변화의 주체는 개인이므로, 개입의 주된 대상도 개인이 된다. 개입의 주체는 사회제도일 수 있다. 사회문제를 해결하는 방법으로는 적절하게 상징에 의미를 부여하고, 동의할 수 있도록 사회화, 재사회화하는 것이 된다. 이를 위해서 적절한 사회화제도나 재사회화제도를 확립할 수 있다. 또한 낙인행위를 유발할 수 있는 상황을 조성하지 않거나, 부정적인 낙인 사용에 신중을 기하고, 낙인행위로 간주될 수 있는 것의 범위를 좁히며(보다 다양한 행동과 상황을 정상적인 것으로 규정), 낙인행위에서 얻어지는 이득을 제거하는 것 등이 사회문제를 해결하는 방법이다.

상호작용주의에서 인간의 본성은 사회적 환경이나 상황에 의하여 형성될 수 있기 때문에 변화가 가능하다. 따라서 사회문제는 단기적으로는 해결이 가능하다. 그러나 장기적으로는 사회문제를 완전히 해결하기 어려운데, 상징인 언어와 사회적 상황이 존재하는 한 새로운 의미와 새로운 정의는 계속 생겨나서 의미(상징)가 달라지기 때문이다.

### 4) 사회문제와 사회복지

사회복지사는 다양한 사회문제에 대처하고자 발전한 직업이다. 사회복지사가 심리치료사, 상담사 등 다른 전문직과 가장 큰 차이는 한 사람의 행위의 내적 측면(정서문제나 문제해결 기술 등)뿐만 아니라 그 사람의 삶의 외적 측면(가족생활의 질, 다니는 학교, 동네의 안전, 갖고 있는 돈 등)에 대해서도 관심을 가진다는 것이다. 그런 측면에서 사회복지는 사람들을 총체적 관점에서 보고, 내적 문제와 외적 문제 모두를 해결하려고 한다. 사회복지사는 계속 굶주리는 사람들이 있다면 굶주

림의 문제를 제거하려고 하면서도 동시에 굶주림의 원인을 해소하려고 한다. 이렇게 음식에 대한 즉각적인 욕구를 해소하면서 음식에 대한 반복적인 욕구의 가능성을 줄일 수 있다(Glicken, 2011).

사회문제의 사회학은 사회복지사의 사회문제에 대한 접근이 다양한 형태의 사회적 맥락에서 어떻게 맞아들어 가는지, 그리고 이 접근이 실제로 사회문제를 해결하는 사회복지사의 다양한 능력에 어떻게 다양한 방법으로 영향을 미치는지에 관하여 성찰(reflection)할 수 있게 해준다. 그러나 이는 사회적 맥락과 사회문제의 확인과 사회문제에 대한 해결책 간의 매우 복잡하게 얽힌 관계를 성찰할 수 있게 해주는 사회학적 이론을 필요로 한다(Nissen, 2014).

결국 사회복지사가 사회문제를 해결하는 데 관심을 가진다면 사회문제에 대한 이론적 접근에 대한 이해를 높일 필요가 있다. 한국에서 사회복지전문직은 노인, 장애인, 아동, 청소년, 여성 등 다양한 영역의 사회문제를 해결하려 노력하고 있다. 그렇게 하기 위해서는 어떤 사회적 상태가 노인문제, 장애인문제, 아동문제, 청소년 문제, 여성문제가 되는지, 어떤 과정을 거쳐서 되는지 이해할 필요가 있다.

# 제2장
# 인구문제 : 저출산

1. 문제제기 : 한국의 인구문제와 저출산
2. 저출산 배경 및 특성
3. 저출산 관련 이론
4. 저출산 실태 및 문제점
5. 저출산 대응방안

# 제2장

# 인구문제 : 저출산

## 1. 문제제기 : 한국의 인구문제와 저출산

최근 한국 사회는 인류 역사상 유례를 찾기 어려운 속도로 출산율이 감소하며 인구구조의 근본적인 변화를 경험하고 있다. 통계청에 따르면, 2024년 기준 합계 출산율은 0.75명으로, OECD 38개 회원국 중 최하위를 기록했다. 특히 이는 인구 대체수준(2.1명)의 37%에 불과한 수치로, 장기적으로 현재의 인구 규모를 유지하는 것이 어려울 것임을 뜻한다. 1960년대 6명에 달하던 출산율이 60여 년 만에 1/8 수준으로 붕괴된 저출산 현상은 단순한 인구학적 변화를 넘어 사회경제적 시스템의 총체적 위기로 볼 수 있다. 특히 2002년 이후 23년간 합계출산율이 1.3명 미만을 지속하며 현재 초저출산 단계에 진입한 상황에서 이 문제는 국가 존립의 기반을 위협하는 생존적 차원의 도전으로 부상했다.

저출산 문제의 심각성은 단순히 인구 규모의 감소에 그치지 않는다. 생산가능 인구(15~64세)의 감소는 노동력 부족과 경제성장 둔화를 초래할 가능성이 높으며, 국민연금과 건강보험 등 사회보장제도의 재정 건전성을 위협한다. 또한 학령 인구의 감소는 교육 시스템에도 영향을 미치며, 지역소멸 문제를 야기할 가능성이 크다. 이처럼 저출산이 초래하는 사회적 · 경제적 영향은 광범위하며, 단순한 인구 감소 문제가 아닌 국가 경쟁력과 지속가능성을 위협하는 중대한 문제로 보아야 한다. 현재의 한국 사회에서 출산율이 급격히 떨어진 것은 인구학적 · 가치관적 · 사회경제적 · 제도적 요인이 복합적으로 작용한 결과이다. 이에 대응하기 위해서는 단기적인 출산 장려 정책만으로는 한계가 있으며, 구조적이고 장기적인 사회 · 경제 제도 개선이 요구된다. 이를 위해서는 저출산 현상의 배경과 실태, 기존 정책 대응과 과제 등을 명확히 이해할 필요가 있다.

이 장에서는 먼저, 저출산의 배경을 인구학적 · 가치관적 · 사회경제적 · 제도적 요인으로 구분하여 살펴본다. 또한 제2차 인구변천이론, 합리적 선택 이론, 위험이론, 성평등이론 등 관련 이론을 통해 저출산 현상을 이론적으로 설명하고, 한국의 초저출산 실태 및 관련 사회문제를 구체적으로 검토한다. 마지막으로 기존 정책 대응 현황을 검토하고 향후 과제를 제시하고자 한다.

## 2. 저출산 배경 및 특성

### 1) 인구학적 요인

저출산의 주요 배경 중 하나는 혼인율 감소와 초혼연령, 첫째 자녀 출산 연령의 상승 등의 인구학적 변화에서 비롯된다. 우선, 조혼인율(인구 1천 명당 혼인 건수)이 크게 감소하고 있다. 2023년 기준 조혼인율은 3.8건으로, 1980년대 10.6건에 비해 약 1/3 수준으로 줄어들었다(지표누리, 2025). 이는 결혼을 선택하는 사람 자체가 줄어들고 있음을 보여주며, 장기적으로 출산율 감소에 직접적으로 영향을 미치는 구조적 요인이라 할 수 있다.

초혼연령이 꾸준히 상승하고 있는 것 역시 출산율에 영향을 준다. 결혼이 늦어질수록 출산 시기도 지연되며, 이는 가임 기간 단축 및 자녀 수 감소로 이어지는 경향을 보인다. 2024년 남성 평균 초혼연령은 33.9세, 여성은 31.6세를 기록했다(지표누리, 2025). 이는 20년 전인 2004년(남성 30.5세, 여성 27.5세)에 비해 각각 3.4세, 4.1세 높아진 수치이다(그림 2-1).

첫째 자녀 출산 연령 역시 꾸준히 높아지고 있다. 일반적으로 출산 후 일정 기간이 지나야 다음 임신을 계획할 수 있기 때문에, 첫째 출산 연령이 높아질수록 둘째·셋째 자녀를 가질 수 있는 시간이 줄어든다. 2023년 첫째 자녀를 출산한 산모의 평균 연령은 32.96세로, 2004년 28.84세 대비 4.12세 증가한 수치이다(지표누리, 2025). 이는 다자녀 가구 감소 증가에 영향을 미치고 있는 것으로 볼 수 있다(그림 2-1).

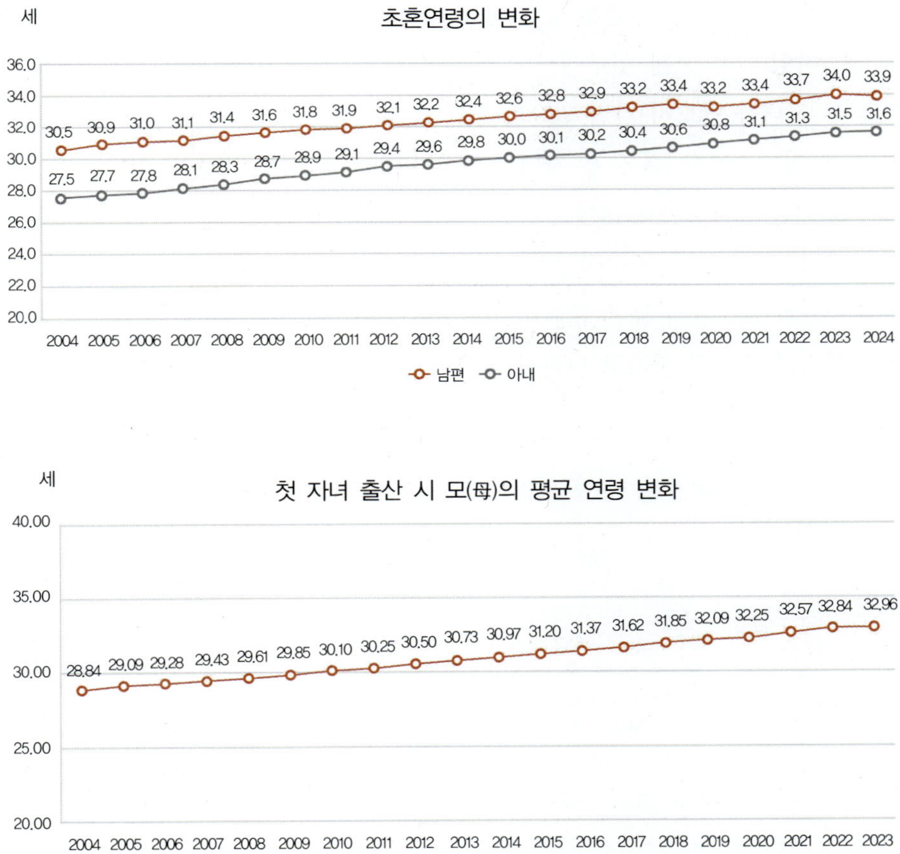


|그림 2-1| 초혼연령의 변화 및 첫 자녀 출산 시 모(母)의 평균 연령 변화

출처 : 지표누리(2025).

## 2) 가족가치관적 요인

저출산의 중요한 배경 중 하나는 결혼과 출산에 대한 가치관 변화이다. 전통적으로 결혼과 자녀 출산은 자연스러운 삶의 과정으로 여겨졌으나, 현대사회에서는 개인의 선택이라는 인식이 강해지면서 결혼과 출산을 필수로 여기지 않는 경향이 확산되고 있다(한국은행, 2023).

우선, 결혼에 대한 긍정적인 인식을 보면 지속적으로 감소하고 있다(통계청, 2025). 19~34세 청년층의 결혼 긍정 반응 비율은 2012년 56.5%에서 2022년 36.4%로 급감하였으며, 전체 인구에서도 같은 기간 62.7%에서 50.0%로 감소하였다. 결혼 후 자녀를 반드시 가질 필요가 없다고 생각하는 비율 역시 증가하고 있다. 19~34세 청년층에서 '결혼 후 자녀가 필요 없다'고 응답한 비율은 2012년 29.1%에서 2018년 46.4%, 2022년에는 53.5%로 증가하여 절반을 넘어섰다. 특히 청년층을 중심으로 결혼을 필수적인 제도로 보지 않는 경향이 뚜렷해지고 있으며, 이는 혼인율과 출산율의 동반 감소로 이어지고 있다. 이러한 가치관 변화는 1인 가구와 무자녀 가구의 증가로 나타나며, 저출산 심화의 핵심 요인 중 하나로 작용하고 있다.

|그림 2-2| 결혼과 출산에 대한 가치관 변화

출처 : 통계청(2023).

### 3) 사회경제학적 요인

사회경제적 요인으로는 여성의 노동시장 참여 증가, 양육 · 교육비 부담 확대, 주택 가격 상승을 들 수 있다(성원 외, 2024; 신재욱 외, 2023; 최윤희 · 원숙연, 2020). 먼저, 여성의 노동시장 참여율은 지난 20여 년간 꾸준히 증가하였는데, 수치를 보면 1980년 32%, 2000년 48.8%에서 2023년 기준 55.6%로 나타나고 있다(통계청, 2025). 과거에는 많은 여성들이 결혼과 출산 이후 전업주부로 전환했지만, 최근에는 결혼과 출산 이후에도 경제활동을 지속하는 여성들이 많아졌다. 그러나 출산 이후 육아로 인해 경력 단절이 발생할 경우 재취업이 어렵다는 현실적인 문제는 여성들이 출산을 미루거나 아예 포기하게 하는 중요한 요인으로 작용하고 있다(박규리, 2025; 전승봉, 2020; 홍성희, 2021).

이와 더불어, 자녀 양육비와 교육비 부담이 증가한 것도 저출산 현상을 심화시키고 있다. 특히 한국 사회는 높은 사교육비 부담으로 인해 자녀 양육에 상당한 비용이 드는 편이다. 그 결과 많은 가정에서 자녀 양육의 경제적 부담을 이유로 출산을 망설이거나 아예 출산을 포기하는 경향이 나타나고 있다(문정희 · 김성순, 2019; 최윤희 · 원숙연, 2020).

주택 가격 상승 역시 출산율 감소에 영향을 미친다. 주택 마련 비용 자체는 출산에 직접적으로 영향을 주는 것은 아니나, 높은 주택 비용이 양육비용과 서로 경쟁하는 관계에 있어 결과적으로 출산을 어렵게 만드는 요인으로 작용한다(Mulder & Billari, 2006). 특히 주택 매매가격과 전세가격의 급격한 상승은 젊은 세대에게 경제적 부담으로 작용하여 결혼 자체를 미루거나 포기하게 만드는 결과를 가져온다. 실제로 통계청 사회조사(KOSIS)에 따르면, 결혼을 하지 않는 가장 큰 이유로 '주거 등 결혼자금 부족'이 가장 많이 꼽혔으며, 저출산 대책 중 가장 필요한 정책으로도 '주거지원'이 1순위로 나타났다. 즉, 높은 주택 비용은 결혼 및 출산율 감소를 더욱 심화시키는 결과를 초래할 수 있다(강동익 · 송경호, 2021; 성원 외, 2024).

### 4) 제도적 요인

다양한 국가에서는 저출산 문제에 대응하기 위해 가족수당, 아동수당, 육아휴직제도 등 다양한 방식으로 자녀 양육을 지원하고 있다. 이러한 정책들은 부모가 자녀를 양육하는 과정에서 겪는 경제적 부담과 시간적 제약을 완화하고, 출산을 장려하는 데 목적이 있다(성원 외, 2024).

이 중 육아휴직제도는 직장에 다니는 부모가 일정 기간 자녀 양육에 집중할 수 있도록 도와주는 대표적인 제도이다. 통계청(2023)에 따르면, 한국의 육아휴직제도는 지난 10여 년간 점진적으로 확대되었으며, 실제 이용률 또한 꾸준히 증가하고 있다. 출생아 100명당 육아휴직을 사용하는 인원을 기준으로 살펴보면, 2010년에는 평균 10.2명만이 육아휴직을 사용한 것으로 집계되었으며, 이 중 대부분은 여성(10.1명)으로, 남성은 0.1명에 불과하였다. 그러나 2022년에는 육아휴직 사용 인원이 총 35.0명으로 늘어나, 2010년에 비해 3배 이상 증가한 것으로 나타났다. 이 중 여성은 30.0명, 남성은 5.0명으로, 여전히 여성의 이용률이 높지만 남성의 참여도 과거에 비해 상당히 증가했음을 알 수 있다.

이러한 제도적 지원이 출산에 긍정적 영향을 미친다는 점은 국내외 연구에서도 확인되고 있다. OECD 국가들을 대상으로 한 다수의 연구에서는 정부의 가족 관련 지출이나 육아휴직 실 이용 기간이 출산율과 통계적으로 유의미한 관계를 보이는 경우가 많다고 보고되며(Luci-Greulich & Thevenon, 2013; OECD, 2024; Wang & Wu, 2023), 국내 연구에서도 육아휴직 사용 경험이 결혼이나 출산 결정에 긍정적인 영향을 미친다는 결과가 나타나고 있다(김현정, 2018; 배호중 · 천재영, 2018)[1]. 하지만 |그림 2-3|에 나타나듯 한국의 경우, 출생아 100명 중 육아휴직을 이용하는 부모는 35명에 불과해 여전히 절반 이상의 가정이 제도의 실질적 혜택을 누리지 못하고 있는 실정이다(통계청, 2023).

1 일부 연구에서는 이러한 제도와 출산율 간의 인과 관계가 명확하게 확인되지 않는 경우도 있다. 하지만 전반적으로 볼 때, 자녀 양육에 대한 국가의 제도적 지원은 출산 결정에 있어 긍정적인 환경을 조성하는 데 기여할 수 있다는 점에서 중요한 정책 수단으로 간주된다.

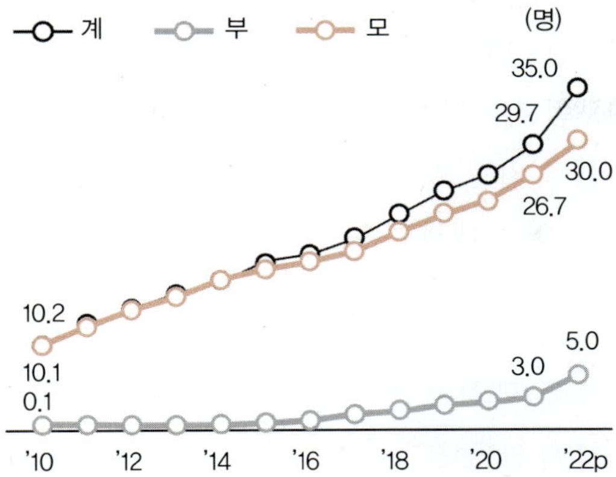


|그림 2-3| 인구 100명당 육아휴직 사용 인구

출처 : 통계청(2023).

또한 제도가 존재하더라도 그 활용과 부담의 대부분이 여성에게 집중되어 있다는 점도 중요한 과제 중 하나이다. 통계에 따르면 여성은 남성보다 평균적으로 2~3배 더 많은 시간 동안 자녀를 돌보고 있으며, 맞벌이 부부의 경우에도 대부분의 육아 책임은 여성이 부담하고 있는 것으로 나타난다(홍승아 외, 2022). 이러한 성별 간 돌봄의 불균형은 출산과 경력 단절에 대한 여성의 우려를 가중시키고 관련 제도의 실효성을 저하시키는 한계로 이어질 수 있다.

## 3. 저출산 관련 이론

### 1) 제2차 인구변천이론

#### (1) 이론의 개요

제2차 인구변천(SDT : Second Demographic Transition)이론은 1986년 레스타허와 반 더 카(Lesthaeghe & Van de Kaa)가 제시한 개념으로, 1960년대 후반 북서 유럽

에서 시작된 출산율 감소, 가족구성 변화, 배우자 관계 변화 등을 설명한다. 제2차 인구변천은 제1차 인구변천이론 이후 나타난 인구학적 변화를 포괄적으로 조망하는데, 제1차 인구변천은 사망률과 출산율이 점진적으로 감소하면서 인구가 안정적인 성장 단계를 거치는 과정을 중심으로 다룬 반면, 제2차 인구변천은 산업화 이후에 출산율이 인구 대체수준 이하로 감소하는 현상을 정리한 이론으로 볼 수 있다(이병호, 2020; 정성호, 2009a).

〈표 2-1〉 제1차 인구변천과 제2차 인구변천의 주요 내용 비교

| | 제1차 인구변천 | 제2차 인구변천 |
|---|---|---|
| 결혼 | • 혼인비율 증가, 초혼연령 저하<br>• 낮은 동거율<br>• 낮은 이혼율과 높은 재혼율 | • 혼인비율 감소, 초혼연령 증가<br>• 동거율 증가<br>• 이혼율 증가, 낮은 재혼율 |
| 출산 | • 혼인 출산력의 감소<br>• 불충분한 피임<br>• 혼외 출산 감소<br>• 무자녀 가정 감소 | • 추가적 출산력 감소<br>• 효율적 피임<br>• 혼외 출산의 증가<br>• 무자녀 가정 증가 |
| 사회적 배경 | • 혼인 시 주요 고려 사항 : 소득, 직장, 주택, 건강, 교육, 안전성 등<br>• 국가와 교회 등에 의한 강력한 1차 세속화<br>• 성역할 분리, 중산계급화<br>• 신중한 결혼, 가족모델의 정착화 | • 새로운 욕구 등장 : 개인적 자율권, 자아실현, 자기만족 등<br>• 높은 주거비용, 보육부담, 고용불안<br>• 국가의 역할 약화, 성해방<br>• 성역할의 균형성 증대, 여성의 경제자립도 증대<br>• 다양한 라이프스타일 |

출처 : 정성호(2009a) 재구성.

〈표 2-1〉에 나타나듯, 제2차 인구변천은 현대사회에서 나타나는 다양한 변화를 설명하고 있다. 가장 두드러진 변화는 결혼과 출산에 대한 인식과 행태의 변화이다. 혼인율이 감소하는 반면 동거가 증가하는 경향이 나타나고 있으며, 공식적인 결혼보다 동거를 선택하는 사례가 차츰 늘어나면서 법적 결혼 없이 출산하는 비율도 증가하고 있다. 이러한 현상은 유럽뿐만 아니라 아시아 국가에서도 점차 확산되고 있으며, 이는 전통적인 가족구성 방식의 변화로 이어지고 있다.

출산 연령 또한 점차 늦어지는 추세이다. 여성의 교육 수준 향상과 경제적 독립성이 확대되면서 결혼과 출산을 늦추는 경향이 강해지고 있으며 이에 따라 첫 자녀를 출산하는 연령이 지속적으로 상승하고 있다. 이는 전체적인 출산율 감소로 이어지고 있으며, 늦어진 출산 연령은 가임 기간 단축을 초래하여 둘째, 셋째 자녀를 갖는 비율도 낮아지는 경향을 보인다고 설명한다.

이혼율도 증가하고 있다. 결혼이 더 이상 평생 지속되는 제도로 인식되지 않게 되며, 가족해체가 빈번해지고 있는 것이다. 이는 자녀 양육에 대한 심리적 부담을 증가시키고, 부모가 되는 것에 대한 부정적인 인식을 확산시키는 요인으로 작용한다.

또한 무자녀 가정이 증가하는 경향도 뚜렷하게 나타나고 있다. 과거에는 자녀를 갖는 것이 당연한 삶의 과정으로 여겨졌지만 현대사회에서는 부모가 되는 것이 필수적인 것이 아니라 개인의 선택으로 인식되는 경향이 강해지고 있는 것이다. 특히 교육 수준이 높은 여성들 사이에서 자발적으로 무자녀를 선택하는 비율이 증가하는 것으로 보고되고 있다.

이와 함께 다양한 사회경제적 변화도 동시에 진행되고 있다. 제2차 인구변천이 진행된 국가들에서는 주거비용 상승, 보육부담, 고용의 불안정성과 같은 구조적 문제가 두드러지며, 개인의 자율권 확대, 자아실현 중시, 다양한 라이프스타일의 확산 등 문화적 변화 역시 함께 나타난다.

### (2) 제2차 인구변천과 저출산

제2차 인구변천은 저출산을 구조적 · 문화적 · 기술적 변화라는 세 가지 측면으로 정리하고 있다. 먼저, 구조적 변화는 근대화, 복지국가의 성장, 고등교육의 확산 등을 포함하며, 특히 여성의 노동시장 참여 증가를 중요한 저출산의 원인으로 본다(정성호, 2009a). 과거 한국 사회에서는 남성이 생계를 책임지고 여성이 육아와 가사를 담당하는 전통적인 성역할 분업이 일반적이었으나, 여성의 경제활동 참여 증가로 가족구성 방식이 변화하였다. 맞벌이 가구가 늘어나면서 일 · 가정 양립의 어려움이 커졌으며, 이로 인해 결혼과 출산을 선택하는 비율이 낮아지고 있다.

문화적 변화 또한 저출산 문제에 중요한 영향을 미친다. 세속화, 개인주의 가치관의 확산, 자기표현과 자아만족의 중요성이 강조되면서 출산을 필수적인 삶의 목표로 인식하는 경향이 감소하였다. 잉글하트(Inglehart, 1997)의 연구에 따르면, 물질적 가치보다 탈물질적 가치가 강조되는 사회에서는 결혼과 출산이 필수적인 삶의 과정이 아니라 개인의 선택으로 여겨지며, 이에 따라 출산율이 낮아지는 경향이 나타난다.

마지막으로 기술적 변화는 피임 기술의 발전과 정보기술의 확산을 포함한다. 피임 기술이 발전하면서 출산 시기를 조절할 수 있게 되었고, 이는 결혼과 출산에 대한 태도 변화로 이어졌다. 특히, 피임 기술이 보편화되면서 개인이 출산을 보다 자유롭게 계획할 수 있게 되었고 결과적으로 출산율 감소를 초래하는 요인이 되었다. 또한 정보기술의 발달은 결혼과 가족 형성 방식에도 변화를 가져왔는데, 개인주의적 가치관이 확산되면서 비혼 및 만혼 현상을 촉진하고 있는 것이다. 이와 같이, 제2차 인구변천에서 설명하는 저출산은 구조적 · 문화적 · 기술적 변화가 상호작용하면서 심화되고 있다고 설명된다.

## 2) 합리적 선택 이론

### (1) 이론의 개요

합리적 선택 이론(Rational Choice Theory)은 개인의 행동과 의사결정을 설명하는 이론으로 개인이 자신의 효용을 극대화하기 위해 합리적으로 선택한다고 가정한다. 구체적으로, 개인은 주어진 선택지에서 비용과 편익을 비교하고, 자신에게 가장 큰 이익을 가져다주는 선택을 한다고 보는 것이다. 이를 출산에 적용을 하면 개인이 출산을 결정할 때, 자녀를 갖는 것이 비용보다 더 큰 혜택을 가져올 것인가를 계산하여 선택하게 되는 것이다(Easterlin, 1976). 즉, 출산이 다른 선택지보다 높은 효용을 제공할 경우 자녀를 가지지만 그렇지 않을 경우 출산을 연기하거나 기피하게 된다고 본다.

### (2) 합리적 선택 이론과 저출산

합리적 선택 이론에서는 출산율을 양육비용, 기회비용, 심리적 만족감 등과 연관지어 설명한다(진성재, 2023). 우선, 자녀 양육의 비용 증가는 출산율 감소에 큰 영향을 미치는 요인이다. 역사적으로도 의무교육 도입과 함께 자녀 양육비용이 증가하면서 출산율이 하락하는 경향이 나타났다(Caldwell, 1981). 의무교육은 자녀가 노동시장에 진입하는 시기를 늦추며, 학비나 사교육비 등 직접비용을 증가시켰고, 나아가 부모가 자녀의 교육·훈련비를 투자해야 자녀의 미래 소득이 보장되는 구조를 만들었다. 자녀가 성인이 되어도 부모에게 부(富)가 돌아올 가능성이 낮아지면서, 자녀는 과거처럼 투자가 아니라 장기적 비용으로 인식되었고(송유미·이재상, 2011), 그 결과 출산을 축소하거나 연기하는 결정이 합리적 전략으로 부상하였다. 최근에는 이러한 경향이 더욱 두드러지며, 양육비, 교육비와 더불어 주거비, 보육비 상승 역시 자녀 출산을 기피하게 만드는 주요 요인으로 작용하고 있다.

둘째, 출산으로 인한 기회비용 증가 또한 저출산을 유발하는 핵심 요인이다(박수미·홍승아 외, 2018). 여성의 경제활동 참여율이 증가하면서 출산과 육아로 인해 발생하는 경력 단절과 소득 손실이 중요한 고려 사항이 되고 있다. 특히, 맞벌이가 일반화된 현대사회에서는 출산으로 인해 직장을 일시적으로 떠나야 하거나 승진 기회를 놓칠 위험이 커지면서, 출산을 연기하거나 포기하는 사례가 늘어나고 있다. 이는 출산과 육아로 인해 개인이 감수해야 하는 경제적 손실이 과거보다 훨씬 커졌음을 의미하며, 합리적 선택 이론의 관점에서 볼 때 이러한 기회비용 증가는 출산율 감소로 이어질 가능성이 크다.

마지막으로, 출산이 주는 심리적 효용과 그에 대한 평가 변화도 출산율 결정에 중요한 영향을 미친다. 자녀를 갖는 것이 단순한 경제적 혜택을 넘어 심리적 만족을 제공할 수 있다고 본다(Coleman, 1998). 즉, 부모가 되는 경험 자체가 개인의 삶에서 중요한 의미를 가지며, 자녀를 양육하는 과정에서 오는 정서적 보상이 존재한다. 그러나 현대사회에서는 경제적 부담이 심리적 효용보다 더 크다고 인식되는 경우가 많아지면서, 출산을 기피하는 경향이 강화되고 있다. 즉, 출산과 양육을 통해 얻는 만족감이 존재하더라도, 경제적 비용과 기회비용이 이를 초과할 경우 출산을 선택하지 않는 것이 더욱 합리적인 결정이 되는 것이다.

### 3) 위험이론

#### (1) 이론의 개요

위험이론(Risk Theory)은 개인이 행동을 선택할 때 다양한 위험 요소와 불확실성을 고려하여 종합적으로 의사결정을 내린다고 설명하는 이론이다. 즉, 개인은 현재뿐만 아니라 미래에 예상되는 위험과 불확실성을 평가하며, 이러한 평가가 행동과 의사결정에 큰 영향을 미친다고 본다(Beck, 1999, 정성호, 2009b 재인용). 합리적 선택 이론이 현재의 비용과 혜택 중심으로 결정이 이루어진다고 보는 반면, 위험이론은 고용불안정, 주택가격 급등 등 미래의 경제사회적 불확실성을 고려하여 출산율 변화를 설명한다.

#### (2) 위험이론과 저출산

위험이론은 출산 결정을 둘러싼 다양한 위험 요인을 경제적 불확실성, 사회적 불확실성, 개인적 위험 요소 등으로 구분하여 설명한다. Beck(1999)에 따르면, 현대사회는 불안정한 고용시장, 경제 위기, 그리고 주택가격 급등 등 다양한 형태의 경제적 불확실성이 꾸준히 증가하는 특징을 지닌다. 특히 불안정한 고용환경과 지속적인 경기 변동, 급격한 주택가격 상승 등은 개인이 장기적으로 안정적인 소득을 기대하기 어렵게 만들며, 이는 결혼과 출산에 대한 불안감을 증가시켜 출산을 미루거나 회피하게 하는 주요 배경이 된다.

사회적 불확실성 역시 출산 결정을 어렵게 만드는 요인이다. 사회적으로 가족해체와 이혼율 증가가 확대되고, 이에 따라 전통적인 가족 내에서 기대하던 양육지원체계가 약화되면서 부모들은 자녀를 갖는 것을 더욱 신중하게 고려하게 된다. 특히 공적 보육서비스나 육아휴직제도가 부족한 상황에서는, 부모들이 자녀 양육 과정에서 부담해야 하는 사회적·심리적 비용이 매우 높아진다. 이에 현대 사회에서 부모들은 출산을 위험하고 부담스러운 결정으로 인식하는 경향이 커진다(정성호, 2009b).

마지막으로, 개인적 위험 요소 또한 출산을 주저하게 만드는 요인으로 작용한다. 출산과 자녀 양육은 부부관계에 큰 변화를 가져오는 과정이며, 때로는 부부관계를 긴장시키거나 불안정하게 만드는 위험이 존재한다. 특히 자녀를 키우는 과정에서 발생하는 심리적 스트레스와 육체적 피로는 부모 개인의 삶의 질을 저하시키는 요인이 될 수 있다(김은지 외, 2010). 또한 부모들은 자녀의 미래 교육 환경이나 경제적 안정성 등 장기적 양육 환경에 대한 불확실성을 걱정하게 되며, 이러한 개인적 위험 요소가 증가할 경우 출산을 기피하거나 연기할 가능성이 높아진다.

### 4) 성평등이론

성평등이론(Gender Equity Theory)은 출산율 변화의 원인을 성평등 수준의 차이에서 찾고자 하는 이론이다. 이 이론에서는 성평등을 개인 영역과 가족 영역으로 구분하여 설명하고 있는데, 개인 영역은 교육과 고용 등에서 나타나는 성 균형, 가족 영역은 가사와 양육 등에서 나타나는 성 균형을 말한다. 이 두 영역에서 나타나는 성역할의 불일치 또는 불균형을 출산율 저하의 핵심 변수로 본다(McDonald, 2000a, 2000b; Rindfuss & Brewster, 1996).

과거에는 남성 생계부양자-여성 전업주부라는 전통적 역할 분업이 당연시되었으나 1960년대 이후 여성의 교육 기회와 노동시장 참여가 급격히 확대되면서 개인 영역의 성평등은 빠르게 향상되었다(이제상·송유미, 2023). 반면 가사노동과 자녀 양육을 담당하는 가족 영역의 성평등은 상대적으로 느리게 진전되어, 여성에게 부과된 결혼·출산·가사 책임이 크게 달라지지 않았다. 맥도날드(McDonald, 2000a)는 이러한 상태를 두 제도 영역 간의 성평등 불균형으로 정의하며, 성평등 불균형이 클수록 여성은 출산과 육아를 불공정한 부담으로 인식하게 되어 이를 연기하거나 포기하게 된다고 분석하였다. 특히 여성의 교육 수준과 경제적 자립도가 높아질수록 가족 내 역할 불균형이 더욱 뚜렷하게 인식되어 출산 기피 현상이 강화된다고 설명한다.

즉, 이 이론에 따르면 개인과 가족 영역의 성평등 수준이 조화를 이루지 못할 경우, 특히 개인 영역에서 성평등이 진전되었음에도 가족 내에서는 여성이 대부분의 가사와 육아를 전담해야 하는 상황이 지속될 때 출산 기피 경향이 심화된다고 본다. 이에 성평등이론은 남성의 행위 변화를 출산 회복의 핵심 변수로 지목한다. 부부가 가사노동과 자녀 양육을 균등하게 분담하고 함께 참여할 때, 가족 영역의 성평등이 실현되고 출산율 회복이 가능하다고 본다(이제상, 2017; 이제상 · 송유미, 2016; McDonald, 2000a)[2].

## 4. 저출산 실태 및 문제점

### 1) 저출산의 실태

2023년 한국의 합계출산율은 0.72명으로, 한국 역사상 최저 수준을 기록했다. 2024년에는 0.75명으로 소폭 상승하였으나, 2018년부터 7년째 0명대 통계를 기록하고 있다(통계청, 2025). 이는 OECD 38개 회원국 중 유일하게 1명 미만을 기록한 수치로, 전 세계적으로 유례를 찾기 어려운 수준의 인구 감소가 진행되고 있는 것이다. 한국의 합계출산율은 1960년대 6.0명, 1970년대는 4.54명에 달했으나, 산업화와 가족계획 정책의 영향으로 1983년 인구 대체수준(2.1명) 이하로 떨어졌다. 이후 2000년대 들어 1.3명 미만의 '초저출산' 상태에 진입하였으며, 2018년에는 처음으로 1명 미만(0.98명)으로 하락했다. 이러한 하락세는 지속되어 2022년 0.78명, 2023년 0.72명을 기록했고, 2023년 4분기에는 0.65명을 기록하기도 하였다(통계청, 2025).

2 하지만 성평등이 확대된다고 해서 항상 출산 증가로만 이어지는 것은 아니다. 여성의 경제적 자율성과 자기실현 욕구가 크게 높아지면, 가정 내 성역할 분업이 완화되더라도 일부 여성은 직업적 성취를 우선시하여 출산을 기피하거나 늦출 수 있다(McDonald, 2000a).

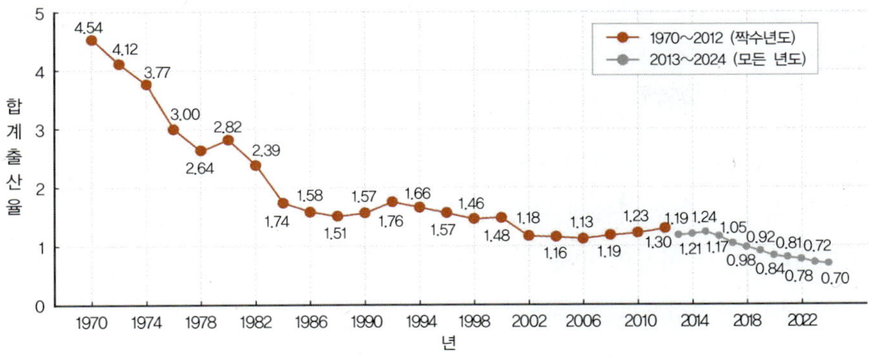


|그림 2-4| 합계출산율 추이(1970~2024)

출처 : 통계청(2025).

여성의 출산 연령 또한 지속적으로 상승하는 경향을 보였다. 2023년 기준 산모의 평균 출산 연령은 33.5세로 2003년 29.7세 대비해서는 3.9세 증가한 수치이다. 2023년 기준 35세 이상 고령 산모 비율도 36.2%에 이르렀는데, 이는 20년 전 20.2%에 비해 16%p나 증가한 수치이다. 특히 30~34세(50.5% → 46.1%) 및 25~29세(23.6% → 15.1%) 연령대에서의 출산율 감소가 두드러져, 주 출산 연령대 전반에서 출산 기피 현상이 심화되고 있음을 보여준다.

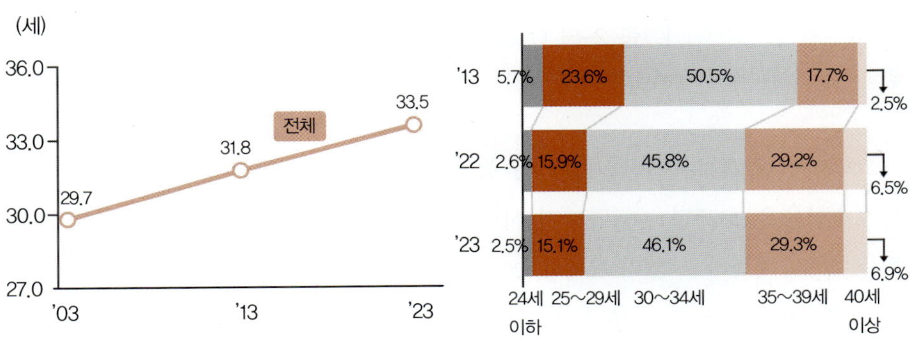


|그림 2-5| 산모 연령별 출산 동향 변화

출처 : 통계청(2024).

OECD 회원국과 비교해도 한국의 저출산 현상은 극단적인 수준이다. 2022년 기준 한국의 합계출산율(0.78명)은 OECD 평균(1.58명)의 절반 수준에 불과하며, 출산율이 두 번째로 낮은 스페인(1.19명)과도 0.41명의 격차를 보였다(OECD Family Database, 2024). 특히 첫째아 출산 비율(57.0%)에 비해 셋째 이상 출생 비율(8.3%)은 최저 수준을 기록해 다자녀 출산 기피 현상이 뚜렷하게 나타난 것으로 보고되었다. 한국 여성의 평균 첫 출산 연령(32.6세) 역시 OECD 최고 수준으로, 출산 연령이 지속적으로 늦추어지고 있는 추세를 반영한다(OECD, 2022).

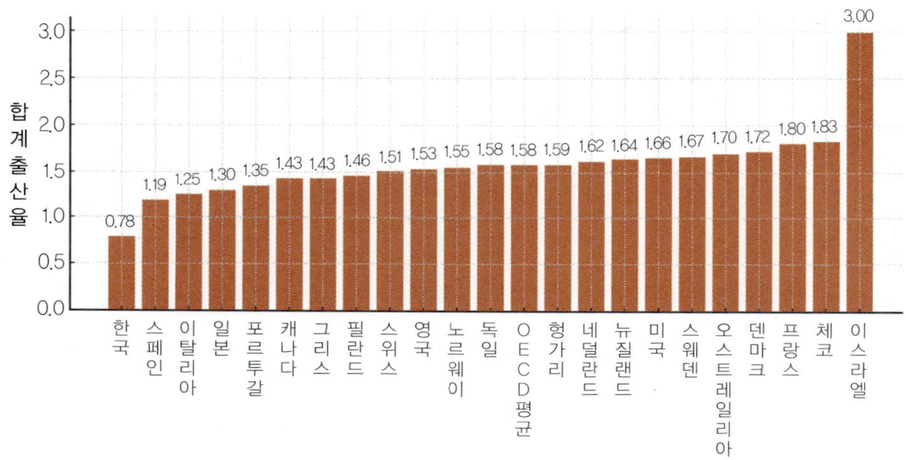


|그림 2-6| OECD 국가의 합계출산율(2022)

출처 : OECD Family Database(2024).

그렇다면 앞으로는 어떻게 될까? 통계청이 발표한 시나리오에 따르면, 한국의 합계출산율은 2025년 0.65명까지 하락한 뒤 2036년 1.02명으로 점진적으로 회복될 것으로 예측하고 있다(통계청, 2023). 하지만 장기적으로 인구 감소는 불가피해, 2072년 출생아 수는 16만 명으로 2022년(24만 6천 명)의 65% 수준까지 감소할 것으로 예상된다. 이에 따라 총인구도 2022년 5,167만 명에서 2072년에는 3,622만 명까지 축소될 전망이며, 학령인구(6~21세) 역시 2022년 750만 명에서 2040년 413만 명으로, 2072년에는 278만 명으로 급감할 것으로 예측된다.

## 2) 저출산, 인구구조 변화와 사회문제

### (1) 고령화 문제

#### ① 초저출산으로 인한 급격한 고령화와 인구구조 변화

한국의 고령화 속도는 세계적으로도 가장 빠른 수준을 기록하고 있다. 2022년 기준 65세 이상 인구 비율은 17.5%에 도달하였으며, 2025년에는 20.3%를 기록하며 초고령사회(고령 인구 비율 20% 이상)로 진입할 것으로 전망된다(통계청, 2025). 이후에도 고령 인구 비중은 지속적으로 증가하여 2046년부터는 일본을 넘어 OECD 회원국 중 고령 인구 비중이 가장 높은 국가가 될 것으로 보인다. 더 나아가 2062년에는 전 세계에서 가장 높은 고령화율을 기록할 것으로 전망되며, 고령 인구 비중 증가 속도 또한 전 세계에서 가장 빠를 것으로 예상되고 있다.

이러한 급격한 고령화는 인구구조의 비대칭성을 심화시켜, 전통적인 피라미드형 인구구조가 역삼각형 구조로 전환되는 현상을 초래하고 있다. 즉, 고령 인구는 빠르게 증가하는 반면, 청장년층과 아동 · 청소년 비중은 급격히 감소하면서 세대 간 인구 균형이 무너지고 있다. 이는 사회 전반의 활력 저하와 구조적 불균형 심화를 초래할 가능성이 있으며, 국가의 지속가능한 발전을 저해하는 중요한 위협으로 작동할 수 있다.

#### ② 저출산 · 고령화로 인한 사회부담 확대

고령화가 빠르게 진행되면서 노인복지에 대한 필요가 급증하고 있으며, 이에 따라 사회보장 지출도 가파르게 증가하고 있다. 특히 기초연금, 국민연금, 건강보험, 장기요양보험과 같은 주요 복지제도의 재정 부담이 커지고 있다.

먼저, 노인의 증가는 건강보험 재정에 상당한 부담을 주고 있다. 고령층은 노화와 만성질환 등으로 의료 서비스 이용 빈도가 높으며, 이들의 의료비 지출 비중도 지속적으로 증가하고 있다. 2023년 기준으로 65세 이상 노인의 1인당 연평균 진료비는 543만 원으로, 이는 전체 연령층 평균인 216만 원보다 2배 이상 높은 수준이다(국민건강보험, 2023). 이러한 의료비 부담은 향후 고령층 인구가 더욱 증가함에 따라 지속적으로 확대될 가능성이 크다. 실제로 건강보험 지출은 2024년 98.7조 원에서 2033년 197.4조 원으로 급증할 것으로 예측되고 있다(국회예산정책처, 2024).

장기요양서비스를 필요로 하는 수급자 수도 빠르게 증가하고 있다. 2021년 기준 장기요양보험 수급자는 약 95만 명 수준이었으나, 2032년에는 수급자가 약 215만 명까지 증가할 것으로 예상되면서, 장기요양보험의 재정 부담 역시 크게 늘어날 것으로 보인다. 재정 추계에 따르면 2021년 약 11.11조 원이었던 지출은 2065년에는 23.93조 원으로 2배 이상 증가할 것으로 전망된다(김용하, 2020).

이와 더불어, 기초연금 및 국민연금 지출도 확대될 것으로 전망된다. 2023년 기준 기초연금 수급자는 약 650만 명에 달하며, 고령층 인구가 증가함에 따라 연금 재정에 대한 부담도 더욱 확대될 것으로 보인다. 실제 기초연금 지출은 2023년 21.7조 원에서 2035년 39.7조 원, 2045년 99.3조 원, 2055년 150.1조 원으로 증가한 뒤, 2070년에는 238조 원에 이를 것으로 예측되고 있다(김형수 · 최강훈, 2024).

국민연금의 경우 현행 제도를 유지할 경우 2055년경 기금이 소진될 것으로 전망되며, 이후 연금 급여 지급을 위한 추가적인 재정 조달 방안이 필요할 것으로 보인다(보건복지부, 2023). 연금 기금이 소진될 경우, 보험료 인상, 연금 수급 연령 상향, 지급액 조정 등의 대책이 논의될 가능성이 높으며, 이러한 변화는 세대 간 부담 격차를 심화시키고 사회적 갈등을 초래할 가능성도 있다.

### (2) 사회경제적 문제

#### ① 노동력 부족과 생산성 저하

저출산으로 인한 인구 감소는 노동시장에 새로 유입되는 인구보다 이탈 인구를 더 많게 만들어, 노동력의 고령화와 인력 부족을 심화시킬 것으로 보인다(한국은행, 2023). 이는 노동력 공급의 불균형을 초래하며, 노동 생산성 저하로 이어질 가능성을 높인다. 특히, 생산가능인구(15~64세)의 감소 속도가 가파르게 진행되고 있어 산업별 인력 부족 현상이 심화될 전망이다.

노동력의 질적 변화 또한 중요한 문제로 대두된다. 고령 근로자가 증가할 경우, 숙련도는 높지만 신기술 습득 속도가 더딘 문제를 겪을 수 있으며(OECD, 2020), 청년층 노동력의 부족은 산업 내 혁신성과 창의성 저하로 이어질 가능성이 있다. 이에 따라 기업들은 인력난 해소를 위해 자동화, 인공지능(AI) 기술을 적극 도입하거나 외국인 노동력을 확대하는 방안을 모색하고 있다. 그러나 이러한 대안이 모든 산업에 적용될 수 있는 것은 아니므로, 전반적인 노동력 감소의 부정적 영향은 불가피할 것으로 예상된다.

#### ② 경제성장 둔화

저출산은 거시경제 차원에서도 심각한 영향을 미친다. 저출산으로 인한 생산인구 감소는 노동력과 각종 투자, 국내총생산(GDP) 성장률 둔화로 이어질 가능성이 크며(김원규 · 황원식, 2017), 일부 연구에서는 저출산에 따른 한국의 추세성장률이 2050년대에 68%의 확률로 0%대 이하로 떨어질 가능성이 있다고 분석하고 있다(한국은행, 2023). 이는 장기적으로 경제 규모 축소와 경기 침체를 초래할 수 있으며, 국가 경쟁력 저하로 연결될 가능성이 높다. 또한 생산가능인구의 감소는 소비와 투자의 위축을 초래하고, 고령 인구의 증가는 복지 지출 확대를 유발함으로써, 국가 재정의 지속가능성에 중대한 도전이 될 수 있다.

### (3) 지방 인구 감소 문제

저출산과 인구 감소는 지역 간 인구 불균형을 심화시키며, 수도권 집중 현상을 가속화하고 있다. 특히, 지방에서는 출생아 수 감소와 청년층의 지속적인 유출로 인해 인구 감소 속도가 빨라지고 있으며, 이로 인해 교육, 경제, 행정 등 지역사회의 전반적인 기능이 위협받고 있다.

저출산의 직접적인 영향 중 하나는 학령인구 감소로 인한 교육기관의 위기이다. 학생 수가 급격히 감소하면서 지방 중 · 고등학교의 폐교 사례가 증가하고 있으며, 이는 지역 내 교육 환경 악화를 초래하고 있다. 교육부(2024)에 따르면, 저출생에 따른 학령인구 감소로 2020년 33곳, 2021년 24곳, 2022년 25곳, 2023년

22곳이 폐교된 데 이어 2024년 전국에서 49곳의 초 · 중 · 고교가 문을 닫았다. 이 중 비수도권 소재 학교가 88%로, 지역에서는 신입생 모집이 어려워 운영이 불가능한 학교가 증가하고 있는 실정이다. 대학도 예외는 아니다. 2023년 기준 지방 사립대학의 평균 신입생 충원율은 87.6% 수준이었으며, 2040년 비수도권 대학의 충원율은 27~43.5%에 불과할 것으로 추산되었다(한성민, 2023). 이는 비수도권 대학의 폐교로 이어질 수 있는 수치이며, 지역의 고등교육 위기와 함께 청년층의 지역 이탈을 가속화시켜 지방소멸 문제를 더욱 심각하게 만들 수 있다.

또한 인구 감소는 지방 중소도시와 농어촌 지역에서는 소비시장 축소와 상권 붕괴, 지방기업의 인력난 심화 등의 문제로 이어지고 있다(가케이 유스케, 2016). 특히 인구 감소는 지역 내 경제 기반을 약화시키고, 자영업 및 중소기업의 운영 지속성을 위협하며 지역 일자리 감소로 나타나고 있다. 공공 서비스 분야에서도 인력 충원이 어려워지면서 행정, 보육, 복지 등 필수 서비스의 질과 접근성이 전반적으로 저하되고 있다.

의료 분야에서는 더욱 뚜렷한 문제가 나타난다(김동진 외, 2024). 인력 감소와 함께 지역 병원의 의사 및 간호 인력 확보가 어려워지고 있으며, 필수 진료과목의 축소 또는 폐과 사례가 증가하고 있다. 일부 지역에서는 진료 공백 현상이 발생하고 있으며, 의료 접근성이 떨어져 인근 대도시로의 의료 이송에 의존할 수밖에 없는 상황에 처하고 있다. 이러한 의료 접근성의 약화는 건강 불균형과 지역 간 의료 격차를 심화시키고, 결국 지역의 삶의 질 저하로 연결될 수 있다.

이처럼 저출산과 인구 감소는 지방의 교육, 의료, 산업, 인력 등 다양한 영역에 부정적인 영향을 미치며 지역사회의 지속가능성을 약화시키고 있다. 이러한 현상은 향후 지역의 소멸 가능성을 높이며, 국가의 균형 발전에도 부정적인 영향을 주는 위협으로 작용하고 있다.

## 5. 저출산 대응방안

### 1) 정책 대응 현황

정부는 저출산 문제를 심각한 사회적 위기로 인식하고, 2006년부터 '저출산 · 고령사회 기본계획'을 수립하여 본격적인 대응에 나섰다. 현재까지 총 4차에 걸친 기본계획이 마련되어 있으며, 제1차부터 제3차까지의 계획은 주로 출산율 회복과 고령사회 대응체계 구축을 목표로 추진되었다(홍승아 외, 2022).

제1차 기본계획(2006~2010)은 '출산 · 양육에 유리한 환경 조성 및 고령사회 대응 기반 구축'을 목표로 하여, 저출산 대응을 위한 법 · 제도의 정비와 종합적인 대응체계 구축이 중심이었다. 이 시기에는 보육 인프라의 확대, 산전후 휴가 및 육아휴직, 배우자 출산휴가, 근로시간 단축 제도 등 일 · 가정 양립을 위한 제도적 기반이 처음으로 마련되었다. 제2차 기본계획(2011~2015)은 '점진적 출산율 회복 및 고령사회 대응체계 확립'을 목표로 설정하였다. 제1차 기본계획이 보육 환경의 구축에 중점을 두었다면, 제2차에서는 일 · 가정 양립을 보다 전면에 내세워 정책적 중심축으로 삼았다. 이 시기에는 육아휴직제도의 개선이 반복적으로 이루어졌고, 여성의 경력 단절 방지와 노동시장 유지를 위한 제도적 기반이 확대되었다. 제3차 기본계획(2016~2020)은 '아이와 함께 행복한 사회, 생산적이고 활기찬 고령사회'를 목표로 하였으며, 기존의 출산 · 양육 중심 접근에서 벗어나 주거 지원, 난임 치료 지원, 청년 일자리 및 주거 안정, 사회적 인식개선 등 다양한 분야를 통합적으로 고려한 것이 특징이다. 특히, 비혼 출산 지원 확대 등 단순한 제도 도입을 넘어 사회문화적 전환과 인식개선을 중심으로 정책을 추진하고자 하였다.

제1차와 제2차 계획은 아이를 낳고 기르기 좋은 사회적 환경 조성에 초점을 맞추었으며, 각각 보육 지원(제1차)과 일 · 가정 양립 기반 구축(2차)을 핵심 전략으로 강조하였다. 반면 제3차 계획은 출산율 제고뿐 아니라 삶의 질 향상과 사회 구조 전반의 변화까지 정책 목표에 포함시켰다.

최근의 제4차 저출산 · 고령사회 기본계획(2021~2025)은 개인의 삶의 질을 높이고 성평등과 공정성이 보장되는 사회를 실현하며, 인구구조 변화에 대응하는 사회적 혁신을 주요 목표로 설정하는 등 보다 포괄적인 접근 형태를 취하고 있다(저출산고령사회위원회, 2020). 제4차 계획에서는 생애 초기 아동에 대한 지원을 강화하고, 부모의 양육 부담을 경감시키기 위한 정책이 도입되었는데, 예를 들어 2022년부터는 생후 12개월 이내의 자녀를 둔 부모가 모두 육아휴직을 사용할 경우, 각각 최대 월 300만 원의 육아휴직급여를 지원하는 '3+3 부모 육아휴직제'가 시행되었다. 또한 영아수당이 신설되어 2025년까지 월 50만 원까지 단계적으로 인상될 예정이다. 이러한 정책들은 부모의 경제적 부담을 줄이고, 양육에 대한 국가적 책임을 확대함으로써 출산과 양육이 개인의 선택에만 의존하지 않고 사회 전체가 함께 감당해야 할 과정임을 강조하고 있다.

### 2) 향후 과제

정부는 지난 제1~4차 기본계획을 통해 저출산 문제에 대응하고자 다양한 정책을 추진해 왔으며, 출산율 제고를 위한 제도적 기반 마련에도 일정한 진전을 이루었다. 그러나 여전히 출산율은 기대에 크게 못 미치고 있으며, 초저출산 현상은 지속되고 있다. 이는 현재의 정책이 방향성을 갖고 있음에도 불구하고, 실질적인 환경 개선과 사회적 인식 변화로 충분히 이어지지 못하고 있음을 보여준다. 정책 효과를 높이기 위해서는 경제적 부담 경감, 일 · 가정 양립 지원, 성평등 문화 확산, 주거 안정 등 다양한 정책 분야에서 보다 적극적인 대응이 이루어질 필요가 있다.

우선, 출산과 양육은 상당한 경제적 부담을 수반하기 때문에 정부의 적극적인 재정지원이 필요하다. 주거비, 양육비, 교육비에 대한 부담은 청년 세대가 출산을 기피하는 주요 원인으로 꼽히고 있으므로 이에 대한 정책적 대응이 중요하다. 이에 따라 신혼부부 대상 공공주택 확대, 주택 보조금, 아동수당 강화 등의 재정지원이 필요하다. 또한 양육비와 보육비 지원을 확대하여 부모가 경제적 부담 없이 자녀를 양육할 수 있도록 해야 한다(문정희 · 김성순, 2019; 박규리, 2024; 홍승아 외, 2018).

둘째, 일과 가정의 양립 가능성을 제도적으로 보장하는 것이 필요하다. 한국의 장시간 근로문화와 경직된 직장 환경은 육아 병행을 어렵게 만들며, 특히 여성의 경력 단절을 심화시켜 저출산의 구조적 원인이 되고 있다(이삼식, 2006; OECD, 2023). 이에 육아휴직 보장 및 제도 강화, 유연근무제 확대, 아빠 육아휴직 할당제 도입, 비정규직 육아 지원 확장 등이 병행되어야 한다(김현정, 2018; 한국은행, 2023). 특히 남성의 육아 참여를 제도화하는 것은 여성의 부담을 줄이고, 부모 모두가 자녀를 돌볼 수 있는 환경을 만들어 줄 수 있다는 점에서 중요하다(홍승아 외, 2018).

셋째, 성평등한 가족구조 확립도 저출산 해소를 위한 기반이다. 여전히 가사와 육아는 여성에게 편중되어 있으며, 이로 인해 여성은 결혼과 출산을 이중 부담으로 인식하고 있다(여성가족부, 2022). 육아휴직 공동 사용 독려, 배우자 육아휴직 사용률이 높은 기업에 대한 인센티브 등이 필요하며, 예비부부 대상 역할 분담 교육 등을 실시하여 육아휴직과 가사 분담을 적극적으로 장려하는 사회적 분위기를 조성해야 한다. 이러한 방법을 이용해 남성의 가사·육아 참여를 제도적으로 유도할 필요가 있다.

넷째, 결혼과 출산에 대한 사회적 인식개선 또한 간과할 수 없는 부분이다. 결혼과 자녀 출산이 필수가 아니라 선택이라는 인식이 확산되는 가운데, 미혼 청년의 결혼·출산 의향은 지속적으로 하락하고 있다. 캠페인, 학교 교육, 예비부모 대상 커뮤니티 프로그램 등은 인식개선을 위한 실천적 수단이 될 수 있다(문정희·김성순, 2019; 이삼식, 2006).

한국의 초저출산 문제는 단일한 정책이나 재정지원만으로는 해결이 불가능하다(이삼식, 2006). 경제적 부담 해소, 일·가정 양립 가능성 제고, 성평등한 가족구조 조성, 사회 인식의 전환이라는 현실적 차원에서 접근 가능한 네 가지 축을 중심으로 통합적인 정책 설계와 문화적 변화 유도가 병행되어야 한다. 아이를 낳고 기르는 일이 더 이상 개인의 부담이 아닌 사회 전체의 공동 책임으로 인식되는 구조가 마련될 때, 비로소 지속가능한 출산 기반이 구축될 수 있을 것이며 인구문제를 해소할 수 있는 열쇠가 될 수 있을 것이다.

# 제3장
# 지역사회의 문제

# 제3장

# 지역사회의 문제

## 1. 문제제기

현대 지역사회는 과거 공동체를 이루어서 생활하던 때와는 비교가 되지 않을 정도로 많은 변화를 겪고 있다. 그리고 이것은 우리가 언론을 통해 종종 접하는 이웃 간의 다툼이나 사회복지시설 설립을 둘러싼 주민의 반대투쟁, 그리고 일견 관련이 없을 것처럼 보이는 고독사나 아동학대, 가정폭력의 문제에 이르기까지 매우 다양하다. 이는 한마디로 '더불어 살아가지 못하는' 오늘날의 지역생활의 문제라 할 수 있다.

지역의 문제는 먼저 지역의 외형적 변화에서 느낄 수 있다. 독자들이 어릴 때 살았던 지역은 현재의 모습과는 많이 다를 것이다. 온통 논밭이었던 농촌지역이 높은 아파트 단지로 변모한 곳도 있을 것이며, 매립 등으로 아예 예전에는 존재하지 않았던 새로운 지역사회가 출현한 곳도 있을 것이다. 또 과거에는 상가와 주택이 공존했던 지역이 도심, 부도심으로 변모하면서 주민이 살지 않는 곳이 되기도 하였다. 극단적으로는 거대한 댐이 들어서면서 아예 마을이 없어진 곳도 있을 것이다.

젊은이와 노년층이 어우러져 살던 농촌에는 노인들만 남아 마을은 활력을 잃고 빈 집이 늘어가고, 개발의 그늘에서 소외된 도시의 일각은 슬럼화되어 안전문제와 범죄위험에 노출되고 있다. 그러나 무엇보다 지역사회의 문제는 이러한 외형 변화에 따른 주민의 의식 변화와 공동체 의식의 약화라 할 것이다. 대부분이 아파트 생활을 하는 도시에서는 층간소음 문제로 이웃 간 칼부림이 일어나는 한편, 서로 단절된 생활 속에서 코앞의 이웃에서 일어나는 아동학대나 고독사 등이 끊임없이 발생하고 있다. 그러나 한편으로는 지방분권이 이루어진 현재의 지역사회는 주민자치와 민주주의를 실험할 수 있는 매우 좋은 학습소재를 제공하기도 한다.

이상과 같은 지역사회는 구조적 변화, 기능적 변화, 그리고 해체현상으로 직면하고 있다. 저출생·고령화로 인한 인구구조의 변화, 고도산업사회로의 산업구조의 변화, 도시화로 인한 도시지역과 농촌지역의 변화, 가족제도의 변화, 지방자치로 인한 정치사회적 변화들로 인한 지역사회의 해체와 붕괴가 그것이다(고수현, 2012).

이 장에서는 오늘날 지역사회의 변화가 가져온 문제들을 짚어보고 이에 대한 대응방안으로서 공동체 회복과 주민자치 실현을 위한 여러 노력들을 알아보고자 한다. 이하는 박정란(2020)의 자료를 재구성한 것이다.

## 2. 지역사회의 개념과 변화

### 1) 지역사회의 개념

지역 혹은 지역사회라는 단어에서 무엇을 느끼는가? '지역사회복지론' 수업시간에 '지역을 느끼는 사진 한 장'이라는 과제를 제출하게 하면 학생들은 무심코 걸어 다녔던 익숙한 길을 유심히 관찰하다가 지역의 한 장면을 고른다. 거기에는 지역을 대표하는 재래시장, 아파트촌, 지역유적, 옥상에서 바라본 노을 등의 자연환경뿐 아니라 카페 등 자신이 좋아하는 장소가 있으며 다소 추상적인 모습을 재치 있게 설명하기도 한다. 이 과제의 목적은 토론을 통해 지역사회의 구성요소를 찾게 하기 위한 것이다.

그렇다면 지역사회란 무엇인가? 우선 지역이란 단어를 영어로 바꿀 때 우리는 흔히 Area, Region, District, Local이란 단어를 떠올린다. Area는 크기에 관계없이 하나의 지역을 뜻하는 가장 일반적인 말이다. Region은 꽤 넓은 지역으로 문화 · 사회 · 지리적 측면에서 특징을 가진 지방을 뜻한다. 또 District는 행정상의 구획 또는 타 지역과 다른 특징을 가진 지방을 가리킬 때 사용된다. Local은 특정 지방을 의미한다(筒井のり子, 2004). 그런데 지역사회복지의 지역사회는 보통 커뮤니티(community)란 용어를 사용한다. 이 말의 속뜻은 '공동체'에 가깝다. 따라서 사실 지역사회복지란 단순히 물리적 의미의 지역(area, region, district) 복지가 아닌 공동체 복지인 것이다.

커뮤니티에 대한 정의는 많은 학자들에 의해 내려지고 있는데, 힐러리(G. A. Hillerly, 1955)는 무려 94개의 정의들을 모아서 '지역성(area)'과 '공동성(common ties)', 그리고 '사회적 상호작용(social interaction)'[1]이 공통적인 요소임을 밝혔다(Poplin, 1985 재인용). 즉, 지역사회란 공동의 유대를 갖는 사람들이 서로 상호작용하면서 살아가는 특정 지리적 공간이라고 할 수 있다.

단순히 지역에 사람들이 모여 산다고 해서 커뮤니티가 될 수는 없으며, 여기에 공동성과 상호작용이라는 요소가 부가되어야 한다. 공동성과 상호작용에는 두 가지 큰 요소가 있다. 공동으로 인해 발생하는 여러 가지 이득에 기인하는 도구적 · 실리적인 공동성과, 스스로의 정체성 확인이나 정신적인 안정을 가져오는 표출적이고 심정적인 공동성이 그것이다.

한편 미국의 사회학자 맥키버(MacIver, 1917)는 커뮤니티를 근대화 과정에서 후퇴한 지역사회의 집단과 결사체(association)를 재생하는 기반이 되는 곳으로 전제하였다. 즉, 사람은 누구나 특정 집단이나 결사에 속해 있으면서 전체적으로 커뮤니티에 통합되어 있다. 이 커뮤니티에는 공통의 감정이 발생하며, 이를 '우리의식(we-feeling)', '역할의식', '의존의식' 등 세 가지로 보았다(松原治郎, 1983 재인용). 우리는 프로야구 경기를 보면서 특정 팀을 응원하고 올림픽, 월드컵 축구에

1 공동성과 상호작용을 묶어서 공동성이라고도 한다.

서 자국팀을 응원한다. 또 전쟁과 같은 국가위기 상황에서는 민족의식이 높아지는데 이것이 '우리의식'이다. 또 우리가 세금을 내고 교통질서를 지키고 쓰레기 분리수거를 하고 경우에 따라서는 자원봉사를 하는 행위는 '역할의식'이 내면화된 결과이다. 그리고 커뮤니티는 개인의 생활을 영위하는 데 필요한 재물과 서비스를 제공하는 동시에 주민 간의 일상적 교류가 사람들의 정서 면에 긍정적 역할을 한다. 이때 구성원은 커뮤니티에 대해 '의존의식'이 발생하는 것이다(角一典, 2008).

지역사회, 지역공동체의 특징은 다음과 같다. 첫째, 물리적 또는 지리적 장소에 근거한 사회조직의 형태이다. 둘째, 공통된 지역에 살거나 동일시된 사람들에게 초점이 주어진다. 지역공동체가 추구하는 최상의 목적은 지역공동체 구성원을 위한 삶의 질을 향상시키는 것이다. 셋째, 상호 의존적 공통된 욕구, 공통의 문제, 성장과 발전의 기회가 있다는 것을 전제로 한다. 넷째, 지역공동체는 개인을 전체 사회에, 그리고 전체 사회를 개인에 연결시키는 중간체계이다. 유능한 지역공동체는 모든 구성원들의 적극적 참여에 가치를 두고 참여를 격려하며, 상호부조와 자발적 지원체계를 발전시키는 데 관심이 있다(채혜원 · 홍형옥, 2002).

우리 모두에게 커뮤니티는 반드시 필요한 것인데, 어떤 시대, 어떤 사회에서도 타인과의 연결 없이 고립된 상태의 개인이 자기실현을 달성하기란 어렵기 때문이다. 즉, 커뮤니티는 생활의 장인 동시에 커뮤니티에 의해 양육되고 선도되며 커뮤니티에서의 생활 없이 우리들의 생활은 성립되지 않는다고 해도 과언이 아니다(William G. Grugman, 2002). 또 개인이 소외되지 않고 사람들과 연결될 때 커뮤니티는 우리 생활에 의미 있는 개념의 원천이 될 것이다. 나아가 커뮤니티는 우리가 선택할 수 있기 때문에 우리가 가진 본래의 가능성을 실현할 수 있는 영역이기도 하다.

### 2) 지역사회의 변화

전술한 대로 우리가 살아가는 지역사회는 꾸준히 변화해 오고 있다. 여기에는 산업화, 도시화에 따른 개인과 가족의 소외도 있지만, 사회적 · 공동적 행위의 많은 부분을 공적 기관에 의존해 온 근대사회의 한계(角一典, 2008)도 그 배경에 있다. 즉, 국가 책임으로 수행해 온 안전과 복지, 교육 등이 국가나 지방자치단체의 재정문제 때문에 모두 포괄되지 못한 채 끊임없는 사각지대가 출현하는 것은 지역사회의 재구축, 공동체 재건이라는 시대적 과제를 필연적으로 드러내게 되었다.

일본의 사회학자 오쿠다(奥田道大, 1983)는 이러한 공동체 재건을 위한 지역사회의 변화를 4개의 지역모델로 설명하고 있다.

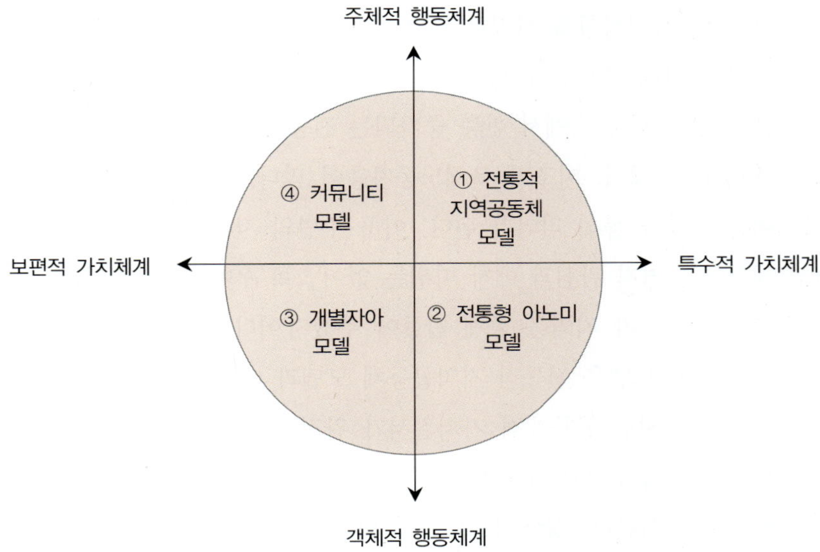


|그림 3-1| 공동체 재건을 위한 4개의 지역모델

여기서 중요한 것은 커뮤니티는 전근대적 공동체로의 회귀가 아닌 오늘날의 사회상황에 맞는 새로운 의미의 공동체라는 사실이다. 이 차이를 오쿠다는 '주체-객체(행동체계)', '특수-보편(가치체계)'의 두 가지 축으로 4개의 모델을 제시하면서 나아가 주민유형과 주민의식, 주민조직, 지역리더의 네 가지 요소의 차이점을 제시하였다.

첫째, 전통적 지역공동체 모델은 이른바 촌락사회적 커뮤니티로서, 구성원의 참가의욕은 높지만 많은 인습적 제약이 있다. 프라이버시 확보가 어려우며 새로운 성원의 참가에는 매우 높은 폐쇄성을 가진다. 주민의식도 매우 보수적이고 오랫동안 이어져 왔던 관습적인 주민조직이 유력하며 리더도 세습적이다(角一典, 2008). 즉, 이곳 주민의 지배적인 생각은 "이 땅에는 이 땅 나름의 생활과 규범이 있는 이상 이에 순종해야 한다"는 것이며 "절이 싫으면 중이 떠나야 한다"는 발상이다.

둘째, 전통형 아노미 모델은 전통적 지역공동체 모델에서 개별자아 모델로 변화하는 과정에서 발생하는 과도단계의 모델로서, 도시화되어 가는 교외의 구 주민과 신 주민의 알력상황을 사정한 것으로 참가에 적극적인 구 주민에 대해 신 주민은 지역에 관해 무관심하지만 수적으로는 우세한 상황이다. 따라서 대부분의 주민은 도시화 흐름 속에서 한층 증가되는 전통형 지역 무관심층이 주민유형이며, 하층 화이트컬러, 미조직 육체노동자층이 많다. 구 주민이 행정으로부터 임명된 여러 역할을 통해 리더가 된다. 이곳 주민의 지배적인 생각은 '어쩌다가 여기서 생활하는 거지 관심과 애착 따위는 없어', '목구멍이 포도청인데…', '나서기 좋아하는 누군가가 지역을 좋게 만들어 주겠지'이다.

셋째, 개별자아 모델은 전통적 지역공동체 모델과 대조적인 위상을 가지며 대규모 아파트 단지처럼 공동체적 가치질서가 완전히 붕괴, 소멸한 뒤 성립된다. 주민은 민주적 교육을 받아 권리의식이 높고 행정에 생활개선을 요구하는 것을 당연한 권리로 인식한다. 상대적으로 정치의식도 높기 때문에 조직화도 빠르며 집단적으로 행정에 문제를 제기하고 촉구한다. 따라서 행정의 입장에서 보면 주민조직은 위의 2개 모델과 같은 행정보조라기보다 압력단체로 받아들여진다. 리더는 고등교육을 받은 사람들이거나 노동조합활동, 시민단체활동 등을 통해 조직활동을 배운 사람들이다. 이곳 주민들은 요구할 것은 요구하고 관철시키는 것을 당연한 권리로 받아들인다.

넷째, 커뮤니티 모델은 도시화 성숙에 따라 앞서 언급한 세 가지 모델이 이행된 것이다. 도시화 진행에 걸맞게 상대적으로 고학력에 생활 수준이 높은 직업군이 선도적 그룹으로 주민 전체에 광범위하게 퍼져 있다. 주민은 지역사회에 필요한 여러 사항을 자신의 손으로 직접 실현하고자 한다. 조직화도 '필요한 것이 무엇인가?'란 관점에서 출발해 과제별로 조직화되고 리더가 선출된다. 주민조직은 행정과정과의 자주적 대응 및 주민 생활의 다원화, 고차원화에 걸맞은 친목, 레크리에이션, 학습, 문화활동 등 다양한 소집단 활동을 기초로 한다. 주민 한 사람 한 사람의 개성과 에너지를 각각의 분야에서 다양하게 살릴 수 있는 유한책임형 리더가 지역지도층이다. 지역사회와의 관계는 '태어나고 자란 사회', 또는 '권리요구 실현의 루트'보다는 주민 주체의 생활기반으로서 선택된다. 이 과정에서 주민 상호 간 연대관계가 깊어져 행정과의 자주적 대응이 시도된다. 주민의식은 개별자아 모델과 마찬가지로 가치의 사회화를 중시한다. 주민의 지배적인 생각은 "이곳은 삶의 터전이자 쉼터이기 때문에 주민이 '주인의식'을 가지고 서로 자발적으로 협력해 살기 좋게 만들어야 한다"는 것이다.

이상의 4개 모델을 주민유형과 주민의식, 주민조직, 지역리더의 네 가지 요소를 중심으로 분석, 정리하면 〈표 3-1〉과 같다.

〈표 3-1〉 지역모델의 분석 시점

| 지역모델 / 분석 틀 | 전통적 지역공동체 모델 | 전통형 아노미 모델 | 개별자아 모델 | 커뮤니티 모델 |
|---|---|---|---|---|
| | 특수화-주체화 | 특수화-객체화 | 보편화-객체화 | 보편화-주체화 |
| ① 도시화 논리에 대한 대응 | 후퇴적 | 일탈적 | 적응적 | 선행적 |
| ② 주민유형 | 전통형 주민층 | 무관심형 주민층 | 권리요구형 주민층 | 자치형 주민층 |
| ③ 주민의식 | 원주민 공동의식 | 방임, 방관적 의식 | 시민형 권리의식 | 주민 주체의식 |
| ④ 주민조직 | 구 촌락형 조직 | 행정계열형 조직 | 대행정 압력단체형 조직 | 주민자치형 조직 |
| ⑤ 지역리더 | 명망 · 유력자형 리더 | 담당자 · 유력자형 리더 | 조직활동가형 리더 | 유한책임형 리더 |

출처 : 오쿠다(奥田道大, 1983).

오쿠다는 이 모델들이 도시화에 따라 단계적으로 발전해 나가는 것을 상정했지만 변화에 어떤 역학이 존재하는지는 명확하지 않다. 오히려 지역사회의 규모에 따라서 이 모델들은 상존하는 형태로 종종 나타난다.

## 3. 공동체 회복에 관한 이론

### 1) 공생이론

전술한 대로 지역사회는 곧 공동체이다. 따라서 공동체를 구성하는 개인은 기꺼이 더불어 살고자 하는 공생의식이 필요하다. 원래 공생이란 서로 다른 두 생물이 특별한 해(害)를 주고받지 않는 상태에서 접촉하면서 같이 살아가는 생활양식으로, 쌍방이 모두 이익을 주고받는 상리공생(相利共生, 상생)과 한쪽만 이익을 보는 편리공생(片利共生)이 있다. 이에 반해 한쪽은 이익을 보지만 다른 쪽이 해를 입는 관계를 기생(寄生)이라고 한다. 공생에는 두 종류의 생물이 고착해서 생활하는 경우와 두 종류가 서로 독립해서 살다가 일시적인 접촉을 가지는 경우 등이 있다. 전자의 예는 식물에 많고, 후자의 예는 동물에 많다.

공생사상은 Normalization[2] 이념이 보급되고 1981년 UN의 '세계 장애인의 해' 제정을 계기로 부각되었다. 특히 과거의 시설복지에서 지역사회복지, 재가복지로 사회복지서비스의 중심이 변화되면서 하나의 지향점이 되었다고 할 수 있다. 그런데 지역사회에는 장애인 · 치매노인 · 부모의 양육을 받지 못하는 아동 등과 '공생할 수 없는' 현실이 있고, 이로 인해 여러 가지 사회복지 문제와 생활문제가 발생하는 것이다. 따라서 사회복지에 있어 '공생의 실현'은 아름다운 이념으로서가 아닌 현실의 척박함을 염두에 둔 비판적 사고가 필요하다. 사회복지에 있어

2 Normalization은 '2) Normalization'에서 상세히 다룬다. 정상화로 번역되기도 하지만 원뜻의 의미를 살리기 위해 원어를 그대로 쓰기도 한다. 뱅크 미켈슨(Bank Mikkelsen)이 '정신지체인들이 가능한 한 정상에 가까운 생활양식을 얻도록 해주는 것'으로 표현했고 니르제(Nirje)에 의해 이론이 체계적으로 설명되고 상세히 다듬어졌다.

'공생의 실현'은 아름다운 이념으로서가 아닌 현실의 척박함을 염두에 둔 비판적 사고가 필요하다. 공생사상이 반차별과 반억압 운동, 배제에 대한 반성에서 제기되었다는 것을 상기할 필요가 있으며 이를 미화하는 것에 대해서는 경계해야 한다. 왜냐하면 공생의 아름다운 이미지가 차별을 은폐하고 초점을 흐릴 위험성이 있기 때문이다.

공생은 여러 학문분야에서 이론적으로 발전해 왔다. 정치학은 이데올로기의 대립을 넘어 세계 평화와 남북 간의 격차 해소, 남녀 간 공생 등을 주장해 왔다.

공생시대의 경제학은 오랜 기간 학문적 대상 외로 취급해 왔던 무상의 공기, 물, 동식물 등 인류의 공유재산을 유상으로 보고 경제학의 대상으로 포함시키는 책임을 가져야 한다고 주장한다. 이로써 자연과 인간을 관련지은 경제학의 이론적 재구축이 이루어졌다(谷川一男, 1996).

사회학에서는 시대를 보는 관점의 변화로 공생을 설명하고 있다. 예를 들면, 강자와 약자, 선진국과 개도국, 다수와 소수, 개인과 조직, 남성과 여성 등 지금까지 엄격한 대립과 적의와 전쟁의 시대에서 오늘날은 대화와 조화, 평화의 협조노선을 거쳐 쌍방의 긴장관계를 유지한 자립, 자치와 조정과 자기변혁의 시대로 변화, 변용하는 것으로 본다. 이는 또한 탈이데올로기, 탈국가, 탈성차 등의 새로운 시대 사회에 대응하는 새로운 가치이념의 탐구와 구축이 요구되고 있음을 보여준다(坂田義教, 1996).

공생의 사회복지적 함의는 사람과 환경과의 상호작용에 따른 생활문제를 규명하고 그 해결을 위해 개입한다. 생활문제의 발생 또는 원조에 있어 공생은 중요한 두 가지 측면이 있다. 첫째, 공생이 필요한 배경으로서 그 반대상황인 차별, 배제의 문제가 있고, 둘째, 원조에 있어 필요한 공동행위, 즉 '반차별'과 '공동의 형성'이 과제이다.

예를 들면, 공생의 원리에서 본 다문화복지실천이란 '서로의 차이를 인정하고 전제한 다음 차별 없이 함께 살아가는 것'이다. 이를 위한 과제는 한국인에 의한 외국인 차별을 없애는 것과 이주한 외국인의 문화 활성화에 노력하는 것이다. 이를 위해 외국인 차별을 근절하는 운동을 한층 전개해야 하며, '서로의 차이를 인정'하기 위해 다음 세대를 담당할 아동들의 문화적 정체성 형성을 보장해야 한다. 많은 이주 외국인들이 볼 때 한국 사회가 살아가는 방식이 다른 이문화 사람들이 통합된 살기 좋은 '공생사회'가 되어야 한다.

### 2) Normalization

Normalization 원리는 1952년 덴마크에서 창립된 '지적장애아 부모모임'이 그 발상지이다. 당시 덴마크 사회성 지적장애인[3]복지과에서 시설행정을 담당했던 뱅크 미켈슨(Bank Mikkelsen)이 이 이념의 창시자이다. Normalization은 지적장애인에게 가능한 매우 통상적인(normal) 생활상태를 부여하자는 것으로, 덴마크는 1959년 세계 최초로 지적장애인, 발달장애인의 권리를 법제화하였다. 이후 Normalization 이념은 전 세계로 퍼져나갔고 장애인복지를 중심으로 중요한 사회복지 이념으로 자리매김하였다.

그런데 Normal한 생활이란 어떤 것인가? 이는 하등 특별할 것 없는 지극히 통상적인 생활을 말한다. 아이들이 부모와 함께 생활하며 학교 교육을 받는 것은 특별한 조치가 아니지만 장애를 이유로, 빈곤을 이유로, 부모의 방임 때문에 부모와 함께 살지 못하거나 교육에서 배제되어 이 같은 평범한 일상을 보장받지 못하는 경우가 매우 많다. 성인이 되어 직업을 가지고 이성을 만나 교제하고 결혼하며 육아를 경험하는 것 또한 지극히 평범한 인생주기일 것이다. 그러나 역시 장애와 다문화배경, 나이나 성적 정체성 등을 이유로 취업할 수 없거나 결혼과 출산에 있어 사회적 압력이 작용한다.

뱅크 미켈슨은 주택조건과 일과와 여가생활에 있어 장애인의 Normalization을 과제로 삼았다. 즉, 대부분의 비장애인이 하등 특별할 것 없이 자신의 집에서 생활하는 것처럼 장애인에게도 이를 보장하자는 것이다. 이는 당시 대규모의 장애인시설에서 생활하는 지적장애인들이 자립과는 요원한 생활에 처해 있는 것을 보고 지역사회에서의 생활을 주장하게 된 것이다. 또한 일과와 여가에 있어서도

3 당시의 용어는 '정신박약'이다. '정신지체'를 거쳐 현재의 '지적장애'에 이르렀다.

주중에 아동은 학교, 성인은 직장 중심으로 생활이 이루어지며 휴일에는 여가생활을 하는 것을 과제로 삼았다. 전술한 대로 장애인은 교육을 받지 못하거나 직업생활에서 배제되며 휴일에 여가생활을 즐길 기회가 박탈되는 현실 때문이다.

스웨덴의 니르제(Nirje, 1969 재인용)는 이를 한층 발전시켜 다음의 여덟 가지 도달기준을 제시하였다. 즉, ① 하루하루의 노말한 리듬, ② 일주일의 노말한 리듬, ③ 일 년간의 노말한 리듬, ④ 라이프사이클에 있어 노말한 리듬(발달단계에 따른 노말한 경험), ⑤ 노말한 욕구의 존중, ⑥ 이성과의 접촉생활, ⑦ 노말한 경제적 수준, ⑧ 노말한 주거환경 수준이다.

즉, 아침에 일어나서 옷을 입고 식사하고 잠을 자는 것과 같은 생활패턴과 시간을 포함한 하루의 리듬과 가정생활과 일, 여가생활을 즐기는 데 있어 휴일과 평일이 구분되는 1주일을 말한다. 또 자기결정과 결혼할 권리를 포함한 이성관계의 발달, 그리고 노동에 대한 공평하고 정당한 임금을 확보하고, 지역사회의 보통시민이 이용 가능한 시설을 모델로 한 초등학교와 작업장, 그룹홈, 입소시설과 같은 물리적 시설의 제공을 의미한다.

실제 스웨덴은 바로 이 이념을 근거로 1950년 이후부터는 대규모 시설이 없어지고 소규모 지역사회시설로 전환하게 되었다. 이는 기존의 지적장애인의 대규모 수용시설에 대한 반성에서 시작된 것이며, 탈시설화를 통한 자립생활의 방향 전환을 의미하는 것이었다(Able News, 2009. 6. 25).

이처럼 북유럽에서 태동한 Normalization 이념은 1971년 UN의 '정신박약자 권리선언'과 함께 전 세계 공통의 실천과제로 부상하였고, Normalization은 그 이념적 우수성에도 불구하고 전 세계에 보급되는 과정에서 당위적이고 '슬로건화'[4]되면서 좀처럼 그 달성을 위한 구체적 방법론과 평가기준이 제시되지 못하였다. 미국의 울펜스버거(Wolfensberger, 1972; 1977 재인용)는 이 같은 Normalization 이론의 과제를 극복하기 위하여 SRV(Social Role Valorization : 사회적 역할 정상화) 이

4 육교 위에 걸린 현수막 중에는 "더불어 함께 사는 사회"라든지, "바르게 살기"와 같은 것이 있다. 말로는 훌륭하지만 도대체 어떻게 살자는 것인지 모르는 것이 태반이다. 이는 종종 선거철에 나도는 "복지사회 구현"과 같은 맥락에 있다.

론을 제기하였다. SRV 이론은 “가능한 한 사람들에게 가치 있는 사회적 역할을 습득, 정립, 유지시키기 위해 문화적으로 가치 있는 수단을 이용하는 것” 또는 “사람들이 문화적으로 가치 있는 삶을 영위할 수 있도록 하기 위한 문화적으로 가치 있는 수단들의 이용”이다. 이는 장애인도 비장애인과 동등한 가치를 가지고 있음을 인식하고 이들이 사회적 역할을 습득하고 정립, 유지할 수 있게 사회문화적으로 가치 있는 역할의 수행을 지원해 주는 것을 목적으로 한다.

울펜스버거는 Normaization이 주류화나 탈시설화와 혼돈되어서는 안 된다고 경계하였다. 주류화와 탈시설화는 가치절하를 받은 사람들을 통합적인 방식이 아닌 형태로 사회에 존재하게 하는 것을 목적으로 하고 있다. 따라서 이러한 방향은 가치절하를 받은 사람들에 대하여 더 큰 상처를 안겨줄 가능성이 높다는 것이다.

이는 자연스레 두 가지 방향의 실천, 즉 동화(同化)로서의 Normalization과 이화(異化)로서의 Normalization(定藤丈弘, 1995 : 36-40)으로 이어진다. 동화로서의 정상화는 기존의 격리수용적 시설수용에 의한 비인간적 보호에 대한 반성에서 모든 지적장애인을 포함한 요보호자에게 보통의, 즉 다른 시민과 같은 생활조건, 생활방식을 제공하고자 하는 것을 목적으로 하는 이념이다. 장애인의 생활을 보통 수준에 가깝게 하는 것을 목적으로 하기 때문에 동화적 측면이 강하다.

이화로서의 Normalization는 “어떤 사회에서 그 구성원의 일부라도 특정 사람들을 배제할 때, 그 사회는 나약하고 무서운 사회이다”(Able News, 2009. 6. 25 : 36-40)라는 표현처럼 장애인을 배제, 차별해 온 사회에 대한 반성이다. Normalization 이념은 발전 초기에는 동화적 측면이 중시되었지만 모든 장애인이 가능한 범위 내에서 일반시민과 같이 평등하게 살며 정상적인 생활수준을 유지할 수 있는 지역사회 생활을 확보하는 이화로서의 Normalization이 그 목표로 대두되고 있다.

이화로서의 Normalization은 기회 평등에 대한 결과 평등, 또한 기회 평등을 포함한 모든 주민의 실질 평등을 권리로서 보장하는 것을 목표로 한다. 이화로서의 Normalization의 실천적 목표는 다음과 같다.

첫째, 상시 보호를 필요로 하는 중증장애인이라 할지라도 본인이 원하면 그 가족의 지원 유무에 관계없이 지역사회에서 독립생활이 가능하도록 지원하는 것을 목표로 한다.

둘째, 보호가 포함된 주택과 그룹홈의 확산이다. 중증의 장애인이라 할지라도 기존의 사회복지시설을 지양하고, 지역사회를 기반으로 한 그룹홈에서의 통상적인 생활의 확립을 목표로 한다.

셋째, 일반적인 지역사회 통합의 실현을 목표로 하는 것이다. 즉, 통상적인 생활의 보장이란 모든 요보호자가 가능한 범위 내에서 보통시민과 마찬가지로 양육되고, 생활하고, 배우고, 일하며 사는 것이 가능하며, 일상적으로 교류할 수 있는 생활을 확보하는 것이다.

넷째, Normalization이 새로운 '지역공동체 이념'의 구축을 목표로 한다. 요보호자를 포함한 모든 국민, 시민의 실질적 평등을 권리로 보장하는 것을 승인하는 사회는 장애가 있고 없음에 관계없이 각각의 불완전한 요소를 가진 인간들이 서로 돕고 한 사람 한 사람이 생활주체자로서 자기를 주장하고 상호 개성을 존중하는 사회를 기반으로 하고 있다.

따라서 Normalization 이념은 모든 사회적 약자에게 다른 시민과 동등한 생활조건과 양식, 환경을 제공하는 사회의 실현을 목표로 한다. 분리와 격리적 보호에 따른 발달장애와 자유, 프라이버시의 침해로 대표되는 인권 통제에 대한 비판과 반성은 더불어 살기 위한 기본적 전제가 되어야 한다.

## 4. 지역사회 문제의 실태

지역사회에서 '더불어 살아가지 못하는' 문제는 여러 가지가 있지만 극명하게 드러나는 것으로 고독사를 들 수 있다. 보건복지부는 최근 2년간(2022~2023) 우리나라에서 발생한 고독사 현황 및 특징을 조사한 '2024년 고독사 사망자 실태조사' 결과를 발표했다. 현행 법에서 고독사는 "가족, 친척 등 주변 사람들과 단절된 채 사회적 고립상태로 생활하던 사람이 자살 · 병사 등으로 임종하는 것"으로 정의하고 있다. 고독사 사망자 수가 가장 많은 연령대는 60대와 50대이고 성별은 전 연령대에서 80% 이상이 남성이었으며 발생장소의 절반 이상이 주택이었다. 2024년 하반기부터 모든 지자체에서 고독사 예방 시범사업을 시작하는 등 고독사 예방 사업들을 본격적으로 추진하고 있다(보건복지부, 2024).

**사 례 1**

**'고독사' 또 늘어 작년 3661명…절반은 '5060 남성'**

(한겨레신문, 2024. 10. 17. 김소연 기자)

50~60대 중장년층 남성과 빈곤층을 중심으로 고독사가 증가 추세를 보이고 있다.

2019년 11월 5일 오후 서울 강남구 삼성동 코엑스에서 열린 2019 산업별 일자리 박람회를 찾은 한 중년 남성이 채용정보 게시판을 살펴보고 있다. 연합뉴스

17일 보건복지부가 발표한 '2024년 고독사 실태조사 결과'를 보면, 지난해 전체 고독사는 3661명으로 조사됐다. 2021년 3378명에서 2022년 3559명, 지난해 3661명으로 꾸준히 증가 추세다. 복지부는 "지난 2년 동안 고독사 사망자 수가 늘어난 데는 1인 가구가 증가하고, 1인 가구로 한정했던 고독사 범위를 넓혀서 조사한 것도 영향을 줬다"고 설명했다.

고독사는 가족 · 친척 등 주변 사람들과 단절된 채 사회적 고립상태로 생활하던 사람이 자살 · 병사 등으로 숨을 거두는 것을 말한다. 정부는 2022년 처음으로 실태조사를 시작했고, 이번이 두 번째다.

고독사는 50~60대 중장년층 남성과 빈곤층에 몰려있다. 지난해 50대와 60대 남성 고독사는 각각 970명과 1004명으로 전체 고독사(3661명)의 절반이 넘는 53.9%를 차지했다. 50~60대 남성 고독사 비율은 2017년 45.3%에서 2021년 52.1%, 지난해 53.9%로 대폭 증가했다. 노정훈 복지부 지역복지과장은 "50~60대 남성 고독사의 경우 주로 이혼이나 사별하는 경우가 많다. 혼자가 된 뒤 독립적으로 일상생활을 살아가는데 서툰 부분이 있는 것 같다"고 말했다.

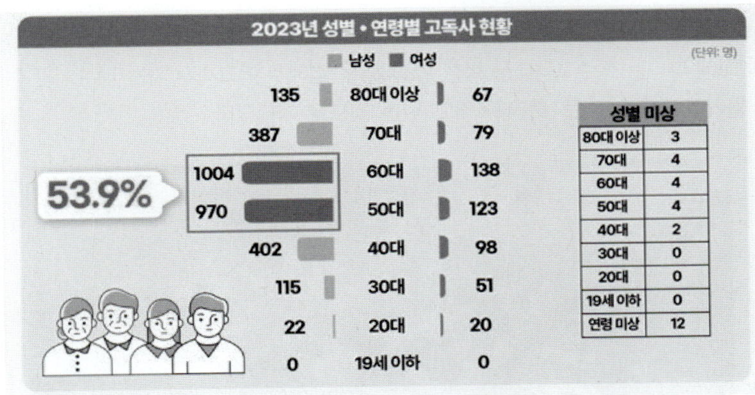


빈곤층도 고독사에 취약하다. 전체 고독사 중 기초생활보장 수급자 비중은 지난해 41.4%(1413명)로 집계됐다. 고독사 10명 중 4명은 빈곤층인 셈이다. 고독사로 사망한 기초생활수급자는 2019년 901명에서 2021년 1300명, 2022년 1301명, 지난해 1413명으로 계속 늘어나고 있다.

배형우 복지부 복지행정지원관은 "올해 7월부터 전국 모든 지자체에서 고독사 예방 시범사업을 시작했다. 조금씩 성과가 있을 것"이라며 "이번 실태조사 결과를 바탕으로 정부 정책의 부족한 부분을 채워 고독사를 줄일 수 있도록 최선을 다하겠다"고 말했다.

'고독사' 또 늘어 작년 3661명…절반은 '5060 남성', 한겨레신문, 2024. 10. 17. 김소연 기자 dandy@hani.co.kr

한편, 서울 강서구의 특수학교 설립에 반대하는 지역 주민들의 반대에 학부모들이 '무릎 호소'까지 해야 했던 2019년 이후 5년이 지났다(한국일보, 2019. 4. 18., "눈 온 날 학교 데려다 주니 점심시간…장애학생 머나먼 등굣길"). 그러나 특수교육 대상 학생은 늘어나는 데 반해 원거리 통학으로 불편을 겪는 학생들이 많음에도 지역 주민들의 특수학교 설립 반대는 여전하다.

### 사 례 2

**"장애학생 2283명, 집에서 특수학교까지 1시간 넘는 원거리 통학"**

(한국일보, 2024. 7. 13. 손현성 기자)

특수학교에 다니는 특수교육대상 학생 2,283명은 집에서 학교까지 가는 데 1시간 이상 걸리는 원거리 통학으로 큰 불편을 겪고 있는 것으로 나타났다.

광주장애인부모연대가 2일 오전 광주 서구 5 · 18교육관에서 2024 특수교육 정책 토론회 '학교 밖으로 내몰리는 장애 학생 무엇이 문제인가'를 열고 있다. 뉴시스.

13일 강경숙 조국혁신당 의원이 교육부로부터 제출받은 '시도별 특수학교 통학 소요시간'(2019~2023년 · 매년 4월 1일 기준)을 분석한 결과, 지난해 전국 특수학교에 다니는 학생 2만7,901명 중 원거리 통학을 하는 학생은 2,283명(8.2%)으로 집계됐다. 원거리 통학 비율은 2019년과 2020년 7.7% 비율이었으나 2021년 8.0%로 늘었다. 2020년에는 6.6%로 다소 감소했다가 지난해 다시 1.6%포인트 늘었다.

지역별로는 지난해 기준 충북 특수학교에 다니는 장애 학생의 원거리 통학 비율이 24.5%(1,306명 중 320명)로 가장 높았다. 이어 경남(12.85%), 경북(12.2%), 전남(9.9%), 울산(9.2%) 등 순이었다. 서울은 3.9%로 낮은 편이었으며, 대전이 2.3%로 가장 낮았다.

(기준일 : '23. 4. 1. / 단위 : 명)

| 시도 | 통학 소요시간별 학생 수(편도) | | | | | |
|---|---|---|---|---|---|---|
| | 30분 이내 | 1시간 이내 | 1시간 이상 2시간 이내 | 2시간 이상 | 합계 | 원거리 통학* |
| 전체 | 15,021 | 10,597 | 2,270 | 13 | 27,901 | 2,283 |
| 서울 | 2,803 | 1,277 | 160 | 5 | 4,245 | 165 |
| 부산 | 1,074 | 793 | 87 | – | 1,954 | 87 |
| 대구 | 1,136 | 609 | 95 | – | 1,840 | 95 |
| 인천 | 909 | 881 | 45 | – | 1,835 | 45 |
| 광주 | 615 | 449 | 35 | – | 1,099 | 35 |
| 대전 | 616 | 443 | 25 | – | 1,084 | 25 |
| 울산 | 293 | 355 | 66 | – | 714 | 66 |
| 세종 | 149 | 60 | 7 | – | 216 | 7 |
| 경기 | 2,646 | 2,084 | 645 | – | 5,375 | 645 |
| 강원 | 562 | 266 | 25 | – | 853 | 25 |
| 충북 | 510 | 476 | 320 | – | 1,306 | 320 |
| 충남 | 514 | 663 | 121 | – | 1,298 | 121 |
| 전북 | 581 | 432 | 90 | – | 1,103 | 90 |
| 전남 | 718 | 316 | 107 | 7 | 1,148 | 114 |
| 경북 | 575 | 743 | 183 | – | 1,501 | 183 |
| 경남 | 1,119 | 455 | 230 | 1 | 1,805 | 231 |
| 제주 | 201 | 295 | 29 | – | 525 | 29 |

* 원거리 통학 : 통학 소요시간이 1시간 이상 소요되는 학생 수

2023년 기준 통학(편도) 소요시간별 학생 수. 강경숙 조국혁신당 의원실 제공

특수교육대상 학생은 최근 5년 사이 매년 늘어나고 있다. 2019년 2만5,103명, 2020년 2만5,307명이던 장애 학생은 2021년 2만6,068명, 2022년 2만6,978명으로 증가했다. 지난해에는 2만7,7901명으로 늘었다. 교육당국은 제6차 특수교육발전 5개년 계획(2023~2027년)에 따라 원거리 통학 개선을 위해 특수학교과 일반학교 특수학급을 지속 확대한다는 계획이지

만 지역 주민 반발 등으로 특수학교를 충분히 확대하지 못하고 있다. 전국 특수학교는 2021년 187개에서 2022년 192개, 지난해 194개로 늘었으나 과밀학급 비율은 2022년 8.7%에서 지난해 9.9%로 늘어난 상황이다.

강경숙 의원은 "특수학교 장애 학생들은 우리 사회의 더 많은 관심과 사회적 안전망이 필요하다"며 "충분한 교육 여건을 갖출 수 있도록 교육당국의 대책 마련이 시급하다"고 밝혔다.

"장애학생 2283명, 집에서 특수학교까지 1시간 넘는 원거리 통학", 한국일보, 2024. 7. 13. 손현성 기자 hshs@hankookilbo.com

## 5. 지역사회 문제의 대응방안

앞에서 소개한 사례는 지역사회에서 일어나는 많은 문제 가운데 빙산의 일각이다. 모든 사람이 지역사회에서 안심하고 존중받는 생활을 하기 위해서는 더불어 살고자 하는 주민 모두의 인식 변화가 필요하다. 그러한 토대 위에는 다음과 같이 개인과 지역사회, 그리고 국가 차원의 다양한 해결방안이 모색되어야 한다.

### 1) 주민참여

주민이란 지방자치단체의 구역 안에 주소를 가진 사람을 말하며(지방자치법 제16조), 일정 지역에 주소를 두고 생활, 사회경제활동을 하는 개인 및 법인을 뜻하기도 한다. 따라서 성별, 행위능력, 국적, 자연인 및 법인까지 포함하는 넓은 개념으로 이해할 수 있다(부산시 누리집 희망북구). 주민참여는 종전까지 정책을 결정하던 엘리트 집단이 아니면서도 주민이 정책 결정 과정에서 배제되지 않고 공동의 목표를 이루기 위한 정책 변화를 끌어낼 수 있는 주체적 힘을 가진 존재로서 권력 배분이 민주적으로 이루어지는 것이라고 할 수 있다(김만호, 2009). 주민 스스로가 복지를 자신의 문제로 생각하고 복지대상자에게 연대감을 가짐과 동시에 복지활동에 주체적으로 참가하며 역할을 담당하는 의식과 태도를 가질 때 복지커뮤니티 형성은 가능할 것이다. 이는 언제까지나 지역사회의 복지문제를 행정과 전문직에게만 의존하지 않는 주민주도형의 커뮤니티 조성을 말한다.

주민의 주체적인 참여는 지역사회복지의 목적인 '살기 좋은 지역사회를 창조'하는 것에 있다. 이를 위해 주민 자신은 원하는 현재의 과제를 명확히 하여 공유하고 과제해결을 위한 방책을 주민 자신의 손으로 만들어 가야 한다.

나아가 주민참여는 주민자치를 실현한다. 저출생 · 고령사회, 정보화사회의 진전과 주민의 고학력화에 따른 주민의식의 변화는 복지문제, 복지활동, 지역활동에 대한 이해와 높은 관심을 불러일으킨다. 또한 주민의 권리의식과 자치의식의 고양으로 자신들의 생활을 스스로 지키고자 하는 주민자치를 실현하게 되었고 자원봉사나 시민활동에 대해 높은 관심을 가진다.

특히 참여를 통해 주민들은 지역사회복지의 제공자와 이용자를 동시에 경험한다. 현재 서비스를 이용하지 않는 사람이라도 필요한 시기가 올지 모르며 실제 서비스가 필요한 상태이지만 어떤 이유로 이용하지 못하고 있는 잠재적 이용자일 수 있기 때문이다. 따라서 현재 서비스 이용자뿐 아니라 다양한 입장의 주민들로부터 '누구나 쉽게 이용할 수 있는(accessibility) 서비스'에 대한 검토와 평가의 필요성을 알게 된다.

사회복지에서 참여민주주의가 가지는 의미는 사회복지정책을 결정하고 시행할 때 사회복지에 의해 삶의 영향을 받는 전체 시민들의 참여기회가 제도적으로 확실히 보장되어야 한다는 데 있다. 이렇게 시민참여의 민주화가 논의되는 이유는 사회복지에 대한 국가 개입이 증대되면서 권위주의, 관료주의의 강화가 우려되기 때문인데, 일반적으로 사회복지에서 참여민주주의가 갖는 의미는 다양하다 (참여사회연구소, 1997).

첫째, 기존의 사회복지정책 과정 또는 정책결정 구조에 시민들이 반드시 영향을 준다는 점이다. 헌팅턴(Huntington)은 시민참여는 기존의 의사결정자인 행정기관의 결정에 대하여 시민이 직접적으로 영향을 미치려는 활동과정으로, 참여의 본질적 요소는 시민, 권력, 의사결정이라고 지적했다.

둘째, 일반시민들이 정책결정의 주체자로 되게 한다는 점이다. 자신의 삶에 영향을 미치는 사회복지정책 결정과정에서 제외되어 정책의 수동적인 대상으로 전락한 시민이 활발한 참여를 통해 자신의 삶을 결정하는 주체자로서 직접 정책에 관여하게 된다는 것이다.

셋째, 참여민주주의를 통하여 권력의 분산을 이루어 간다는 점이다. 즉, 정책결정의 권력이 소수 정책결정자로부터 전체 시민으로 분산된다는 것을 의미한다.

사회복지에서 참여민주주의라는 것은 시민들이 자신의 삶의 질에 대한 결정권을 가진다는 의미에서 시민의 자아실현을 위해 필수적인 것이다. 또한 그로 인해 권력의 이동과 분산이 이루어진다는 점에서 민주화의 한 요소라고 할 수 있고, 나아가 사회복지정책의 정당성과 효율성을 실현하는 필요조건이라고 하겠다.

지역사회복지에서 주민참여는 실태조사, 인터뷰, 지역사회보장계획 책정위원회(지역사회보장협의체, 주민공모), 지역간담회 등 매우 다양한 형태로 이루어질 수 있다. 지역사회보장계획 수립과정에서 주민참여를 유도하기 위해 홍보지와 다양한 미디어 등을 활용하여 계획책정 과정을 정기적으로 주민에게 알릴 필요가 있다.

지역간담회를 통한 참여는 지연, 당사자, 활동가, 서비스 제공자를 통한 것이다. 지연을 활용한 읍면동(지역에 따라 다름)의 지역간담회는 농촌의 경우 마을회관 단위 등 지역성을 배려하여 부녀회, 청년회, 노인회 등 속성별 단체와 조직이 해당된다. 당사자 참여는 노인과 장애인, 아동을 양육 중인 주민, 장애아 부모회, 단주, 단도, 환우회 등이 해당된다. 그리고 활동가로서의 참여는 자원봉사활동, NPO 등 복지활동, 시민활동 등의 실천단체 및 그 대표자회의가 해당된다. 마지막으로 활동서비스 제공자로서의 참여는 복지 · 보건 · 의료 등 관련 복지서비스 제공자의 경영자 및 실무 담당자가 해당된다.

### 2) 복지교육

지역사회에서 더불어 살아가기 위해서는 주민의식의 변화가 필요하다. 그러나 이것은 막연한 호소나 강제로서는 실현될 수 없다. 좋은 지역사회를 만드는 데 동참하기 위해서는 교육을 통한 '깨달음'이 필요하다.

복지교육은 "헌법에 명시된 사회적 기본권 확립의 전제인 평화와 민주주의 사회 구축을 위해 역사적으로, 사회적으로 소외되어 온 사회복지 문제를 소재로 학습하는 것으로 사회복지제도 · 활동에의 관심과 이해를 높이고, 주민 자신의 인격 형성을 통해 더불어 함께 살아갈 힘, 사회복지 문제를 해결할 힘을 습득하는 것을 목적으로 실시되는 의도적 활동"으로 정의된다(大橋謙策, 1999).

즉, 복지교육이란 역사적 · 사회적 존재인 사회복지 문제를 학습소재로 하며 사회복지 문제와 일상생활을 연결하는 체험학습을 중시하는 학습방법론을 통해 구체적으로는 Normalization 원리를 구체화하는 힘과 사회복지 문제의 해결력을 통해 '주체형성'을 하기 위한 것이 목적이다.

복지교육은 아동 · 청소년 대상의 복지교육과 모든 국민을 대상으로 하는 지역복지활동의 한 방법으로써의 유형이 있다.

아동 · 청소년 대상 복지교육은 단순히 고령화사회나 지역의 복지문제 해결을 위한 필요뿐 아니라 오늘날 문제시되는 "교육의 황폐"를 시정하는 점에서도, 아동 · 청소년의 발달보장적 측면에서도 필요하고 중요한 교육 실천이다. 현대의 아동, 청소년들은 대인관계 능력이 떨어지고 성취감, 달성감의 상실, 집단에의 귀속의식 · 준거의식의 희박화, 생활기술 능력이 현저히 떨어지는 문제를 안고 있다. 이들을 위한 복지교육의 목표는 다음과 같다.

첫째, 대인관계 능력, 자기표현 능력의 형성이다. 세대 간, 다문화, 장애인과의 교류를 통해 획일화된 인간관계를 넘어 자신들과 다른 존재를 알고 가치관과 생활의 다양성을 경험함으로써 여러 사람들과 인간관계를 맺는 힘을 기르는 것이다.

둘째, 사회적 유용감(자기효능감) 취득이다. 상대의 긍정적 반응에 따라 '나도 할 수 있다'는 자신감을 얻음으로써 스스로도 살아갈 의욕을 갖게 한다.

셋째, 문제해결 능력의 형성이다. 예를 들어, 장애인과 교류하는 가운데 자신들이 함부로 방치한 자전거가 얼마나 장애인의 이동에 불편을 주는지 알게 되면, 행동을 반성하고 그 해결을 위해 계몽 포스터를 제작하거나 회의에 회부해 문제에 공동으로 대응하게 되는 것이다.

넷째, 기본적 인권을 존중하는 태도이다. "인간은 모두 평등하다"는 평범한 진리를 복지교육을 통해 전달하려고 할 때 '같음'을 전제하지 않고 '다름'을 알게 한 후 서로의 공통점, 즉 접점을 발견하는 과정이 중요하다. 이 접점을 통해 비로소 '같은 인간'임을 인식하고 나아가 '생명의 소중함'을 깨닫게 된다.

다섯째, 생활기술 능력의 습득이다. 복지교육은 세대를 통해 자연스럽게 습득하는 사회상식(청소, 가사, 관혼상제 등)을 습득한다(小林雅彦 외, 2004 : 132-133).

한편 모든 국민을 대상으로 하는 복지교육은 지역사회복지를 추진하는 데 반드시 필요한 활동으로 다음 네 가지 측면에서 그 의의를 살펴볼 수 있다(大橋謙策, 1999).

첫째, 지역복지 실천주체의 형성이다. 지역사회에서 각각의 '점'으로 존재하는 많은 사회적 약자는 행정이 제공하는 재가복지서비스만으로는 파악되지 않는다. 이들을 지역사회라는 '면' 안에서 보호하기 위해서는 이웃을 필두로 지역 주민의 사회복지에 대한 이해와 참가를 전개하지 않으면 안 된다.

둘째, 사회복지에 있어 지방자치 주체의 형성이다. 시군구의 사회복지 수준이나 비용 부담의 문제와 지역사회보장계획에 대해 제대로 판단할 수 있도록, 주민의 사회복지에 대한 이해와 참가가 전개되어야 한다.

셋째, 사회복지서비스 이용주체의 형성이다. 재가복지서비스 이용자는 이용 가능한 서비스 종류를 숙지하는 것이 필요하며 여전히 남아있는 스티그마를 불식하지 않으면 이용이 어렵다. 그 때문에 본인도 이웃주민도 스티그마 없이 필요한 때 필요한 서비스를 이용할 수 있도록 하기 위해 주민의 사회복지 이해를 넓혀서 서비스를 이용 가능한 것으로 해야 한다.

마지막으로 지역사회에서 세대 간 갈등을 고조시킬 수 있는 연금제도, 의료제도에 대한 국민의 관심과 이해가 필요하다. 연금제도나 의료제도는 "세대 간 계약"이 성립되어야 한다. 따라서 젊은 세대도 노인세대도 바람직한 연금제도나 의료제도에 대해 자신의 의견을 갖고 그 위에 국민적 합의형성을 해야 한다. 이는 배워야 할 국민적 교양이다.

### 3) 자원봉사활동

Volunteer는 라틴어로는 자유의지를 나타내며 프랑스어로는 기쁨의 정신을, 영어로는 자발성에 근거한 봉사자, 독지가로 표현된다. 따라서 자원봉사는 자주성 및 자발성, 자기실현의 기쁨, 무상성, 연대성을 나타내며 단순한 봉사도 자선도 아니다.

자원봉사 정신을 영어로 표기하면 Volunteerism이 될 것이다. 그런데 이 용어의 어원이 되는 유사단어가 2개 더 있다. 하나는 Voluntarism이고 또 하나는 Voluntaryism이다.

인간의 마음은 지(知)·정(情)·의(意)로 구성되었다고 보고 이 중에서 지적인 것, 즉 지성과 이성, 오성(悟性)이 지니는 기능을 감정이나 의지의 기능보다도 상위에 있다고 보는 입장이 주지주의(intellectualism, 主知主義)(두산백과)이다. Voluntarism은 이와는 반대로 인간의 의지의 자발성과 자주성을 강조하는 주의주의(voluntarism, 主意主義)로 주로 쇼펜하우어(Schopenhauer)나 파스칼(Pascal), 아우구스티누스(Augustins) 등에 의해 계승되었다.

'Y'가 붙은 또 하나의 Voluntaryism은 역사적으로는 자유교회(Free Church or Voluntary Church)의 입장을 대변하는 것이다. 사회복지에서는 최초의 우애방문을 실천한 사람으로 알려진 토마스 차머스(Thomas Chalmers) 목사가 신구빈법하 영국에서 상호부조를 통한 독자적인 구제활동을 실시한 결과 구빈법 대상 빈민을 한 사람도 발생시키지 않았다는 기록이 있다. 이는 신앙의 정열과 권력에 의한 박해가 종교적 단결력을 강건하게 해 자유교회를 등장시켰고, 이런 종교적 전통에서 민주적 단체훈련과 고유의 공공정신을 사회적으로 계승하게 되었다(岡本, 1989).

대개 'Y'가 붙은 Voluntaryism은 국가 권력과 기존 교회로부터 받는 탄압과 억압에도 굴하지 않는 주체성과 저항정신의 표상이다. 이는 오늘날 민간단체(voluntary association)의 존재의의와도 직결되는 이념이기도 하다(岡本, 1989).

오늘날 우리가 즐겨 사용하는 Volunteerism은 위 2개의 자원봉사 이념에 그 역사적 뿌리를 두고 있지만, 이러한 역사적·철학적 논의보다는 미국식 해석에 입각해 지나치게 무상성만이 강조되는 측면이 있다. 무엇을 위한 무상인지 다시 한번 되새겨 볼 일이다.

다른 사람들에게 도움이 되고자 하는 의욕은 곧 자원봉사의 주체성이며 보다 나은 세상을 위해서라는 목적은 자원봉사의 사회성과 연대성, 그리고 복지성의 특징이다. 또한 무보수는 무상성이란 특징이다. 우리나라에서 자원봉사는 '공짜로 일하기', '무상봉사'의 이미지가 강하나 무상성이 자원봉사의 본질은 아니다. 오히려 자원봉사활동은 시민이 주체적, 자유의지로 사회복지활동에 참가하고자 하는 것이 본래의 의미로, 주체성을 확보하기 위해 이익이나 보수에 얽매이지 않고 무상으로 활동하는 것이다(岡本, 1989).

지역사회에서 모두가 더불어 살기 위해서는 행정이나 사회복지법인이 제공하는 공식적 서비스만으로는 부족하다. 물론 노인과 장애인 등 사회적 약자들의 안전한 지역생활을 위해서는 법과 제도적 정비를 통한 충분한 지역사회복지서비스가 먼저 양적으로 확보되어야 하겠지만 어떤 사회에서도 이는 충분하지 않다. 지역에서 일어나는 고독사나 잔혹한 아동학대의 결말 등의 대부분은 공무원이나 사회복지사들의 열정과 무관한 사각지대에서 발생한다. 따라서 이는 지역 주민들의 자발적인 지킴이 활동 없이는 발견도, 예방도 어려운 것이 사실이다.

# 제4장
# 빈곤문제

1. 문제제기
2. 빈곤이란 무엇인가?
3. 빈곤의 요인과 결과
4. 빈곤선 · 빈곤기준 · 최저생활비
5. 한국의 빈곤 실태
6. 빈곤문제의 대응방안

# 제4장

# 빈곤문제

## 1. 문제제기

빈곤은 어느 나라에서도 사회복지의 각 활동이 형성되는 원점이 되는 문제이다. 그렇기 때문에 빈곤문제는 사회복지의 커다란 문제로 다루어졌다.

하지만 공공부조제도 등의 빈곤층을 위한 대책들이 만들어지면서 빈곤에 대한 복지적 대책은 충분히 정비가 된 듯한 낙관적인 시각이 확대되었고, 차츰 사회복지의 논점은 빈곤에서 멀어졌다. 먹을 것이 없어서 배곯던 '시절'은 어른들의 추억 속 이야기가 되어가고 있고, 불과 30여 년 전인 1997년 외환위기 때 흔히 보이던 노숙인의 모습도 많이 줄어들었다. 빈곤문제는 정말로 낙관적으로 볼 수 있는가?

길거리에 보이는 노숙인의 수가 줄어들었다고는 하나 찜질방, PC방을 전전하는 이들의 수는 점차 증가하고 있으며, 노인 빈곤율은 OECD 국가 중 가장 높은 수준(2022년 기준)이다. 거기다 일을 해도 가난한 근로빈곤층도 점차 늘어나고 있는 등 현대사회에서의 빈곤은 다양한 양상으로 나타나고 있다.

이 장에서는 이처럼 시대와 사회에 따라 변화하고 있는 빈곤의 양상과 개념에 대해 이해하고, 빈곤으로 인해 파생되는 다양한 생활상의 문제에 대해 알아보고자 한다.

## 2. 빈곤이란 무엇인가?

### 1) 보이는 빈곤과 보이지 않는 빈곤

일반적으로 빈곤은 '생활에 필요한 자원이 결여된 상태'로, 필수품의 결핍이 결국에는 심신의 황폐를 초래하는 것까지 포함하는 개념으로 알려져 있다. 즉, 빈곤은 생활에 있어서 '필요 충족의 결여'에 초점을 둔 생활의 '상태'를 나타내는 개념이다. 단, 이 '필요 충족의 결여'가 누가 보더라도 명확히 '보이는' 형태로 확대되고 있는 경우와 이것이 '보이지 않는' 형태로 진행되는 경우가 있다.

산업화, 도시화 등을 포함한 경제사회의 발전은 '보이는 빈곤'을 '보이지 않는 빈곤'으로 바꾸어 놓는 경향이 있다. 예를 들어, 도시의 슬럼과 같은 '보이는 빈곤'은 새로운 산업과 도시계획의 실시에 따라 점차 해체되어 가고 있다.

또한 다양한 생필품이 저렴하게 생산되어 시장에 나오게 되면서 소유하는 '물건'의 수와 종류는 증가하게 되어 우리는 그것을 소위 '풍요'라고 부르기도 한다. 하지만 그것이 빈곤이 없어진 것인지 묻는다면, 오히려 '보이지 않는 빈곤'으로 변화되고 있는 것이라고 하는 편이 더 적당할 것이다.

19세기에서 20세기로 이행하는 시기에, 영국의 수도 런던 동부지역을 대상으로 조사를 한 부스(Booth)는, 전 인구의 32.1%가 빈곤상태에 있으며, 또한 그 상태에 있는 사람들이 '부랑자'라든지 '일용직 노동자'만이 아닌 '상시근로자'도 다수 포함되어 있다는 것을 확인했다. 또한 부스의 영향을 받아 요크시에서 조사를 실시한 라운트리(Rowntree)는 빈곤을 최저생활비로 과학적으로 산정하여 보통의 노동자가 일생 동안에 3번의 최저생활비 라인(빈곤선) 아래를 맴돌 가능성을 제시해 영국 사회에 커다란 충격을 주었다. 이 유명한 2개의 사회조사는 빈곤이 단순히 눈에 보이는 것이 아닌 이미 자본주의가 충분히 확립된 영국 도시지역의 일반적인 노동자들의 생활 속에서도 '숨겨져 있는' 것임을 밝히고 있다(岩田正美, 2013 : 2).

### 2) 화폐에 의한 빈곤 파악

부스나 라운트리의 조사는 빈곤을 측정할 경우에 소득액과 생활비를 문제로 하고 있다. 예를 들어, 라운트리는 육체적 효율성을 유지하기 위해서 불가피한 생활자원을 화폐로 환산하여 최저생활비를 작성하고, 수입이 이 최저생활비 아래인지 아닌지로 빈곤 여부를 측정하였다. 여기에서는 집에 전구가 설치되어 있는지, 혹은 마실 물이 있는지와 같은 상태를 의미하는 것이 아닌, 이러한 상태를 '돈'=화폐의 양으로 나타내고 있는 것이다.

화폐경제가 고도로 발달한 자본주의 사회에서는 생활에 필요한 대부분의 재료가 상품으로 팔리고 있으며, 많은 사람들이 노동을 통해 얻은 화폐 수입으로 생활에 필요한 '물건'과 '서비스' 등을 구입하고 있다. 이 경우 화폐 수입은 생활에 있어서 주요한 자원이므로 '생활자원'으로도 부를 수 있다. 생활은 이 생활자원으로서의 수입에 의해 가족의 필요 · 충족을 채우며 운영된다. 물론 가사노동, 육아 등 무상으로 운영되고 있는 서비스도 있기에 수입이 모든 생활의 수준을 나타낸다고는 말하기 어려우나, 이 생활자원으로서의 수입과 이것을 사용해서 물건과 서비스를 구입한 생활비 수준으로 생활상태를 어느 정도 나타내는 것이 가능하다.

'생활의 상태' 이 자체는 질적인 부분도 있어서 비교하기에 쉽지 않으나, 화폐는 이것을 생활자원의 수준, 생활비 수준이라고 하는 양적으로 비교 가능한 것으로 바꿀 수 있다는 이점이 있다. 또한 이런 방법을 사용하면 '보이지 않는 빈곤'을 파악하는 것도 어느 정도 가능해진다. 이로 인해 빈곤은 슬럼이나 농촌의 빈곤과 같은 형태의 측정방식에서 차츰 멀어져, '생활자원으로서의 화폐 수입이 필요생활비를 어느 정도까지 충당할 수 있는가'라고 하는 방법으로 파악되게 되었다. 빈곤이 '돈' 문제라고 생각되기 쉬운 것은 이 때문이다.

하지만 주의할 것은 "빈곤은 어디까지나 생활에 이용되는 재원과 서비스라고 하는 '생활자원의 결핍 상태'와 '그 결과'를 넓은 의미로 나타내는 것으로, 자본주의 사회에서는 이것이 '화폐'로 대표되는 것에 불과하다"라는 것이다. 라운트리가 활용한 최저생활비=빈곤선이라고 하는 화폐액은 당시의 영국 노동자의 최저한의 육체적 재생산 상태를 나타내고 있는 것으로, 이는 필요한 구체적인 생활재의 종류와 그것을 규정하는 노동자의 생활양식을 전제로 하고 있다(岩田正美, 2013 : 2-3).

### 3) 절대적 빈곤과 상대적 빈곤

화폐로 '보이지 않는 빈곤'을 측정한다고는 해도, 이 경우 빈곤기준에 어느 정도의 '생활상태'를 상정할 것인가에 대해서는 다양한 의견이 있다. 라운트리는 과학적인 빈곤기준으로서 주로 영양학을 기반으로 인간의 최저생활비를 고안하여 이 최저생활비와 수입을 비교해서 빈곤인지 아닌지를 측정하였다. 그 배경에는 빈곤이라는 것은 '인간의 생존이 위협당하는 상태'라는 생각이 있기 때문이다. 이처럼 인간의 육체적 재생산을 가능하게 하는 기본적 필요를 기준으로 빈곤을 다루고자 하는 방식은 '절대적 빈곤'이라고 부른다.

이에 반해 빈곤의 기준을 사회의 대다수 사람들의 생활과 비교하며 다루는 방식이 있다. 사회의 다수의 사람들이 하고 있는 생활상태를 기준으로 하는 이 방식은, 보다 불충분한 상태가 출현하고 있는 것을 먼저 측정하여 이를 초래하고 있는 생활자원=수입 수준을 빈곤으로 다루는 방식이다. 이 방식은 인간의 일반적인 생존이 아닌, 구체적으로 어떤 사회의 공통적인 생활방식과 습관에서 탈락하는 것을 문제로 하고 있기 때문에 '상대적 빈곤'이라고 부른다.

이 외에도 빈곤기준에는 몇 가지가 있는데 뒤에서 구체적으로 살펴보기로 하고 여기에서 몇 가지를 강조하고 가자면 다음과 같다. 먼저 빈곤을 다루는 기준이 다양하다는 것은 사회의 구성원에 따라 어떤 생활상태를 '문제'라고 생각하는지가 다양하다는 것이다. 바꿔 말하면 절대적 빈곤을 강조하는가 상대적 빈곤을 강조하는가는 사회구성원의 가치관에 의존하고 있는 것이다. 현대사회에서는 절대적 빈곤보다는 많은 사람들이 행하고 있는 생활양식에서 전체적으로 혹은 부분적으로 배제되는 상태를 야기하고 있는 생활자원의 상태, 즉 상대적 빈곤이 주로 문제시되고 있다. 이는 인간이 사회에서 살아가는 것을, 사회 속의 어떤 공통의 문화나 양식 속에서 생활하고 있는 것이라고 보는 인식이 강하기 때문일 것이다. 그래서 이 '공통의 문화와 양식에서의 배제 · 탈락'이라는 관점에서 '생활자원의 부족'이 문제시되기 쉬운 것이다.

최근 서구 유럽에서는 빈곤이라고 하는 용어를 대신해서 사회적 배제(social exclusion)라는 용어를 사용하는 경우가 늘어났는데, 위의 이런 견해가 크게 반영된 것이라고 할 수 있다(岩田正美, 2013 : 10). 사회적 배제(social exclusion)는 1980년대에 청년층 실업 문제로 고민하던 프랑스에서 시작하여, EU의 사회통합(social inclusion) 정책과 관련되어 사용되는 용어이다. 주로 물적 자원의 부족으로서 정태적으로 다루던 빈곤을 특정 집단이 사회에서 떨어져 나가는 프로세스에 초점을 둔 개념이다.

## 3. 빈곤의 요인과 결과

### 1) 빈곤의 요인

빈곤요인에 대해서 몇 가지 견해가 있으나 크게 나누어 보면 빈곤이 개인의 나태, 무능력에서 기인한다는 개인요인설과, 경기 변동과 사회구조의 변화로 발생한다는 사회요인설을 들 수 있다. 물론 지금도 전자의 개인요인설을 강조하는 연구자도 있으나, 개인의 힘으로는 어떻게 하기 어려운 사회의 구조 및 그 변동에 의해 빈곤이 발생되고 있다고 해석하는 것이 일반적이다. 예를 들어, 부스가 강조한 것과 같이 빈곤을 실제로 발생시키는 큰 요인 중 하나로, 산업구조의 변화 · 경기 변동 등으로 인해서 생기는 실업 · 저임금과 같은 '고용문제'와 '경영부진 · 도산' 등이 있다.

하지만 빈곤은 반드시 이런 경기 변동, 실업에 의한 소득 결핍만으로 발생하는 것은 아니다. 소득이 변하지 않아도, 가족구성원의 증가, 질병 등 기타 생활비를 증가시키는 계기가 빈곤의 요인이 되는 경우가 종종 있다. 라운트리가 밝힌 바와 같이 아동양육기와 노령기 등 라이프 사이클의 특정 기간에 빈곤이 많이 발생하는 것도 이 때문이다.

또한 현대사회에서는, 예를 들어 고급차를 구입하기 위해 대출을 한다든지, 혹은 비싼 할부금을 지불하는 경우 얼핏 보기에는 고소득자처럼 보일지라도 '생활자원의 결핍 상태'가 되는 경우가 있으며, 신용카드의 보급으로 개인파산도 증가하고 있다. 상대적으로 낮은 교육 수준, 장애 등으로 인해 복잡한 현대 경제사회 속에서 합리적인 생계를 해나가기 어려운 경우에도 '생활자원의 결핍'이 발생하게 된다.

그리고 개인적으로 발생하는 예기치 못한 사고와 재해, 질병 등도 빈곤해지는 요인으로 작용하고 있는 것 또한 경험을 통해 이미 드러난 사실이다. 이런 측면을 보면 빈곤의 요인을 실업, 경기 변동과 같은 사회적 요인만으로 설명하는 것은 무리가 있어 보이기도 한다.

하지만 이 경우 빈곤을 발생시키는 직접적인 요인을 이것저것 열거하는 데 그칠 것이 아니라, 이런 요인을 막아내야 하는 개개인의 생활이 '개인의 노력'에 따라 성립된다고 하는 근대사회의 구조에 착목할 필요가 있다.

근대 이후의 사회에서는 수입을 얻고 개인과 가족의 일상생활을 영위해 나가는 것 혹은 다양한 변동요소를 극복해 가는 책임을 기본적으로 개인과 가족의 노력에 맡기고 있다. 아이를 양육하고 노인을 부양하는 것도 가족의 책임하에 있었다. 이런 '생활의 자기책임'을 기본으로 삼는 사회시스템 속에서 노화(≒life cycle)라고 하는 인간과 가족의 극히 자연스러운 변화, 개인적이고 우연한 사고, 자연재해 등은 개개인의 노력의 성취를 방해하는 요인이 된다는 측면으로 빈곤문제의 요인이 전환되어 가고 있다.

그렇기 때문에 빈곤에 빠질 가능성은 그 사회의 모든 사람에게 있으며 근본적으로 '생활의 자기책임'을 기조로 하는 사회시스템과 관련이 있다. 이런 의미에서 빈곤은 사회가 만들어 내고 있다고 말할 수 있다. 하지만 동시에 빈곤은 개인적인 노력과도 관련되어 나타나고 있기에 마치 빈곤이 개개인의 노력 부족 때문이라고 하는 개인적 요인으로 바뀌어 버리게 되는 위험도 있다. 지금도 빈곤을 개인의 책임으로 돌리는 방식이 없어지지 않는 이유가 이 때문일 것이다.

또한 개인의 노력은 사회 속에서 개개인과 가족이 처한 '사회적 · 직업적 위치'에 따라 크게 달라진다는 점도 주의할 필요가 있다. 특히 현대사회에서 사람들의 생활을 성립시키는 '직업적 위치'는 상하의 서열을 가진 계층구조를 만들어 내고 있으며, 이는 임금과 그 외의 노동조건뿐만 아니라 실업과 도산의 확률도 달라지게 한다. 자산과 학력의 격차는 모든 사람들이 동일한 출발선에서 출발하지 못하게 하고 있다. 따라서 빈곤에 빠질 가능성은 누구에게나 있다고는 하지만 그 가능성의 크기는 다르다는 것, 이 점을 간과하지 말아야 할 것이다.

빈곤은, 위에서 언급한 요인과 계기를 매개로 사회의 하위계층에서 많이 출현하고 있다(岩田正美, 2013 : 11-12).

## 2) 빈곤의 결과와 순환

위에서 언급한 바와 같이 빈곤은 '생활자원의 결핍 상태'라고 할 수 있다. "빈곤하다"라는 것은 '생활자원의 결핍'을 의미하지만, 경우에 따라서는 이 '결핍'이 '결핍'에서 끝나지 않고 다양한 결과를 초래하는 경우가 있다. 빈곤이 심각한 사회문제가 되는 이유는 빈곤이 다양한 결과를 동반하기 때문이며 그것을 방치하는 사회는 바람직한 사회가 아니라는 것이 반복적으로 주장되고 있기 때문일 것이다.

예를 들어, '결핍'은 개개인의 심신상태를 해치고 질병과 사망을 초래할 가능성이 크다. 또한 '결핍'은 저학력 등과도 관련되어 사회의 일반적인 생활양식하에서 '보통의 생활'을 곤란하게 하기 쉽다. 영국의 빈곤론의 저명한 학자인 타운젠트(Townsend)는 생활자원의 '결핍'만이 아닌 생활양식에서의 탈락을 '사회적 박탈(social deprivation)'이라고 명명하며 이를 문제화하였다. 타운젠트는 이 사회적 박탈이라고 하는 하나의 지표로서 빈곤 측량을 실시했는데, 이것이 앞에서 설명한 상대적 빈곤 개념의 대표적인 방식이다.

일반적인 생활양식에서의 탈락은, 탈락한 사람을 차별과 사회적 배제의 대상으로 두는 경향을 조장하기 쉽다고도 한다. 여기에서는 탈락한 사람들에 대한 사회의 비난, 혹은 탈락한 사람들 스스로의 낮은 자기평가도 동반하게 된다. 앞에서 지적한 사회적 배제라고 하는 용어는 이러한 사회적 관계에 있어서 빈곤을 초래하는 작용을 문제로 하고 있다고 할 수 있다. 따라서 빈곤은 생활자원의 문제이기도 하면서 동시에 그 결과로 생겨난 사람들의 심신의 문제이기도 하며, 또한 사회에서 특정의 사람들을 배제하는 사회관계의 문제이기도 하다.

이런 결과는 재차 빈곤의 요인으로 전환되기 쉽다는 것도 지적되고 있다. 말하자면 '빈곤의 악순환'[1]인 것이다. 이는 질병이 빈곤의 요인이 되고 빈곤이 질병의 원인이 되는, 혹은 낮은 교육 수준으로 임금이 낮은 일 외에는 구하기 어렵고 그 때문에 자녀들에게도 질 높은 교육을 시키기 어려운 차별과 배제는 물론, 진학과 취업을 방해해 사회복지를 포함한 사회서비스로부터도 멀어지는 경우가 적지 않기 때문에 더욱더 사회와 단절되는 생활을 어쩔 수 없이 하게 되는 것을 말한다. 이런 현상은 아직도 적지 않게 나타나고 있다(岩田正美, 2013 : 12-13).

### 3) 빈곤의 주체적인 측면

이처럼 빈곤의 깊은 곳까지 파고들어 가면 빈곤 속에 있는 사람들의 의식과 생활태도라고 하는 것도 문제가 되기도 한다. 빈곤문제는 빈곤을 그 외부에서 객관적으로 파악하는 것인데 이것과 달리 빈곤 속에 있는 사람들 자신이 그 생활을 어떻게 평가하고 있는지, 그것을 어떻게 해결하고 싶어 하는지와 관련된 주체적인 측면이 존재하고 있다. 앞에서 언급한 '낮은 자기평가'도 그 하나이다. 물론 그 주체적 측면은 사회구조에 규정되어 형성되고 있다. 예를 들어, 빈곤한 상황은 거기에서 탈출하고 싶다고 생각하는 가치나 생활태도와 더불어 그 빈곤한 상태와 얽힌 일반사회에서 밀려난 낙인을 자신들 스스로가 내면화시켜 버리는

1 20세기 초 해리(Harry)에 의해 제창된 개념으로 빈곤현상은 실업, 다자녀, 질병 등에 의한 소득 저하에 따라 발생하지만, 그 원인이 빈곤이라고 하는 결과를 초래하고, 동시에 그 결과가 재차 생활상태의 악화요인이 된다고 하는 순환론이다. 빈곤이 사회적으로 재생산되는 측면을 경시하고, 빈곤층을 특수한 계층으로 보는 편견을 만들어 내기 쉬운 사고방식이기도 하다.

생활상태를 발생시킬 가능성도 있다.[2]

'빈곤의 악순환'과 '장기 빈곤층'의 존재는 종종 빈곤문화나 의존적인 생활태도를 하나의 요인으로 설명해 왔다. '빈곤문화(culture of poverty)'란 미국의 문화인류학자 루이스(Lewis)가 자신의 저서인 『산체스의 아이들(The Children of Sanchez)(1961)』(멕시코에서 미국으로 불법 이주한 산체스 가족의 미국 내 일상생활을 묘사한 사회소설)을 통해 처음으로 사용한 용어이다. 여기서 루이스는 "문화란 본질적으로 대대로 전수되어 오는 생활양식인데 빈민들 역시 대대로 전수된 문화, 즉 빈곤문화를 가지고 있다"고 주장하였다. 그는 세대를 통해 계승되어 온 빈민들의 생활양식이 그들을 그 문화 속에 가두어 두는 역할을 하고 있다고 지적하고 있다. 물론 '문화'만으로 빈곤을 이해하는 것은 매우 위험하다. 하지만 '문화'도 포함해서 빈곤을 이해하는 것은 중요하기도 하다(岩田正美, 2013 : 13-14).

## 4. 빈곤선 · 빈곤기준 · 최저생활비

### 1) 빈곤의 조작적 정의

빈곤 실태를 파악하고자 하는 경우 빈곤이 도대체 무엇인가에 대해 답하지 않으면 안 된다. 하지만 빈곤을 명확히 정의하는 것은 아마도 인간과 사회의 관계에 대해 명쾌하게 답을 내리는 것만큼이나 어려울 것이다. 위에서 언급한 바와 같이 시장경제를 기본으로 하는 사회에서는 노동자 가족의 생활은 그 대부분이 화폐와 상품의 교환에 의해 이루어지며, 그 '필요(니드)'도 화폐에 의해 환산된다. 따라서 노동자 생활을 불안정하게 하거나 곤란을 느끼게 하는 빈곤을, 그들의 '필요(니드)'에 대한 화폐량의 부족으로 다루는 것은(빈곤 전체를 다루는 것은 어려울 수 있으나) 유용한 방법이라는 것은 틀림없을 것이다.

2 湯浅誠(2008)은 교육 · 고용 · 가족관계 등의 배제과정에서 그 책임을 배제되는 사람 탓으로 여겨왔고 결국에는 배제되는 본인들 스스로 이를 내면화시켜 '내 탓'이라고 받아들여 자신을 소중히 여기지 않는 상태로 몰아넣게 되는데 이를 '스스로의 배제'라고 설명하고 있다.

라운트리는 빈곤을 총수입이 가족구성원의 육체적 효율성을 유지하기 위한 최저수준에도 부족한 상태로 규정하고 그 수준을 화폐로 환산한 것을 '빈곤선'으로 칭하였다. 이 빈곤의 정의에서 '빈곤선'이라고 하는 사고는 빈곤을 수치화해서 파악하기 위한 조작적인 것이라고 할 수 있다.

어쨌든 이 '빈곤선'은 빈곤의 측정도구로 활용되며 노동자 가족의 생활을 빈곤한 생활상태와 그렇지 않은 생활로 가려내는 것을 가능하게 하였다(岩田正美, 2013 : 17-18).

## 2) '1차 빈곤'과 '2차 빈곤'

라운트리는 빈곤을 측정하는 데 있어서 세대의 총수입이 차이가 남에도 불구하고 비슷한 빈곤상태에 있는 가족이 존재하는 것에 착목하여 빈곤을 두 종류로 구분해서 정의했다.

1차 빈곤(primary poverty)으로 구분되는 계층은 '총수입이 가족구성원의 육체적 효율성을 유지하기 위한 최저수준에도 부족한 세대'이며, 2차 빈곤(secondary poverty)으로 구분되는 계층은 '총수입의 일부를 다른 용도(쓸모가 있는지 없는지는 상관없음)로 사용하지 않는 한 육체적 효율성을 유지하기에 충분한 세대'로 구분했다.

라운트리의 빈곤선을 규정하는 '육체적 효율성의 유지'란, 예를 들어 '1페니짜리 신문도 사지 못하고, 돈이 들기 때문에 이웃들과도 어울리지 않으며, 아버지의 경우는 담배를 피거나 술을 사 마실 수도 없는' 상태를 말한다. 즉, 육체적인 효율성을 위해서 절대적으로 필요한 것 이외에는 살 여유가 없는 수준을 의미한다.

따라서 2차 빈곤이란 수입의 일부가 가족원의 의료비에 (유용하게) 지출되거나, 아버지의 담배나 맥주를 사는 비용(유용하지 않은) 등으로 지출된 결과, 육체적 효율성을 유지하는 것이 곤란해진 상태를 말한다. 이 경우 총수입만을 보면 빈곤선 위에 있음에도 불구하고, 육체적 효율성의 유지를 위한 소비 비용 중 일부가 (유용한지 아닌지는 상관없이) 다른 용도로 지출되어 버린 탓에 빈곤선 이하로 떨어져 버린 경우를 말한다(岩田正美, 2013 : 18).

### 3) 빈곤선 산정 및 측정 결과

라운트리는 빈곤선을 측정하는 데 있어서 식비, 피복비, 주거비, 잡비의 최저 수준액을 더해서 산정하는 방식을 고안했다. 성인과 아동의 평균 영양필요량을 추정하여 그 영양필요량을 각종 음식물로 환산하고, 그 음식물을 구입하기 위하여 필요한 현금을 산출했다. 그리고 이렇게 산출된 식비에다가 가구규모에 따라서 피복비, 연료비, 잡비 등의 최저필요액을 가산하여 빈곤선으로 하였다(최선화 외, 2015 : 100).

이는 이후에 마켓 바스켓(market basket) 방식으로 불리며 이론적 생계비의 대표적인 산정방식으로서 다양하게 사용되었으며, 특히 공공부조제도의 최저생계비 산정방식으로 많이 활용되고 있다.

어찌 되었든 빈곤선을 기준으로 빈곤에 빠진 노동자 가족의 양과 그 성격의 해명은 당시의 빈곤에 대한 인식을 근본적으로 바꾸기에 충분했다. 영국의 비교적 부유한 지방도시인 요크시에서 빈곤상태에 있는 노동자 가족의 수는 노동자 전체의 약 28%에 달했고, 빈곤에 빠지는 원인의 대부분은 개인의 책임에 의한 것이기보다는 저임금 등 고용상의 문제이자 사회적 문제에 의한 것이었다.

더욱이 일반적인 노동자의 생애는 빈곤선을 오가는 파동(波動)의 형태를 띠고 있었고(그림 4-1), 특히 아동을 양육하는 시기와 은퇴 이후는 필연적으로 빈곤에 빠지는 것으로 실증되어 사회문제로서 빈곤에 대한 사회정책의 필요성을 높였다.

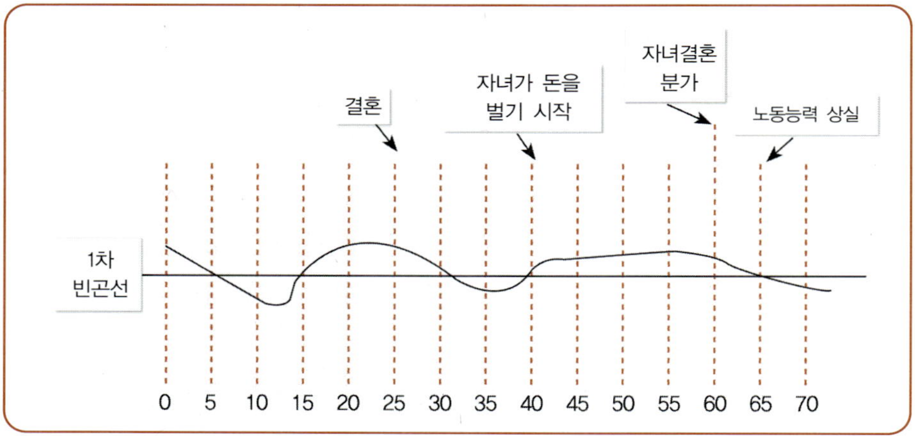


|그림 4-1| 노동자 가족의 생애생활 모델

출처 : 岩田正美(2013), p. 19 재인용; Rowntree, B. S.(1954).

## 4) 상대적 빈곤기준

상대적 빈곤 개념을 기반으로 한 빈곤기준은 사회 속 사람들의 소득이나 소비수준과의 비교를 통해 '몇 % 정도의 비율인가'라고 하는 방법으로 결정되기도 한다. OECD 등이 채택하고 있는 국민의 평균적 소득수준의 50% 이하, 혹은 60% 이하라고 하는 것처럼 상대적인 기준을 채용하는 방식이 이에 해당된다.

이 상대적 기준은 인간의 일반적인 생활에 보편적으로 해당하는 생리적 수준이라고 하는 것을 기준으로 하는 것이 아닌, 어떤 구체적인 사회에서 상대적으로 낮은 수준의 생활 정도밖에 못하고 있는 상태를 빈곤의 기준으로 하고 있다. 따라서 상대적 빈곤에서 중요한 것은 사회의 평균적인 생활수준을 정확히 파악하는 일이다. 상대적 빈곤을 주장하는 대표적인 학자인 타운젠트는 상대적 빈곤을 "일상식품을 획득하고 사회활동에 참여하며, 그들이 속한 사회에서는 관례적인 생활조건과 편의시설을 갖기에 필요한 자원을 결여하고 있는 사람"이라고 정의했다(김영모 편, 1992 : 37). 타운젠트는 이런 상대적 빈곤을 그 사회구성원의 공통적인 생활양식에 착목하여 그런 생활양식과 관습이 박탈[3]되어 있는 상태로 다루고 있으며, 이를 사회적 박탈(social deprivation) 개념으로 제기하였다.

하지만 사회의 공통적인 생활양식과 관습이라는 것은 국가, 지역에 따라서 크게 차이가 날 수 있으며, 그 기준을 활용해 빈곤을 측정하고 조사하는 것은 매우 많은 노력을 필요로 하는 등 이 개념은 빈곤기준으로서는 난점이 많다. 그럼에도 불구하고 사회적 고립을 특징으로 하는 현대적 빈곤에 근접한 연구방법을 개척하고 빈곤 개념을 확장했다는 점에서는 높이 평가된다.

## 5. 한국의 빈곤 실태

절대적 빈곤 개념을 적용하여 빈곤선을 설정해 측정하는 방식으로는 전술한 바와 같이 라운트리의 최저생활비 측정이 대표적이다. 우리나라의 경우 2014년까지 라운트리의 마켓 바스켓 방식[4]을 적용해 지역별, 가구규모별, 가구유형별로 계측해 정부가 발표하는 최저생계비가 절대적 빈곤선이 되었다. 필수품으로 선정된 모든 품목의 가격 및 사용량을 토대로 표준가구(4인 가구)[5]의 최저생계비를 결정하고, 여기에 가구균등화지수[6]를 적용하여 가구규모별 최저생계비를 도출하

3 상대적 빈곤은 객관적인 지표를 이용해 빈곤을 규정하는데, 타운젠트는 12가지 박탈조건을 다음과 같이 제시하였다. ① 지난 1년 동안 일주일간의 휴가가 있었는지, ② 지난 4주 동안 친구를 집에 초대한 적이 있었는지(성인), ③ 지난 4주 동안 친구를 외식에 초대한 적이 있었는지(성인), ④ 지난 4주 동안 같이 논 친구가 있었는지(15세 미만 아동), ⑤ 생일파티를 했는지(아동), ⑥ 지난 2주 동안 예술을 관람한 적이 있었는지, ⑦ 일주일에 4일간 신선한 고기를 섭취했었는지, ⑧ 지난 2주 동안 하루 이상 요리된 음식을 섭취했었는지, ⑨ 일주일 동안 요리된 아침식사를 했는지, ⑩ 냉장고가 있는지, ⑪ 가족과의 일요모임을 가졌는지, ⑫ 가정 내 표준 편의시설(부엌, 온수, 수세식 화장실, 욕실, 가스 또는 전기 조리기 등을 의미)이 설치되어 있는지의 유무가 그것이다(Townsend, 1979).

4 본문에서도 설명한 바 있으나 최저생활비를 산정하기 위해서 시장(마켓)에서 바구니(바스켓)에 최소한의 필요 물품을 넣어서 그 총액을 최저생활비로 하는 생계비 산정 방법이다.

5 실태조사 결과를 토대로 4인 가구(부 42세, 모 39세, 아들 12세, 딸 10세로 구성)가 표준가구로 결정되었다(보건복지부, 2014).

6 최저생계비라는 것은 가족규모에 따라 달라지게 되어 있다. 예를 들어, 4인 가구의 최저생활비는 1인 가구의 최저생활비의 4배보다는 낮은 수준이다. 그러므로 빈곤선은 가족 수의 규모에 따라 조정되어야 한다. 대개 선진국의 경우 4인 가족을 기준으로 하여 빈곤선을 설정하고 그것을 기준으로 각 가구원 수의 빈곤선을 정하는데, 이 기초가 되는 것이 가구균등화지수이다. 한국보건사회연구원에서는 이 지수를 1인 0.3683, 2인 0.6069, 3인 0.8128, 4인 1.0000, 5인 1.1743, 6인 1.3392로 산출한 바 있다(최선화 외, 2014 : 100).

는 방식으로 2014년 최저생계비는 1인 가구일 때 603,403원이며, 표준가구인 4인 가구는 1,630,820원이었다.

〈표 4-1〉 2014년 최저생계비

| 구 분 | 1인 가구 | 2인 가구 | 3인 가구 | 4인 가구 | 5인 가구 | 6인 가구 |
|---|---|---|---|---|---|---|
| 최저생계비(월) | 603,403원 | 1,027,417원 | 1,329,118원 | 1,630,820원 | 1,932,522원 | 2,234,223원 |

〈표 4-2〉 2014년 표준가구 최저생계비 비목별 구성

| 최저생계비 | 1,630,820원 | 100.0% |
|---|---|---|
| 식료품비 | 605,423 | 37.1 |
| 주거비 | 290,626 | 17.8 |
| 광열수도비 | 116,178 | 7.1 |
| 가구집기비 | 46,338 | 2.8 |
| 피복신발비 | 67,854 | 4.2 |
| 보건의료비 | 68,256 | 4.2 |
| 교육비 | 74,910 | 4.6 |
| 교양오락비 | 31,483 | 1.9 |
| 교통통신비 | 153,411 | 9.4 |
| 기타 소비지출 | 91,591 | 5.6 |
| 비소비지출 | 84,750 | 5.2 |

출처 : 보건복지부(2014). 2014년 국민기초생활보장사업안내.

정부 발표 최저생계비를 적용한 2014년 우리나라 절대적 빈곤율은 시장소득기준 12.2%로 2010년 이후 감소 경향을 보이다가 2013년 이후 계속 증가 추세를 보였다(보건사회연구원, 2015 : 7-8).[7]

7 하지만 이 빈곤 통계에는 농어가 가구가 제외된 것으로 농어촌 지역에 혼자 사는 노인 비율이 높다는 점, 연령층 중 노인 빈곤율이 가장 높다는 점을 감안할 때, 농어가 가구를 포함한다면 실제 절대적 빈곤율은 이보다 높아질 것으로 추정된다.

한편 상대적 빈곤 개념을 적용하여 빈곤율을 측정[8]하는 OECD의 조사 결과[9] 우리나라의 빈곤율은 14.8%로 나타나며(OECD, 2021), 특히 65세 이상의 빈곤율은 39.7%로 2022년 기준으로 OECD 국가 중 가장 높은 수준이다(정우현 외, 2025). 2021년 상대적 빈곤율(가처분소득 기준)은 15.8%이며, 연령별로 살펴보면 중위 50% 기준 상대적 빈곤율은 76세 이상이 51.5%, 66~75세는 30.5%, 51~65세는 12.8%, 41~50세는 9.8%, 18세 미만은 9.9%, 18~25세는 8.7%, 26~40세는 9.1%로 나타난다. 즉, 우리나라 75세 이상 노인의 약 2명 중 1명 정도가 상대적 빈곤상태에 있는 것으로 나타난다.

인구 유형별로는 시장소득 기준으로 |그림 4-2|와 같이 노인, 장애인, 1인 가구, 한부모 가구 등의 순서로 빈곤율이 높게 나타나고 있다(김태완 외, 2023).

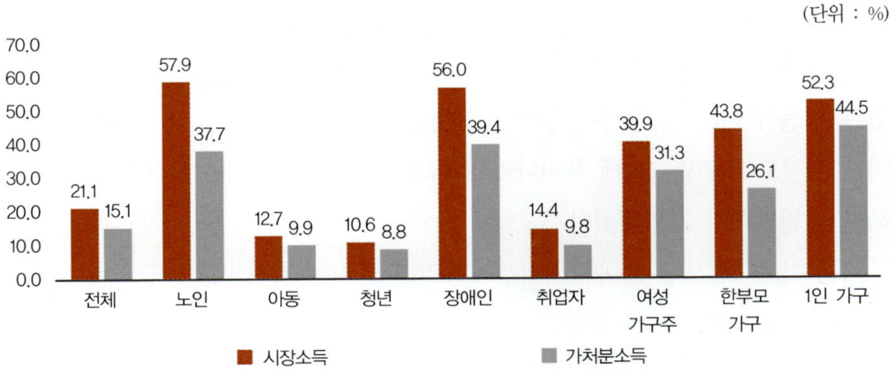


참고
*시장소득 = 근로소득 + 사업소득 + 재산소득 + 사적이전소득
**경상소득 = 시장소득 + 공적이전소득(연금 + 정부지원금)
***가처분소득 = 경상소득 - 조세 - 사회보장분담금

|그림 4-2| 인구 유형별 상대적 빈곤율(2021)

주 : 중위 50% 기준
출처 : 김태완 외(2023). 2023년 빈곤통계연보.

---

8 평균(또는 중위)소득(또는 지출)의 '일정 비율' 이하에서는 그 사회의 대다수가 일반적으로 누리고 있는 생활수준을 향유하지 못한다고 보고, 그 수준을 최저생계비로 보는 방식이다.

9 OECD의 경우 중위소득(한 가운데의 소득)의 특정 % 미만의 비율을 빈곤율로 측정하는데, 본 조사는 중위소득의 50% 미만을 기준으로 하고 있다.

## 6. 빈곤문제의 대응방안

### 1) 국민기초생활보장제도

2014년 2월 송파구에 사는 세 모녀가 큰딸의 만성질환과 어머니의 실직으로 인한 생활고에 시달리다가 "정말 죄송합니다"라는 메모와 함께 가지고 있던 전 재산인 현금 70만 원을 집세와 공과금으로 놔두고 번개탄을 피워 자살한 사건이 있었다. 식당일을 하며 아픈 두 딸과 어렵게 살던 어머니가 갑자기 팔을 다쳐 일을 그만두면서 극심한 생활고에 시달렸지만 부양의무자제도로 인해 기초생활보장제도의 지원을 받지 못했으며, 지방자치단체의 긴급구호라는 복지제도가 있었지만, 정보가 부족했던 이들은 경제적 어려움 속에 결국 극단적인 선택을 한 것으로 알려졌다.

이 사건 이후 어려운 사람들이 제대로 지원받을 수 있도록 복지 사각지대에 있는 이들에 대해 정부가 실질적인 노력을 기울여야 한다는 목소리가 커졌다. 이를 계기로 2015년 7월에 우리나라의 대표적인 공공부조제도인 기초생활보장제도의 지원방식이 개편되었다.

기존 기초생활보장제도는 '최저생계비'라고 불리는 최저생활에 필요한 비용(4인 가구 기준; 월 163만 원)을 정하고, 소득인정액이 이보다 적은 이들에게만 생계, 의료, 주거, 교육 등에 필요한 비용을 지원하며, 이 기준에서 조금이라도 벗어나면 일시에 모든 지원이 중단되는 형태였다.[10] 제도 개편을 통해 이렇게 한 가지 기준을 정해두고 전부를 지원하거나 전부를 지원하지 않는 단순 지원방식에서 벗어나 맞춤형으로 변화되었다. 즉, 형편이 최저생활보다 조금 나아졌다 해도 개인의 상황에 맞춰 급여별 지원 여부가 결정되는 방식으로 변화하였다.

가장 큰 변화는 선정기준이 되는 빈곤선이 절대 빈곤선에서 상대 빈곤선으로 변화했다는 점이다. 즉, 기존 기초생활보장제도의 선정기준은 마켓 바스켓 방식

10 그렇기 때문에 더욱 '빈곤의 함정'에 빠지게 한다는 지적도 있었다. 빈곤의 함정(빈곤의 덫, poverty trap)은 공공부조를 받는 사람의 경우에 소득이 약간만 증가하여도 공공부조의 전부 또는 일부를 받지 못할 수 있기 때문에 일자리를 구하려 하지 않는 것을 말한다(노병일, 2013 : 323).

의 최저생계비를 기준으로 하고 있으나, 개편으로 '기준 중위소득'의 일정 비율로 선정하는 방식으로 변화하였다.

〈표 4-3〉 국민기초생활보장제도 개편에 따른 변화

개편 전 → 개편 후(2015. 7. 기준)

| 선정기준 | 최대급여수준(내용) |
|---|---|
| 최저생계비 | 최저생계비의 80% 수준 현금급여(현물급여 등 제외) |
| | 필수의료서비스의 낮은 본인부담률(현물급여) |
| | 수업료, 교과서대 등 (현물급여) |

| 급여종류 | 선정기준 | 최저보장수준 |
|---|---|---|
| 생 계 | 중위소득 29%* | 중위소득 29% |
| 주 거 | 중위소득 43% | 지역별 기준 임대료 |
| 의 료 | 중위소득 40% | 개편 전과 동일 |
| 교 육 | 중위소득 50% | 개편 전과 동일 |

* 기준 중위소득 : 보건복지부 장관이 급여의 기준 등에 활용하기 위하여 중앙생활보장위원회의 심의·의결을 거쳐 고시하는 국민 가구소득의 중위값
(기존 최저생계비를 대체하여 급여별 선정기준 및 생계급여 최저보장수준에 활용되는 값)
출처 : 보건복지부 홈페이지.

제도의 지원대상은 소득인정액 기준과 부양의무자 기준을 동시에 충족하는 가구이다.

- 소득인정액 기준 : 소득과 재산을 소득으로 평가·환산한 금액이 선정기준 이하
- 부양의무자 기준 : 부양의무자가 없거나, 부양의무자가 있어도 부양능력이 없거나 부양을 받을 수 없는 경우(단, 교육급여는 부양의무자 기준 없음)

급여별 선정기준은 기준 중위소득 대비 비율을 적용하여[11] 〈표 4-4〉와 같다.

11 2025년 기준 1인 가구의 기준 중위소득은 2,392,013원이다.

2025년 기준 중위소득 (단위 : 원/월)

| 가구원 수 | 1인 | 2인 | 3인 | 4인 | 5인 | 6인 |
|---|---|---|---|---|---|---|
| 기준 중위소득 | 2,392,013 | 3,932,658 | 5,025,353 | 6,097,773 | 7,108,192 | 8,064,805 |

※ 기준 중위소득 : 보건복지부 장관이 급여의 기준 등에 활용하기 위하여 중앙생활보장위원회의 심의·의결을 거쳐 고시하는 국민 가구소득의 중위값(기존 최저생계비를 대체하여 급여별 선정기준 및 생계급여 최저보장수준에 활용되는 값)

2025년 1인 가구를 기준으로 보면, 생계급여는 76만 원, 의료급여는 95만 원, 주거급여는 115만 원, 교육급여는 119만 원이 선정기준이 된다.

〈표 4-4〉 2025년 가구규모별 · 급여종류별 수급자 선정기준 (단위 : 원/월)

| 가구원 수 | 1인 | 2인 | 3인 | 4인 | 5인 | 6인 |
|---|---|---|---|---|---|---|
| 생계급여 선정기준 (기준 중위소득 32% 이하) | 765,444 | 1,258,451 | 1,608,113 | 1,951,287 | 2,274,621 | 2,580,738 |
| 의료급여 선정기준 (기준 중위소득 40% 이하) | 956,805 | 1,573,063 | 2,010,141 | 2,439,109 | 2,843,277 | 3,225,922 |
| 주거급여 선정기준 (기준 중위소득 48% 이하) | 1,148,166 | 1,887,676 | 2,412,169 | 2,926,931 | 3,411,932 | 3,871,106 |
| 교육급여 선정기준 (기준 중위소득 50% 이하) | 1,196,007 | 1,966,329 | 2,512,677 | 3,048,887 | 3,554,096 | 4,032,403 |

출처 : 2025년 국민기초생활보장사업안내.

보장수준은 생계급여에 한해 선정기준과 급여수준이 동일하게 적용되는 보충급여 성격을 유지하며, 나머지 급여는 별도 보장수준으로 설정되어 있다.

### 2) 내셔널 미니멈의 보장

내셔널 미니멈(national minimum)이란 국민에게 보장해야 하는 최저한도의 생활수준을 의미한다. 19세기 말에 웹 부부(Webb. S., & B.)가 노동조건 개선을 위해서 산업사회가 지켜야 하는 기준을 제기한 것으로, 이후에 베버리지(Beveridge)에 의해 기초된 국민에게 보장해야 하는 최저한도의 생활수준이라는 개념으로 사용되었다. 한 나라 전체 국민의 생활복지상 필수 불가결한 최저수준을 나타내는 지표로서 '최소한도의 국민생활수준' 또는 '국민적 표준'으로 번역되고 있다.

빈곤이 무엇인가 하는 문제를 둘러싸고 빈곤기준을 설정해서 현실의 빈곤을 다루는 시도는 빈곤이 아닌 생활의 최저한이 어느 정도의 수준인가를 고민하는 것이기도 하다. 즉, 최저생활비는 어떤 국가나 사회의 생활수준, 말하자면 최저한(minimum)을 보여주는 역할을 하고 있다.

내셔널 미니멈은 사회 속에서 하나의 선으로서 설정될 수 있다. 즉, 어떠한 사람이라도 그 선 아래로 내려갈 경우 최저생활을 확보할 수 없게 되는 선이다. 하지만 실제 사회에서는 다양한 사람들의 생활을 구성하는 원리는 서로 조금씩 다르고 그 수준에도 차이가 있다. 그래서 실제 사회에는 하나가 아닌 다양한 미니멈의 설정이 필요하다고 할 수 있다.

예를 들어, 일을 하고 있는 사람과 은퇴한 사람, 요양 등의 특별한 욕구(니드)가 있는 사람, 혹은 육아를 해야 하는 사람들에게 그 '최저한'의 의미는 달라지게 된다. 또한 일하고 있는 사람 가운데에도 직업의 종류에 따라 요구되는 최저한의 내용은 달라질 것이다. 이 때문에 최저임금제도[12]에서 일하고 있는 사람의 최저한의 임금을 제시하고 있는 것이다.

이처럼 생활의 최저한을 보장하는 최저생활비 문제는 어떤 생활의 '미니멈'인가에 따라 그 대책도 달라질 수 있으며, 미니멈의 내용도 다양해진다. 이러한 것을 전제로 내셔널 미니멈은 국민의 권리로서 인정하는 생존권 내용을 소득수준으로 나타내어 그 수준을 충족하지 못하는 국민에게 무차별 평등을 보장해야 한다는 인식이 그 국가의 공공부조의 기준으로 나타나게 되는 것이다.

### 3) 빈곤으로 인해 파생되는 다양한 문제에 대한 인식

이와타 마사미(岩田正美, 2009)는 빈곤이 만성화 · 고착화되면 빈곤의 핵심에 있는 "돈이 없다"는 문제만이 아닌 그 외의 복지수요와 과제가 부수적으로 발생한다고 한다. 앞에서 언급한 바와 같이 빈곤은 ① 여러 가지 형태로 사회로부터 차단되어 참가할 수 없게 되거나, 혹은 자기 스스로 참가를 거부해 버리는 사태인 "사회관계로부터의 배제", ② 빈곤이 만성화됨으로써 자신의 권리를 행사하거나 결정에 참여하지 못하게 되는 "powerless/ voiceless", ③ 빈곤한 사람 스스로가 빈곤을 자신의 실패, 자신의 수치라고 생각하며 자기 긍정감이 낮아지는 "수치,

12 국가가 노사 간의 임금결정 과정에 개입하여 임금의 최저수준을 정하는 제도이다. 2025년 최저임금액은 10,030원(시간급)이다.

낮은 자기평가"를 야기시키며, ④ 사회가 빈곤자에 대해서 갖는 "비난 · 경멸"의 문제도 발생시킨다.

빈곤은 단지 "돈"의 문제에서 끝나지 않을 수 있다는 것이다. 빈곤으로 인해 파생되는 사회문제를 다양한 측면에서 충분히 고려하여 대응할 필요가 있을 것이다.

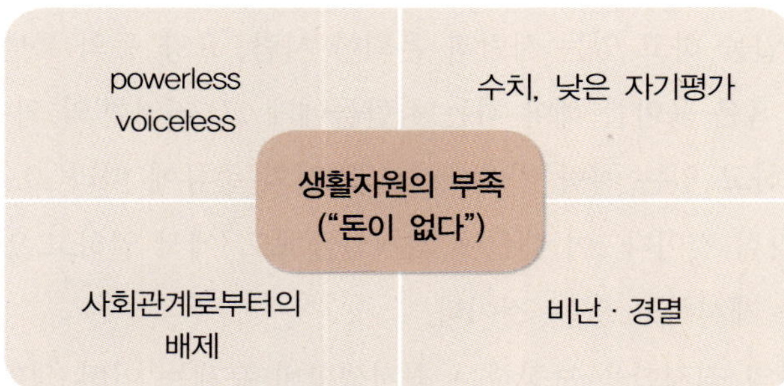


|그림 4-3| 빈곤의 바퀴 모델

출처 : 岩田正美(2009). 脱 · 格差社会をめざす福祉, p. 17.

송파구 세 모녀 자살사건에 대해 경찰과 언론은 세대주인 어머니의 소득 단절로 인한 경제적 빈곤이 이들의 극단적 선택의 결정적 요인으로 보고 있다. 하지만 간과하지 말아야 할 것은 경제적 빈곤 속에서 제도로부터의 배제, 정보의 부족, 사회관계의 단절 등과 같은 어려움을 겪었을 가능성이다.

빈곤은 분명 '저(低)소득'의 문제이다. 하지만 빈곤은 동시에 다양한 생활상의 문제와 엮여 있으며, 이 점을 국가와 사회가 분명히 인지해야 할 것이다.

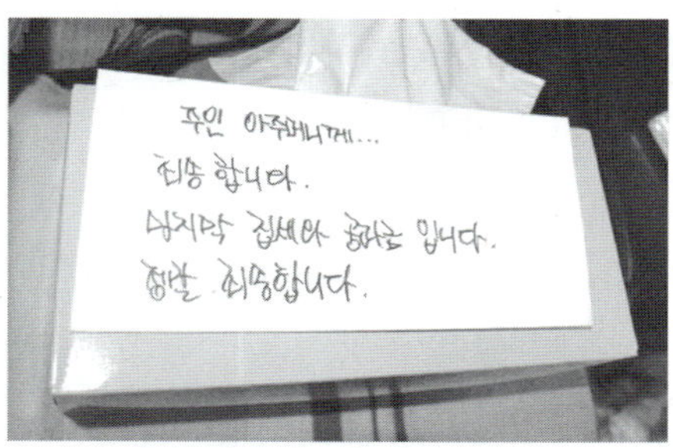


사진 : KBS 뉴스 캡처(2014. 2. 28).

# 제5장
# 주거문제

1. 문제제기
2. 주거문제의 이해
3. 주거문제의 실태
4. 주거문제의 대응방안

# 제5장

# 주거문제

## 1. 문제제기

인간으로서의 존엄과 가치를 유지하기 위해서는 최소한의 주거수준(housing minimum standard)을 확보해야 하고, 또한 적절한 주거(adequate housing)를 유지할 수 있어야 한다. 주거가 안정되지 못하면 개인은 물론이고 사회 전체가 고통을 받는다. 주거에 주목해야 하는 것은 이 때문이다(홍인옥 외, 2011). 주거는 시간의 경과나 변화에 따라서 꾸준하게 변화해 왔다. 그것은 어쩌면 당연하기도 하지만 필수적이기도 하다. 주거는 끊임없이 변화되는 인간의 주생활을 적절하게 담아내고, 또 그것을 반영하는 용기로 정의되기 때문이다. 따라서 주거의 형식과 인간의 생활패턴 사이에는 서로가 서로에게 영향을 주고 받는 상호의존적 관계가 형성된다. 이렇게 한 문화권에서 생산된 주거는 시간을 두고 누적되면서 역사적 환경으로 변모한다(손세관, 2004 : 1).

우리나라의 주택보급률은 이미 2004년에 100%를 넘었다. 하지만 청년가구의 7.9%는 최저기준미달의 주거환경에서 거주하고 있으며(강미나 외, 2022), 여관·여인숙과 같은 숙박업소의 객실, 판잣집·비닐하우스 등 주택이 아닌 곳에 거주하는 사람이 늘어나고 있다(진미윤 외, 2019). 물론 최근에 정책적으로 빈민층의 주거문제 해결을 위한 다양한 개입이 있지만, 여전히 우리 주변에는 주거로 어려움을 겪는 사람들이 적지 않게 존재한다.

주거문제는 그 사회가 주거를 어떻게 이해하는지에 따라 사회문제가 되기도 하고, 혹은 검토대상조차 되지 않기도 한다. 이 장에서는 사회의 변화에 따라 변해온 주거와 주거권의 개념을 알아보고, 주거문제의 현황과 그 해결을 위한 대응책을 살펴보고자 한다.

## 2. 주거문제의 이해

### 1) 주거의 개념

주거(住居)의 사전적 의미는 '일정한 곳에 머물러 삶. 또는 그런 집'으로 '거주'와 동의어이다(국립국어원). 지속적으로 어떤 장소에 살며 정착한다는 '정주(定住)'의 의미가 포함되어 있다(小田川華子, 2008 : 112). 여기서 '산다'라는 행위에 대해 '주택', '주거', '집', '거처' 등의 말이 사용되고 있는데, 일반적으로 일상생활에서 주택이라고 하면 건물 구조 등 하드웨어 측면의 의미를 떠올리는 경우가 많다. 반면 집이라고 표현하면 주택이라고 하는 하드웨어의 측면보다도 보다 깊게 각각의 인간의 주택 내에서의 생활상이 비춰진 것으로 파악되어 소프트한 면에 중점이 있다(飛永高秀, 2008 : 79).

인구주택총조사의 정의에 따르면 거처는 사람이 살고 있는 모든 장소를 지칭하며 구조적으로 분리되고 독립된 하나의 거주 단위를 말하며, 주택과 주택 이외의 거처로 구분된다. 여기서 주택은 '영구 또는 준영구 건물, 한 개 이상의 방과 부엌, 독립된 출입구, 관습상 소유 또는 매매의 한 단위에 부합한 것'을 말하며, 이 네 가지 요건을 충족하지 못하면 주택 이외의 거처로 분류되며 오피스텔, 기숙사 및 특수사회시설, 호텔·여관 등 숙박업소의 객실, 판잣집과 비닐하우스, 기타로 구성된다.

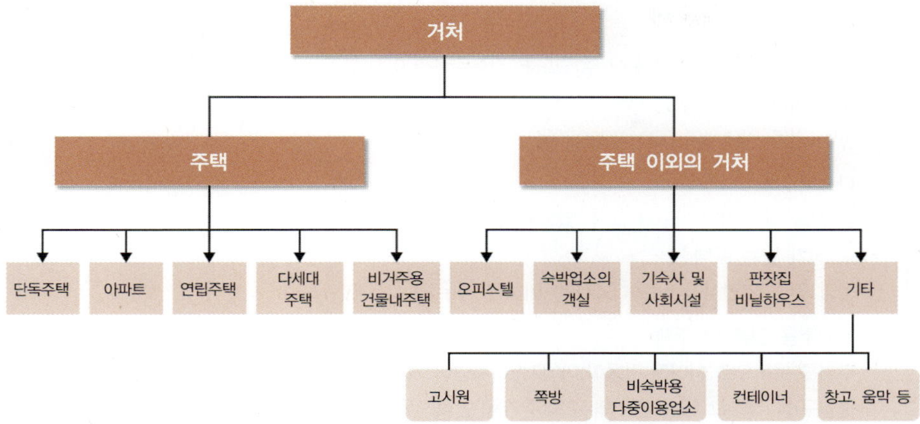


|그림 5-1| 우리나라 거처의 분류

출처 : 진미윤 외(2018) 수정.

**참 고** **[그림 5-1] 관련 주요 용어 설명**

○ 일반 단독주택

통상 한 가구가 생활할 수 있도록 건축된 주택

세든 가구가 있더라도 방, 부엌, 독립된 출입구, 화장실이 별도로 모두 갖추어져 있지 않으면, 그 집은 일반 단독주택에 해당

○ 다가구 단독주택

여러 가구가 살 수 있도록 설계된 주택

각 구획마다 방, 부엌, 출입구, 화장실이 갖추어져 한 가구씩 독립하여 생활할 수 있으나, 각 구획을 분리하여 소유하거나 매매(분양)하기가 불가능한 주택 - 전체 층이 3층 이하이고, 전체 층(각 층)의 바닥면적의 합(연면적)이 660$m^2$(200평) 이하인 경우

○ 영업겸용 단독주택

주거용 부분과 영업용 부분이 함께 있는 건물 중 주거 부분이 영업용 부분과 같거나 더 많은 건물의 주택(주거용 면적≥영업용 면적)

○ 아파트

한 건물 내에 여러 가구가 거주할 수 있도록 건축된 5층 이상 영구 건물로서 구조적으로 한 가구씩 독립하여 살 수 있도록 건축된 공동주택

○ **연립주택**

한 건물 내에 여러 가구가 살 수 있도록 건축된 4층 이하의 공동주택으로서 건축 당시 '연립주택'으로 허가 받은 주택

동당 건물 연면적이 660m$^2$(200평)을 초과하는 경우

○ **다세대주택**

한 건물 내에 여러 가구가 살 수 있도록 건축된 4층 이하의 공동주택으로 건축 당시 다세대주택으로 허가 받은 주택

동당 건물 연면적이 660m$^2$(200평) 이하인 경우

○ **비거주용 건물 내 주택**

주거를 목적으로 지어진 건물이 아니지만, 사람이 거주할 수 있도록 주택의 요건(방, 부엌, 독립된 출입구)을 갖추고 있는 경우의 주택(주거용 면적 < 영업용 면적)

○ **오피스텔**

건축법상 업무시설로 분류된 건축물로 주거시설을 갖춘 사무실

○ **고시원**

구획된 실(室) 안에 학습자가 공부할 수 있는 시설을 갖추고 숙박 또는 숙식을 제공하는 형태(다중이용업소의 안전관리에 관한 특별법 시행령 제2조에 따른 정의)

○ **판잣집, 비닐하우스, 움막**

주거용도로 사용되나 건축 재료나 구조 측면에서 주택의 요건(영구성)을 갖추지 못한 구조물

○ **기타**

사람이 거주하나 이상의 분류에 포함되지 않는 거처에 해당

업소의 잠만 자는 방, 건설공사장의 임시막사, 동굴 등 임시적 거주를 위한 구조물이나 위에서 예시되지 않은 주택 이외의 거처가 해당

○ **가구**

가구란 1인 또는 2인 이상이 모여서 취사, 취침 등 생계를 같이 하는 생활단위

○ **가구주**

가족관계등록부나 주민등록상의 세대주와 관계없이 그 가구를 실질적으로 대표하는 사람(가구의 중대사를 결정하는 사람 또는 생계를 책임지는 사람)

가구주가 되는 경우는 현재 가구에서 분가하여 생계를 따로 하는 경우와 기존 가구주의 사망 등으로 생계를 책임지게 되는 경우가 있음

분가 또는 사망 등으로 가구구성원이 변경되는 것과 무관하게 가구주가 바뀌는 경우도 있음

○ **가구원**

가구원이란 한 가구에서 함께 살고 있는 모든 구성원을 의미

가족이라도 군복무, 취업, 교육 때문에 함께 살고 있지 않으면 가구원에서 제외

먼 친척, 친구, 가정부, 종업원 등 가족이 아닌 사람도 함께 살고 있으면 가구원에 포함

일본의 거주복지론의 주창자인 하야카와 카즈오(早川和男, 1997 : 128)는 주거를 생활의 기초라고 주장한다. 그는 "인생은 한 개의 다리를 건너는 것과 비슷하다. 사람으로 이 세상에 태어나, 끊임없는 자기 발달을 해 가며 생활을 보내는 것이 삶이다. 하지만 기나긴 인생에는 여러 가지 생활상의 사고가 일어난다. 질병, 장애, 실업, 노령과 같은 상황이 발생했을 때 삶을 뒷받침할 수 있는 것이 복지국가의 사회보장 · 사회복지와 같은 제도이다. 하지만 열악한 주거 조건하에서는 이 제도는 충분한 기능을 하지 못한다."라며 주거는 인간 생존의 기초이자 복지의 기반이며, 가장 아래에서 생활의 기초를 형성하는 것이라고 강조한다.

출처 : 早川和男(2011 : 84)

또한 주거는 생활의 장소인 거처나 커뮤니티를 거점으로 하는 인간의 생활을 포괄적으로 파악하려고 하는 시점이 강하다. '거주하다'는 것은 '생활하다'는 것으로 모든 사회생활의 근본에 있는 인간의 영위이다. 따라서 안전하고 평온하게 인간으로서의 존엄성을 가지고 생활하는 장소를 가지는 것은 거주권으로서 인정된 기본적 인권이며, 그 권리는 누구나가 정든 지역에서 안심하고 계속 생활할 수 있는 구조를 만드는 것을 목표로 하는 지역복지의 기본적 요건이라고 할 수 있을 것이다(小田川華子, 2008 : 112).

### 2) 주거권의 진화

주거권(The Right to Adequate Housing)은 '모든 사람이 적정 주거를 향유할 권리' 또는 '인간의 존엄성에 적합한 주택조건을 향유할 권리', '주거에 관한 국민생활 최저선의 확보'를 의미한다(문준혁, 2016). 주거 상태를 표현하는 단어로 '적정한

(adequate)'이 주로 사용되는데, 이는 주거의 가치를 단순히 물리적 공간의 확보나 주택이라는 상품의 제공을 넘어 인간 생활의 핵심으로서 질적인 측면, 예를 들어 사회적 · 경제적 · 문화적 · 환경적으로 일정 수준을 갖추어야 한다는 것을 내포하고 있다. 주거가 권리라고 여겨지는 이유 가운데 하나는 그것이 여러 가지 권리 실현의 기본적인 토대이기 때문이다.

국제사회의 주거권에 대한 논의에서 가장 먼저 거론되는 것은 1948년 세계인권선언(Universal Declaration of Human Rights)이다. 여기서는 주거권이라고 직접 언급하지는 않았지만, 제25조 "모든 사람은 먹을거리, 입을 옷, 주거, 의료, 사회서비스 등을 포함해 가족의 건강과 행복에 적합한 생활수준을 누릴 권리가 있다"라는 조항에서 주거권의 의미를 포함하고 있다(서종균, 2011).

주거권에 대한 직접적인 국제법적인 근거는 1966년에 제정된 '경제 · 사회 · 문화적 권리에 관한 국제규약(ICESCR : International Covenant on Economic, Social and Cultural Rights)' 이른바 '사회권 규약'에서 찾는다. 이 규약은 적정 주거에 대한 권리의 명확화와 함께 이를 실현하는 것이 국가의 책무임을 강조하고 사회구성원 등의 새로운 인식과 노력을 다음과 같이 호소하였다.

> "본 조약에 가입한 국가는 모든 사람에게 자신과 그 가족을 위하여 적정한 의 · 식 · 주를 포함한 적절한 생활수준과 생활조건의 지속적인 향상에 대한 권리가 있다는 것을 인정한다. 국가는 이 권리를 실현하기 위해 적절한 조치를 취할 것이며, 이를 위해서는 자유로운 동의에 기반한 국제 협력이 매우 중요하다는 것을 인정한다."

1970년대 이후 주거권에 대한 논의는 양적으로나 질적으로 진전이 있었다. 인간 정주에 관한 벤쿠버 선언(제1차 세계주거회의 UN Habitat, 1976)에서는 "인간 거주에 있어서 가장 우선시되는 것은 배제된 계층, 즉 홈리스 상태에 처하거나 외국인 추방에 의해 홈리스 상태에 처한 사람들의 재정착이어야 한다." 또한 "정부는 국민에게 적절한 주거와 서비스를 보장할 의무가 있으며 우선적으로 가장 취약한 계층에게 혜택이 돌아가도록 해야 한다. 각국 정부는 목표 달성에 있어서 장애를 제거해야 하는데 이때 사회적 · 인종적 차별의 제거가 특히 중요하다."고 명시하였다.

이후 주거권의 핵심적인 내용이라 할 수 있는 '적절한 주거(adequate housing)'의 내용과 그 수준, 그리고 주거원 실현을 위한 국가의 의무를 강화하는 방법 등을 중심으로 국제적인 합의를 하기에 이른다. 유엔사회권위원회는 경제적 · 사회적 및 문화적 권리위원회 결의안(1990년) 「적정 주거의 권리에 관한 일반논평4(General Comments4)」에서 적절한 주거의 일곱 가지 요소를 포함하는 것으로 규정하였다.

(a) 점유의 법적 보장 : 임차의 형태와 상관없이 강제퇴거의 위협으로부터 임차기간을 보호받을 수 있어야 함
(b) 제반 편의시설에 대한 이용 : 전기, 채광, 상하수도, 도로, 에너지, 식생활, 세면 등 필요한 시설 및 설비 등이 갖추어져 있어야 함
(c) 주거비의 부담 가능성 : 모든 사람들은 자신들의 경제적 처지에서 적절한 주거를 구할 수 있어야 함
(d) 거주 적정성 : 주거공간이 너무 좁아서는 안 되며, 추위, 습기, 더위, 비, 바람 등을 막을 수 있는 수준이어야 함
(e) 접근성 : 노인, 장애인, 어린이, 병자 등의 조건에 관계없이 접근하기 용이한 주거 조건을 갖추어야 함
(f) 입지 : 생산 활동의 기반으로부터 멀리 떨어져 있지 않아야 하며, 보건소, 학교, 탁아소 등의 사회적 시설들로부터 인접한 곳에 위치해야 함
(g) 문화적 적절성 : 주택의 건설방식에 있어 그 재료나 형태 등이 문화적 다양성을 인정해야 함

마지막으로 제2차 세계주거회의와 그 의제(UN Habitat II Agenda, 1997년)에서 "적절한 주거를 누릴 수 없는 사람들을 포함하여, 주택에 거주 가능하고 경제적으로 부담 가능하면서 이용 가능하도록 하기 위해 다른 여러 가지 중에서 특히 다음과 같은 정책을 채택하여야 한다."며 다음의 네 가지를 제시하였다(최은희 외, 2018, 김선미, 2015 재인용).

(1) 적절한 규제 장치와 시장경제에 기반한 유인책을 통해 경제적으로 부담할 수 있는 주택의 공급을 늘인다.
(2) 가난한 사람에 대한 보조금과 임대료 및 다른 형태의 주택자금지원을 통해 부담 능력을 향상시킨다.
(3) 지역사회에 기반한 협동주택과 비영리 임대주택, 자가주택 사업을 지원한다.
(4) 홈리스와 그 밖의 취약계층에 대한 지원을 확대한다.

### 3) 주거빈곤의 이해

#### (1) 주거빈곤을 측정하는 주요 개념

빈곤에 대한 정의처럼 주거빈곤에 대한 정의도 쉽지 않다. 이는 빈곤의 정의에는 가치판단이 개입되며, 시대나 사회의 변화에 따라 달라지기 때문이다. 그럼에도 객관적으로 정의된 절대적 최소보다 낮은 상태인 '최저주거기준 미달'과 주거비가 과도하여 다른 생활에 어려움을 겪는 상태로서 '주거비 과부담'에 대한 정의가 없다면 주거빈곤 실태를 규명하기 어려우므로 우선 주거빈곤을 측정하는 이 두 주요 개념에 대해 살펴보고자 한다.

##### ① 최저주거기준

우리나라는 1990년대 초반부터 절대적 주거빈곤의 기준으로 최저주거기준에 대한 논의가 시작되어 1997년 서울시가 주택조례로 최저주거기준을 설정한 바 있으며, 2000년 9월 건설교통부 고시로 공표하였다. 건설교통부가 발표한 당시의 최저주거기준은 ① 면적기준, ② 시설기준, ③ 구조·성능·환경기준 등 세 가지 요소로 구성되는데, 면적기준은 가구원 수에 따라 필요한 최소한의 침실 수를 제시하고, 침실·부엌·화장실·현관·수납공간 등을 합한 총 주거면적을 설정한 것으로 1인 가구의 경우 12m²(3.6평), 4인 가구의 경우 37m²(11.2평)이었다. 시설기준은 침실·부엌·화장실 등 주거 및 부대시설 설치기준으로서 침실은 기본적으로 부부 침실을 확보하고, 만 5세 초과 자녀의 침실은 부부 침실과 분리되어야 하며, 만 8세 이상 이성 자녀의 침실과 노부모의 침실은 별도로 확보하도록 하는 동시에, 전용부엌 및 전용화장실을 확보하되, 부엌에는 상수도 또는 수질이 양호한 지하수 이용시설을 완비하도록 하였다. 구조 · 성능 · 환경기준으로는 영구 건물로서 구조 강도가 확보되고, 주요 구조부의 재질은 내열 · 내화 · 방열 · 방습에 양호한 재질을 사용하며, 적절한 방음 · 환기 · 채광 · 냉방 · 난방설비를 갖추는 한편, 소음 · 진동 · 악취 · 대기오염 등 환경요소가 법정기준에 적합하도록 규정하였다.

그런데 2000년 도입 당시 우리나라의 최저주거기준의 면적기준은 지나치게 보수적으로 설정한 것으로 판단할 수 있다. 1976년 일본이 발표한 최저기준(1인 가구 면적 16m$^2$, 4인 가구 50m$^2$)과 비교할 때 우리나라의 면적기준이 지나치게 좁았기 때문이다. 또한 시설사용기준은 상수도 또는 수질이 양호한 지하수 이용시설이 완비된 전용부엌 및 전용화장실 확보로 표기되어 있어 입식부엌과 수세식화장실이라는 표현도 사용하지 않은 상태였다.

2003년 최저주거기준의 설정이 주택법에 반영됨에 따라 최저주거기준에 대한 법적인 근거가 마련되었으며, 이에 따라 2004년 6월 15일 건설교통부가 최저주거기준을 새롭게 고시한 바 있으나, 면적기준은 그대로 유지되었다. 당시 기준 중 새롭게 바뀐 것은 필수 설비에 목욕시설을 추가하고 부엌과 화장실 기준을 각각 전용입식부엌, 전용수세식화장실로 구체화하여 규정한 정도로 큰 개선은 없었다.

2011년 5월 면적기준이 지나치게 과밀하다는 지적에 따라 최저주거기준이 처음 발표된 이후 11년 만에 개선되었다. 면적기준과 관련해서는 3인 가구의 면적기준이 29m$^2$에서 36m$^2$로 가장 많이 늘어났다. 시설기준과 관련해서는 현재 상수도 시설, 전용입식부엌, 전용수세식화장실 및 목욕시설을 규정하고 있는 필수 설비기준에 하수도시설이 추가되었으며, 구조 · 성능 · 환경기준에 화재안전시설이 추가되었다. 정리하면, 우리나라의 최저주거기준은 가구원수에 따른 방수, 주택면적기준, 시설기준으로 상수도 또는 수질이 양호한 지하수 이용시설 및 하수도시설이 완비된 전용입식부엌, 전용수세식화장실 및 목욕시설 구비, 그리고 구조 · 성능 · 환경기준으로 ① 영구 건물로 구조 강도 확보, 구조부 재질은 내열 ·

내화 · 방열 등에 양호, ② 적절한 방음 · 환기 · 채광 및 난방설비 등을 갖출 것, ③ 소음 · 진동 등의 환경요소가 법정기준에 적합, ④ 자연재해 위험이 현저한 지역에 위치 불가, ⑤ 안전한 전기시설과 화재발생 시 안전하게 피난할 수 있는 구조와 설비를 갖출 것으로 규정되었다(박신영, 2012). 이후 주거권을 구체화한 주거기본법이 2015년에 제정 · 시행되지만 최저주거기준은 제17조③항(2025년 6월 4일 시행)에서 '주거면적, 용도별 방의 개수, 주택의 구조 · 설비 · 성능 및 환경요소 등 대통령령이 정하는 사항이 포함되어야 한다'로 명시된 수준에 그치고 있다.

〈표 5-1〉 가구구성별 최소주거면적 및 용도별 방의 개수

| 가구원수(인) | 표준 가구구성[1] | 실(방) 구성[2] | 총 주거면적($m^2$) |
|---|---|---|---|
| 1 | 1인 가구 | 1 K | 14 |
| 2 | 부부 | 1 DK | 26 |
| 3 | 부부+자녀 1 | 2 DK | 36 |
| 4 | 부부+자녀 2 | 3 DK | 43 |
| 5 | 부부+자녀 3 | 3 DK | 46 |
| 6 | 노부모+부부+자녀 2 | 4 DK | 55 |

1) 3인 가구의 자녀 1인은 6세 이상 기준
4인 가구의 자녀 2인은 8세 이상 자녀(남 1, 여 1) 기준
5인 가구의 자녀 3인은 8세 이상 자녀(남 2, 여 1 또는 남 1, 여 2) 기준
6인 가구의 자녀 2인은 8세 이상 자녀(남 1, 여 1) 기준

2) K는 부엌, DK는 식사실 겸 부엌을 의미하며, 숫자는 침실(거실겸용 포함) 또는 침실로 활용이 가능한 방의 수를 말함

3) 비고 : 방의 개수 설정을 위한 침실분리원칙은 다음 각호의 기준을 따름
1. 부부는 동일한 침실 사용
2. 만 6세 이상 자녀는 부모와 분리
3. 만 8세 이상의 이성 자녀는 상호 분리
4. 노부모는 별도 침실 사용

출처 : 국토해양부공고 제2011-490호.

### ② 과도한 주거비 부담

주거비(Housing cost)는 일반적으로 한 가구가 주택 및 주거서비스 등과 관련

하여 지불해야 하는 총 비용을 의미하며(김혜승 · 홍형옥, 2003), 임차가구의 총 주거비 합은 임대료, 수도료, 광열비와 같은 유지비를 포함하게 된다. 주택담보대출을 이용하여 자가를 사들인 경우 주거비는 모기지 상환금[1], 이자도 주거비에 포함된다.

그렇다면 과도한 주거비의 기준은 얼마인가? 미국에서는 '일주일간의 급료로 월임대료를 지급하는 것'이 보편적인 임대료의 상한선으로 보는 시각이 19세기부터 정착되어 왔다. 이러한 관점에서 정부의 보조금 지원 프로그램은 1980년대 초까지는 가구소득의 25% 이상, 1980년대 후반부터는 가구소득의 30% 이상을 임대료로 부담하는 가구를 대상으로 고안되었다. 주거비 부담이 아주 심각하다는 기준은 소득의 50%를 주택과 관련된 비용지출에 사용하는 것이다. 그런데 과도한 주거비 부담 기준이 임차가구에 적용될 때는 임대료가 소득에서 차지하는 비율로 간단하게 정의되지만, 자가를 가진 가구가 부담하는 주택담보대출 상환액과 이자가 소득에 미치는 부담의 정도는 주택의 가치에 따라 달라질 필요가 있다고 지적된다(박신영, 2012). 주거비 부담 능력 측정은 소득 대비 비율 접근법인데, 그중에서도 월소득 대비 임대료 비율(RIR : Rent-to-Income Ratio)이 대표적으로 많이 쓰인다. 월소득 대비 임대료는 월평균 소득 대비 임대료의 비율을 의미하며, 무주택자가 주거를 위해 소득에서 부담하는 비율을 말한다. 미국과 캐나다를 비롯한 많은 국가들에서도 RIR을 기준으로 주거비 과부담 여부를 판단하는데, 그 기준은 국가와 연구기관 등에 따라 다르게 적용되고 있으나 일반적으로 30%를 초과하면 과도한 주거비를 부담하고 있는 것으로 여긴다(권연화 · 최열, 2015).

과도한 주거비 부담 문제는 한 가구의 주거 안정성과 가구구성원들의 삶의 질에 상당한 영향을 미친다. 그뿐만 아니라, 높은 주택가격 및 주거비 부담은 초혼시기나 출산계획에도 부정적인 영향을 미치기 때문에, 이는 단순히 개인만의 문제를 넘어 국가적인 수준의 문제로 작용한다. 한편, 이와 같은 주거비 부담 문제

1 일반적으로 주택금융공사에서 취급하는 모기지론은 구입 주택을 담보로 제공하고 대출금을 차입자 소득에 근거하여 장기간에 걸쳐 상환해 나가는 선진국형 주택담보대출 상품이다(기획재정부 홈페이지).

로 인한 가구 및 가구구성원 개인에 대한 부정적인 영향은 중·고소득 가구보다는 주로 저소득 가구에게 더욱 심각하게 나타난다. 저소득 가구는 소득 자체가 낮아, 주거비 지출이 높아지면 식품이나 교육, 의료 등의 다른 재화 및 서비스에 지출할 수 있는 자금이 상대적으로 매우 적기 때문에 주거 안정성뿐만 아니라 삶의 질에 크게 영향을 미치는 것이다(박서연·전희정, 2019).

### (2) 주거빈곤의 유형

주거빈곤의 유형을 유럽 홈리스단체연합에서는 '노숙상태, 주거가 없는 상태, 불안정한 주거상태, 부적절한 주거상태'의 네 가지로 분류한다. 불안정한 주거상태는 주거비 과부담 등 다양한 문제로 심각한 위협을 받는 상태이고, 부적절한 주거상태는 임시적인 공간 및 법적기준에 미달되며 극심한 과밀공간에서 주거하는 상태를 말한다(이규리·김영훈, 2019).

〈표 5-2〉 주거빈곤의 유형

| 개념 범주 | 주거실태 |
|---|---|
| 노숙상태 | • 공공장소에서 거주 |
| 주거가 없는 상태 | • 지원서비스 시설 혹은 피난소, 쉼터<br>• 여인숙 등 저렴한 숙소<br>• 교도소, 보호센터, 병원 |
| 불안정한 주거 | • 강제 퇴거를 요구받고 있는 거주<br>• 가족으로부터 폭력의 위협을 받으며 거주<br>• 규범적인 임차권을 보유하지 않는 주거에서 거주 |
| 부적절한 주거 | • 임시적인 구조 또는 비닐하우스 등에 거주<br>• 이동 주거에서의 거주<br>• 법적기준 이하의 부적절한 주거<br>• 심각한 과밀상태에서의 거주 |

출처 : 전홍규(2015)

변용찬 등(2010 : 29)은 주거빈곤(취약)계층을 주거상태가 취약한 정도에 따라 주거위기, 주거불안, 주거상실로 설정하였다. 주거박탈(상실)위기계층은 임대료

체납, 철거, 사회복지시설, 병원(기간만료) 등으로 주거를 상실(퇴거)할 위기에 처한 자, 주거불안(과밀)계층은 기준미달의 과밀한 주택이나 비주택에 거주하는 자로 쪽방, 고시원, 여관, 여인숙, 비닐하우스, 움막 등의 임시 거처에서 생활하는 자, 그리고 주거상실계층은 빈곤, 사택거주 근로자의 해고, 가족해체 등의 이유로 공원, 역사, 만화방, PC방, 찜질방, 주차장, 거리 등에서 생활하는 노숙자 등으로 구분하고 있다. 또한 '주거빈곤은 쾌적하고 살기 좋은 생활을 영위하기 위한 최소한의 주거여건을 갖추지 못한 거처환경에서 생활하거나 주거비 부담이 가구의 소득에 비해 과중한 상태에 있음을 의미한다'며 '주거기준미달'과 '과도한 주거비 부담'을 주거빈곤의 특징으로 언급하고 있다. 이런 특성을 반영하여 '주거빈곤은 빈곤한 주거지와 불안정 및 부적절한 거주상태가 복합된 경우를 의미하며, 이는 취약한 주거환경과 안정적으로 거주할 집이 없거나 안정적인 거주상태를 유지하기 곤란한 경우 포함을 의미'한다고 주장한다.

한편 최은희 등(2018)은 주거빈곤을 '점유 불안, 안정성 위협 및 주거비 과부담 상태로 거주하는 것'으로 정의하고 있다. 여기서는 적정 주거가 보장되지 않는 상태를 주거빈곤이라 하며 〈표 5-3〉과 같이 점유의 안정성, 물리적 측면의 안전성 및 경제적 측면의 지불 능력이 보장되어야 적정 주거가 가능하고, 이 중 하나라도 보장받지 못할 경우 주거빈곤이 발생한다고 설명한다.

〈표 5-3〉 적정 주거 요건

(1) 점유 안정 : 강제 퇴거의 불안 없이 지속적으로 거주하는 것
- 본인의 의사에 반하여 주거지를 이동해야 할 필요 없이 일상생활 및 생계에 적합한 주택에 계속 거주할 수 있도록 보장

(2) 양질의 주택 : 신체적 · 정신적 고통 없이 일상적인 주거가 가능한 거처
- 거주자의 신체적 · 정신적으로 영향을 미치는 주택 내외부 환경 전반

(3) 적정 주거비 : 가구소득에 비해 과도하지 않고, 여타 생계비에 영향을 주지 않고 지속적으로 지불 가능
- 가구의 소득수준에 맞게 주거비를 장기적으로 지불할 수 있어야 함

### (3) 주거빈곤과 사회적 배제

주거빈곤층이 불안정 · 부적절한 주거에서 생활하게 된 배경으로 이들의 삶의 궤적을 파악하는 시각으로 사회적 배제론이 있다. 사회적 배제(social exclusion)는 '경제적, 사회적, 문화적 또는 정치적 분야에서 사회의 대다수 사람들이 이용할 수 있는 정상적인 관계와 활동에 참여할 수 없음'으로 정의할 수 있는데, 이는 거주와도 밀접한 관련이 있다. 오카모토(岡本祥浩, 2010)는 사회적 배제를 받음으로써 부적절한 공간에서 거주하게 되거나 혹은 거주하는 공간의 속성에 의해 사회적 배제를 받는 경우가 있다고 밝히고 있으며, 특히 이와타(岩田正美, 2008)는 "사회적 배제는 종종 특정의 집단을 특정의 장소에서 배제하고, 그 결과 배제되는 사람들이 특정의 장소로 모아진다. 또 그 결과로서 특정 장소 그 자체가, 배제된 공간으로서 의미 붙여져 간다."라며 공간적인 사회적 배제를 지적하였다.

주거빈곤층을 대상으로 사회적 배제와 주거의 관계에 사회적 배제의 원인으로서의 주거, 적절한 주거 및 주거 안정과 관련된 서비스로부터의 배제, 그리고 사회적 배제의 결과로서의 주거라는 세 가지 관계의 메커니즘을 들 수 있다(전홍규, 2004).

구체적으로 살펴보면 다음과 같다. 첫째, 사회적 배제 원인으로서의 주거로는, 열악한 주택으로 불건강을 초래하는 주거빈곤과 생활 거점으로서의 사회적 관계를 구축하기 위한 안정적인 '장'의 형성이 저해되는 주거빈곤의 양측에 의해 주거빈곤화가 초래되는 것이다. 전자는 연료 및 난방문제로 인한 건강하지 못한 상태의 유발과 가계비용의 증가가 주거빈곤을 초래하고, 일조 · 통풍 불량과 기본적인 주거설비의 미비, 그리고 열악한 주변 환경으로 인한 생활환경의 악화나 위생문제를 초래하여 불건강과 가계비용을 증가시키고 있는 점, 열악한 주변 환경과 주거의 구조적 취약함으로 인한 각종 사고의 위험이 있다. 후자의 예로는 과밀 · 협소 주거는 불건강을 초래할 뿐 아니라 가족 · 사회관계의 갈등을 유발하는 문제를 낳고 있으며, 이들이 빈곤 극복 의지를 저하시킬 수 있는 요인으로도 기능하고 있다고 지적되고 있다.

다음으로 적절한 주거 및 주거 안정과 관련한 서비스로부터의 배제와 관련해서는, 우선 공공 임대주택공급의 절대적인 부족 문제와 세대의 특성을 고려하지 않은 획일적인 주택 설비 및 평면 · 규모 등의 문제점을 지적할 수 있고, 또 관리 측면에서 세대 소득이 반영되지 않는 임대료 체계의 문제점을 들 수 있다. 또한 저렴한 민간 임대주택 부족 문제도 주거빈곤을 악화시키는 요인이 되며, 단신 노숙자 등의 경우 주거로의 접근 자체가 막혀 있는 문제가 있다.

마지막으로 사회적 배제의 결과로서의 주거는, 고용, 건강, 가정 붕괴, 교육 등 여러 가지 영역으로부터의 사회적 배제에 의해서 초래되는 주거빈곤화의 프로세스에 초점을 두고, 소득원 상실, 신용 불량, 건강과 가정 붕괴, 가정폭력 등의 세대 내적인 요인과 사회적 약자에 대한 차별, 재개발 등에 의한 세대 외적인 요인에 의한 주거빈곤화, 그리고 그러한 요인이 복합되어 주거빈곤화로 연결됨을 강조한다.

이처럼 주거는 '사회적 배제의 원인이면서 결과'로, 주거빈곤층은 이 세 가지 메커니즘 속에서 사회적 배제를 경험할 가능성이 높다.

## 3. 주거문제의 실태

### 1) 주거빈곤의 현황

여기서는 유럽 홈리스단체연합의 주거빈곤 유형 중 우리나라 통계청, 국토교통부 등에서 파악되고 있는 '부적절한 주거상태'와 '불안정한 주거상태'를 중심으로 주거빈곤의 현황을 살펴보고자 한다.

첫째, '부적절한 주거상태'는 최저주거기준 미달가구와 비주택거주가구 조사를 통해 드러난다. 먼저, 최저주거기준에 미달하는 주택에 거주하는 가구의 비율(최저주거기준 미달가구 비율)은 2006년 16.6%에서 2014년 5.4%로 급격히 감소한 이후 5%대에서 정체를 보이다 2020년 이후 꾸준히 감소세를 보여주고 있으며 2023년에는 3.6%로 감소하였다.

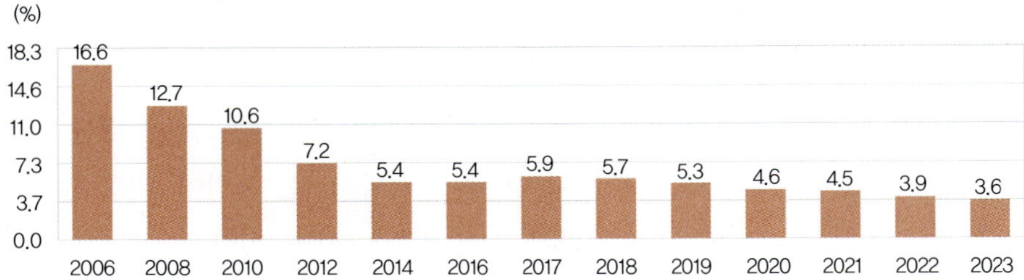


|그림 5-21 최저주기기준 미달가구 비율(2006~2023)

출처 : 지표누리(국민 삶의 질 지표).

최저주거기준 미달가구의 비율은 수도권에서 상대적으로 높고, 광역시 지역이 2.5%로 가장 낮다(2023년 기준). 수도권 지역은 2006년 12.8%에서 2023년 4.2%로 감소하였고, 같은 기간 광역시는 17.7%에서 2.5%, 도 지역은 21.6%에서 3.3%로 감소하였다. 이는 도 지역의 주거시설이 개선되었음을 보여주고 있다(지표누리 홈페이지). 1인 가구의 증가로 '가구구성별 최소 주거면적 및 용도별 방의 개수' 기준이 완화된 측면도 있고 주거시설이 개선되기도 해 최저주기기준 미달가구 비율은 줄어들고 있는 것으로 통계청은 분석하고 있다.

둘째, 주거비 과부담 문제와 관련된 '불안정한 주거상태'는 월소득 대비 임대료 비율(RIR)로 파악할 수 있다. 앞서 언급한 바와 같이 월소득 대비 주택임대료 비율이 30%를 초과하면 그 세대는 과도한 주거비를 부담하고 있는 것으로 여기며, 그 사회에서 RIR이 30%를 넘는 세대의 비율을 파악하는 방식으로 조사되기도 한다. 반면 우리나라 국토교통부의 주거실태조사에서는 중위월임대료를 중위월가구소득으로 나누어 월소득 대비 주택임대료 비율을 산출하는 조사방식을 활용하여 RIR을 파악한다. 이 조사방식으로 RIR이 20%를 넘으면 우리 사회의 주거비 부담이 과중하다고 판단하고 있다. 조사결과, 주택임대료 비율은 2023년 15.8%로 2022년보다 0.2%p 감소하였다. 2006년 18.7%에서 2014년 20.3%까지 증가한 이후 감소 추세이다가 2019년에 소폭 상승하였다. 주택임대료 비율은 지방보다 수도권이 높아 수도권의 주택임대료 비율은 2008년부터 2014년까지 20%를 넘었다가 최근에야 20% 이하로 떨어졌다. 수도권을 제외한 지방 광역시도의 경우 2008년과 2010년에 하락한 후 15% 안팎 수준을 유지하고 있다. 수도권 거주자의 주거비 부담이 상대적으로 높음을 알 수 있다(지표누리 홈페이지).

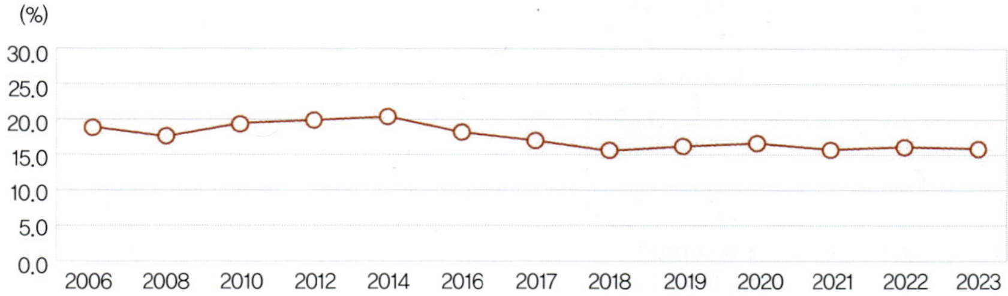


|그림 5-3| 월소득 대비 주택임대료비율(2006~2023)

주 : 월소득 대비 주택임대료 비율(RIR) = (중위월임대료 ÷ 중위월가구소득) × 100

출처 : 지표누리(국민 삶의 질 지표)

위의 최저주기기준 미달가구 비율과 월소득 대비 주택임대료 비율로는 주거문제가 개선되고 있는 것으로 보이기도 한다. 하지만 주목해야 할 것은 이 문제에 노출되어 있는 '주택이 아닌 곳에 거주'하는 사람은 늘어나고 있다는 점이다.

오피스텔, 기숙사 및 특수사회시설, 호텔·여관 등 숙박업소의 객실, 판잣집·비닐하우스, 기타로 구성되는 주택 이외의 거처(통상 비주택으로 불림)에 거주하는 가구수는 2000년 8.4만 가구에서 2016년 77만 가구로 크게 증가했다. 주택 이외의 거처 중 오피스텔과 기숙사 및 특수사회시설(주로 집단 가구 형태로 거주)을 제외한 거처에 거주하는 가구수는 2000년 5.8만에서 2016년 37만 가구로 증가했다. 특히 각종 개발사업으로 무허가 판잣집이나 비닐하우스는 점차 감소하는 반면 고시원, 고시텔, 리빙텔 등과 같은 새로운 형태의 주택 이외의 거처가 '기타' 유형으로 포함되어 늘어나고 있는 상황(2005년 2.3만 가구 → 2016년 33.2만 가구)이다.

2022년 주택 이외의 거처 주거실태조사(국토교통부, 2022)에 따르면 전국적으로 37만 가구로, 고시원·고시텔에 가장 많이 거주하고 있으며 그 다음으로 거처 유형을 특정하기 힘든 '일터의 일부 공간 및 다중이용업소(예 PC방, 찜질방 등)', 숙박업소의 객실 순으로 많이 거주하는 것으로 나타난다.

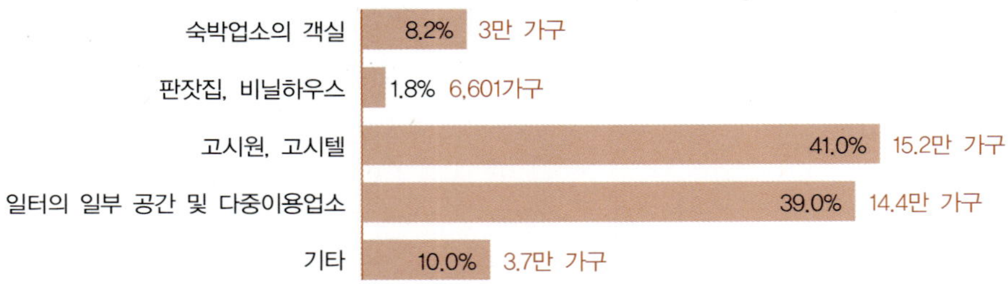


|그림 5-4| 주택 이외의 거처 가구수(2022)

출처 : 국토교통부(2022), 『주택 이외의 거처 주거실태조사』 통계정보보고서.

주택 이외의 거처는 1인 가구, 미혼 가구주, 저학력 가구주 비율이 일반주택에 비해 높고 월평균 가구소득도 낮은 상태이다. 월세 비율이 매우 높고(75.2%), 가구당 평균 16.7m²의 좁은 공간에 거주하고 있으며,[2] 현재 거처에서 겪은 주된 어려움으로 열악한 주변 환경 및 시설을 꼽을 정도로 열악한 것으로 나타났다.

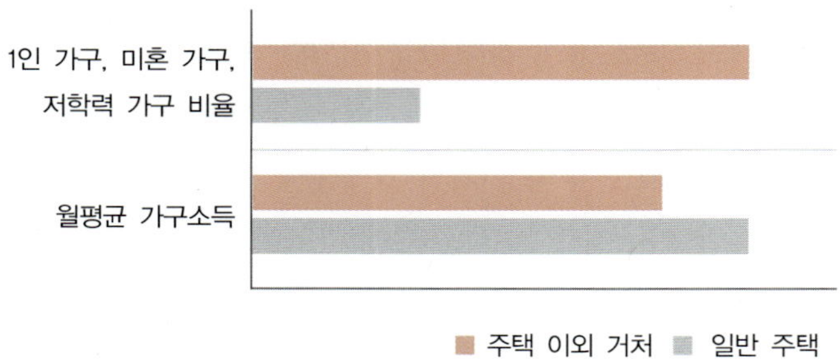


|그림 5-5| 주택 이외의 거처 가구 특성

출처 : 국토교통부(2022), 『주택 이외의 거처 주거실태조사』 통계정보보고서.

또한 월세 부담율도 높은데, 예를 들어 숙박업소에 사는 가구의 평균 월세는 32.8만 원(RIR : 29.7%)으로 나타나는데, 이 금액은 저소득가구의 평균 월세 약 21만 원보다 오히려 12만 원을 더 지출하고 있으며 일반가구 41만 원의 약 80%에 해당하는 월세를 부담하고 있는 셈이다(황세인 외, 2025). 비주택 중에서도 특히 고

2 가구당 면적을 보면, 숙박업소의 객실(11.7m²)은 일반주택(67.0m²)의 1/6에 불과하다.

시원과 숙박업소의 객실 거주 가구가 높은 임차료로 인한 주거비 부담이 높은 것으로 나타나며, 추가적인 주거비를 부담할 수 없어 주거 상향 이동을 계획하지 못하는 가구가 많은 것으로 나타난다.

이처럼 주택 이외의 거처에 사는 사람들은 면적기준, 설비기준, 구조 · 성능 · 환경기준에 미달되는 열악한 주거환경에서, 과도한 주거비 부담으로 인한 불안정한 주거상태에 놓여 있는 것으로 나타난다.

부산 A여인숙의 복도와 방(취사 시설이 없어 방안에 버너를 두고 사용하는 가구가 많아 화재 위험이 큼)

출처 : 필자 촬영.

## 2) 청년층의 주거문제

우리나라의 모든 사람과 주택의 규모 및 그 특징을 파악하기 위한 국가기본통계 조사인 인구주택총조사는 5년마다 20% 표본을 대상으로 실시되고 있는데, 2020년 조사결과를 통해 본 주요 시사점 중 하나가 20대 청년층의 주거문제이다.

먼저 가구별 평균 거주기간을 보면 8.7년으로 2015년(8.8년)에 비해 0.1년 감소하였다. 거주기간별 비율은 5~10년(16.5%), 1년 미만(15.1%), 3~5년(13.7%) 순으로 나타나며, |그림 5-6|에서 보듯 가구주 연령별 평균 거주기간은 29세 이하는 2.1년, 70세 이상은 16.5년으로 연령이 적을수록 거주기간이 짧아지고 있다(통계청, 2021).

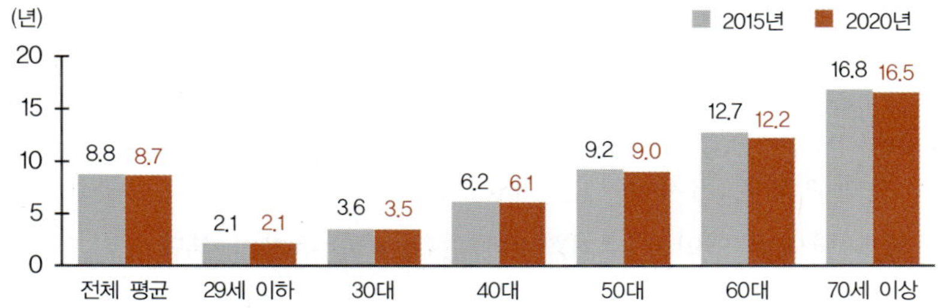


|그림 5-6| 가구주 연령 및 평균 거주기간별 일반가구(2015년, 2020년)

출처 : 통계청(2021), 2020 인구주택총조사 표본 집계 결과.

점유형태를 보면 자기집 거주비율이 57.3%로 가장 높고, 월세 22.9%, 전세 15.5%, 무상 3.7%, 사글세[3] 0.6% 순으로 나타난다. 2015년부터 월세 비율이 전세 비율보다 높아진 후 그 추세가 유지되고 있다. 특히 가구주 연령별로 점유형태 분포를 보면 29세 이하는 월세, 30대 이상은 자기집에서 거주하는 비율이 높게 나타난다.

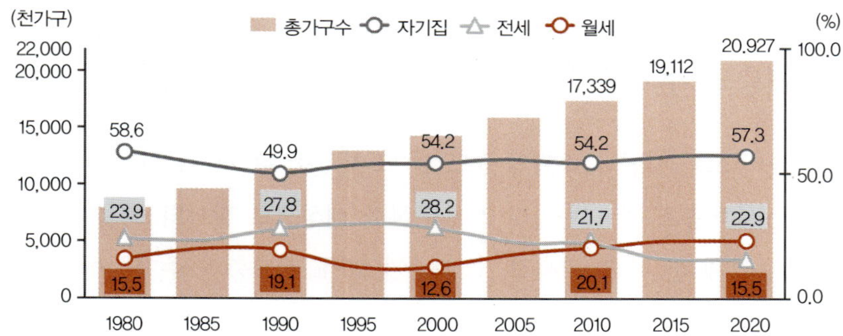


|그림 5-7| 점유형태 및 연도별 일반가구(1980~2020)

출처 : 통계청(2021), 2020 인구주택총조사 표본 집계 결과.

청년층 주거의 월세화는 주거비 부담으로 인해 자산 축적을 방해하는데, 이러한 자산 축적의 지체는 중장기적으로 청년층의 주거비 부담을 심화시킬 가능성

3 세입자가 1년 또는 10개월 등 일정 기간의 집세를 한꺼번에 내고 매월 1개월분의 집세를 공제하는 경우를 말한다(인구주택총조사).

이 높아 임차가구 내의 양극화라는 사회문제가 발생할 우려가 있다. 또 주거비 부담이 큰 청년가구일수록 양질의 일자리를 구하기 위한 지리적 이동이 제약될 수 있어 열악한 주거환경이 미래의 소득 불평등을 심화시키는 요인이 될 수도 있다(이태진 외, 2017). 그리고 청년기에 지불하는 주거비는 이들의 미래를 설계하는 결혼 및 출산에 큰 영향을 미친다. 즉, 축적된 자산이 적고 소득수준이 높지 않다는 청년세대의 특징을 고려했을 때, 결혼과 출산이라는 청년기의 발달과업에 주거비 부담이 가중될 경우 부정적인 영향을 받게 되어 시기가 늦어질 수밖에 없게 된다(배호중, 2019).

청년층의 주거문제는 청년1인 가구의 증가와도 관련이 크다. 2020년 1인 가구는 전체 가구의 31.7%를 차지하며 이 중 29세 이하가 20.2%, 70세 이상이 18.1% 순으로 높게 나타난다. 1인 가구 증가율도 29세 이하가 가장 높으며, 그 이유로 본인 직장과 학업 때문으로 나타난다. 서울시 1인 가구의 대부분이 높은 주거비 지출로 인한 주거빈곤을 겪고 있는데(고정희, 2019), 청년1인 가구는 더욱 심각하다. 실제로 고시원, 지하(반지하) 및 옥상(옥탑) 거주 비율에서도 29세 이하 청년층이 가장 많은 것으로 나타나(국토교통부, 2022; 통계청, 2021) 부적절한 환경, 과도한 주거비 부담을 경험하는 20대가 많음을 알 수 있다. 최근 들어 수도권을 중심으로 전세사기 문제가 심각한데, 국토교통부(2025)에 따르면 전세사기 피해자 중 20~30대 청년층이 75.1%에 달하고 있는 것으로 나타난다.

## 4. 주거문제의 대응방안

### 1) 주거기본법

주거기본법(2017. 11. 28. 개정 및 2018. 5. 29. 시행)은 정부 주택정책의 중심을 주택의 물량 확대 위주에서 주거복지로 옮기기 위한 것으로, 주거관련 시민 · 사회단체가 중심이 된 '주거기본법 입법추진위원회'가 결성되어 1999년부터 주거기본법 제정관련 토론회를 개최하는 등 입법운동을 전개하였고, 이러한 노력의 결과, 2015년 6월 22일 법이 제정되어 같은 해 12월 23일부터 시행되었다. 이 법은 헌법에서 추상적으로 규정했던 주거권[4]을 구체화하였으며, 저출산 · 고령화에 대한 선제대응으로 국가와 지방자치단체가 주거정책을 만들 때 지켜야 하는 의무들을 구체화하였다고도 평가된다. 또한 이 법은 기본법으로서 주거정책에 관한 다른 법률을 제정하거나 개정하는 경우 이 법에 부합하도록 하고 있어, 주거복지를 위한 정부 정책의 근간이 된다고 할 수 있다. 따라서 주거기본법은 기존의 주택 혹은 주거 중심의 주거복지를 지역사회 차원에서 사회복지 등 관련 서비스와 연계하여 제공함에 있어서도 매우 중요한 의미를 지니고 있다(박윤영, 2018). 국회 국토교통위원회는 주거기본법안의 제안 이유를 다음과 같이 밝히고 있다.

> "최근 저출산 · 고령화, 1~2인 가구 증가 등 사회적 환경이 크게 변화하고 주택보급률이 100%를 초과함에 따라, 주택정책의 패러다임이 '주택공급'에서 '주거복지'로 빠르게 전환되고 있다. 이에 따라 주택정책도 주택공급 물량을 확대하는 정책에서 벗어나, 행복주택 · 주거급여 등 맞춤형 주거복지정책으로 개편을 추진하고 있다. 하지만 주택정책의 기본법이라고 할 수 있는 현행 '주택법'은 아직도 주택건설 및 공급 관련 사항이 주요 내용을 구성하고 있고 주거복지를 실현하기 위한 내용은 아직 미흡한 수준일 뿐 아니라, 임대주택법, 주거급여법 등 주택 관련 다른 법률과의 관계도 명확하게 규정하지 못하고 있는 실정이다. 이에 주거정책 관련 법체계의 최상위법 및 기본법적인 지위를 갖는 '주거기본법'을 새로이 제정하여, 주거정책의 기본방향이 물리적인 주택공급의 확대로부터 주거복지의 향상으로 전환되었음을 선언하고, 주거정책의 기본원칙, 주거권, 유도주거기준, 주거복지지원센터, 주거복지 전문인력 양성 등에 대한 규정을 신설하는 한편, 현행 '주택법'에서 규정하고 있는 주택종합계획, 주택정책심의위원회, 최저주거기준 등에 관한 조문을 보완하여 이 법으로 이관하려는 것이다."

「주거기본법」은 '주거복지 등 주거정책의 수립 · 추진 등에 관한 사항을 정하고 주거권을 보장함으로써 국민의 주거 안정과 주거수준의 향상에 이바지하는

4 모든 국민은 거주 이전의 자유를 가진다(제14조), 모든 국민은 인간다운 생활을 할 권리를 가진다(제34조 2항), 국가는 주택개발정책 등을 통하여 모든 국민이 쾌적한 주거생활을 할 수 있도록 노력하여야 한다(제35조 3항) 등과 같이 주거의 권리에 대한 내용을 담고 있으나 구체성이 부족하다고 지적된다.

것을 목적(제1조)'으로 한 '주거복지'를 전면에 내세운 최초의 법이다. 또한 주거권에 대해 '국민은 관계법령 및 조례로 정하는 바에 따라 물리적 · 사회적 위험으로부터 벗어나 쾌적하고 안정적인 주거환경에서 인간다운 주거생활을 할 권리를 갖는다'고 명시하여 주거권의 정의를 명확히 하고 있다(제2조).

■ 물리적 · 사회적 위험으로부터 보호

- 물리적 위험 : 자연환경 및 주변 환경에서 거주자의 신체적 안녕을 해칠 수 있는 요소(자연재해, 추위, 습기, 열기, 비바람, 악취 등 자연환경적 요소와 화재, 건물붕괴 등 구조적 요소를 포함)
- 사회적 위험 : 강제퇴거, 범죄, 차별, 괴롭힘 등 타인 또는 국가에 의한 주거환경 침해뿐 아니라 건강, 안전, 영양, 응급서비스 등의 필수적 기반시설로부터 고립되어 주거권이 침해될 위험성이 존재하는 것

■ 쾌적하고 안정적인 주거환경

- 주거의 적절성 : 물리적 거주적합성(Habitability)을 의미. 서비스 가용성, 접근 가능성, 입지 적합성, 문화적 적절성이 고려되어야 함
- 주거의 안정성 : 점유의 법적 안정성 및 경제적 부담 가능성(PIR, RIR 등)

– 특히, 주거기본법에서는 주거권을 보장하기 위해 제시한 '주거정책의 기본원칙(제3조)' 따르며, 주거권의 '인간다운 주거생활'과 관련하여 다양한 측면에서 정책 수립 및 시행을 규정하고 있음

⇒ ① 부담 가능한 주거비 수준 유지
② 주거취약계층 주거지원
③ 양질의 주택 확보
④ 체계적 · 효율적 주택공급
⑤ 쾌적하고 안전한 주택관리
⑥ 주거환경 개선을 통한 주거수준 향상
⑦ 주거약자 안전 및 편의성 고려
⑧ 저출산 · 고령화 등 사회 · 경제 변화 대응
⑨ 주택시장 및 주택산업 발전 유도

주거기본법의 주요 내용은 다음과 같다. 첫째, 주거권 보장 확인 및 정책심의기구의 설립이다. 전술한 바와 같이 제1조에서 주거권 보장을 명시하고 있으며, 제3조에서 국가 및 지방자치단체는 국민의 주거권을 보장하기 위하여 기본원칙에 따라 주거정책을 수립 · 시행할 책임이 있다고 명시하고 있다. 주거정책의 기본원칙으로 국가와 지방자치단체는 '소득수준 · 생애주기에 따른 주택공급 및 주거비 지원을 통하여 국민의 주거비를 부담 가능한 수준으로 유지', '주거복지 수요에 따른 임대주택의 우선공급 및 주거비 지원을 통하여 저소득층 등 주거취약계층의 주거수준을 향상', '임대주택공급의 확대', '장애인 · 고령자 등 주거약자가 안전하고 편리한 주거생활을 영위할 수 있도록 지원', '저출산 · 고령화, 생활양식의 다양화 등 장기적인 사회적 · 경제적 변화에 선제적으로 대응'해야 한다고 규정하여(제3조), 전체 국민의 주거비 적정 부담과 주거취약계층의 안정적 주거수준 확보에 대한 관심과 이를 위한 국가와 지방자치단체의 책임을 규정하고 있다.

둘째, 주거권 보장을 위한 정책, 제도에 관한 규정이다. 먼저, 국가 및 지방자치단체는 개별 법률이 정하는 바에 따라 주택이 체계적으로 건설 및 공급되도록 노력하고, 주택시장 및 주택산업이 건전하게 기능할 수 있도록 유도하도록 하며(제10조), 국가는 주거정책을 효율적으로 실시하기 위하여 필요한 자금을 설치 · 운용할 수 있도록 규정하고 있다(제13조). 또한 주거급여 지급, 주거비 보조 및 주거약자의 지원 규정을 명시하고 있으며, 주거복지 전달체계의 구축(예 주거복지센터 설치)과 주거복지 전문인력의 양성을 할 수 있도록 하고 있다(이은기, 2016).

### 2) 주요 주거복지정책

주거빈곤, 주거취약계층을 위한 주거복지정책은 국토교통부의 주거급여와 취약계층 주거지원 사업이 대표적이다.

#### (1) 주거급여

주거급여는 주거가 불안정한 저소득층 등 취약계층의 주거비 부담을 완화하고 양질의 주거수준을 확보하기 위해 시행되는 것으로, 국민기초생활 보장법(제7조 제1항 제2호)의 주거급여를 말한다.

급여는 수급자의 가구원수, 거주 형태, 부담 수준, 지역 여건 등을 감안하여 임차 수급자에게는 임차급여를 지급하고, 자가 수급자에게는 주택 노후도에 따른 맞춤형 주택 개보수가 가능하도록 수선유지급여를 지급한다. 무엇보다 수급자의 자유로운 주거 선택권을 보장하고 주거비 부담 완화, 주거상향 이동 및 양질의 주거수준 확보가 가능하도록 지향하는데, 이를 위해 국토교통부는 다양한 유형의 공공임대주택 공급, 버팀목 대출, 월세 대출과 더불어 개편 주거급여 제도를 통해 취약계층의 주거 안정, 주거비 부담 완화, 주거수준 향상을 도모한다.

〈표 5-4〉 취약계층에 대한 주거지원 프로그램

<table>
<tr><th colspan="2">구 분</th><th>중위소득 48% 이하 가구</th><th>전년도 도시근로자 가구당 월평균 총소득의 50% 이하</th><th>전년도 도시근로자 가구당 월평균 총소득의 70% 이하</th></tr>
<tr><td rowspan="2">지원 유형</td><td>수요자 보조</td><td>주거급여<br>(임차, 자가)</td><td>주거 안정 월세 대출<br>(연소득 5천만 원 이하)</td><td>버팀목 대출<br>(전세자금 대출 지원)<br>(연소득 5천만 원 이하)</td></tr>
<tr><td>공공임대 주택 공급</td><td colspan="2">영구임대, 다가구 매입임대, 기존주택 전세임대<br>(신혼부부, 대학생, 소년소녀 가정 등)</td><td>국민임대주택<br>행복주택</td></tr>
</table>

출처 : 국토교통부 『2025년 주거급여 사업안내』.

주거급여 수급자의 미혼자녀 중 19세 이상 30세 미만인 자(청년가구원)가 수급자와 거주지를 달리하는 경우에는 수급자와 분리하여 별도의 임차료를 지급할 수 있으며, 청년 주거급여 분리지급액은 청년이 거주하는 지역별·가구원수별 기준임대료를 상한으로 청년이 실제 지불하는 임차료를 지급한다.

### (2) 취약계층 주거지원 사업

#### ① 공공임대주택 공급 지원

공공임대주택은 국가 또는 지자체가 재정 및 주택도시기금의 지원을 받아 공공주택사업자가 공급하는 주택을 말하는 것으로, 공급 방식에 따라 신규건설, 기존주택 매입, 기존주택 임차로 구분 구분된다. 신규건설 공공임대주택은 공공주택사업자가 임대를 목적으로 건설하여 저소득층 등 사회취약계층에게 임대하는 주택으로 영구임대주택, 국민임대주택, 행복주택 등이 있다. 기존주택 매입임대주택은 공공주택사업자(예 SH, LH)가 기존의 다가구 주택 등을 매입하여 저소득층 등 사회취약계층에게 임대하는 주택이며, 기존주택 전세임대주택은 공공주택사업자가 기존의 주택을 임차하여 저소득층에게 다시 빌려주는 방식이다.

| 구분 | 유형 | 내용 |
|---|---|---|
| 신규건설 | 영구임대주택 | • 최저소득 계층의 주거 안정을 위하여 50년 이상 또는 영구적인 임대를 목적으로 공급하는 주택 |
| | 국민임대주택 | • 저소득 서민의 주거 안정을 위하여 30년 이상 장기간 임대를 목적으로 공급하는 주택 |
| | 행복주택 | • 대학생, 사회초년생, 신혼부부 등 젊은 층의 주거 안정을 목적으로 공급하는 주택<br>• 입주자 특성에 따라 6~20년 거주 가능 |
| 기존주택 매입임대주택 | 다가구 매입임대 | • 기존주택을 매입하여 수급자 등에게 임대하는 주택 |
| 기존주택 전세임대주택 | 기존주택 전세임대 | • 기존주택을 임차하여 저소득 서민에게 전대(轉貸)하는 공공임대주택 |

|그림 5-8| 공공임대주택의 구분

출처 : 국토교통부 『2022년 주거급여 사업안내』에서 수정.

#### ② 주거취약계층 주거상향지원

이 사업은 최저주거기준에 미달되고 위험에 노출된 환경에서 생활하는 주거취약계층에게 임대주택(매입임대, 전세임대, 민간임대주택 등)으로 주거상향 이주를 지원하여 주거 안정을 도모하는 것으로, 세부지원대상은 아래와 같다.

- 쪽방, 고시원, 여인숙, 비닐하우스, 노숙인시설, 컨테이너, 움막, PC방, 만화방, 최저주거기준에 미달하거나 침수피해 우려가 있는 반지하, 「최저주거기준」 제3조에 따른 필수설비시설을 갖추지 않은 옥탑방에서 3개월 이상 거주하는 사람
- 가정폭력 피해자, 출산예정 미혼모 등 긴급한 주거지원이 필요하여 관계 중앙행정기관의 장, 시장 · 구청장, 관련 사회복지법인 또는 비영리법인, 운영기관 등이 추천한 사람
- 최저주거기준을 미달(공공주택업무처리지침 별표6 제5호 또는 최저주거기준공고 제2조 '용도별 방의 개수'를 말함)하는 주거환경에서 만 18세 미만의 아동과 함께 거주하고 있는 사람
- 공공주택특별법 시행규칙 제23조의3에 따라 재해구호법에 따른 이재민 등 지자체장이 긴급한 주거지원이 필요하다고 인정하여 공공임대주택을 임시로 사용하는 사람
- 법무부 장관이 주거지원이 필요하다고 인정하여 국토교통부 장관에게 통보한 범죄피해자(지방검찰청장 추천으로 법무부 장관이 선정)

주요 지원(2025년 기준)은 보증금 대출과 이주과정에서 필요한 이사비 · 생필품 지원(최대 40만 원)을 들 수 있는데, 보증금은 공공임대 이주의 경우 무이자로 최대 50만 원 대출이 가능하며 민간임대 이주의 경우는 최대 8천만 원(5천만 원까지 무이자) 대출이 가능하다.

이 외에도 서민과 중산층의 주거 안정을 위하여 내 집 마련 및 전월세자금을 지원(보증)하고 서민주거 안정지원을 위한 공적자금을 조성하는 주거복지정책사업으로 '금융지원'을 하고 있다. 주택도시기금을 운용 · 관리하는 주택도시보증공사와 주택금융의 장기적 · 안정적 공급을 지원하는 한국주택금융공사가 대표적인 기관으로서 관련 업무를 수행하고 있다.

주거권의 발달에서 보듯, 주거문제를 그 사회가 어떻게 바라보느냐에 따라 개입의 수준도 달라진다. 예를 들어, 도시 주택 부족 문제로 1980년대부터 지하, 반지하 주거는 이미 주거취약층들의 주요한 거처가 되어 있었지만 안전성 등 문제가 있었음에도 이슈가 되지는 못했다. 그러다가 2022년 서울에 내린 기록적인

폭우로 반지하 주택에 거주하던 일가족이 사망하는 사고 이후 서울시에서는 지하 및 반지하를 주거 목적의 용도로 사용을 불허하는 것을 논하기 시작했다.

주거는 단순한 생활재 이상의 의미이다. '주거의 불안정'은 바꿔 말하면 안정적으로 살 집이 없다는 의미이며, 그것은 '비와 이슬을 피할 곳이 없다'[5]는 의미를 넘어선다. 주거는 개개인이나 세대가 각자의 사생활을 쌓는 거점이며, 또 사회로의 구속의 접점이 된다. 거주의 불안정은 다수가 직업의 불안정이나, 가족해체와도 연결되어 있으며, 사회와의 접점의 상실은 사회로부터의 배제 · 고립과도 관련된다. 그러므로 주거문제를 단순히 물리적인 주택이나 주거환경에 대한 부분만이 아니라, 가족, 지역 등과의 구조적인 연계와 같은 주거문제로서 보다 넓은 관점으로 볼 필요가 있을 것이다.

5 노숙(露宿, 이슬 로/ 묵을 숙)의 의미로, 이슬을 맞으며 '한데서 자는 잠'을 의미한다.

# 제6장
# 중독문제

1. 문제제기
2. 중독문제의 이해
3. 중독문제의 유형
4. 중독문제의 대응방안

# 제6장

# 중독문제

## 1. 문제제기

중독이란 특정 행위나 물질에 대해 스스로 절제하거나 통제하지 못하고, 일상생활과 사회적 기능에 지장을 초래하는 병리적 상태를 의미한다. 일반적으로 정신적으로 건강한 사람들은 특별한 의존 대상 없이도 일, 인간관계, 여가활동 등에서 균형을 유지한다. 하지만 중독자들은 삶의 리듬과 균형을 유지하는 데 어려움을 겪으며 이를 해소하거나 감정을 회피하기 위해 특정 대상이나 행위에 과도하게 의존하게 된다.

중독문제를 가진 사람들의 특성을 보면 자신에게 닥친 어려움이나 좌절을 견디기 힘들어하거나 현실적으로 당면한 문제들을 스스로 해결할 능력이 부족한 경우가 많다. 이러한 문제들은 개인의 삶을 파괴할 뿐만 아니라, 가족과 주변 사람, 나아가 사회 전체에 부정적인 영향을 미치며 심각한 사회문제로 발전할 수 있다. 따라서 이 장에서는 이영호(2020)의 자료를 재구성하여 중독문제의 정의와 원인, 중독문제 유형별 특성, 중독에 대한 대응방안을 살펴보고자 한다.

## 2. 중독문제의 이해

### 1) 중독의 정의

'중독(addiction)'이란 어떤 행위나 물질에 습관적이거나 강박적으로 몰입하거나 거기에 항복하는 것이라고 정의할 수 있다(한국심리학회, 2014). 고재욱(2013)은 중독을 어떤 특정한 활동에 지나치게 몰입하여 쾌락적 만족을 반복적으로 추구하게 되고, 정상적인 일상에서는 얻기 어려운 과도한 쾌락을 위해 중독적 물질이나 행동에 의존하게 되는 상태라고 정의하였다. 이때 중독의 의미는 의학적 · 생물학적 용어에 가까운 것으로 영어 'intoxication'에 해당한다.

한편, 심리학적 의미의 중독(addiction)은 기분을 나아지게 하기 위해 특정 대상에 지나치게 의존하는 것을 의미한다. 일반적으로 정신적으로 건강한 사람들은 특정한 의존 대상 없이도 일, 인간관계, 취미나 여가생활 등을 통해 삶의 균형을 유지할 수 있다. 그러나 중독자들은 이러한 균형을 스스로 유지하기 어려워 이를 대신할 대상이나 수단에 의존하게 된다.

중독의 대상은 매우 다양하며 그 대상이나 수단에 따라 알코올중독, 약물중독, 도박중독, 인터넷중독, 일중독, 섭식중독, 관계연애(섹스)중독, 쇼핑중독 등으로 구분된다.

또한 중독에는 '통제력 상실'이라는 문제가 내포되어 있다. 중독 초기에는 자신이 중독 대상이나 수단을 통제할 수 있다고 믿지만, 반복적으로 사용하면 내성이 생기고 통제력을 잃어 삶의 리듬과 균형이 파괴되기 쉽다. 그럼에도 불구하고 중독자들은 공통적으로 '나는 중독되지 않았고, 이용할 뿐이다'라고 하며 문제를 부정한다. 이처럼 중독자들은 자신의 상태를 축소, 회피, 합리화, 부정 등의 방식으로 자신의 문제를 인정하지 않으려는 경향이 있다. 대상이 무엇이든 간에 중독은 〈표 6-1〉의 기준들 중 하나라도 충족한다면 의심해 볼 수 있다.

〈표 6-1〉 중독을 의심해 볼 수 있는 기준 요소들

| |
|---|
| ① 내성 : 동일한 시간이나 양으로 만족되지 않는다. |
| ② 금단증상 : 끊으면 불안하다. |
| ③ 의존 : 하지 않으면 못 배긴다. |
| ④ 부정 : 자신의 상태를 인지 못하고 인정하지도 않는다. |
| ⑤ 위험한 사용 : 금전적 손실, 건강파괴 등 부정적 결과가 있을 줄 뻔히 알면서도 하게 된다. |
| ⑥ 인간관계 갈등 : 주변 사람이 비난하거나 심한 잔소리를 해도 아랑곳없다. |
| ⑦ 인간관계 파괴 : 가족, 친구, 직장동료 등 대인관계가 파괴된다. |
| ⑧ 사회적 문제 : 지각, 결근, 책임을 회피하는 일이 생긴다. |
| ⑨ 기능의 감소 : 집중력 감소, 산만함 등으로 인해 예전에 잘하던 일들을 잘하지 못한다. |
| ⑩ 법적 문제 : 음주운전, 폭력, 횡령, 사기, 성폭력 또는 성희롱 등의 문제를 일으킨다. |

## 2) 중독의 원인

중독의 원인은 생물학적 요인, 심리·행동학적 요인, 사회환경적 요인 등 다양한 측면에서 복합적으로 작용한다.

### (1) 생물학적 요인

중독은 대뇌의 보상회로와 밀접한 관련이 있다. 복측피개영역(VTA : Ventral Tegmental Area)은 도파민을 생성하여 측좌핵(NAc : Nucleus Accumbens)으로 전달한다. 측좌핵은 알코올이 체내에 들어왔을 때 가장 먼저 작용하는 부위로 배고픔, 갈증, 성욕 등과 같은 본능적 욕구와 관련되어 있으며 쾌락을 유발하는 기능을 한다. 인간은 쾌락을 주는 행동을 반복하는 경향이 있는데, 이 경로가 반복적으로 활성화되면 긍정적 강화가 작용하여 중독 행동이 지속되고 결국 의존 상태에 이르게 된다.

한편, 중독성 물질이나 행위의 반복은 도파민 보상회로의 민감화(sensitization)를 유발한다. 이로 인해 같은 자극에도 더 큰 쾌락을 느끼게 되며, 초기보다 더 많은 양을 필요로 하게 되어 내성이 생긴다. 이러한 변화로 중독자는 점차 조절력을 상실하고, 중독성 물질이나 행위를 더 강하게 갈망하게 된다. 그러나 이를 중단하려 하면 불안, 초조, 흥분 등의 금단증상이 나타나면서 다시 탐닉하게 되는 악순환에 빠진다. 이 과정에서 뇌의 전두엽이 손상되고 혈류량이 감소하여 자기파괴적인 행동을 조정하거나 억제하기 어려워진다.

### (2) 심리 · 행동학적 요인

정신분석적 관점에서 중독은 현실로부터 벗어나기 위해 취한 상태로 도피하려는 무의식적 또는 의식적 시도로 보며, 충동의 직접적인 결과이자 산물로 간주된다. 또한 중독은 자아 기능의 장애와 초자아 기능의 병리적 현상에서 비롯된 것으로 본다. 특히 성장 과정에서 겪은 심리적 외상(trauma)은 불안을 유발하며, 이는 개인에게 압도적인 정서상태를 초래한다. 이러한 경험은 무력감으로 이어지고, 모호한 불안과 불안정감 속에서 중독적 물질이나 행위에 의존하게 된다.

반면, 인지–행동이론적 관점에서는 중독을 비합리적이고 자기파괴적인 사고가 학습된 결과로 본다. 따라서 인지적 교정과 탈학습 과정, 사고와 판단에 대한 분석, 긍정적 행동의 강화, 재결정 등을 강조한다. 치료 과정은 교훈적이고 직접적이며, 재교육적이다. 또한 중독적 행동을 지속하는 환경요인을 찾아 연결고리를 끊고 적응적인 행동으로 재학습하는 것 또한 중요한 과정이다.

### (3) 사회환경적 요인

사회환경적 요인에서는 공중보건학적 관점으로 중독과정을 설명할 수 있다. 첫째, 가용성(availability) 측면에서 우리 사회는 언론 매체와 상업 전략 등으로 술, 담배, 기타 다양한 중독성 물질이 일상적으로 노출되며, 이에 대한 사용이 비교적 자연스럽고 거부감 없이 수용된다. 둘째, 접근성(accessibility)은 중독성 물질에 대한 물리적 · 사회적 접근이 큰 제약 없이 쉽게 이용 가능하다는 것을 의미한다. 셋째, 수용성(acceptability)은 우리 사회의 문화적 환경이 술, 담배, 도박 등 중독성 행위를 비교적 관대하게 받아들이는 경향이 있다는 것이다(박상규 외, 2009).

## 3. 중독문제의 유형

중독은 대상과 방식에 따라 물질중독과 행위중독으로 구분된다. 물질중독은 알코올, 약물(마약, 향정신성의약품), 음식 등의 외부 물질이 체내로 주입되어 흥분을 유발하는 경우를 말한다. 행위중독은 특정 행위나 상황 속에서 내적으로 엔도르핀과 같은 물질이 생성되어 흥분을 유도하는 것으로, 무형(과정중독)과 유형(행위중독)으로 나뉜다. 무형의 행위중독에는 관계, 분노, 연애, 종교 등이 있으며, 중독에 이르는 과정 자체에 몰입하는 특성이 있다. 유형의 행위중독에는 도박, 일, 인터넷(게임, 채팅), 성, 쇼핑, 운동 등이 있으며, 행위 그 자체를 반복적으로 추구하는 경향이 있다(강경호, 2002).

물질중독과 행위중독은 모두 공통적으로 몇 가지 특징을 지닌다(고영삼, 2012). 첫째, 중독자는 부정적인 결과가 있음에도 불구하고 문제행동이 반복된다. 둘째, 중독자는 문제행동에 대한 조절력이 감소하여 점차 상실하게 된다. 셋째, 강박적인 반복 행동을 보인다. 넷째, 중독 행동을 시작하기 전에 충동이나 갈망이 강하게 나타난다. 다섯째, 중독이 지속되면 내성이나 금단증상이 동반된다.

여기에서는 물질중독 중 알코올과 약물중독, 그리고 행위중독 중 스마트폰 과의존과 도박중독을 중심으로 살펴보고자 한다.

### 1) 알코올중독

알코올 문제는 술의 역사와 함께해 왔으나 최근 들어 그 심각성이 더욱 부각되고 있다. 알코올 의존자에게 술은 마치 물과 공기와 같이 삶에서 절대적인 위치를 점하고 있지만, 결국 술로 인해 인생이 철저히 망가지는 불행을 겪게 된다. 이런 까닭에 '술은 유일하게 허가된 마약이다'라고 하는지 모른다(정원철, 2010). 알코올중독은 오랜 기간 알코올을 섭취함으로써 알코올과 관련된 문제행동이 반복되고 금단증상이나 내성과 같은 신체적 증상이 동반되는 상태를 의미한다.

알코올 문제는 심리 · 사회적 문제를 초래하므로 전통적인 휴먼서비스 전문가들의 역할이 매우 중요하다. 이들이 만약 정신건강 분야에 종사하지 않더라도 다양한 문제를 가진 음주자와 마주하게 되기 때문에, 알코올 관련 장애에 대한 기본적인 지식을 갖추는 것이 필요하다.

### (1) 알코올중독의 실태

우리나라 알코올중독자는 보건복지부의 정신질환실태 역학조사[1]에 따르면 약 130만 명 이상으로 추정되며, 1년 유병률은 전체 성인 인구의 2.6%에 이른다. 2021년 조사에서 주요 정신장애의 평생유병률을 살펴보면, 알코올 사용장애가 11.6%로 가장 높았고, 이어 니코틴 사용장애(9.5%), 불안장애(9.3%), 우울장애(7.7%) 순이었다. 성별로는 남성에서 니코틴 및 알코올 사용장애가, 여성에서는 불안장애가 높게 나타났다.

이러한 결과는 술에 관대한 문화, 과음과 폭음 등 무절제한 음주 습관, 알코올 문제에 대한 낮은 인식, 사회적 스트레스, 대처 자원의 부족 등 복합적 요인들이 맞물려 나타난 것이다.

〈표 6-2〉 정신장애 평생유병률

| | 전체 | | 남자 | | 여자 | |
|---|---|---|---|---|---|---|
| | 유병률(%) | RSE | 유병률(%) | RSE | 유병률(%) | RSE |
| 알코올 사용장애 | 11.6 | 5.6 | 17.6 | 5.6 | 5.4 | 10.7 |
| 알코올 의존 | 6.2 | 8.0 | 9.5 | 8.1 | 3.0 | 14.2 |
| 알코올 남용 | 5.3 | 7.3 | 8.2 | 7.6 | 2.4 | 15.8 |
| 니코틴 사용장애 | 9.5 | 6.0 | 17.7 | 6.0 | 1.1 | 19.5 |
| 니코틴 의존 | 8.1 | 6.7 | 15.0 | 6.7 | 1.1 | 20.5 |
| 니코틴 금단 | 4.7 | 8.0 | 8.9 | 8.0 | 0.5 | 29.7 |
| 우울장애 | 7.7 | 6.6 | 5.7 | 9.6 | 9.8 | 7.6 |
| 주요우울장애 | 7.7 | 6.7 | 5.7 | 9.6 | 9.8 | 7.6 |
| 기분부전장애 | 0.5 | 22.0 | 0.3 | 32.5 | 0.6 | 27.1 |

1 정신질환 실태조사는 「정신건강증진 및 정신질환자 복지서비스 지원에 관한 법률」 제10조에 근거하여 5년마다 보건복지부 주관으로 역학조사가 시행되고 있으며, 2001년을 시작으로 2006년, 2011년, 2016년, 2021년 정신질환실태 역학조사 결과를 발표했다.

| | | | | | | |
|---|---|---|---|---|---|---|
| 불안장애 | 9.3 | 6.2 | 5.4 | 11.0 | 13.4 | 6.5 |
| 강박장애 | 0.2 | 27.4 | 0.1 | 70.9 | 0.4 | 28.7 |
| 외상후스트레스장애 | 1.5 | 13.8 | 1.3 | 19.0 | 1.6 | 17.5 |
| 공황장애 | 0.4 | 24.8 | 0.5 | 29.6 | 0.4 | 37.0 |
| 광장공포증 | 0.3 | 27.7 | 0.2 | 44.6 | 0.4 | 35.7 |
| 사회공포증 | 0.6 | 21.8 | 0.2 | 49.5 | 1.0 | 23.5 |
| 범불안장애 | 1.7 | 13.5 | 1.2 | 20.8 | 2.1 | 15.4 |
| 특정공포증 | 6.3 | 7.8 | 2.6 | 16.7 | 10.0 | 7.7 |
| 알코올 사용장애, 니코틴 사용장애, 우울장애, 불안장애** | 27.8 | 3.6 | 32.7 | 3.8 | 22.9 | 5.0 |
| 알코올 사용장애, 우울장애, 불안장애*** | 22.9 | 4.1 | 23.3 | 4.9 | 22.4 | 5.1 |
| 우울장애, 불안장애**** | 14.4 | 5.1 | 9.0 | 8.0 | 19.8 | 5.3 |

**알코올 사용장애, 니코틴 사용장애, 우울장애, 불안장애 중 어느 하나라도 해당되는 경우
***알코올 사용장애, 우울장애, 불안장애 중 어느 하나라도 해당되는 경우
****우울장애, 불안장애 중 어느 하나라도 해당되는 경우
• RSE(Relative Standard Error) : 상대 표준오차
출처 : 보건복지부(2022). 2021년 정신질환자실태 역학조사.

### (2) 알코올중독의 원인

알코올중독은 한 가지 원인으로 설명하기 어려운 복합적 질환으로 유전·생물학적, 심리·사회학적, 가족환경적 요인이 복합적으로 작용하여 발병한다.

유전학적 요인 중 대표적인 원인은 '선천성 영양 장애론'이다. 이는 알코올중독자의 신체에 대사장애 패턴이 있어 그 결함을 보완하기 위해 본능적으로 알코올을 찾게 된다는 이론이다. 알코올은 열량을 제공하지만 동시에 다른 필수영양소의 흡수를 방해하여 영양결핍을 더욱 악화시키고, 그 결과 알코올에 대한 요구를 더 증가시킨다고 본다. 생물학적 요인은 장기간의 음주로 뇌세포가 알코올에 적응하면서 내성과 신체적 의존이 강화된다는 것이다.

심리학적 요인은 수동공격성, 의존성, 편집성과 같은 특성이 알코올 사용장애에 빠지기 쉬운 인격으로 알려져 있다. 정신분석학자 프로이트(Freud)는 성장 과정에서 구강기에 부모의 애정이 부족하거나, 입을 통한 욕구 충족이 충분히 이루

어지지 않으면 구강기적 욕망이 고착되고, 이후에 이를 대체하는 행동으로 음주가 습관화되어 알코올중독으로 이어질 수 있다고 보았다. 한편, 학습이론에 따르면 술을 마심으로써 불안이 해소되어 좀 더 자연스러운 행동을 나타낼 수 있는 경험을 여러 번 반복하게 되면 이것이 강화되어 습관적 음주로 진행된다는 것이다. 이 과정에서 알코올에 대한 내성이 생기고, 효능을 지속시키기 위해 반복적으로 음주를 하여 결국 의존에 이르게 된다고 한다.

사회학적 요인으로는 사회 · 문화가 산출한 스트레스와 긴장의 정도, 이를 해소할 수 있는 대체 자원의 유무, 음주에 대한 사회정책과 태도, 관용 수준, 사회적 응집력 등이 알코올 의존과 밀접한 관련이 있다. 특히 알코올에 대한 접근성과 음주에 대한 사회적 환경이 알코올 의존과 상관관계가 높다.

가족환경적 요인은 부모의 음주, 가족해체, 친부모의 상실, 가족 간 정서적 단절 등이 알코올 문제의 위험 요인으로 작용한다.

### (3) 알코올중독의 치료

알코올 관련 장애의 치료에는 다른 물질사용장애와 같은 원칙이 적용되며, 치료적 동맹 형성이 가장 중요하다. 치료 초기에 클라이언트의 임상적 상황을 정확히 평가하고, 중독 및 금단에 대한 치료를 시작해야 한다. 동시에 만성적 알코올 사용으로 인한 신체적 · 정신적 · 사회적 문제도 함께 다루어야 한다.

치료의 궁극적 목표는 음주의 중단 또는 절제이지만, 클라이언트의 기능적 회복, 삶의 질 향상, 본인과 가족의 주관적 만족도 또한 중요하게 고려되어야 한다. 또한 초기 치료 후에 재발 방지와 재활요법의 중요성도 잊어서는 안 된다.

치료 방법에는 입원치료, 개인 심리치료, 단기 약물치료, 집단치료, 가족치료, 재활치료, 사회적응을 위한 사회적 지지 체계 및 자원 활용, 단주친목(A.A)[2] 등이 있다. 이러한 치료들은 통합된 프로그램으로 시행되어야 효과적이다.

2 미국 월스트리트의 증권 브로커인 빌 윌슨(Bill Wilson)에 의해 소개된 12단계와 12전통을 기초로 알코올중독자들이 그들의 공동문제를 해결하고 다른 사람들이 알코올중독으로부터 회복되도록 돕기 위해 경험을 나누고 힘과 희망을 주는 전 세계적인 자조모임이다.

### (4) 알코올중독에 대한 사회적 대책과 개입

「정신건강증진 및 정신질환자 복지서비스 지원에 관한 법률」 제4조에서는 국가나 지방자치단체가 정신질환자의 사회복귀 촉진과 권익보호를 목적으로 하는 단체 또는 시설을 보호하고 육성하며, 이에 필요한 비용을 보조할 수 있도록 규정하고 있다(보건복지부, 2019). 이러한 법적 근거에 따라 기존의 알코올상담센터의 기능을 보완한 중독관리통합지원센터가 인구 20만 이상 시·구 단위에 설치·운영되고 있다.

중독관리통합지원센터는 알코올 및 기타 중독자의 조기 발견, 상담, 치료, 재활 및 사회복귀를 지원하여 안전한 사회환경을 조성함으로써 국민건강증진을 도모하고자 하는 목적을 가지고 있다. 이 센터의 이용대상자는 지역사회 내 알코올 및 기타 중독의 문제가 있는 사람, 중독자의 가족, 지역 주민, 의료기관 또는 시설 등에서 퇴원했으나 사회적응 훈련이 필요한 사람, 그리고 기타 중독 관련 상담이나 재활훈련서비스가 필요한 사람 등이다.

중독관리통합지원센터에서는 다섯 가지 주요 사업군을 중심으로 다양한 서비스를 제공하고 있다.

첫째, 알코올중독자 관리사업에는 신규 대상자 발견과 이용체계 구축, 사례관리서비스, 위기관리서비스, 재활 프로그램, 직업재활서비스 등이 포함된다.

둘째, 알코올중독자 가족 지원사업은 신규 가족 발굴과 이용체계 구축, 사례관리서비스, 가족교육 및 프로그램, 위기관리서비스, 가족모임 지원서비스 등을 포함한다.

셋째, 음주폐해 예방 및 교육사업으로 고위험군 조기 발견 및 개입서비스, 아동·청소년 예방교육사업, 직장인 음주폐해 예방지원사업, 지역 주민 예방교육사업, 인식개선 및 홍보사업 등이 있다.

넷째, 지역사회 사회안전망 조정사업으로 보건복지 네트워크 구축, 지역 법무연계·협력체계 구축, 경찰 및 응급지원 네트워크 구축, 지역인프라 구축 등이 포함된다.

다섯째, 지역 진단 및 기획 사업으로 지역사회 진단 및 연구, 서비스 기획, 자원 조정 및 중재 등의 활동을 포함한다.

## 2) 약물중독

약물중독은 물질의 부적응적인 사용 패턴으로 인해 이상행동이 나타나는 물질 관련 장애에 해당한다. 약물중독의 핵심 과정에는 갈망, 내성, 금단증상이 있으며, 이러한 요소들은 중독이 반복되고 지속되는 악순환을 유발하는 주요 요인이다. 약물은 작용기전에 따라 크게 세 가지로 분류할 수 있다. 첫째, 통증을 완화하는 억제제, 둘째, 감각과 운동 기능을 항진시키는 흥분제, 셋째, 감각과 지각을 왜곡시키는 환각제가 있다. 이들 약물은 중추신경계에 직접 작용하며, 오용 또는 남용 시 신체적·정신적 건강에 심각한 위험을 초래할 수 있다. 이로 인해 개인과 가족은 물론 사회 전반에 걸쳐 심각한 문제가 발생하게 된다. 따라서 다음에서는 약물중독의 실태와 원인, 치료 방법, 사회적 대책과 개입 방안에 대해 살펴보고자 한다.

### (1) 약물중독의 실태

1년간 적발된 마약류 사범이 2015년도에 1만 명을 넘어선 후 꾸준히 증가하였으며, 2023년도에는 최초 2만 명을 넘어선 2만 7,611명이 적발되었다. 2024년에는 16.6% 감소하여 2만 3,022명이 적발되었으나 최고 집계된 1985년(1,190명) 대비 약 20배가 증가하였다(대검찰청, 2025). 마약류 사범의 수가 1만 명을 넘었다는 것은 마약류 범죄계수가 20을 넘는 것으로 우리나라의 마약류 사용이 통제 불가능한 수준에 들어섰음을 의미한다(조성남 외, 2021). 2015년 무렵 이후부터 스마트폰의 보급과 더불어 SNS·다크웹 등 온라인공간을 이용한 비대면 온라인 마약거래 방식이 보편화되었고, 항공 시스템의 발달로 해외 마약 밀수조직에 의한 대량 마약류 밀반입 사례가 급증하면서 국내 마약이 빠르게 확산되고 있다(대검찰청, 2025).

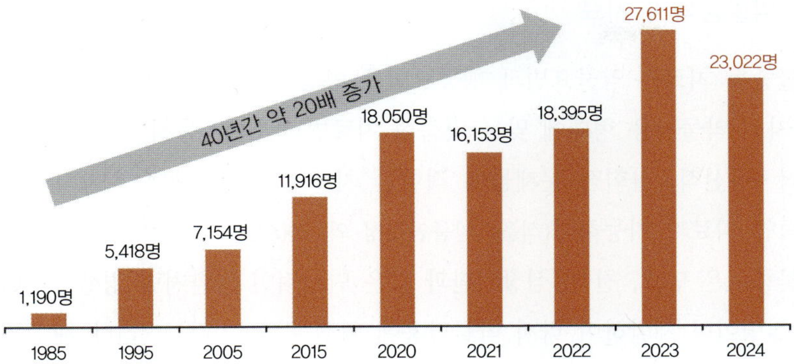


|그림 6-1| 역대 마약류 사범 단속현황

출처 : 대검찰청(2025). "2024년 마약류 범죄백서 발간". 보도자료.

### (2) 약물중독의 원인

약물중독은 알코올중독과 마찬가지로 어떠한 물질에 중독되는 것으로 여러 가지 요인이 복합적으로 작용하여 발병한다.

생물학적 요인은 쾌감, 안정감, 다행감과 같은 모든 긍정적인 감정을 느끼도록 해주는 도파민, 엔도르핀과 같은 뇌 신경전달물질들이 분비되는 보상계에 문제가 생기는 것이다. 약물을 남용하게 되면 뇌의 보상계를 자극하여 평소 일상생활에서는 경험하기 힘든 다량의 신경전달물질이 분비되어 지속적으로 약물을 탐닉하고 갈망하게 되는 것이다(국가정신건강정보포털, 2021).

심리학적 요인으로는 불안에 대한 방어기제, 구강기적 퇴행, 손상된 자아 기능, 충동성, 욕구 충족의 지연을 못 참는 경향 등이 있다(조성남 외, 2021).

사회환경적인 요인도 매우 중요한데 대중매체나 인터넷, 친구 등 약물에 대한 접근성과 노출 가능성이 높은 환경은 약물 사용과 재발의 원인이 된다.

또한 가정환경적 요인으로는 부모의 행동을 모방하거나 성장 과정에서 형성된 성격 특성 등이 약물중독의 위험 요인이 될 수 있다(조성남 외, 2021).

### (3) 약물중독의 치료

약물중독 치료는 약물요법과 행동요법을 병행할 때 가장 효과적이다. 따라서 각 환자의 약물남용 형태에 맞는 맞춤형 치료법과 함께, 동시에 나타날 수 있는 의학적 · 정신적 · 사회적 문제들에 적합한 치료법을 병행해야 지속적인 회복과 성공적인 치료가 가능하다(식품의약품안전청 외, 2009).

약물중독은 당뇨, 천식, 심장질환과 같은 만성적인 질환처럼 평생을 관리해야 하는 질병이며 재발하여 다시 약물남용에 빠질 수도 있다. 그러나 재발은 실패가 아닌 치료 방법을 점검하고 다시 조절하여 자제력을 회복할 수 있는 기회로 삼아 꾸준한 관리를 통해 건강한 삶을 지속할 수 있도록 한다.

약물중독의 치료는 다음과 같은 네 단계로 진행된다(조성남 외, 2021).

첫 번째 단계는 해독(detoxication)치료 단계이다. 급성중독 상태에서는 해독치료를 통해 제반 정신증상들을 완화시키기 위한 약물치료를 하고 신체적 · 정신적으로 안정을 취하면서 본격적인 치료를 받을 준비를 한다.

두 번째 단계는 치료에 대한 동기를 만드는 동기강화치료(motivation enhancement treatment) 단계이다. 동기강화치료는 환자에게 자신의 문제점을 직면시키고 강요하기보다는 단약을 하기 위한 마음의 준비 단계를 파악하고 중독 없는 삶으로 변화시키기 위한 동기를 강화해 나가도록 한다. 치료 동기를 강화하기 위하여 그동안 마약류 남용으로 인해 겪었던 피해를 적극적으로 찾아보고 인식하는 것이 필요하다.

세 번째 단계는 본격적인 치료(main treatment) 단계로 중독의 원인이 되는 가치관이나 생활습관을 바로 잡아가기 위한 치료이다. 중독성 물질에 대한 잘못된 생각들을 바로잡고 재발을 유발하는 요인들을 탐색하여 중독으로부터 벗어나기 위한 새로운 인식과 행동 방식을 형성한다.

네 번째 단계는 재발 예방(relapse prevention) 단계이다. 중독은 재발이 많기 때문에 주변의 유혹, 우울이나 불안 같은 감정의 변화, 스트레스 등이 있을 때 갈망이 생겨 재발이 일어날 수 있으므로 재발의 원인을 알아보고 적절하게 대처하는 방법을 연습해야 한다.

### (4) 약물중독의 사회적 대책과 개입

약물중독 환자가 연간 1만 6천 명에 달하며, 특히 청소년과 청년층, 고령 노인층을 중심으로 급증하는 추세지만, 약물중독자를 위한 치료와 재활 인프라는 미흡한 상황이다(관계부처합동, 2021). 이에 따라 2021년에 발표된 제2차 정신건강복지기본계획에서는 마약 등 약물중독 관리체계 구축과 대응 강화를 포함하였으며, 향후 관련 지원과 개입이 확대될 것으로 전망된다.

약물중독과 관련한 대표적인 사회문화적 개입 중 하나는 '익명의 약물중독자들(NA : Narcotics Anonymous)'라는 자조모임이다. 이 모임에 참여하기 위한 유일한 조건은 약물을 끊겠다는 열망으로 나이, 인종, 성별, 종교에 상관없이 누구나 모임에 참석할 수 있다(조성남 외, 2021). NA모임은 사회적 지지 경험이 부족한 사람들에게 약물이 주는 가짜 위안 대신 좋은 관계라는 생산적인 대안을 제공한다. 또한 희망과 사기 진작, 권위적 인물과의 우호적인 동일시를 통해 약물중독으로부터의 회복을 촉진시키는 중요한 역할을 한다(안창일, 2019).

## 3) 스마트폰 과의존

스마트폰은 일상생활에 깊숙이 자리 잡고 있으며 우리의 삶을 다양한 모습으로 변화시키고 있다. 스마트폰은 고기능의 범용 운용체계(OS)를 탑재하여 다양한 앱을 자유롭게 설치하고 실행할 수 있는 '손 안의 PC'라고 할 수 있다(한국정보화진흥원, 2013). 이러한 특성으로 인해 사람들은 시간과 장소에 관계없이 무의식적으로 눈, 메신저 등을 사용하며 가상세계와 끊임없이 접속한다. 이러한 스마트폰은 우리 삶을 편리하게 해주지만 현실과의 괴리, 인간관계의 단절, 생활 리듬 붕괴 등 부작용도 초래하고 있다.

스마트폰 과의존은 과도한 사용으로 인해 이용 조절력이 감소하고 문제적 과다사용이 나타나는 상태를 말한다. 이는 세 가지로 나뉘는데, 첫째, 현저성(salience)은 스마트폰이 개인의 삶에서 가장 중심적인 활동이 되는 것이다. 둘째, 조절실패는 주관적 목표 대비 스마트폰 사용을 스스로 조절하지 못하는 것이다. 셋째,

문제적 결과는 스마트폰으로 인해 신체적 · 심리적 · 사회적으로 부정적인 결과를 경험함에도 불구하고 계속적으로 이용하는 것을 말한다.

### (1) 스마트폰 과의존 실태

2024년 실태조사에 따르면, 스마트폰 이용자 중 과의존 위험군(고위험군+잠재적 위험군) 비율이 22.9%로 조사됐다. 연령별로는 청소년(42.6%), 유아동(25.9%), 성인(22.4%), 60대(11.9%) 순이었으며 청소년과 유아동의 비율이 약간 늘어난 것으로 나타났다.

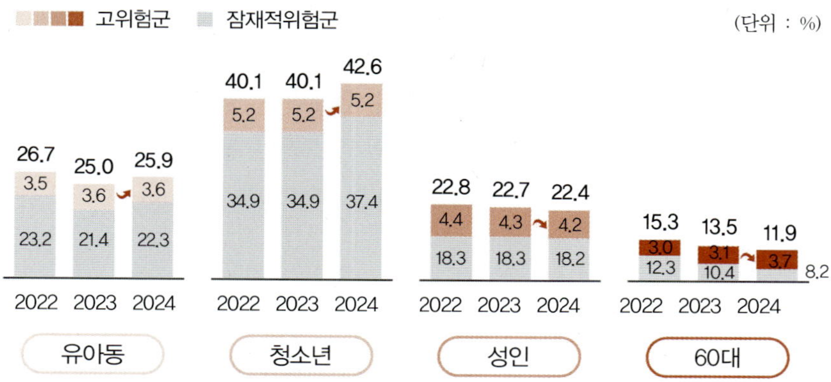


※ 대상별 연령대 : 유아동 만 3~9세, 청소년 만 10~19세, 성인 만 20~59세, 60대 만 60~69세

**|그림 6-2| 연도별 · 대상별 스마트폰 과의존 위험군 현황**

출처 : 과학기술정보통신부 · 한국지능정보사회진흥원(2024). 2024 스마트폰 과의존 실태조사.

스마트폰 과의존 위험군은 2015년 이후 지속적으로 상승하다 2021년 최고치인 24.2%를 기록한 후 2022년 23.6%, 2023년 23.1%, 2024년 22.9%를 기록하여 지속적으로 감소하는 추세를 보이고 있다. 하지만 연령대로 살펴보면, 유아동은 2022년 26.7%에서 2023년 25.0%로 감소하였다가 2024년 25.9%로 소폭 상승한 것으로 나타났다. 청소년의 경우 2022년 40.1%에서 2023년 40.1%로 동일하다 2024년 42.6%로 증가하였으며 스마트폰 과의존 위험군 비중이 가장 높은 집단으로 보고되었다. 이러한 결과는 특히 유아동과 청소년을 중심으로 한 예방 및 개입 정책의 강화가 시급함을 시사한다.

### (2) 스마트폰 과의존 원인

스마트폰을 사용하는 모든 사람이 과의존 상태에 이르는 것은 아니며, 사용 후 일상생활의 장애에 자기조절의 결여가 있다고 해서 선불리 중독이라고 단정짓기는 어렵다. 이러한 측면은 스마트폰 과의존 관련 척도지 개발의 필요성을 제기하였고, 현재 고영삼(2012)에 의해 청소년 · 성인용 스마트폰 과의존 진단척도가 개발되어 있다. 스마트폰 사용자 모두가 스마트폰 과의존에 이르는 것은 아니지만 과의존으로 인해 적지 않은 비용을 지불하고 그 비용이 활동을 통한 이익을 초과하는 데도 불구하고 중단하지 못하고 점점 더 빠져들게 만드는 현상이 발생한다. 이러한 스마트폰 과의존의 원인으로 스마트폰 사용의 편리성과 휴대의 접근성, 사용자 중심성[3]을 들 수 있다.

### (3) 스마트폰 과의존에 대한 시각

스마트폰 과의존에 대한 개입은 아동 · 청소년의 사용행태를 다양한 시각에서 이해하고 접근할 필요가 있다.

첫째, 부모의 시각에서는 자녀의 안전과 소외 방지를 위해 스마트폰을 제공하지만, 동시에 학업 저해와 과의존에 대한 걱정도 크다. 특히 유치원생과 초등학생 자녀를 둔 부모는 양가적인 태도를 보인다.

둘째, 청소년 문화를 반영하는 시각에서는 스마트폰이 청소년의 자기표현 수단이자 또래 문화의 일부로 기능한다. 스마트폰은 독립성과 프라이버시, 자율성 욕구를 충족시키며, 새로운 하위문화를 만들어 내는 도구로서 중요한 의미를 지닌다.

3 스마트폰은 소유자 중심으로 이용이 되며 개인의 욕구를 충족하는 가장 개인화된 매체라 할 수 있다. 상호작용에 대한 정서적 유대감과 안정감을 형성하게 되며 미디어와 근접성을 유지하고자 하는 사용자의 심리적 상태를 반영한다. 또한 매번 새롭고 창의적이며 자신에게 맞추어진 앱들이 나옴으로 인해 미디어와 반복된 상호작용을 하면서 마치 자신의 가까운 사람에 대해 느끼는 정서적 유대감과 결속감을 형성하고 과도한 애착과 중독이 되는 결과를 초래한다(구세희, 2014).

셋째, 현대 산업사회의 병폐로 보는 시각은 상업주의와 핵가족화, 소통 단절 등이 청소년의 스마트폰 과의존을 부추긴다고 본다. 과도한 사용은 충동조절 문제와 연결될 수 있으므로, 따뜻한 관심과 인격적 지도가 필요하다.

이처럼 다양한 관점을 통합하여 스마트폰 사용을 이해하고, 균형 잡힌 개입 전략이 필요하다.

### (4) 스마트폰 과의존의 사회적 대책방안

스마트폰의 급격한 보급으로 인해 과다 사용에 따른 중독 위험군이 증가하고 있으며, 이에 대응하기 위한 사회적 대책이 필요하다. 미래창조과학부 외 여러 부처들의 2015년 인터넷중독 예방 및 해소 추진계획 자료를 바탕으로 스마트폰 과의존의 예방, 상담, 치료, 협력체계, 기반 구축 및 인프라 등에 대한 대책방안을 살펴보고자 한다.

첫째, 스마트폰 과의존 예방교육 다변화를 통해 중독위험을 사전 차단하는 것이 중요하다. 이를 위해 생애주기별 중독예방교육을 실시하고, 언론, 기업, 시민단체와 협력하여 건강한 스마트폰 사용을 위한 범국민 캠페인을 전개한다. 학교에서는 교사, 학부모, 학생이 함께 참여하는 자율적 예방 실천운동을 실시한다.

둘째, 스마트폰 과의존 유형과 대상 특성에 따라 맞춤형 상담과 치료 연계가 강화되어야 한다. 지역별 상담기관을 통해 개별 상담을 제공하며, 특히 한부모 · 조손 · 저소득층 · 다문화 · 맞벌이 가정 등 취약계층을 우선적으로 실시하고 필요시 일반가정도 지원하도록 한다.

셋째, 스마트폰 과의존에 대한 민관협력 체계 강화 및 공동대응이 필요하다. 정신건강증진센터, 중독관리통합지원센터, 인터넷중독대응센터 등 관련 기관 간의 사례 및 정보를 공유하고 관련 기술 협력으로 예방 · 상담서비스의 효율성 제고가 필요하다.

넷째, 스마트폰 과의존 대응을 위한 기반 구축 및 인프라 조성이 필요하다. 중독대응센터의 확대와 함께 과의존 유형별(SNS, 게임 등) 맞춤형 상담을 위해 전담

인력 양성 과정이 마련되어야 하며, 불법 유해정보 차단을 위한 소프트웨어 보급이 강화되어야 한다.

### 4) 도박중독

도박중독은 우리 사회에서 개인과 가족은 물론 사회 전반에 큰 문제를 일으키는 중독형태로 부상하고 있다. 우리나라에서 법적으로 허용된 사행산업에는 경마, 경륜, 경정, 카지노, 복권 등이 있으며, 이 외에도 불법적인 인터넷 도박이나 스크린 경마 등이 성행하고 있다.

도박중독은 도박으로 인해 법적·사회적 문제, 대인관계 문제 등에서 치명적인 결과가 발생함에도 불구하고 스스로의 힘으로 통제할 수 없는 정신적 질환이다. 이는 알코올중독과 같은 물질의존이나 중독의 개념을 도박에 적용한 것으로 볼 수 있으며, 신체가 물질에 중독되는 것과 유사하게 도박 행위 또한 중독될 수 있다는 의미를 담고 있다. 한편, 단도박협회(GA : Gambler Anonymous)에서는 '도박중독'이라는 용어 대신에 '강박성 도박(compulsive gambling)'이라는 용어를 사용한다. 이는 강박장애의 강박행동처럼 자발적 의사에 반해서 도박행동을 반복하게 되는 특성에 초점을 둔 것이다.

도박의 형태는 놀이기구나 도박기계, 추첨 방식, 스포츠나 동물을 이용하는 등 매우 다양하며, 합법과 불법의 경계가 존재한다. 특히 청소년의 경우 도박을 단순한 여가로 인식하는 경향이 있어, 중독으로 발전할 가능성이 높다. 도박과 여가 활동, 게임은 유사해 보이지만 결과의 불확실성과 금전적 손실 여부 등에 따라 구분될 수 있다. 따라서 도박중독 예방을 위한 정확한 정보 제공과 인식개선이 중요하다.

#### (1) 도박중독의 실태

사행산업통합감독위원회가 실시한 2024년 사행산업 이용실태 조사에 의하면 우리나라 성인 100명 중 5명(5.1%)은 도박중독 유병자로 나타났다. 이를 좀 더 구체적으로 살펴보면, 우리나라 성인들이 복권, 경마, 현금내기, 여가친목목적 게임 등의 활동에 어느 정도 중독되었는지 도박중독 수준 측정도구인 CPGI[4]를 활용하여 2023년도 1년 기준의 유병률을 조사한 결과, 만 20세 이상 성인남녀의 5.1%가 유병자인 것으로 집계되었다(중위험 : 4.0% + 문제성 : 1.2%). 만 20세 이상 우리나라 인구로 추정하여 보면, 4,323만여 명의 인구 중 223만여 명(중위험 173만여 명, 문제성 50만여 명)이 도박중독 유병자로 분류될 수 있다.

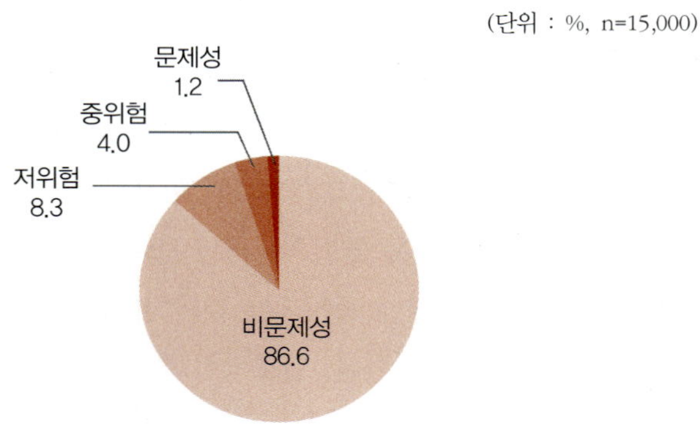


**|그림 6-3|** 일반인 전체 도박중독 유병률

**〈표 6-3〉** 일반인 전체 도박중독 유병률

(단위 : %, 명)

| 구 분 | 비문제성 | 저위험 | 중위험 | 문제성 | 계 | 유병률 (중위험+문제성) |
|---|---|---|---|---|---|---|
| 전체 | 86.6 | 8.3 | 4.0 | 1.2 | 100.0 | 5.1 |
| 모수추정값 | 37,428,896 | 3,574,366 | 1,727,701 | 498,005 | 43,228,968 | 2,225,706 |

4 CPGI(Canadian Problem Gambling Index)는 총 9개 문항으로 그 내용은 '잃어도 크게 상관없는 금액 이상으로 도박을 한 적이 있는지' 등이다. 응답은 전혀 없다(0점), 간혹 그렇다(1점), 대체로 그렇다(2점), 거의 항상 그렇다(3점)의 척도 중에서 하나로 응답하며, 9개의 응답의 합산 점수로 비문제(0점), 저위험(1~2점), 중위험(3~7점), 문제성(8점 이상)을 판별한다.

### (2) 도박중독의 원인

도박중독은 여러 복합적인 원인들로 인해 발생한다고 볼 수 있는데, 도박 자체의 요인, 유전적·생물학적 요인, 성격적 요인, 사회·환경적 요인으로 설명할 수 있다.

첫째, 도박 자체의 요인은 도박이 주는 쾌감과 흥분감, 특히 초기 큰 금액을 따는 경험(big win)이 중독의 주요 계기가 된다. 이러한 경험은 도박에 대한 긍정적인 기억으로 남아 지금은 잃고 있지만 언젠가 다 만회할 수 있다는 환상을 심어주어 반복적인 행동을 유도하게 된다.

둘째, 유전적·생물학적 요인으로는 도파민, 세로토닌 및 노르에피네프린 등의 신경전달물질 이상 소견을 보이는 경우이다. 특히 도파민은 승리 시 쾌감을 유발하는데, 이러한 시스템이 과활성화된 경우 도박행위가 쉽게 반복된다. 그러나 생물학적 요인이 있다고 해서 반드시 중독으로 이어지는 것은 아니며 환경적 요인과 함께 고려되어야 한다.

셋째, 성격적 요인으로는 자극추구형과 현실도피·적응장애형이 있다. 자극추구형은 타고난 도박꾼이라 할 수 있는데 유전적 성향이 강하기 때문에 어린 시절 발병하는 경향이 높다. 현실도피·적응장애형은 우울, 불안, 스트레스 등의 정서적 문제에 도박을 회피 수단으로 사용하는 경향이 있다.

넷째, 사회·환경적 요인이다. 사회가 도박에 허용적일수록, 쉽게 접근 가능할수록 중독자가 늘어난다는 것이다. 경제적 위기로 실직자가 많고 건강하게 여가를 보내기 어려운 사회환경도 중요한 요인으로 작용한다. 어릴 때 도박을 접하는 환경 역시 매우 중요한 요인인데, 어린아이들이 인터넷 게임중독에 쉽게 노출될 경우 또 다른 중독에 빠질 가능성이 높다(지은구 외, 2015).

### (3) 도박중독의 치료

도박중독 치료는 단순히 도박을 멈추는 것만으로 해결되지 않으며, 중독자가 스스로 중독임을 인정하고 치료를 결심하는 과정부터가 매우 어렵다. 따라서 효과적인 치료를 위해서는 약물치료, 인지행동치료, 집단 프로그램, 단도박 모임 및 가족교육 등을 통합적으로 적용하는 것이 좋다(국가건강정보포털 홈페이지, 2021).

첫째, 약물치료는 도박으로 인해 발생한 우울, 불안 등 정서적 문제를 완화하기 위한 것이다. 개인의 성격유형과 증상에 따라 적절한 약물을 사용하면 치료에 도움이 된다.

둘째, 인지행동치료는 '도박으로 언젠가는 많은 돈을 딸 수 있다'는 비합리적 사고를 수정하고, 충동을 조절할 수 있는 행동 전략을 익히도록 돕는다.

셋째, 집단 프로그램은 참여자들이 집단 속에서 자신의 문제를 공유하고, 다양한 활동과 교육을 통해 회복을 도모하는 방식이다. 예를 들어, 4주간 주 5일 동안 진행되는 집중 프로그램에서는 스트레스 관리, 부채관리, 자기주장 훈련, 대인관계 기술 등 다양한 주제를 다루며, 참여자들은 지지집단 속에서 상호 경험을 나누고 변화의 동기를 강화할 수 있다(박상규 외, 2009).

넷째, 단도박 친목모임은 자발적 회복 공동체로, 도박을 끊은 이후에도 지속적으로 지지를 제공하는 중요한 사회적 기반이다. 전국 50개 이상 지부에서 활동 중이며, 도박문제를 공유한 사람들 간의 경험 나눔과 상호지지, 역할 수행을 통해 자기존중감을 회복할 수 있다(지은구 외, 2015). 특히 가족모임이 병행되어 가족의 스트레스 해소와 회복에도 큰 도움이 된다.

### (4) 도박중독의 사회적 대책방안

도박중독 문제는 개인의 삶뿐만 아니라 사회 전체에 큰 영향을 미치기 때문에 국가적 차원의 체계적인 대책이 필요하다. 특히 청소년의 초기 도박 경험률이 높아지고, 20대의 도박 유병률이 해외 주요국보다 2~3배 높은 수준이라는 점에서 그 심각성이 더욱 부각되고 있다. 이에 따른 도박중독의 대책방안을 모색해보면 다음과 같다(지은구 외, 2015).

첫째, 도박 확산을 막는 근본적인 대책은 국민에게 희망과 비전을 제시하는 것이다. 양질의 일자리를 만들어 청년실업을 해소하고, 사람들이 '일확천금'에 기대기보다 노력과 성실함을 통해 삶을 개척할 수 있는 사회 분위기를 조성해야 한다. 특히 경제적 불안이 도박중독으로 이어지지 않도록 정책적 안정망이 뒷받침되어야 한다.

둘째, 도박중독 예방활동과 홍보를 강화해야 한다. 도박중독은 성인의 경우 개인 파산, 자살, 범죄로, 아동 · 청소년들의 경우 금품갈취나 학교폭력 등으로 이어질 수 있다. 따라서 학교중심의 교육과 초 · 중 · 고 대상별 예방교육을 제공하여야 한다. 동시에 대중매체와 캠페인을 활용한 홍보도 정부와 민간의 협력을 통해 지속적으로 이루어져야 한다.

셋째, 도박중독자에 대한 치유 및 재활서비스 확대가 필요하다. 우리나라 도박중독자는 약 223만 명(2023년 조사)으로 추정되며, 이 중 당장 치료가 필요한 문제성 도박중독자는 약 50만 명에 달한다. 이를 해결하기 위해서는 중독 예방 · 치유 · 재활시스템이 유기적으로 연결된 통합형 서비스 체계가 필요하다. 또한 웹과 유선을 통한 24시간 헬프라인 운영 확대, 맞춤형 치유 프로그램 개발, 그리고 지역사회 기반의 조기 발견 및 사례관리 체계가 마련되어야 하며, 중독관리통합지원센터의 내실화와 확대도 필요하다.

넷째, 도박중독 관련 연구 강화와 전문인력 양성이 필요하다. 지속적인 도박중독 예방 및 치료 프로그램 개발과 보급으로 서비스 질을 향상시키고 이를 실행할 중독전문가 양성 교육이 시급하다. 또한 국내 도박문제에 대한 연구 · 조사를 지속적으로 실시하여 보다 효율적인 정책 지원 및 양질의 중독 예방 · 치유서비스를 제공하여야 한다.

## 4. 중독문제의 대응방안

우리 사회의 중독문제는 점차 심화되고 있으며, 개인과 가족들이 고통을 받을 뿐만 아니라 사회적으로 심각한 문제를 양산하고 있다. 특히 불법도박 등으로 인한 폐해는 매우 크며, 중독은 뇌손상, 우울증 등의 건강문제와 더불어 가족해체, 사회적 고립 등 연쇄적 문제를 유발한다.

이에 대한 대책방안으로 보건복지부는 2014년 알코올, 마약, 도박, 인터넷(스마트폰)을 4대 중독으로 규정하고, 전국 알코올상담센터를 중독관리통합지원센터로 전환해 중독 대응체계를 마련하고자 하였다. 그러나 막상 문제해결에 필요한 예산과 인력은 별반 크게 나아지지 않았고, 4대 중독관리 업무가 여러 부처에 분산돼 있어 통합적 대응이 어려운 상황이다. 따라서 중독관리통합지원센터가 중독에 대한 예방과 조기 발견, 치료의 역할을 충실히 수행하기 위해서는 부처 간 업무의 통합과 재정확보, 전문인력의 양성이 시급하다. 또한 중독유형의 변화에 주목하여 체계적이고 근본적인 대처와 치료 및 사후관리를 할 수 있는 시스템이 필요하다.

과거에는 성인 중심의 마약이나 알코올중독이 주요 문제였다면, 현재는 청소년의 게임, 인터넷, 스마트폰중독이 급증하고 있다. 이에 따라 청소년 중독문제 해결을 위해 국가뿐 아니라 지방자치단체와 교육청의 적극적인 역할이 필요하다. 또한 지역 특성을 반영한 예방교육이 이루어질 수 있도록 교육지원청 내 거점학교를 지정하여 맞춤형 프로그램을 운영하도록 하는 방안도 필요하다.

결국, 중독문제는 단순한 개인 문제가 아닌 사회구조적 문제로, 국가와 지역사회, 학교가 협력해 예방, 치료, 사후관리까지 포괄하는 통합적 대응체계를 구축해야 할 시점이라 할 수 있다.

# 제7장
# 정신건강 문제

# 제7장

# 정신건강 문제

## 1. 문제제기

한국은 급격한 사회변화와 경제적 압박, 경쟁적인 사회 분위기 등으로 인해 정신건강 문제가 심각한 사회적 문제로 대두되고 있다. 주요 정신건강 문제는 다음과 같다. 첫째, 높은 자살률이다. 한국은 OECD 국가 중 자살률 1위[1] 등 정신건강 관련 지표는 하위권이다. 2021년 기준 수진자 수는 411만 명으로 정신질환 수로 집계되고 있다. 경제적인 비용 이상으로 치명적인 것은 정신질환이 생명을 앗아가거나 심각한 장해로 인해 손실이 막대하게 크다는 것이다. 둘째, 우울증 및 불안장애이다. 스트레스와 경쟁, 고립 등으로 인해 우울증과 불안장애를 겪는 사람들이 증가하고 있다. 셋째, 청년 정신건강 문제이다. 학업, 취업, 미래에 대한 불안 등으로 인해 청년층의 정신건강 문제가 심각하다. 넷째, 정신질환에 대한 사회적 편견이다. 정신질환에 대한 사회적 편견과 낙인으로 인해 정신건강 문제를 숨기거나 치료를 꺼리는 경우가 많다.

1 2023년 기준 인구 10만 명당 자살률은 25.2명(OECD 평균 10.6명)이다.

‘정신건강 및 복지서비스’라는 용어는 국가가 현재 제공하고 있는 광범위한 서비스를 뜻한다. 예시로는 공공, 사립 및 비정부 영역의 광범위한 건강 및 사회적 케어 제공자들이 기존의 정신건강 및 사회복지서비스에 대한 대안으로 제공하는 가정 기반의 서비스와 지원뿐만 아니라, 미시적 접근으로 지역사회 정신건강센터, 1차 의료기관, 외래 서비스, 정신과 병원, 일반병원 내 정신병동, 재활센터, 전통적인 치유자(심리상담), 주간보호센터, 노인주택 및 기타 ‘그룹’ 홈이 포함된다(WHO, 2019).

사회복지 분야에서 정신건강 영역은 전통적으로 정신질환 및 정신장애에 대한 정책적 · 실천적 대응에 초점을 두었다. 광의의 정신건강 서비스의 문제는 안녕 상태의 형성 및 유지를 위해서 필요한 치료, 재활, 증진, 예방과 관련된 다양한 스펙트럼의 신체적 · 심리적 · 사회적 · 경제적 · 환경적 요소이다. 협의의 정신건강 서비스의 기관들을 포함하여 지역사회의 다양한 사회복지 및 관련 기관을 포함한다. 서비스의 과정은 치료, 상담, 재활 과정을 넘어서 사회적 역할 수행, 긍정적 자세 형성 및 자아실현을 지원하는 제반 과정을 포함한다. 서비스의 목적은 증상의 치료와 기능의 재활을 넘어 당사자가 사회구성원으로서 역할 수행을 통한 회복과 이를 통한 자아실현을 목적으로 한다. 사회복지학의 기능은 거시적 · 중시적 · 미시적 접근을 통해 사회구성원의 안녕 상태를 회복하고 유지하는 것이다. 사회복지학의 이러한 기능은 정신건강에 대한 심도 있는 이해와 정신건강복지를 위한 사회복지적 개입 없이는 달성하기 어렵다(강상경 외, 2023).

사회복지실천의 가장 중요한 핵심이 이용자의 욕구에 기반한 서비스 제공이라는 측면을 고려할 때, 정신건강사회복지는 이용자들의 욕구를 충분히 읽을 수 있도록 사회복지사의 역할도 변화되어야 할 것이다. 사회복지사는 치료의 보조자가 아니라, 당사자의 회복을 지원하는 전문가의 역할을 한다. 사회복지사는 이용자 중심의 전문적인 서비스 개입을 위해서는 정신건강 문제, 심리사회적, 지적 또는 인지적 장애가 있는 사람들을 지원하기 위한 지식과 기술을 갖추어야 한다. 사회복지사의 윤리적 책무는 자신의 역할을 명확히 하고, 보다 전문성 있는 이용자 중심의 서비스를 제공할 수 있도록 노력해야 한다.

이 장에서는 정신건강 결정요인에 대한 이해를 통해 정신건강에 대한 체계적 이해를 도모하고, 정신질환 예방 및 치료 회복과 관련된 제도와 정신건강과 사회복지서비스에 대한 기본적 이해를 증진하는 데 초점을 두고자 한다.

## 2. 정신건강의 기초적 이해

### 1) 정신건강의 개념

정신건강은 심리적 또는 정신적 측면의 건강을 의미하지만, 광의의 건강은 신체적 · 심리적 · 사회적 측면 등 다양한 측면의 안녕 상태 또는 적응 능력을 의미한다. 이러한 맥락에서 건강의 주요 구성요인 중 하나인 정신건강은 신체건강이나 사회적 건강 영역과 상호 역동하에서 결정되고 구성되는 것이다(강상경 외, 2023).

세계보건기구(WHO)의 헌장에는 1948년에 "건강이란 질병이나 단지 허약한 상태가 아니라 신체적 · 정신적 · 사회적으로 완전한 안녕 상태를 말한다"라고 정의되어 있다. 즉, 육체적으로 건강할 뿐만 아니라 정신적으로나 사회적으로도 안녕 상태를 유지하여야만 건강하다고 본 것이다. 세계보건기구(WHO)에 따르면, '정신질환이나 정신장애가 없는 상태를 넘어서 자신의 잠재력을 실현하고 공동체에 유익하도록 기여할 수 있는 상태'를 의미한다. 이로써 사회복지 정신건강은 개인을 둘러싼 환경체계의 안녕상태를 고려하여야 한다(이영호, 2021). 셀리그만(Seligman, 2002b)은 주관적 안녕감, 적극적인 삶, 의미 있는 삶의 세 가지 요소를 정신건강과 행복한 삶의 상태와 동일한 개념으로 간주하였다. 정신건강 개념이 좀 더 적극적으로 변화되어 결함과 손상의 부재상태가 아니라 개인의 강점과 능력이 최대한 발현되는 상태로 성장과 행복 증진을 통해서 촉진될 수 있다.

## 2) 정신건강 분류에 대한 이해

정신건강은 개인의 전체적인 안녕과 기능 수행에 영향을 미치는 필수적인 요소이다. 정신건강 상태를 정확하게 진단하고 이해하기 위해서는 정신장애에 대한 체계적인 분류가 필요하다. 이러한 역할을 수행하는 도구를 장애분류표라고 한다.

장애분류표의 최초 버전은 19세기 후반에 정신 의학자 에밀 크레펠린(Emil Kraepelin)에 의해 개발되었으며, 정신장애를 임상적 증상과 경과에 따라 분류하였다. 20세기 중반, 미국정신의학회(APA : American Psychiatric Association)는 정신장애 진단 및 통계편람(DSM : Diagnostic and Statistical Manual of Mental Disorders)이라는 장애분류표를 출판하였다. 정신질환을 진단하는 데 기준이 되는 정신질환의 진단 및 통계편람 제5판(DSM-5)은 정신질환에 대한 자세한 진단기준이 저술되어 있다. 정신질환 진단에 있어 표준적인 가이드라인을 제공하기 위해 개발된 정신건강 분류체계의 DSM은 국제적 기준으로는 개정과 보완을 거듭하여 2013년에 개정된 DSM-5(DSM의 5번째 개정판)가 광범위하게 사용되고 있다. 정신건강 관점이 변화하면서 정신건강에 대한 분류도 변화를 거듭하고 있다(박용천 · 오대영, 2017).

정신질환을 치료하는 정신의학과 의사뿐만 아니라, 심리학자, 간호사, 사회복지사, 국가정책담당공무원, 정신질환을 앓고 있는 사람과 그 가족 모두에게 똑같이 필요한 내용이지만 양이 방대하여 보편적으로 이해하며 접근하는 것이 쉽지 않은 것이 사실이다. 미국정신의학협회(APA)의 정신장애 진단 및 통계편람 DSM-5에서 제시되는 20개 전후의 범주가 장애(Disorder)에 따른 진단절차에서 분류 기준으로 사용된다(권준수 역, 2024). 20개의 정신장애 범주는 〈표 7-1〉과 같다.

〈표 7-1〉 20개의 정신장애 범주

| 정신장애의 범주 | 주요 특징 |
| --- | --- |
| 1. 신경발달장애 (Neurodevelopmental Disorders) | • 중추신경계, 즉 뇌의 발달 지연 또는 뇌 손상과 관련된 것으로 알려진 정신장애를 포함<br>• 하위유형 : 지적장애, 의사소통장애, 자폐스펙트럼장애, 주의력결핍과잉행동장애, 운동장애 |
| 2. 스펙트럼 및 기타 정신증적 장애 (Schizophrenia Spectrum and Other Psychotic Disorders) | • 조현병을 비롯하여 그와 유사한 증상을 나타내는 심각한 정신장애를 포함<br>• 망상, 환각, 혼란스러운 언어, 부적절한 행동, 둔마된 감정이나 사회적 고립을 특징적으로 나타내는 일련의 정신장애<br>• 하위유형 : 분열형 성격장애, 망상장애, 단기적 정신증적 장애, 정신분열형장애, 조현병, 분열정동장애 |
| 3. 양극성 및 관련 장애 (Bipolar and Related Disorders) | • 기분변화가 매우 심하여 기분이 고양된 상태와 침체된 상태가 주기적으로 나타나는 일련의 장애<br>• 하위유형 : 제1형 양극성장애, 제2형 양극성장애, 순환감정장애 |
| 4. 우울장애 (Depressive Disorders) | • 우울하고 슬픈 기분을 주된 증상으로 하는 다양한 장애<br>• 하위유형 : 주요우울장애, 지속성 우울장애, 월경전기불쾌감장애, 파괴적 기분조절곤란장애 |
| 5. 불안장애 (Anxiety Disorder) | • 불안과 공포를 주된 증상으로 하는 장애로서 불안이 나타나는 다양한 양상에 따라 구분<br>• 하위유형 : 범불안장애, 특정공포증, 광장공포증, 사회불안장애, 공황장애, 분리불안장애, 선택적 무언증 |
| 6. 강박 및 관련 장애 (Obsessive-Compulsive and Related Disorders) | • 강박적인 집착과 반복적인 행동을 특징으로 나타내는 일련의 장애를 포함<br>• DSM-5에 처음으로 독립된 장애 범주로 제시<br>• 하위유형 : 강박장애, 신체변형장애, 저장장애, 발모광, 피부 벗기기 장애 |
| 7. 외상 및 스트레스 사건 관련 장애 (Trauma-and Stressor-Related Disorders) | • 충격적인 외상사건이나 스트레스 사건을 경험한 이후에 부적응 증상을 나타내는 다양한 경우를 포함<br>• DSM-5에 처음으로 독립된 장애 범주로 제시<br>• 하위유형 : 외상후스트레스장애, 급성스트레스장애, 반응성 애착장애, 탈억제 사회관여장애, 적응장애 |
| 8. 해리장애 (Dissociative Disorders) | • 의식, 기억, 자기정체감 및 환경지각 등의 평소와 달리 급격하게 변화하는 장애<br>• 하위유형 : 해리성 기억상실증, 해리성 정체감 장애, 이인증/ 비현실감 장애 |
| 9. 신체증상 및 관련 장애(Somatic Symptom and Related Disorders) | • 원인이 불분명한 신체증상을 호소하거나 그에 대한 과도한 염려를 나타내는 부적응문제를 의미<br>• 하위유형 : 신체증상장애, 질병불안장애, 전환장애, 허위성 장애 |

| | |
|---|---|
| 10. 급식 및 섭식 장애 (Feeding and Eating Disorders) | • 개인의 건강과 심리사회적 기능을 현저하게 방해하는 부적응적인 섭식행동과 섭식 관련 행동<br>• 하위유형 : 신경성 식욕부진증, 신경성 폭식증, 폭식장애, 이식증, 반추장애, 회피적/ 제한적 음식섭취장애 |
| 11. 배설장애 (Elimination Disorders) | • 아동기나 청소년기에 흔히 진단되는 장애<br>• 대소변을 가릴 충분한 연령이 되었음에도 불구하고 이를 가리지 못하고 옷이나 적절하지 않은 장소에서 배설<br>• 하위유형 : 유뇨증, 유분증 |
| 12. 수면-각성장애 (Sleep-Wake Disorders) | • 수면의 양이나 질의 문제로 인해서 수면-각성에 대한 불만과 불평을 나타내는 다양한 경우<br>• 하위유형 : 불면장애, 과다수면장애, 수면발작증, 호흡관련 수면장애 등 |
| 13. 성 기능 장애 (Sexual Dysfunctions) | • 원활한 성행위를 방해하는 다양한 기능장애를 포함<br>• 하위유형 : 남성성욕감퇴장애, 발기장애, 조루증, 지루증, 이성 성적 관심/흥분장애 등 |
| 14. 성 불쾌감 (Gender Dysphoria) | • 생물학적 성과 자신이 경험하고 표현하는 성 행동 간의 현저한 괴리로 인해 심각한 고통과 사회적 적응곤란을 나타내는 경우 |
| 15. 파괴적, 충동통제 및 품행문제(Disruptive, Impulse-Control, and Conduct Disorders) | • 정서와 행동에 대한 자기통제의 문제를 나타내는 다양한 장애를 포함<br>• 하위유형 : 적대적 반항장애, 품행장애, 반사회적 성격장애, 간헐적 폭발성 장애, 도박증, 발화증 |
| 16. 약물중독장애(Substance -Related and Addictive Disorders) | • 술, 담배, 마약 등과 같은 중독성 물질을 사용하거나 중독성 행위에 몰두함으로써 생겨나는 다양한 부적응적 증상 포함<br>• 물질-관련장애와 비물질-관련장애로 구분 |
| 17. 신경인지장애 (Neurocognitive Disorders) | • 뇌의 손상으로 인해 의식, 기억, 언어, 판단 등의 인지적 기능에 심각한 결손이 나타내는 경우<br>• 하위유형 : 주요신경인지장애, 경도신경인지장애, 섬망 |
| 18. 성격장애 (Personality Disorders) | • 성격 자체가 부적응적이어서 사회적 기대에 어긋난 이상행동을 지속적으로 나타내는 경우<br>• A, B, C 세 군집으로 분류되는 10가지 유형 |
| 19. 성도착 (Paraphilic Disorders) | • 성행위 방식에서 비정상성을 나타내는 장애로서 변태성욕증이라고도 함 |
| 20. 기타 정신장애 (Other-Mental Disorder) | • 개인에게 현저한 고통과 더불어 사회적, 직업적 기능의 저하를 초래하는 심리적 문제이지만 앞에서 제시한 정신장애 진단기준을 충족시키지 못하는 경우 |

출처 : 이영호(2021). 정신질환편람표를 수정 보완함.

### 3) 정신건강복지정책

정신건강 문제는 그동안 중증 정신질환자에 대한 치료·요양에 편중됐고, 정신질환에 대한 사후·수동적 대처로 사전예방과 조기치료, 회복 및 일상복귀 지원은 부족한 상황이었다. 이에 정부는 정신질환 치료비용 급증 및 사회 안전문제 등을 고려할 때 정신건강 분야 정책 강화 및 투자 확대 필요성이 대두되었다. 정신건강정책을 혁신해 새로운 패러다임을 만들 필요가 있다고 보고 정신건강정책을 '예방-치료-회복' 전 단계 관리로 대전환하여 '예방에서 회복까지'라는 비전을 선포하였다(보건복지부, 2024). 우리나라는 5년마다 국가정신건강사업계획을 수립하고 있으며, 정신건강 종합대책을 WHO 권고[2]에 맞춰 2024년 추진 방향을 발표하였다. 우리나라 정부의 정신건강대책을 통한 정책의 추진 방향에 대해 알아보고자 한다.

#### (1) 정신건강정책 혁신방안 주요 내용

◇ 비전 : 정신건강정책 대전환, 예방부터 회복까지
◇ 목표 : 2027년까지 100만 명 심리상담서비스 지원, 10년 내 자살률 50% 감축
◇ 예방 강화 : 격년마다 정신건강 검진, 일상적 마음돌봄 체계 구축
◇ 정신응급 입원병상 확보, 자·타해 위험 있으면 집중 사례관리
◇ 전국 어디서나 정신재활 서비스 제공, 주거·고용 지원 확대
◇ 매년 학생, 국민 1,600만 명 자살예방교육, 대국민 캠페인 강화

현재 정신건강복지정책은 5년마다 수립되는 국가정신건강정책 혁신방안을 통해 구체화되고 있다. 2024년도 정부는 정신건강정책을 혁신해 새로운 패러다임을 만들 필요가 있다고 보고 "정신건강정책 대전환, 예방부터 회복까지"라는 비전을 선포하고 4대 전략 및 핵심과제를 추진하기로 하였다.

2 세계보건기구(WHO)의 정신건강계획의 목표는 ① 정신건강 분야의 리더십과 지역사회중심의 통합적인 서비스 예방과 증진, ② 정보체계와 연구강화, ③ 각국의 정부에게 정신건강에 대한 계획을 세울 것을 권고하고 있다.

'온 국민 마음건강 종합대책'에 따르면 2019년 기준 국내 정신질환자 수는 약 316만 명으로 최근 5년간 22% 증가했으며, 국민 4명 중 1명은 평생 동안 한 번 이상 정신질환을 경험할 정도로 정신건강 문제는 사회문제 현상으로 보고되고 있다(박지윤, 2024). '정신건강정책 혁신방안'의 기본방향은 |그림 7-1|과 같다. 정신건강정책 혁신방안은 총 2개의 목표와 4개의 핵심전략, 14개의 핵심과제로 구성되어 있다.

| 비전 | 정신건강정책 대전환 – 예방부터 회복까지 – |
|---|---|
| 핵심 목표 | 1. 2027년까지 100만 명 대상 심리상담서비스 지원<br>2. 10년 내 자살률 50% 감축 |

| 4대 추진전략 | 핵심과제 |
|---|---|
| 일상적 마음돌봄 체계 구축 | 1. 국민 100만 명에 전문 심리상담 지원<br>2. 청년 · 학생 검진주기 단축 및 조기개입<br>3. 직업트라우마센터 확대 및 EAP 활성화<br>4. 상담전화 109 통합 등 자살 예방 강화 |
| 정신응급대응 및 치료체계 재정비 | 1. 정신응급대응 강화<br>2. 입원제도 개선, 수가인상 등 의료 질 향상<br>3. 외래치료지원제 활성화<br>4. 마약치료기관 확충 · 운영 활성화 |
| 온전한 회복을 위한 복지서비스 혁신 | 1. 모든 지자체에서 정신재활서비스 제공<br>2. 일상회복을 위한 고용 · 주거 지원<br>3. 보험차별 해소 등 권리보호 지원 강화 |
| 인식개선 및 정신건강 정책 추진체계 정비 | 1. 정신질환 편견해소 대국민 캠페인<br>2. 자살예방교육(의무) 1,600만 명 실시<br>3. 정신건강정책 혁신위원회 설치 · 운영 |

|그림 7-1| '정신건강정책 혁신방안'의 기본방향

출처 : 보건복지부(2024). 정신건강사업안내.

〈표 7-2〉 정신건강정책 혁신방안 과제목록

ㅁ (전략 01) 일상적 마음돌봄 체계 구축

| 정책과제 | 세부과제 |
|---|---|
| 1-1. 국민 100만 명에 전문 심리상담 지원 | 1. 국민 누구나 이용할 수 있는 마음건강 서비스 도입 |
| | 2. 마음건강 문제를 일상적으로 점검·발굴하는 체계 구축 |
| 1-2. 청년·학생 검진주기 단축 및 조기개입 | 1. 청년·대학생의 마음건강 문제 조기 발견 및 지원 인프라 강화 |
| | 2. 초·중·고학생의 마음건강 문제 조기 발견 및 상담지원 체계 강화 |
| | 3. 위기학생·청소년 대상 지원 강화 |
| 1-3. 직장인 마음건강 관리 지원 | 1. 근로자 마음건강 관리를 위한 인프라 조성 |
| | 2. 직장 내 근로자 마음건강 지원체계 강화 |
| | 3. 정신건강 고위험직군에 대한 보호 강화 |
| | 4. 구직·창업자를 위한 마음건강 지원 |
| | 5. 교원 마음건강 회복을 위한 지원체계 마련 |
| | 6. 군·경찰·소방 등 특수직군 마음건강 지원 |
| 1-4. 자살 위험군 지원 강화 | 1. 자살예방 상담번호 109 통합 및 SNS 상담 도입 |
| | 2. 자살유발정보 즉각 대응 및 확산 차단 |
| | 3. 자살 고위험군에 대한 지원 강화 |

ㅁ (전략 02) 정신응급 및 치료체계 재정비

| 정책과제 | 세부과제 |
|---|---|
| 2-1. 정신응급대응 강화 | 1. 정신응급 현장 대응체계 구축 |
| | 2. 정신응급 입원 인프라 구축 및 확대 |
| 2-2. 입원제도 개선 및 치료 질 향상 | 1. 정신의료기관 실태조사 및 평가강화, 환경개선 지원 |
| | 2. 정신건강 의료서비스 질 제고 |
| | 3. 정신질환자 비자의입원제도 개선방안 마련 |
| 2-3. 외래치료지원제 등 퇴원환자 지속치료 활성화 | 1. 퇴원 후 체계적인 지속치료 환경 조성 |
| | 2. 자·타해 위험환자의 치료공백 최소화 |
| 2-4. 중독치료·재활 인프라 확충 | 1. 마약·알코올 등 중독치료 활성화 |
| | 2. 중독재활 지원 인프라 확충 및 중독 연구지원 강화 |

ㅁ (전략 03) 온전한 회복을 위한 복지서비스 혁신

| 정책과제 | 세부과제 |
| --- | --- |
| 3-1. 정신질환자 복지지원체계 전면개편 및 확충 | 1. 정신질환자 복지 확충을 위한 근거 마련 |
| | 2. 정신질환자 거주 · 이용 시설 혁신 |
| | 3. 정신질환자의 일상회복을 위한 복지서비스 확충 |
| 3-2. 일상회복을 위한 고용 · 주거 기반 마련 | 1. 정신질환자의 경제적 독립을 위한 고용 지원 |
| | 2. 정신질환자의 사회적 자립을 위한 주거 지원 |
| 3-3. 보험차별 해소 등 권리보호 강화 | 1. 정신질환자 대상 차별 해소방안 마련 |
| | 2. 정신질환자의 의사가 최대한 반영되도록 지원 |

ㅁ (전략 04) 인식개선 및 정신건강정책 추진체계 정비

| 정책과제 | 세부과제 |
| --- | --- |
| 4-1. 정신건강 대국민 캠페인 실시 | 1. 정신질환 편견해소를 위한 적극적 홍보 실시 |
| | 2. 정신질환 편견해소, 정책 공감대 형성 위한 사회적 노력 |
| 4-2. 자살예방 · 정신건강 교육 | 1. 자살예방교육 의무 실시 |
| | 2. 초 · 중 · 고생 '마음챙김 및 디지털 리터러시' 교육 도입 |
| | 3. 일상 속의 정신건강 관리 실천법 확산 |
| 4-3. 정신건강정책 추진체계 확립 | 1. 정신건강정책 혁신위원회 구성, 국립정신건강센터 역할 강화 |
| | 2. 지방자치단체 정책 수행기반 마련 |
| | 3. 정신건강복지센터 기능 강화, 응급대응체계 확립 위한 인력 확충 |
| | 4. 정신건강 전문요원 등 전문가 확충 및 질 관리 |

### 4) 정신건강복지 전달체계

정신건강복지 전달체계는 국민의 정신건강증진과 정신질환 예방, 치료, 재활을 지원하는 시스템으로, 보건복지부를 중심으로 지방자치단체, 정신건강복지센터, 정신의료기관, 사회복지시설 등 다양한 기관들이 협력하여 운영되고 있다. 주요 서비스는 상담, 교육, 정신질환 진단 및 치료, 사례관리, 재활 프로그램 등을 포함하며, 지역사회 기반으로 서비스를 강화하고 정신건강 검진을 확대하는

방향으로 발전하고 있다. 정신건강복지 전달체계를 통해 전달되는 서비스와 급여는 전 국민을 대상으로 하는 정신건강증진서비스, 정신질환자 및 정신장애인을 대상으로 하는 의료, 요양, 재활, 복지지원, 권익보호 등이다. 정신건강복지 전달체계는 직접 서비스를 전달하는 조직 외에도 정신건강복지정책을 자문, 기획, 심의, 의결하는 조직을 포함한다(강상경, 2022; 김희년 외, 2020). 정신건강서비스는 예방과 조기 개입, 치료와 보호, 재활과 사회통합으로 이어지는 연속적 스펙트럼을 가지고 있기 때문에 예방, 개입 및 치료를 위한 보건 영역과 더불어 재활, 사회통합으로 이어지는 복지 영역 간 연계는 필수적이다. 정신건강서비스 전달체계라는 것은 수요자가 쉽게 양질의 서비스를 끊김없이 연속적으로 이용할 수 있도록 보건과 복지서비스 간 조정과 연계가 잘 이루어진 체계를 의미한다고 볼 수 있다(전진아 · 강혜리, 2020). 정신건강증진 전달체계 현황은 |그림 7-2|와 같다.

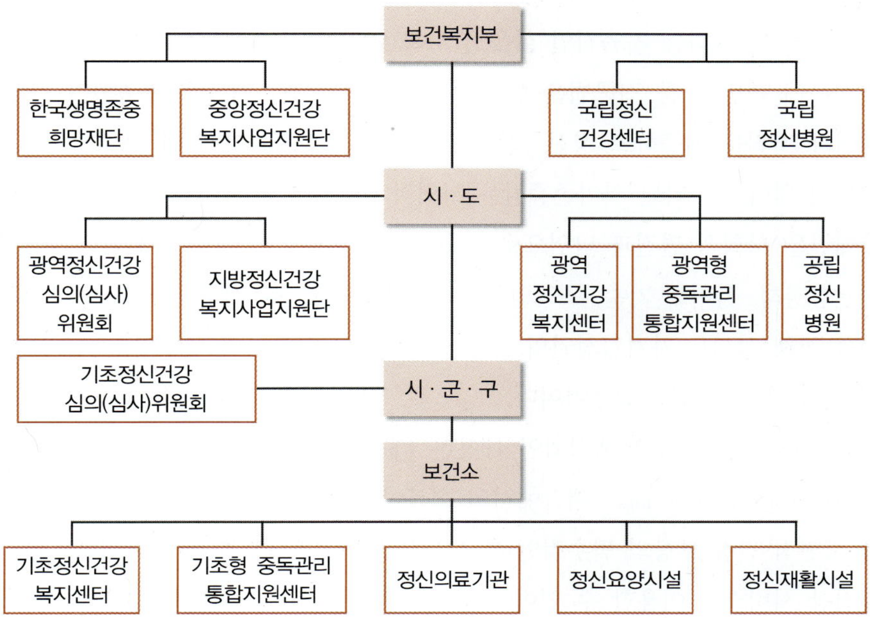


|그림 7-2| 정신건강증진 전달체계 현황

출처 : 보건복지부(2024). 2024년도 정신건강사업.

## 3. 정신건강 실천이론과 이슈별 실제

### 1) 정신건강 실천이론

#### (1) 회복모델

정신건강의 질병모델을 극복할 수 있는 새로운 대안모델의 회복개념은 1980년대 이후 이용자, 가족, 정신건강전문가에 의해 다양한 관점에서 정의되었다. 정신질환으로부터 직접 회복을 경험한 디건(Deegan, 1988)은 회복이라는 용어를 최초로 소개하였다. 회복이란 지역사회 안에서 삶, 사랑, 일에 관한 열망을 가지고 장애의 한계를 넘어서는 도전이며 새로운 삶의 과정이라고 정의했다. 회복되었다는 것은 정신질환을 질병으로 보고 완전히 치료되어 이전의 건강한 상태로 돌아가는 것을 의미하지는 않는다. 한 사람이 경험되었던 정서적 · 신체적 고통에도 불구하고 삶의 새로운 의미와 목적을 얻거나 다시 갖게 되는 것이며, 스스로 삶의 방향을 정하고 결정하는 자율적인 삶을 살도록 역량이 강화되는 것을 의미한다.

회복에 기반을 둔 접근법은 인간중심적이며 지식과 기술을 구축하여 양질의 케어와 지원을 제공하고 정신건강과 안녕감을 증진시키기 위해 필요한 것이다. 회복의 의미로 나타난 자아존중감은 사회적 맥락에서 중요한 의의가 있다. 정신장애인은 사회적 편견과 낙인으로 인하여 자아존중감이 낮아지기 때문이다. 정신건강정책, 서비스 기준, 조직의 지침이 회복지향으로 전환해 가고 있다. 회복지향 정책 실천은 자기결정권의 존중, 인권 증진, 트라우마 다루기, 개별화된 지원, 강점과 자산에 초점두기이다.

WHO의 회복모델의 핵심적인 내용은 다음과 같다. 첫째, 보편적 건강 보장(Universal Health Coverage) 맥락에서의 회복이다. 2019년 모델은 정신건강 서비스를 보편적 건강 보장의 필수적인 부분으로 간주한다. 즉, 모든 사람이 필요한 정신건강 서비스를 이용할 수 있어야 하며, 회복은 이러한 서비스 제공의 핵심 목표가 되어야 한다는 것이다. 둘째, 지역사회 기반 서비스 강화이다. 회복을 위해서는 지역사회 내에서 다양한 지원 시스템이 구축되어야 함을 강조한다. 가족,

친구, 동료, 지역사회 단체 등이 함께 환자의 회복을 돕는 것이 중요하며, WHO는 이를 위한 구체적인 가이드라인을 제시한다. 셋째, 인권 기반 접근이다. 정신질환을 가진 사람들의 인권 존중을 최우선으로 한다. 어떠한 차별이나 강압 없이, 그들의 존엄성을 존중하고 자기결정권을 보장하는 것이 회복의 필수 조건이라고 강조한다. 넷째, 다양한 관점의 통합이다. 환자, 가족, 정신건강전문가, 정책결정자 등 다양한 이해관계자들의 의견을 통합하여 회복모델을 발전시키는 것을 중요하게 생각한다. 각자의 경험과 지식을 바탕으로 환자 중심의 서비스를 구축해야 한다는 것이다. 따라서 2019년 WHO 회복모델은 단순히 개인의 회복을 넘어, 사회 전체가 함께 환자를 지원하고 포용하는 시스템을 구축하는 것을 목표로 한다. 회복을 촉진하는 요소(WHO, 2019)는 〈표 7-3〉과 같이 정체성 회복, 관계, 참여 및 의미와 목적 찾기, 서비스와 지지 네 가지로 구분할 수 있다.

〈표 7-3〉 회복을 촉진하는 요소

| 정체성 회복 | 관 계 |
|---|---|
| 희망적 낙관주의<br>자기수용, 책임감, 믿음과 존중<br>자기효능감(자신감)<br>자기인식<br>낙인을 넘어서 성장<br>힘과 자기결정권 되찾기<br>소속감<br>사회 행동<br>영성<br>대처<br>통제권 | 우정<br>지지적인 가족관계<br>육아<br>동료<br>반려동물<br>서비스 전문가<br>상호 신뢰와 인정<br>희망적인 관계 |

| 참여, 의미와 목적 찾기 | 서비스와 지지 |
|---|---|
| 가치 있는 존재<br>의미 있는 역할에 참여<br>자원봉사, 취업, 사회생활, 학업<br>자신과 자신의 상태에 대한 배움<br>공동체 참여<br>지역사회와 주거<br>실천과 창의성<br>타인의 경험 | 정보 제공 및 통제력<br>연속성과 유연성<br>치료와 다양한 요법<br>안전<br>동료 지원<br>관계, 태도, 힘<br>주거와 지역사회 지원<br>재정적 안전 |

### (2) 성장모델

셀리그만(Seligman, 2002a)에 따르면, 긍정심리학의 성장모델은 개인이 가진 강점과 자원을 활용하여 행복하고 의미 있는 삶을 살도록 돕는 것을 목표로 한다. 이 모델은 인간의 긍정적인 측면에 초점을 맞추어 개인의 성장과 발전을 촉진하는 다양한 이론과 기법을 제시한다. 사회복지학 전공자들도 인간의 강점을 육성하고 건강한 사람으로 성장시키는 방법을 강구하는 전문가가 되어야 한다.

#### ① 주요 모델 및 개념 : PERMA 모델

마틴 셀리그만(Martin Seligman)이 제시한 웰빙 모델로, 긍정적인 감정(Positive Emotion), 몰입(Engagement), 관계(Relationships), 의미(Meaning), 성취(Accomplishment)의 다섯 가지 요소로 구성된다. 이 모델은 개인의 행복과 웰빙을 증진시키기 위한 구체적인 방법을 제시하고 있다. 첫째, 강점 활용이다. 긍정심리학에서는 개인이 가진 고유한 강점을 파악하고 이를 일상생활에서 활용하는 것을 강조한다. 자신의 강점을 알고 활용하면 삶의 만족도가 높아지고 성취감을 느낄 수 있다. 둘째, 심리적 자본이다. 개인의 긍정적인 심리적 특성을 의미하며, 자기효능감, 희망, 낙관주의, 회복력 등의 요소로 구성된다. 심리적 자본이 높은 사람은 어려움을 극복하고 성장할 가능성이 크다. 셋째, 성장 마인드셋이다. 캐럴 드웩(Carol Dweck)이 제시한 개념으로, 자신의 능력과 지능은 노력과 학습을 통해 향상될 수 있다고 믿는 태도를 의미한다. 성장 마인드셋을 가진 사람은 도전을 두려워하지 않고 끊임없이 성장하려 노력한다(김춘수 역, 2023).

#### ② 성장모델의 핵심 요소

성장모델은 개인의 내면적 성장과 발전을 통해 행복하고 의미 있는 삶을 살도록 돕는 것을 목표로 하고 있다. 핵심 요소는 다음과 같다. 첫째, 긍정적 경험이다. 기쁨, 감사, 사랑 등 긍정적인 감정을 자주 경험하는 것은 정신건강에 긍정적인 영향을 미친다. 둘째, 의미 있는 삶이다. 자신이 중요하게 생각하는 가치와 목표를 추구하며 살아가는 것은 삶의 만족도를 높인다. 셋째, 긍정적 관계이다.

타인과 긍정적인 관계를 맺고 유지하는 것은 정신적 지지와 행복감을 제공한다.

성장모델은 정신건강의 질병모델을 극복할 수 있도록 제시하고 있다(권석만, 2011).

첫째, 성장모델은 개인의 행복과 자기실현을 지향함으로써 긍정적 정신건강, 즉 행복과 자기실현이라는 적극적인 목표를 추구한다. 둘째, 성장모델은 인간의 긍정적 성품과 강점에 초점을 맞춘다. 개인이 지닌 강점과 재능을 발견하고 육성하여 인간관계와 직업활동을 비롯한 다양한 삶의 영역에서 발휘하도록 지원한다. 셋째, 성장모델은 정신장애의 예방에 초점을 맞춘다. 성장모델은 정신질환자를 비롯하여 모든 사람에게 강점을 잘 발휘함으로써 긍정 정서를 경험하며 최고의 기능 상태에서 의미 있는 활동에 적극적으로 임하게 될 때, 행복과 긍정적 정신건강을 이루게 된다. 이러한 긍정적 상태는 정신장애의 취약성을 억제할 뿐 아니라 스트레스에 대한 저항력을 강화함으로써 정신장애의 발생을 억제할 수 있게 된다. 마지막으로, 성장모델은 생물 · 심리 · 사회적 모델이다. 정신건강을 위해서는 신체적 건강을 함양하고 유지할 수 있어야 한다.

### 2) 재난과 정신건강

재난 발생 시 경험하는 심리적 충격과 그로 인한 정신적 문제를 포괄하는 개념이다. 재난은 자연재해, 사회적 재난, 대형사고 등 다양한 형태로 발생하며, 이러한 재난은 개인과 공동체에 심각한 정신적 후유증을 남길 수 있다. 재난피해자의 정신건강 회복은 신체적 회복만큼 중요하다. 정신적 트라우마는 장기적으로 개인의 삶의 질을 저하시키고, 정신건강 문제는 사회적 기능 저하, 생산성 감소, 사회 불안 등을 야기할 수 있다.

재난이란, 재난 및 안전관리기본법 제3조 제1호에 "국민의 생명, 신체, 재산과 국가에 피해를 주거나 줄 수 있는 것"으로 정의되어 있다. 재난은 인간의 생존과 재산의 보존이 불가능할 정도로 생활 질서를 파괴한 사고 또는 현상이라고 정의할 수 있다. 이로 인해 발생한 피해를 재해라고 한다(이영호 외, 2021).

전통적으로 재난은 자연적인 재난(natural disaster)과 사회적인 재난(social disaster)

으로 나눌 수 있다. 자연적인 재난은 자연현상에서 발생한 것으로, 실례로 태풍, 지진, 폭우, 가뭄, 적조, 황사 등이 있다. 사회적인 재난은 인간의 활동에서 비롯되는 것으로, 교통사고, 화재사고, 대기오염, 수질오염, 원자력 사고, 전염병, 전쟁 등이 구체적인 예시들이다. 사회적인 재난은 대통령령으로 정하는 규모 이상의 피해를 의미한다(이영호 외, 2021). 과거에는 지진, 홍수, 가뭄 등과 같은 자연적인 재난이 다수를 차지했지만, 사회가 발전할수록 인위적인 원인에 의한 재난의 빈도와 규모가 점차 증가하고 있다. 재난의 유형은 〈표 7-4〉와 같다.

〈표 7-4〉 재난의 유형

| 유 형 | 내 용 |
|---|---|
| 자연재난 | 태풍, 홍수, 강풍, 해일, 대설, 낙뢰, 가뭄, 지진, 황사, 적조, 그 밖에 이에 준하는 자연현상으로 인하여 발생하는 재해 |
| 사회재난 | 화재, 붕괴, 폭발, 교통사고, 화생방사고, 환경오염사고, 그 밖에 이와 유사한 사고로 발생하는 대통령령으로 정하는 규모 이상의 피해(인적재난), 에너지, 통신, 교통, 금융, 의료, 수도 등 국가 기반 체계 마비(감염병의 예방 및 관리에 관한 법률)에 따른 감염병 또는 가축전염병예방법에 따른 가축전염병 확산 등으로 인한 피해 |

### (1) 재난과 정신건강의 주요 개념

#### ① 외상후스트레스장애

외상후스트레스장애(PTSD : Post-traumatic Stress Disorder)는 충격적인 외상 사건을 경험하고 난 후에 다양한 심리적 부적응 증상이 나타나는 경우를 말한다. 여기에서 외상 사건은 그 사람을 압도시키거나, 종종 생명의 위협을 가하거나, 신체적 상해, 성폭력과 같이 개인에게 심각한 충격을 주는 다양한 사건을 의미한다. 재난피해자들은 외상과 관련된 반복된 기억, 회피와 정서적 마비, 신체의 과각성 반응 등의 후유증을 경험하게 되고, 일상생활 적응에 필요한 기능들이 손상되어, 알코올 사용장애, 불안, 수면장애 및 우울장애 등의 정신장애를 겪기도 하고 심지어 자살을 초래하기도 한다(황종원, 2018). 외상을 경험한 사람에서 외상후스트레스장애의 유병률은 30~75%에 이르며 불안, 우울감, 인지 기능의 저하가 동반되어 환자의 주관적 고통이 매우 크다(김정진, 2022; 이정현, 2013). PTSD의 주요 진단기준은 다음과 같다.

### DSM-5 진단기준

**A. 실제 죽음이나 죽음에 대한 위협, 심각한 부상 또는 성폭력에 다음 한 가지 이상의 방식으로 노출됨**

1) 외상성 사건을 직접 경험
2) 타인에게 일어난 사건을 직접 목격
3) 가까운 가족 혹은 친구에게 사건이 일어난 것을 알게 됨(가족이나 친구가 실제로 사망하거나 이에 준하는 상황을 경험한 경우, 사건은 반드시 폭력적이거나 갑작스럽게 일어난 일이어야 함)
4) 외상성 사건의 혐오스러운 세세한 내용에 대한 반복적이거나 심한 정도로 노출을 경험함(예 사체를 수습하는 긴급구조대원들, 아동학대의 자세한 내용에 반복적으로 노출된 경찰관)
   * 주의 : 4) 항목은 그 노출이 직업과 관련되지 않으며 전자 매체, 텔레비전, 영화 혹은 사진을 통한 노출에는 적용되지 않음.

**B. 외상성 사건과 관련된 다음의 침습적 증상들이 사건 이후 한 가지 이상 나타남**

1) 반복적, 불수의적 그리고 침습적이고 괴로운 외상 기억
2) 내용이나 정동이 외상성 사건과 관련된 반복적인 괴로운 꿈
3) 외상성 사건이 다시 일어나는 듯이 느끼거나 행동하는 해리 반응(예 플래시백)이 나타남(이런 반응은 다양하게 나타나며 심한 경우에는 현재 상황을 전혀 인식 못 할 수 있음)
4) 외상성 사건의 일부와 유사하거나 상징하는 내적 혹은 외적 자극에 노출되었을 때 나타나는 강력하거나 지속적인 심리적 고통
5) 외상성 사건의 일부와 유사하거나 상징하는 내적 혹은 외적 자극에 노출되었을 때 나타나는 현저한 생리적 작용

**C. 외상성 사건과 관련된 자극에 대한 지속적인 회피가 사건이 일어난 뒤 시작되고, 다음의 한 가지 혹은 두 가지 증상이 나타남**

1) 외상성 사건이나 이와 밀접하게 관련된 고통스러운 기억, 생각 혹은 감정을 회피하거나 회피하려고 노력함
2) 외상성 사건이나 이와 밀접하게 관련된 고통스러운 기억, 생각 혹은 감정을 회상시키는 외부 요인들(예 사람, 장소, 대화, 활동, 물건, 상황)을 회피하거나 회피하려고 노력함

D. 외상성 사건이 일어난 뒤에 시작되거나 악화되는 사건과 관련된 인지와 기분의 부정적인 변화가 다음 중 두 가지 이상 나타남

1) 외상성 사건의 중요한 측면을 기억할 수 없음
   - 전형적으로 해리성 기억상실에 기인
   - 두부 손상, 알코올 혹은 약물과 같은 다른 요소들은 제외
2) 자신과 타인 또는 세상에 대한 지속적이고 지나친 부정적 믿음이나 기대
   - "누구도 믿을 수 없다.", "세상은 모든 것이 위험하다.", "나의 모든 신경계가 완전히 망가졌다."
3) 외상성 사건의 원인이나 결과에 대한 자신이나 타인을 비난하게 되는 지속적이고 왜곡된 인지
4) 지속적인 부정적 감정(예 두려움, 공포, 분노, 죄책감 혹은 수치심)
5) 의미 있는 활동에 흥미를 갖거나 참여하는 것이 심하게 감소함
6) 타인들로부터 고립되었거나 소외된 느낌
7) 긍정적인 감정을 지속적으로 경험할 수 없음(예 행복, 만족감, 사랑하는 감정을 경험할 수 없음)

E. 외상성 사건과 관련된 각성과 반응의 심한 변화가 다음에서 두 가지 이상 사건이 일어난 뒤에 시작되거나 악화됨

1) 전형적으로 타인이나 물체에 대한 언어적 또는 신체적 공격으로 표현되는 과민한 행동과 분노 폭발(유발 인자가 거의 혹은 전혀 없음)
2) 무모하거나 자기파괴적인 행동
3) 과각성
4) 과도한 놀람 반응
5) 집중의 어려움
6) 수면장애(예 잠들기 어렵거나 잠을 계속 자기 어렵거나 편히 잠을 못 잠)

F. 증상(진단기준 B, C, D, E)의 기간이 1개월 이상임

G. 증상이 임상적으로 심각한 고통이나 사회적, 직업적, 다른 중요한 기능 영역에서 장해를 초래함

H. 증상이 물질(예 약물, 알코올)의 생리적인 반응이나 또 다른 의학적 상태에 기인한 것이 아님

### ② 급성스트레스장애

급성스트레스장애(ASD : Acute Stress Disorder)는 외상후스트레스장애와 유사하지만, 증상이 발생 후 1개월 이내에 나타나고 1개월 이내에 소멸하는 특징을 가진다. 재난피해자의 시기별, 주요 증상, 개입전문가, 주요 역할은 〈표 7-5〉와 같다.

〈표 7-5〉 시기별 재난피해자의 개입

| 시 기 | 주요 증상 및 반응 | 개입전문가 | 주요 역할 |
|---|---|---|---|
| 재난 발생 직후 (0~72시간, 긴급대응) | • 심리적 충격, 혼란, 공포, 패닉<br>• 신체적 부상, 안전위협<br>• 현실감 상실, 멍한 상태 (해리 반응 가능) | • 응급구조대원(소방, 경찰, 의료진)<br>• 심리적 응급처치 제공자(PFA 교육받은 상담사, 사회복지사, 자원봉사자)<br>• 정부 지자체 재난 관리팀 | • 생명 구조 및 응급 치료<br>• 심리적 응급처치(PFA) 제공<br>• 기본 욕구 충족(음식, 피난처 제공)<br>• 재난 정보 및 안전 지침 제공 |
| ASD 시기 (3일~1개월) | • 플래시백, 악몽, 불면증<br>• 감정 둔마, 해리 증상(현실감 상실, 기억 공백)<br>• 공포, 불안, 우울, 과각성 | • 정신건강전문가(임상심리사, 정신과 의사)<br>• 상담사(위기개입 상담 가능자, 정신건강사회복지사, 트라우마 전문 상담사)<br>• 사회복지사(긴급 지원팀)<br>• 지역사회 의료진 및 정신건강센터 상담사 | • 심리 평가 및 ASD 위험군 선별<br>• 초기 심리상담(정서적 안정 지원, 정보 제공)<br>• PTSD 예방교육(트라우마 반응 설명)<br>• 사회적 지지 연계(가족 · 친구와 연계) |
| PTSD 시기 (1~6개월 이상 지속) | • 지속적인 외상 기억 재경험(악몽, 플래시백)<br>• 회피 행동 증가(사건과 관련된 장소, 사람 회피)<br>• 과각성(쉽게 놀람, 집중력 저하, 불면증)<br>• 부정적 사고 및 정서 변화(우울, 죄책감, 분노) | • 정신과 의사(약물 치료 가능)<br>• 임상심리사(PTSD 전문 심리치료, CBT, EMDR)<br>• 상담사(인지행동치료, 노출치료 전문가)<br>• 정신건강사회복지사(정신건강 관리 및 자원 연계) | • PTSD 진단 및 치료 (약물, 심리치료 병행)<br>• 심층 심리상담(CBT, 노출치료, EMDR 등)<br>• 자살예방 및 정서적 안정 지원<br>• 재난피해자 커뮤니티 연계 및 사회복귀 지원 |

| | | | |
|---|---|---|---|
| 만성 PTSD 시기(적응장애) (6개월~수년 지속, 만성화) | • PTSD 증상 고착화 및 만성화<br>• 주요우울장애, 불안장애 동반 가능<br>• 알코올 · 약물남용 위험 증가<br>• 사회적 고립, 대인관계 회피<br>• 자살 위험 증가 | • 정신과 의사(장기적 정신건강 치료, 입원 필요시 조치)<br>• 임상심리사(장기 심리치료, 신체 기반 치료 포함)<br>• 상담사(장기적 재활 상담, 애도 상담 포함)<br>• 재활 치료 전문가(사회복귀 및 기능 회복 지원)<br>• 지역 정신건강센터, 복지기관(자원 연계) | • 만성 PTSD 치료(약물, 심리치료, 재활 병행)<br>• 자살예방 및 위기개입<br>• 직업 재활 및 사회적응 지원<br>• 장기적인 애도 상담 및 관계 회복 지원 |

### (2) 재난피해자의 개입[3]

**사 례**

**45세/남성**

45세 A씨는 공사장에서 휘발유통이 엎어지면서 바지에 불이 붙어 화상을 입어 입원하였습니다. 통증과 불안으로 수일째 잠을 제대로 자지 못하고 밤마다 사고 장면이 떠올라 소리지르며 놀라 일어나는 일이 빈번했습니다. 다른 환자들 말로는 일주일이면 좋아진다고 하는데 오히려 점점 더 불안해지고 병실 문 닫히는 소리에도 소스라치게 놀라 벌떡 일어나기도 했습니다. 이렇게 놀라는 자신이 남자답지 못하고 한심하다고 여겨져 화가 났으며 통증과 불면으로 인해 항상 짜증을 내는 상태가 되었습니다. 치료는 잘 진행되었지만 때때로는 상처부위에서 처음 불붙던 당시의 느낌이 들기도 해서 놀랐으며 상처를 볼 때마다 사고 생각이 더 심해지고 그런 날은 여지없이 밤에 무서운 악몽을 꾸곤 했습니다. 회사 동료들이 병문안을 오면 사고 기억이 더 선명히 떠올라 아무도 만나고 싶지 않았고 화가 조절되지 않아 사람을 피하고 혼자만 있다 보니 더 우울하고 불안해졌습니다.

3 국가정신건강정보포털>정신건강정보>질환별 정보 | 외상후스트레스장애(n.d). http://www.mentalhealth.go.kr/portal/disease/diseaseDetail.do?dissId=28.

### ① 증상

외상후스트레스장애는 사고 직후에는 사고와 관련된 두려움, 악몽 등이 주된 증상이나 시간이 지나면서 불면증, 우울증, 알코올 의존 등 다양한 문제들이 같이 나타날 수 있다.

- 사고와 관련된 악몽
- 사고와 관련된 장면이나 그때 감각, 느낌이 깨어 있는 동안 생생히 재현되는 플래시백
- 작은 소리에 놀라는 예민함
- 사소한 것들이 위태롭고 위험해 보이는 느낌
- 사고를 떠올리는 사람, 장면 등 모든 자극을 피하게 됨
- 가만히 멍하게 있거나 무기력증에 빠짐
- 뭔가 위험한 일이 생길 것 같아 지속적으로 긴장하고 불안해함
- 사람들과 동떨어진 느낌, 나를 이용하려는 것 같은 느낌
- 자신과 다른 사람에 대한 죄책감, 분노 등의 감정

외상후스트레스장애는 증상이 위중하고 만성적으로 가는 경향이 있어 초기 발견과 지속적인 치료가 필요하다. 사고 직후 증상이 있는 것은 당연하지만 심각한 외상 사건을 경험한 후에 1주가 경과하여도 증상이 호전이 없거나 악화되는 경우 정신건강의학과 진료를 받는 것이 좋다. 치료는 증상 개선을 위한 약물치료와 안정화 요법, 노출요법, 안구운동 민감소실 및 재처리요법과 같은 정신치료 및 심리치료가 있다. 대개 증상이 심한 급성기에는 약물치료를 주로 시행해 재경험이나 과각성 증상을 주로 조절하고 사고 기억을 다룰 수 있을 정도가 되면 정신치료 및 심리치료 쪽으로 집중하게 된다. 어떤 경우에도 자신이 안전하다는 경험을 할 수 있도록 하는 안정화가 매우 중요하다.

### ② 약물치료

외상후스트레스장애는 정신건강의학과 장애 중에서 매우 심각한 질환에 속한다. 만성화되는 경우도 드물지 않고 능력 손상도 심하다. 사고 직후에 증상이 있는 것은 자연스러운 일이라서 그때는 일반적으로 약물치료는 하지 않을 수 있

다. 하지만 증상이 심할 때에는 교감신경 차단제 등의 약물치료를 시행할 수 있다. 한 달 이상 증상이 지속되는 경우에는 약물치료를 고려할 수 있고 그전에라도 지나치게 증상이 심하고 특히 불면이 심할 때에는 적극적으로 약물치료를 하는 것이 좋다. 치료 초기의 과각성, 불면 등은 약물치료와 안정화 기법 등을 중심으로 하게 되고 이런 증상들이 다소 안정되고 나면 회피증상에 초점을 맞춰 안구운동 민감소실 및 재처리요법(EMDR)이나 노출요법 등의 정신심리요법을 시행하기도 한다.

### ③ 정신 및 상담치료

사고를 동반하는 외상후스트레스장애는 다양한 부정적 감정들을 같이 불러일으킨다. 사고 당시의 자신의 행동이나 타인의 행동에 대한 원망, 분노, 죄책감 등이 심하게 나타난다. 불안증상이나 놀람이 자신의 나약함을 드러내는 것 같아서 두려운 마음도 들고 다시 사회로 복귀할 수 있을까 하는 불안감도 생긴다. 사고를 당하게 되면 주위 사람들과 사회에 대한 신뢰가 깨지고 자신과 타인에 대해서 의심하는 마음이 자주 들게 된다. 특히 대형사고나 재난의 경우 여러 가지 법적인 문제 등 평생 해보지 않은 여러 일들에 부딪히게 되면서 안 그래도 힘든 몸과 마음에 더 큰 부담이 된다. 이러한 과정에서 생기는 복잡한 생각이나 감정들을 정리하는 것을 돕는 것이 증상의 조절만큼이나 중요한 치료 내용이다.

#### 가. 안정화 기법

불안과 긴장은 몸으로 기억된다. 우리는 불안이나 두려움, 긴장이 있을 때 자신도 모르게 긴장된 자세를 취하게 된다. 몸은 웅크려지고 목, 어깨 근육에 힘이 들어가고 호흡이나 맥박은 빨라진다. 이러한 변화는 무의식중에 일어나며 이러한 자세는 다시 불안한 생각을 유발하는 악순환이 된다. 우리는 이러한 무의식적인 불안 자세를 의식하고 편안하고 안정된 자세를 취함으로써 몸의 긴장을 줄이고 이로 인해 유발되는 불안한 생각을 줄일 수 있다. 심호흡, 복식호흡, 착지법, 나비포옹법 등의 기법들이 있고 누구나 쉽게 할 수 있다. 상식적으로 생각하면 다 이해되는 내용이지만 막상 혼란스러운 마음상태에 있는 사고 경험자들은 이를 차분히 시행할 심적 여유가 없다. 안정화 기법은 초기 불안증상 감소에 매우 효과적이다.

### 나. 노출요법(PE : Prolonged exposure)

사고에 대한 기억은 다른 모든 기억들처럼 시간이 지나면 차차 감소하게 된다. 정확히는 기억을 지우는 것이 아니라 기억을 덧입히는 과정을 통해 고통스러운 기억이 줄어들게 된다. 어려서 물에 빠져 공포가 생긴 사람이 커서 아이와 물놀이를 하며 차차 물에 대한 느낌이 두려움에서 즐거움으로 바뀌는 것과 비슷하다. 이를 위해서는 사고 충격보다는 훨씬 낮은 단계의 자극에 단계별로 노출되는 과정이 필요하다. 일반적으로는 본인이 주변 사람들에게 내색하지 않고 감당할 수 있는 정도의 자극에서 시작해서 점점 단계를 올려가는 것이다. 흔한 오해는 사고에 대한 공포감이 있는 경우 이를 떠올릴 모든 자극을 차단해 주는 것이 도움이 될 거라고 생각할 수 있는데 반대로 감당할 수 있는 정도의 분량으로 노출을 시켜주는 것이 두려움에 대한 내성을 갖게 되는 데 더 도움이 된다.

### 다. 안구운동 민감소실 및 재처리요법

EMDR(EMDR : Eye Movement Desensitization and Reprocessing)은 눈으로 좌우로 움직이는 불빛을 좇아가면서 사고에 대한 기억을 회상해 치료하는 방법이다. 사고에 대한 생각의 재현으로 인한 고통, 긴장을 눈의 움직임과 심호흡, 몸의 느낌 등을 통해 안정화하면서 더 깊이 있게 들어가는 방법이다.

## 4. 정신건강 문제 실태

WHO 통계에 따르면 2021년 전 세계의 주요우울장애 환자는 인구 10만 명당 3,153명으로 나타났다. 국내에서 우울증으로 진료받은 환자는 해마다 증가하여 2023년에는 104만 3천 명, 2024년 8월까지 81만 4천 명으로 최근 누적 환자만 540만 명이 넘는다.

보건복지부 산하 국립정신건강센터 2024년도 '국민 정신건강 지식 및 태도 조사' 보고서에 따르면, 전국 만 15세 이상, 69세 이하 일반 국민 3,000명을 대상으로 우리 국민 4명 중 3명(74%)이 2024년 최근 1년간 스트레스, 우울, 불면 등 1개 이상의 정신건강 문제를 경험하였다. 정신건강 문제 유형별 경험률은 '심각한 스트레스'(46%)를 가장 많이 경험했고, 그 다음이 '수일간 지속되는 우울감'(40.2%)이었다. 정신건강 문제 유형별 경험률은 |그림 7-3|과 같다.

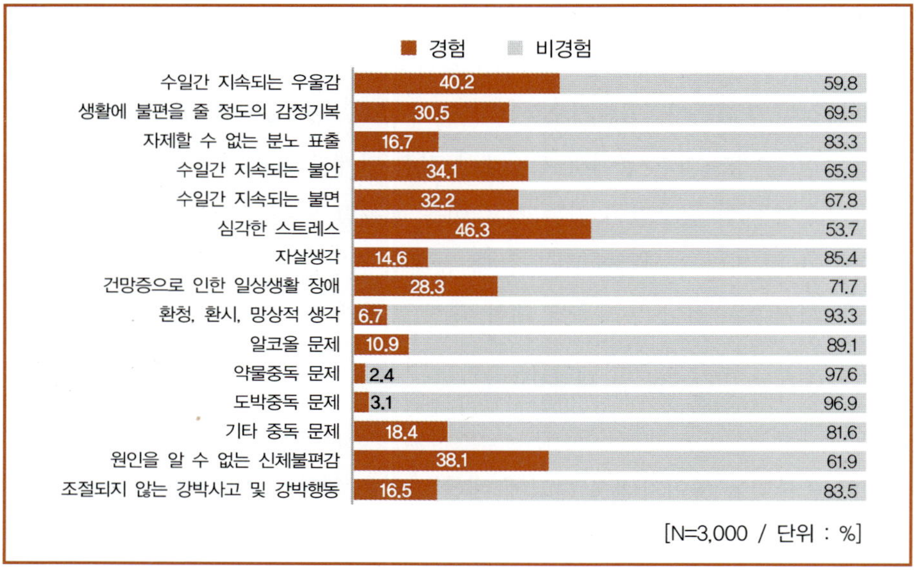


|그림 7-3| 정신건강 문제 유형별 경험률

가장 많은 정신건강 문제 유형은 '스트레스'(51%)였으며 스트레스받는 영역으로 '경제'(51%)가 가장 높았다. 가구소득이 낮을수록 '스트레스'와 '우울증'을 경험한 비율이 더 높았다. 증가폭이 큰 정신건강 문제는 '심각한 스트레스'(10.3%), '수일간 지속되는 우울감'(10.2%), '약물중독 문제를 제외한 기타 중독 문제'(12%)의 경험률 증가가 두드러졌다. 정신질환 문제의 원인으로, 주요우울장애(95.1%), 정신과적 증상이 분명하지 않은 자살사고(94%), 조현병(92.9%) 모두 '생활 스트레스'를 가장 많이 지목하고 있었다.

정신건강에 대한 인식 종합결과 2022년 대비 0.1점 상승한 반면, 정신질환에 대한 국민적 이해도는 소폭 상승하였으나 정서적 측면의 정신질환 수용도와 부정적 인식은 크게 달라지지 않은 것으로 조사되었다. 정신질환에 대한 이해도는 여성(4.11점)이 남성(4.00점)에 비해 높은 반면, 수용도는 남성(3.24점)이 여성(3.21점)보다 높게 나타났다. 한편, 정신질환에 대한 이해도와 수용도는 20대 이하 젊은 연령층에서 상대적으로 높은 반면, 부정적 인식은 연령이 높을수록 높은 특징을 보였다. 전반적으로 정신건강 문제를 경험한 집단이 경험하지 않는 집단에 비해 정신질환에 대한 이해도와 수용도가 높은 경향을 보이지만, 정신질환에 대한 부정적 인식 또한 높이 나타나 이들 집단은 정신질환에 대한 자기낙인(self-stigma)을 유추해 볼 수 있었다(그림 7-4 참조).

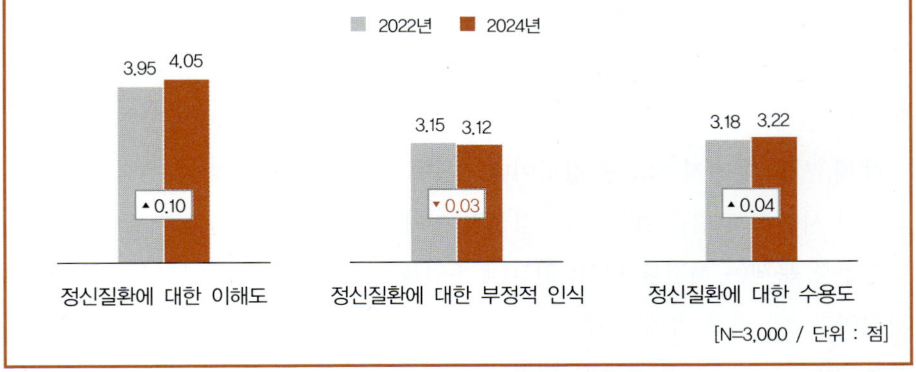


|그림 7-4| 정신건강에 대한 인식 종합 결과

## 5. 정신건강 문제의 대응방안

정신건강 문제는 개인의 문제가 아닌 사회 전체의 문제이다. 우리 사회가 정신건강 문제에 대한 인식을 개선하고 적극적인 해결 노력을 기울임으로써 모든 사람이 건강하고 행복한 삶을 누릴 수 있다. 정신건강 문제의 대응방안의 네 가지를 다음과 같이 제시할 수 있다.

첫째, 정신건강 인식개선이다. 정신건강 문제는 현대사회에서 누구도 피해 갈 수 없는 중대한 이슈로 자리 잡았다. 개인의 문제가 아닌 사회문제로 인식하는 것이 중요하다. 대부분의 사람들이 전문적인 도움을 받을 경우 회복될 것이라 생각하고 있는 것처럼, '정신질환도 일반질환과 같이 치료할 수 있고, 치료하면 위험하지 않다'는 인식의 전환이 필요하다. 무엇보다 정신건강 문제를 개인의 약점이 아닌, 누구에게나 발생할 수 있는 일반적인 건강문제로 인식하는 것이 중요하다. 인식의 전환은 정신건강 문제를 겪고 있는 이들이 적절한 도움을 받을 수 있는 환경을 조성하는 데 필수적이다.

둘째, 정신건강 서비스 접근성 강화이다. 정신건강 문제가 보다 다양화되고 심각해짐에 따라 정신건강 문제의 예방 및 조기 발견, 치료와 회복 중심으로 대전환하여 체계적인 지원이 필요하다. 정신건강사회복지의 초점이 중증 정신질환자 또는 고위험군에 맞추어져 있었다면, 현재와 미래의 방향은 일상적 마음건강, 중증 정신질환의 치료와 회복으로 한 개인이 사회 내에서 건강하게 적응할 수 있도록 한다.

셋째, 사회적 지지 시스템 강화이다. 가족, 친구, 지역사회의 지지 시스템을 강화하여 사회적 고립을 예방하고, 정신적 어려움을 겪는 사람들을 지원해야 한다. 정신건강 문제는 해결을 넘어, 인간의 존엄을 존중하고 사회적 연대를 실현하는 과정이다. 이 과정 속에서 개인의 내적 성장을 돕고 사회의 건강한 발전을 촉진하는 것이 사회복지의 목표가 되어야 한다. 중증 정신질환자의 재활 및 지역사회통합은 물론이거니와 자살, 도박, 마약, 재난, 트라우마, 우울, 불안 등 사회복지사가 관심을 가지고 개입해야 할 영역은 매우 다양하다. 사회복지사의 보다 특화되고 전문화된 서비스 개입이 절대적으로 필요하다. 이러한 측면에서 볼 때 중독전문사회복지사, 자살예방전문가, 전문상담사, 청소년상담사, 가족상담전문가 등의 특화된 전문가 양성에도 힘써야 한다.

넷째, 스트레스 관리 및 정신건강증진 프로그램 확대이다. 직장, 학교, 지역사회 등에서 스트레스 관리 및 정신건강증진 프로그램을 확대하여 정신건강 문제 예방 노력을 기울여야 한다.

## 부 록

우울증(PHQ-9), 불안장애(PAD-12), 자살위험성 검사, 외상후스트레스 검사의 평가도구이다.

### 자살위험성 질문지[4]

<table>
<tr><td colspan="3">당신 자신을 정말 해치겠다는 생각을 했던 적이 있습니까?</td><td>○있다</td><td>○없다</td></tr>
<tr><td colspan="5">'있다'에 체크한 경우에만 아래 문항 1~4-1번 문항까지에 답변하세요. '없다'에 체크한 분은 답변하지 않으셔도 됩니다.</td></tr>
<tr><td>1</td><td colspan="2">이전에 당신을 위험에 빠뜨리는 행동을 한 적이 있습니까?</td><td>○있다</td><td>○없다</td></tr>
<tr><td>2</td><td colspan="2">당신 자신을 정말 해칠 방법에 대해 지금도 생각을 하고 있습니까?</td><td>○있다</td><td>○없다</td></tr>
<tr><td>2-1</td><td colspan="4">있다면, 어떤 식으로?<br>(　　　　　　　　　　　　　　　　　　　　)</td></tr>
<tr><td>3</td><td>생각하는 것과 생각을 행동에 옮기는 것은 큰 차이가 있습니다. 앞으로 한 달 내에는 어느 때라도 당신 자신을 해치거나 당신의 삶을 끝내겠다는 그 생각을 행동으로 옮길 것 같습니까?</td><td>○전혀 아니다</td><td>○ 약간 그렇다</td><td>○ 매우 그렇다</td></tr>
<tr><td>4</td><td colspan="2">당신 자신을 해치려는 당신의 행동을 멈추게 하거나 하지 못하게 막는 것이 있습니까?</td><td>○있다</td><td>○없다</td></tr>
<tr><td>4-1</td><td colspan="4">있다면, 무엇입니까?<br>(　　　　　　　　　　　　　　　　　　　　)</td></tr>
</table>

4 □ 자살위험성 거의 없음('당신 자신을 정말 해치겠다는 생각을 했던 적이 있습니까?'라는 문항에 '없다'라고 응답한 경우 또는 아래 기준에 해당되지 않는 경우), □ 자살위험성 낮음(1, 2번 문항 중에 하나라도 '있다'라고 응답하고, 3, 4번 문항에는 해당되지 않는 경우), □ 자살위험성 높음(3번 문항에 '약간' 혹은 매우 그렇다라고 응답하거나 4번 문항에 '없다'라고 응답한 경우, 자살 가능성이 있다고 보고하였거나 자살 사고나 행동을 저지할 수 있는 보호요인이 없다고 보고하였다)

다음은 정서 관련 질문이다.

정서 관련 질문지[5]

| 지난 2주일 동안 당신은 다음의 문제들로 인해서 얼마나 자주 방해를 받았습니까? | 전혀 방해받지 않았다 | 며칠 동안 방해 받았다 | 2주 중 절반 이상 방해 받았다 | 거의 매일 방해 받았다 |
|---|---|---|---|---|
| 1. 일 또는 여가 활동을 하는데 흥미나 즐거움을 느끼지 못함 | 0 | 1 | 2 | 3 |
| 2. 기분이 가라앉거나, 우울하거나, 희망이 없음 | 0 | 1 | 2 | 3 |
| 3. 잠이 들거나 계속 잠을 자는 것이 어려움. 또는 잠을 너무 많이 잠 | 0 | 1 | 2 | 3 |
| 4. 피곤하다고 느끼거나 기운이 거의 없음 | 0 | 1 | 2 | 3 |
| 5. 입맛이 없거나 과식을 함 | 0 | 1 | 2 | 3 |
| 6. 자신을 부정적으로 봄. 혹은 자신이 실패자라고 느끼거나 자신 또는 가족을 실망시킴 | 0 | 1 | 2 | 3 |
| 7. 신문을 읽거나 텔레비전 보는 것과 같은 일에 집중하는 것이 어려움 | 0 | 1 | 2 | 3 |
| 8. 다른 사람들이 주목할 정도로 너무 느리게 움직이거나 말을 함. 또는 반대로 평상시보다 많이 움직여서, 너무 안절부절못하거나 들떠 있음 | 0 | 1 | 2 | 3 |
| 9. 자신이 죽는 것이 더 낫다고 생각하거나 어떤 식으로든 자신을 해칠 것이라고 생각함 | 0 | 1 | 2 | 3 |
| 합계 | | | | 점 |

5 □ 정상(총점 0~4점), 적응상의 지장을 초래할만한 우울 관련 증상을 거의 보고하지 않는다. □ 경미한 수준(총점 5~9점), 경미한 수준의 우울감이 있으나 일상생활에 지장을 줄 정도는 아니다. □ 중간 수준(총점 10~14점), 중간 수준의 우울감을 비교적 자주 경험하는 것으로 직업적 · 사회적 적응에 일부 영향을 미칠 수 있어 주의 깊은 관찰과 관심이 필요하다. □ 약간 심한 수준(총점 15~19점), 약간 심한 수준의 우울감을 자주 경험하는 것으로 보고하였다. 직업적 · 사회적 적응에 일부 영향을 미칠 경우, 정신건강전문가의 도움을 받아 보시기를 권해 드린다. □ 심한 수준(총점 20~27점), 광범위한 우울 증상을 매우 자주, 심한 수준에서 경험하는 것으로 보고하였다. 일상생활의 다양한 영역에서 어려움이 초래될 경우, 추가적인 평가나 정신건강전문가의 도움을 받아보시기를 권해 드린다.

불안감과 관련한 인지적 · 정서적 · 신체적 증상에 대한 검사이다.

### 불안증상 질문지[6]

| 지난 2주일 동안 당신은 다음의 문제들로 인해서 얼마나 자주 방해를 받았습니까? | 전혀 방해받지 않았다 | 며칠 동안 방해 받았다 | 2주 중 절반 이상 방해 받았다 | 거의 매일 방해 받았다 |
|---|---|---|---|---|
| 1. 초조하거나 불안하거나 조마조마하게 느낀다. | 0 | 1 | 2 | 3 |
| 2. 걱정하는 것을 멈추거나 조절할 수가 없다. | 0 | 1 | 2 | 3 |
| 3. 여러 가지 것들에 대해 걱정을 너무 많이 한다. | 0 | 1 | 2 | 3 |
| 4. 편하게 있기가 어렵다. | 0 | 1 | 2 | 3 |
| 5. 쉽게 짜증이 나거나 쉽게 성을 내게 된다. | 0 | 1 | 2 | 3 |
| 6. 너무 안절부절못해서 가만히 있기가 힘들다. | 0 | 1 | 2 | 3 |
| 7. 마치 끔찍한 일이 생길 것처럼 두렵게 느껴진다. | 0 | 1 | 2 | 3 |
| 합계 | | | | 점 |

6 □ 정상(총점 0~4점), 주의가 필요할 정도의 과도한 걱정이나 불안을 보고되지 않았다. □ 경미한 수준(총점 5~9점), 다소 경미한 수준의 걱정과 불안을 보고하였다. 주의 깊은 관찰과 관심이 필요하다. □ 중간 수준(총점 10~14점), 주의가 필요한 수준의 과도한 걱정과 불안을 보고하였다. 추가적인 평가나 정신건강전문가의 도움을 받아보시기를 권해 드린다. □ 심한 수준(총점 15~21점), 일상생활에 지장을 초래할 정도의 과도하고 심한 걱정과 불안을 보고한다. 추가적인 평가나 정신건강전문가의 전문가의 도움을 받아 보시기를 권한다.

### 외상후스트레스검사[7]

| 살면서 두려웠던 경험, 끔찍했던 경험, 힘들었던 경험, 그 어떤 것이라도 있다면, 그것 때문에 지난 한 달 동안 다음을 경험한 적이 있습니까? | | |
|---|---|---|
| 1. 그 경험에 관한 악몽을 꾸거나, 생각하고 싶지 않은데도 그 경험이 떠오른 적이 있었다. | 아니요 | 예 |
| 2. 그 경험에 대해 생각하지 않으려고 애쓰거나, 그 경험을 떠오르게 하는 상황을 피하기 위해 특별히 노력하였다. | 0 | 1 |
| 3. 늘 주변을 살피고 경계하거나, 쉽게 놀라게 되었다. | 0 | 1 |
| 4. 다른 사람, 일상 활동, 또는 주변 상황에 대해 가졌던 느낌이 없어지거나, 그것에 대해 멀어진 느낌이 들었다. | 0 | 1 |
| 5. 그 사건이나 그 사건으로 인해 생긴 문제에 대해 죄책감을 느끼거나, 자기 자신이나 다른 사람에 대한 원망을 멈출 수가 없었다. | 0 | 1 |
| 합계 | | |

출처 : Prins, A., Bovin, M. J., Kimerling, R., Kaloupek, D. G., Marx, B. P., Pless Kaiser, A., & Schnurr, P. P.(2015); 보건복지부; Jung, Y. E., Kim, D., Kim, W. H., Roh, D., Chae, J. H., & Park, J. E.(2018).

7 □ 정상(총점 0~1점), 일상생활 적응에 지장을 초래할 만한 외상 사건 경험이나 이와 관련된 인지적, 정서적, 행동문제를 거의 보고하지 않았다. □ 주의 요망(총점 2점), 외상 사건과 관련된 반응으로 불편감을 호소하고 있다. 평소보다 일상생활에 적응하는 데 어려움을 느끼신다면 추가적인 평가나 정신건강전문가의 도움을 받아보시기를 권한다. □ 심한 수준(총점 3~5점), 외상 사건과 관련된 반응으로 심한 불편감을 호소하고 있다. 평소보다 일상생활에 적응하는 데 어려움을 느낄 수 있다. 추가적인 평가나 정신건강전문가의 도움을 받아보시기를 권한다.

# 제8장

# 장애인 문제

1. 문제제기
2. 분석의 틀
3. 장애인 문제의 실태
4. 장애인 문제의 대응방안

# 제8장

# 장애인 문제

## 1. 문제제기

우리 사회에서 장애를 가진 사람은 사회의 '주변'에 위치한다. 장애로 인한 소득 단절, 실업, 외출이나 사회적 활동의 어려움, 다양한 차별 등 사회적으로 매우 열악한 상황에 처해 있다. 특히 장애인 문제는 빈곤, 실업, 저임금, 차별, 학대 등 다양하다. 장애인 문제를 논하기 전에 먼저 장애를 어떻게 볼 것인지에 대한 분석의 틀을 먼저 살펴보아야 한다. 무엇을 사회문제로 인식하고, 그 사회문제를 어떻게 해결할 것인지는 사회문제에 접근하는 이론과 밀접한 관련을 갖는다. 장애인 문제도 장애인 문제에 접근하는 이론과 밀접한 관련을 갖게 되며, 그 이론에 따라 사회문제로 인식되는 장애인 문제도 차이가 있을 수밖에 없으며, 또한 장애인 문제를 해결하는 방법도 다르게 된다.

이 장에서는 장애인 문제를 바라보는 분석의 틀로 개인적 모형과 사회적 모형이라는 차원과 유물론과 관념론이라는 차원을 제시한다. 또한 주요 장애인 문제로서 장애인의 빈곤, 실업과 저임금, 접근과 이동의 제약, 그리고 장애인의 시설 거주와 배제에 대한 설명을 제시하도록 한다.[1]

---

1 이하는 이선우(2020)의 자료를 재구성한 것이다.

## 2. 분석의 틀

장애인 문제를 어떻게 바라볼 것인가 하는 문제는 결국 장애에 대한 개념적 접근에 따라 달라질 수밖에 없다. 장애에 대한 개념적 접근은 크게 개인적 모형과 사회적 모형으로 나누어 볼 수 있다.

장애의 개인적 모형은 의료적 모델이라고도 불리며 다음과 같은 특징을 가지고 있다. 첫째, 장애 '문제'가 발생하는 위치가 개인이라는 것이다. 둘째, 그 '문제'의 원인이 기능적 제약 또는 심리적 손상에서 나온다고 본다. 이 관점에서 장애는 불운한 개인에게 무작위적으로 발생한 사건이라는 개인적 비극 이론을 구성한다. 따라서 개인적 모형에서는 장애인의 재활을 위하여 장애인 각 개인이 가지고 있는 기능적 제약을 분석하고, 이에 개입하는 데 초점을 두게 된다. 따라서 개인적 모형은 기능적 제약이 일상생활 중 활동에 미치는 영향을 찾고 장애가 발생하지 않도록 예방하고, 발생한 후에는 치료하거나 장애인을 보호하는 방법을 찾는 데 초점을 둔다. 하지만 이 관점은 장애의 사회적 측면을 고려하지 못한다는 한계를 가진다. 즉, 장애가 다양한 사회환경에 따라 신체적 손상의 결과 차이를 보이는 현상을 설명하지 못한다.

반면에 장애의 사회적 모형은 장애의 문제를 사회 안에 있다고 보는 관점으로, 사회환경의 문제를 중시하는 사회행동모델, 환경중심의 모델이라고 할 수 있다. 이 관점에서 문제의 원인은 개인적 한계가 아니라 사회가 적절한 서비스를 제공하지 못하고, 장애인의 욕구가 사회조직 내에서 완전히 충족되도록 적절하게 보장되지 못하기 때문이라고 본다. 사회적 모형에서 중요한 것은 한 사회가 전체 구성원의 욕구를 육체적 형태와 지능에 관계없이 동등하게 충족시키는가 하는 것이다. 사회적 모형에서 장애는 신체와 아무런 관련이 없으며, 장애는 사회적 억압의 결과라고 본다. 장애는 장애인에게 제한을 가하는 모든 것으로, 개인적 편견, 제도적 차별, 접근 불가능한 공공건물, 이용할 수 없는 교통체계, 분리교육, 분리형 근로형태 등이 모두 해당된다. 그 결과는 개인에게 무작위로 영향을 미치는 것이 아니라 사회 전반에 걸쳐 제도화된 차별로 인해 제한을 경험하는 장애인 집단에게 체계적으로 영향을 미친다. 이에 대한 비판으로는 장애인이 경험할 수 있는 심리적 고통이나 개별성을 무시하고 있다는 점이다. 또한 사회환경 및 조건을 바꾸면 장애가 사라진다는 것도 과장된 측면이 있다는 것이다.

한편 프리스틀리(Priestley, 1998)는 개인적 모형과 사회적 모형이라는 차원에 유물론과 관념론이라는 또 다른 차원을 도입해야 한다고 주장한다. 개인적 모형은 손상의 신체적 차원과 심리적 차원으로 나눌 수 있다. 또한 사회적 모형도 구조적 · 물질적 조건에 더 관심을 가지는 유물론자와 문화와 대표성에 더 관심을 갖는 관념주의자로 나누어 볼 수 있다. 따라서 두 가지 차원을 모두 고려하면 장애이론에는 네 가지 접근이 가능하다.

첫째, 개인적 유물론 모형으로, 장애는 물질적 개인(신체)의 기능에 대한 생물학의 신체적 산물이다. 분석단위는 손상된 신체이다. 생물사회학과 사회진화론, 신체 재활, 의약품 개발과 수술 등에서 발견되는 생물학적 결정주의가 이러한 입장이라고 할 수 있다.

둘째, 개인적 관념론 모형으로, 장애는 정체성의 생성과 역할의 협상에 참여하는 자발적 개인(장애인과 비장애인)의 산물이다. 장애는 개인의 경험과 개인 간 사회적 역할의 협상의 산물이다. 분석단위는 신념, 정체성, 경험 등이다. 이 모형에서는 인지적 상호작용과 정서적 경험에 초점을 둔다.

셋째, 사회적 생성주의 모형으로, 장애는 특정 역사적 맥락에서 발전하는 사회경제적 관계의 물질적 산물이다. 분석단위는 장애를 불러오는 장벽(대부분은 물리적, 구조적 또는 제도적)과 권력의 물질적 관계이다.

넷째, 사회적 구성주의 모형으로, 장애는 사회적 구성물로, 특정 문화적 맥락에서 사회적 관계의 관념론적 산물이다. 분석단위는 문화적 가치와 대표성이다. 이 모형에서 주로 쓰는 방법론은 사회적 구성주의와 문화적 상대주의이다. 이 모형에서 장애의 형성은 특정한 문화적 조건의 산물이라고 가정한다.

# 3. 장애인 문제의 실태

## 1) 장애인의 빈곤

장애인 문제 중에서 가장 시급하게 해결해야 하는 문제는 빈곤이다. 장애인은 장애로 인해 사회적 편견으로 인해 노동시장 참여 제약뿐만 아니라 경제적 변화에 취약하여 가장 쉽게 빈곤에 노출되는 집단이다. 또한 장애인 가구는 비장애인 가구에 비해 소득은 낮지만 지출은 더 많아서 빈곤에 빠질 가능성이 높다.

### (1) 소득

장애인 가구는 비장애인 가구에 비해 가구소득이 상당히 낮아서 저소득층의 비율이 매우 높다. 장애인 가구와 비장애인 가구를 가구소득의 비율로 구분하면 2014년도 기준 전국가구 3,609천 원인 반면 장애인 가구는 2,235천 원으로 61.9%를 차지하였으며, 2023년 기준으로는 전국가구 4,834천 원인 반면 장애인 가구는 3,058천 원으로 전국가구의 63.3%에 미치는 것으로 나타났다.

〈표 8-1〉 월평균 가구소득 및 가구지출액 (단위 : 천 원)

| 구 분 | 2014년도 | | 2017년도 | | 2020년도 | | 2023년도 | |
|---|---|---|---|---|---|---|---|---|
| | 장애인 가구 | 전국 가구1) | 장애인 가구 | 전국 가구2) | 장애인 가구 | 전국 가구3) | 장애인 가구 | 전국 가구4) |
| 가구소득액 (전국가구 대비율) | 2,235 | 3,609 (61.9%) | 2,421 | 3,635 (66.6%) | 2,536 | 4,285 (59.2%) | 3,058 | 4,834 (63.3%) |
| 가구지출액 (전국가구 대비율) | 1,706 | 2,822 (60.5%) | 1,908 | 2,761 (69.1%) | 1,895 | 3,288 (57.6%) | 2,426 | 3,625 (66.9%) |

출처 : 1) (소득) 통계청 『가계동향조사(2013. 4/4분기)』, (지출) 통계청 『가계동향조사(2013. 4/4분기)』
2) (소득) 통계청 『가계동향조사(2016. 4/4분기)』, (지출) 통계청 『가계동향조사(2016. 4/4분기)』
3) (소득) 통계청 『가계동향조사(2019. 4/4분기)』, (지출) 통계청 『가계동향조사(2019. 4/4분기)』
4) (소득) 통계청 『가계동향조사(2022. 4/4분기)』, (지출) 통계청 『가계동향조사(2022. 4/4분기)』

### (2) 지출

장애인 가구의 월평균 총 생활비는 2023년 기준으로 2,279천 원으로 비장애인 가구의 3,465천 원에 비해 1,185천 원 낮아서, 비장애인 가구 생활비의 65.8%에 불과하였다.

구체적으로 장애인 가구와 비장애인 가구의 월평균 지출을 품목별로 비교해 보면, 보건의료비를 제외한 모든 품목에서 장애인 가구가 비장애인 가구보다 지출이 적었다. 특히 보건의료비는 장애인 가구가 25.32만 원으로 비장애인 가구의 23.93만 원에 비해 오히려 1.39만 원 더 많은 것으로 나타났다. 이는 장애인 가구의 소득이 비장애인 가구에 비해 낮다는 점을 고려할 때, 장애인 가구의 보건의료비 부담이 발생할 수 있음을 보여준다.

장애인 가구는 공교육비와 사교육비, 교양오락비, 교통비 및 통신비까지 비장애인 가구에 비해 낮게 나타났다. 미래에 대한 지출이라고 할 수 있는 공교육비와 사교육비를 비교해 보면, 공교육비의 경우 장애인 가구는 1.75만 원으로 비장애인 가구의 4만 원에 비해 약 2만 원 정도 낮았다. 사교육비의 경우 장애인 가구는 공교육비와 비슷한 1.95만 원을 지출하였으나 비장애인 가구는 사교육비로 10.20만 원을 지출한 것으로 확인되었다. 따라서 장애인 가구의 사교육비 지출은 비장애인 가구의 19.1%에 미치지 못했다. 또한 교양오락비에서도 장애인 가구는 비장애인 가구의 40.6%에 불과한 지출을 보였다. 결과적으로 장애인 가구는 비장애인 가구와 당장의 시급한 지출에서는 그나마 격차가 적은 편이지만, 미래를 위한 지출과 문화적인 생활을 위한 지출에서는 그 격차가 상당히 크다. 따라서 장애인 가구는 장기적으로도 비장애인 가구에 비해 낮은 수준의 생활을 경험할 가능성이 높다고 할 수 있다.

〈표 8-2〉 장애인 가구와 비장애인 가구의 월평균 생활비 (단위 : 만 원)

| 구 분 | 장애인 가구 | 평 균 | 표준오차 | t 통계치 |
|---|---|---|---|---|
| 주거비 | 장애인 가구 | 6.42 | 0.48 | t=−3.54 p=0.0004 |
| | 비장애인 가구 | 8.26 | 0.20 | |
| 광열수도비 | 장애인 가구 | 12.89 | 0.18 | t=−3.47 p=0.0005 |
| | 비장애인 가구 | 13.55 | 0.07 | |
| 보건의료비 | 장애인 가구 | 25.32 | 1.08 | t=1.19 p=0.2314 |
| | 비장애인 가구 | 23.93 | 0.39 | |
| 공교육비 | 장애인 가구 | 1.75 | 0.34 | t=−5.53 p < 0.0005 |
| | 비장애인 가구 | 4.00 | 0.21 | |
| 사교육비 | 장애인 가구 | 1.95 | 0.42 | t=−14.27 p < 0.0005 |
| | 비장애인 가구 | 10.20 | 0.40 | |
| 교양오락비 | 장애인 가구 | 4.79 | 0.45 | t=−13.08 p < 0.0005 |
| | 비장애인 가구 | 11.81 | 0.30 | |
| 총 생활비 | 장애인 가구 | 227.98 | 7.09 | t=−14.956 p < 0.0005 |
| | 비장애인 가구 | 346.47 | 3.53 | |

출처 : 한국복지패널(2023). 13차년도 원자료 분석.

장애인 가구는 장애로 인해 생활비가 추가로 들어가게 된다. 예를 들어, 의료비, 특수교육비, 보호 · 간병비, 장애인보조기구 구입 · 유지비 등이 있다. 이에 따라 동일한 가구소득이라고 하더라도 장애인 가구는 비장애인 가구에 비해 다른 품목의 지출을 줄일 수밖에 없기 때문에 결과적으로 생활수준이 낮아질 가능성이 매우 높다.

장애인 가구의 장애로 인한 추가비용을 살펴보면, 월평균 총 추가비용은 17만 원으로 2020년의 15만 2,600원에 비해 1만 7,400원이 증가하였다. 추가비용을 항목별로 구체적으로 살펴보면, 의료비가 57.8천 원으로 가장 많았으며, 이어서 보호 · 간병비 28.2천 원으로 나타나 장애 유형에 관계없이 의료와 간병에 대한 추가비용이 높은 것을 알 수 있다.

장애 유형별로 월평균 총 추가비용이 가장 많은 장애는 자폐성장애로 60만 3,200원이었으며, 이어서 뇌병변장애(32만 3,700원), 신장장애(29만 4,500원), 지적

장애(28만 4,800원), 언어장애(28만 1,600원), 간장애(25만 1,200원) 등의 순으로 총 추가비용이 20만 원을 넘는 것으로 나타났다.

총 추가비용이 많은 장애 유형에서도 구체적인 품목에서는 차이를 보이고 있는데, 간장애, 안면장애, 신장장애, 장루 · 요루장애 등의 신체 내부장애와 뇌병변장애는 주된 추가비용이 의료비에서 발생하고 있는 반면에, 자폐성장애와 지적장애는 타 장애 유형에 비해 보육 · 교육비에서 많은 추가비용이 발생하고 있다. 이들 장애의 특징은 재활치료를 많이 필요로 하는 장애로 이들에 대한 적절한 지원이 필요한 것으로 보인다. 또한 뇌병변장애는 보호 · 간병인에서도 타 장애에 비해 많은 추가비용이 발생하고 있다.

반면에 장애인보조기구 구입 · 유지비에서는 장루 · 요루장애가 단연 추가비용이 가장 많았으며, 청각장애, 호흡기장애도 비용이 높게 나타났다. 교통비는 자폐성장애(63.3천 원)와 신장장애(53.3천 원), 뇌병변장애(32.3천 원), 뇌전증장애(28.8천 원), 언어장애(28.7천 원), 심장장애(28.4천 원) 등의 신체 내부기관의 장애에서도 비교적 높게 나타나는데, 자폐성장애는 재활기관을 가장 활발하게 이용하는 장애 유형이며, 신체 내부기관 장애는 규칙적으로 의료기관을 이용해야 하는 장애 유형이기 때문인 것으로 보인다.

부모 사후대비 비용이 가장 많았던 장애 유형은 자폐성장애와 지적장애이며, 이들의 경우 특히 사회생활 능력이 떨어져서 부모들이 부모 사후 장애자녀들의 생활에 대해 가장 많이 걱정하기 때문이라고 할 수 있을 것이다. 새롭게 추가된 장애 관련 식비 추가비용의 경우, 뇌병변장애, 언어장애, 호흡기장애 순으로 나타났다.

장애인 가구는 비장애인 가구에 비해 가구소득이 낮아서 빈곤에 빠질 가능성이 높은 것 외에, 장애로 인한 추가비용을 지출함으로써 더욱더 빈곤에 빠질 가능성이 높아지게 된다. 따라서 장애인 가구에 대해서는 장애로 인한 근로능력의 저하 및 상실로 인해 소득이 낮기 때문에 그에 대한 소득 지원이 필요할 뿐만 아니라, 장애로 인한 추가비용을 보전할 수 있는 방안도 함께 지원되어야 할 것이다. 만약 이러한 측면에서의 지원이 이루어지지 않는다면 장애인 가구는 동일한 소득이 있는 비장애인 가구에 비해 빈곤에 빠질 가능성이 높아질 수밖에 없을 것이다. 결과적으로 장애인 가구에 대해서는 소득보전과 추가비용 보전이라는 이중지원이 필요하다.

〈표 8-3〉 장애인 가구의 장애로 인한 추가 소요비용 (단위 : 천 원)

| 구 분 | 총 비용 | 교통비 | 의료비 | 보육·교육비 | 보호·간병인 | 재활기관 이용료 | 통신비 | 장애인 보조기구 | 부모 사후 대비비 | 장애 관련 식비 | 기타 |
|---|---|---|---|---|---|---|---|---|---|---|---|
| 지체장애 | 128.4 | 24.5 | 51.3 | 0 | 21.0 | 0.5 | 0.1 | 3.8 | 12.3 | 10.3 | 4.7 |
| 뇌병변장애 | 323.7 | 32.3 | 128.3 | 7.9 | 80.1 | 8.1 | 0.5 | 6.3 | 9.4 | 27.7 | 23.1 |
| 시각장애 | 97.8 | 16.8 | 21.7 | 0 | 21.4 | 1.2 | 0.1 | 7.9 | 13.7 | 10.0 | 5.1 |
| 청각장애 | 72.6 | 8.4 | 12.8 | 1.5 | 15.3 | 0.4 | 0.3 | 25.6 | 5.6 | 2.1 | 0.8 |
| 언어장애 | 281.6 | 28.7 | 82.7 | 81.3 | 34.0 | 6.9 | 0.9 | 5.3 | 17.5 | 15.9 | 8.3 |
| 지적장애 | 284.8 | 33.2 | 30.0 | 58.1 | 26.0 | 25.9 | 0.2 | 1.4 | 95.0 | 7.0 | 8.0 |
| 자폐성장애 | 603.2 | 63.3 | 51.3 | 230.9 | 65.0 | 69.5 | 0.3 | 0.3 | 97.3 | 22.0 | 3.3 |
| 정신장애 | 100.4 | 13.9 | 32.9 | 0 | 14.9 | 5.2 | 0 | 0.6 | 24.1 | 5.2 | 3.6 |
| 신장장애 | 294.5 | 53.3 | 190.9 | 0 | 22.6 | 0.1 | 0 | 2.7 | 9.4 | 10.9 | 4.6 |
| 심장장애 | 171.5 | 28.4 | 99.8 | 0.3 | 13.7 | 0.3 | 0.2 | 3.1 | 14.1 | 7.7 | 4.1 |
| 호흡기장애 | 184.3 | 26.3 | 84.7 | 0 | 26.5 | 1.3 | 0 | 17.0 | 7.9 | 14.4 | 6.1 |
| 간장애 | 251.2 | 24.7 | 188.0 | 0.7 | 5.8 | 0 | 0.6 | 1.0 | 9.5 | 20.0 | 0.9 |
| 안면장애 | 184.6 | 26.6 | 124.6 | 0 | 1.9 | 0 | 0 | 1.2 | 16.8 | 2.6 | 11.0 |
| 장루·요루 | 164.6 | 17.2 | 39.4 | 0.05 | 31.5 | 0.05 | 0 | 59.7 | 1.1 | 10.3 | 5.3 |
| 뇌전증장애 | 130.7 | 28.8 | 59.7 | 13.5 | 2.9 | 2.1 | 0.5 | 0 | 11.7 | 5.4 | 6.2 |
| 계 | 170.0 | 24.1 | 57.8 | 10.4 | 28.2 | 4.8 | 0.2 | 8.8 | 18.5 | 10.7 | 6.4 |

주 : 안면장애의 부모 사후 및 노후대비비가 매우 높게 나타난 이유는 안면장애인 사례 수가 매우 적은데다 응답이 극단치여서 신뢰성이 크게 떨어진다.
출처 : 한국보건사회연구원(2023). 2023년 장애인 실태조사.

### 2) 장애인 실업과 저임금

장애인이 직면한 또 다른 심각한 문제는 고용의 문제이다. 2023년 장애인 경제활동 실태조사에 따르면, 장애인 경제활동참가율은 38.83%로 전체 인구 경제활동참가율인 64.7%의 약 절반 수준에 불과한 것으로 나타났다. 경제활동인구 대비 취업자 수 비율인 장애인 취업률은 95.84%(전국 97.9%), 그리고 장애인 실업률은 4.16%(전국 2.1%)이다. 인구 대비 취업자 비율인 고용률은 장애인이 37.21%로 이 역시 경제활동참가율에서처럼 전체 인구 고용률인 63.3%의 절반 수준이다.

2023년 기준으로 장애인의 경제활동참가율은 35.4%로 2015년의 37.7%와 거의 차이가 없었다. 이는 15세 이상 전체 인구의 경제활동참가율 64.7%에 비해 2/3에도 못 미치는 수준이다. 또한 장애인의 실업률을 보면 3.9%로 전체 인구의 2.1%에 비해 2배 높은 수준이다. 결과적으로 장애인 인구 대비 취업자 비율(고용률)은 34.0%에 불과하여 전체 인구 대비 취업자 비율(고용률) 63.3%에 비해 29.3%p 이상 낮게 나타나 전반적으로 장애 인구의 경제활동 참여수준이 낮은 것으로 나타났다. 특히 연령별로 보면 15~29세 장애인의 실업률도 7.3%로 전체 인구 실업률 5.1%의 1.5배가 넘으며, 가장 핵심적인 경제활동 연령층이라고 할 수 있는 40~49세 장애인의 실업률은 4.1%로 전체 인구실업률 1.5%의 2.5배가 넘는다.

장애인의 고용문제를 성별로 살펴보면 더욱 심각한 문제임을 알 수 있다. 15~64세 여성 장애인의 인구 대비 취업자 비율은 25.68%로 남성 장애인의 인구 대비 취업자 비율 45.73%의 절반을 겨우 넘고 있다.

〈표 8-4〉 2023년 장애인 연령별 경제활동참가율, 실업률, 고용률 (단위 : %)

| 연령별 | 장애인 | | | 전체 인구 | | |
|---|---|---|---|---|---|---|
| | 경제활동참가율 | 실업률 | 고용률 | 경제활동참가율 | 실업률 | 고용률 |
| 15~29세 | 35.3 | 7.3 | 32.7 | 48.9 | 5.1 | 46.4 |
| 30~39세 | 50.9 | 2.8 | 49.4 | 81.8 | 2.3 | 80.0 |
| 40~49세 | 60.9 | 4.1 | 58.4 | 80.0 | 1.5 | 78.9 |
| 50~59세 | 53.4 | 3.9 | 51.3 | 79.1 | 1.4 | 77.9 |
| 60세 이상 | 26.8 | 3.6 | 25.8 | 47.9 | 1.5 | 47.2 |
| 전체 | 35.4 | 3.9 | 34.0 | 64.7 | 2.1 | 63.3 |

출처 : 한국장애인고용공단 고용개발원(2024). 2023년 하반기 장애인경제활동실태조사; 한국장애인개발원(2024). 2024년 장애통계연보.

또한 장애 유형별로도 상당한 차이를 보이고 있는데, 안면장애(54.1%), 간장애(52.1%), 시각장애(48.3%), 지체장애(45.9%), 언어장애(37.0%), 심장장애(34.6%) 등의 고용률은 높았던 반면에 뇌병변장애(10.0%), 정신장애(14.8%), 뇌전증(간질)장애(15.8%), 호흡기장애(21.0%) 등의 고용률은 상당히 낮았다. 특히 주목할 만한 장애유형은 호흡기장애(14.4%), 뇌전증(간질)장애(19.8%)로, 두 장애 유형의 실업률이 상당히 높은 것으로 나타나 이들에 대한 고용상의 차별이 상당히 있는 것으로 보인다.

한편 취업장애인의 월평균 수입을 보면 214만 원으로 우리나라 전국 상용근로자(5인 이상 사업체) 월평균 임금 321만 원의 53% 수준에 불과하다. 특히 자폐성장애(97만 원), 정신장애(98만 원), 지적장애(113만 원), 청각장애(133만 원)의 월평균 수입은 150만 원에도 미치지 못하였다. 이로 인해 장애인이 현재 직장생활에서 느끼는 가장 큰 애로사항은 바로 '낮은 수입(30.7%)'이었다. 두 번째 애로사항인 '업무과다'가 8.5%, '출퇴근 불편'이 2.9%에 불과하다는 점을 고려해 보면 그에 대한 불만이 얼마나 심한지 알 수 있다. 따라서 장애인은 취업을 한 경우에도 빈곤에서 벗어나기 어려운 상황이라고 할 수 있다.

〈표 8-5〉 2023년 장애 유형별 경제활동참가율, 실업률, 고용률 및 월평균 수입

(단위 : %, 만 원)

| 장애 유형별 | 경제활동참가율 | 실업률 | 고용률 | 월평균 수입 |
|---|---|---|---|---|
| 지체장애 | 47.7 | 3.8 | 45.9 | 239.3 |
| 뇌병변장애 | 15.3 | 8.5 | 10.0 | 195.9 |
| 시각장애 | 50.1 | 3.5 | 48.3 | 244.1 |
| 청각장애 | 33.3 | 2.9 | 32.3 | 133.7 |
| 언어장애 | 38.3 | 3.2 | 37.0 | 176.6 |
| 지적장애 | 33.1 | 6.8 | 30.9 | 113.5 |
| 자폐성장애 | 26.6 | 0.0 | 26.6 | 97.6 |
| 정신장애 | 16.4 | 9.9 | 14.8 | 98.9 |
| 신장장애 | 28.1 | 5.6 | 26.6 | 292.1 |
| 심장장애 | 38.0 | 9.0 | 34.6 | 215.5 |
| 호흡기장애 | 24.5 | 14.4 | 21.0 | 195.4 |
| 간장애 | 53.6 | 2.8 | 52.1 | 338.0 |
| 안면장애 | 56.4 | 4.1 | 54.1 | 265.3 |

| 장루 · 요루장애 | 28.4 | 5.7 | 26.7 | 206.3 |
|---|---|---|---|---|
| 뇌전증(간질)장애 | 19.7 | 19.8 | 15.8 | 157.5 |
| 계 | 38.8 | 4.2 | 37.2 | 214.6 |

출처 : 한국보건사회연구원(2023). 2023년 장애인 실태조사.

장애인을 위한 직업재활시설은 2023년 12월 기준으로 전국 811개소(근로사업장 69개소, 보호작업장 704개소, 직업적응훈련시설 38개소)에서 장애인 21,225명이 근무하고 있다. 직업재활시설에서 근무하는 장애인의 월평균 임금은 더욱 낮아서 2022년 648천 원에 불과하여 최저임금 월급(2022년 191.4만 원)의 절반에도 훨씬 미치지 못하는 실정이다. 근로사업장 근로장애인의 월평균 임금은 1,255천 원으로 비교적 높았지만 보호작업장 근로장애인은 498천 원에 불과하였다. 또한 전체 훈련장애인의 월 평균수당은 94천 원이며, 근로사업장은 184천 원, 보호작업장은 99천 원, 훈련시설은 47천 원으로 나타났다. 이는 시설 유형에 따라 기능이 상이하기 때문에 임금 및 수당의 차이가 발생하는 것이지만 비록 직업재활시설 근로장애인이 대부분 중증장애인이어서 근로능력이 떨어지는 경우가 많다고 하지만 현재의 평균임금으로는 혼자서 최저생계를 유지하기에도 어려운 수준이라는 사실은 심각한 문제라고 할 수 있다.

〈표 8-6〉 장애인직업재활시설 근로장애인의 임금 현황 (단위 : %, 천 원)

| 구 분 | | 2019 | 2020 | 2021 | 2022 | 전년대비 증감 수치(비율) |
|---|---|---|---|---|---|---|
| 전체시설 | 근로장애인임금 | 617 | 527 | 542 | 648 | 106(19.6) |
| | 훈련장애인수당 | 97 | 104 | 90 | 94 | 4(4.4) |
| 근로사업장 | 근로장애인임금 | 1,160 | 1,172 | 1,206 | 1,255 | 49(4.1) |
| | 훈련장애인수당 | 181 | 166 | 80 | 184 | 104(130) |
| 보호작업장 | 근로장애인임금 | 464 | 456 | 518 | 498 | △20(△3.9) |
| | 훈련장애인수당 | 100 | 104 | 92 | 99 | 7(7.6) |
| 직업적응훈련시설 | 훈련장애인수당 | 13 | 4 | 4,9 | 47 | 42.1(859.2) |

출처 : 보건복지부(2023). 2022년도 장애인직업재활시설 및 판매시설 운영실적 분석보고서.

### 3) 접근과 이동의 제약

#### (1) 접근권과 이동권의 개념

접근권이란 장애인이 사회 전 분야에 걸쳐 기회의 균등과 적극적 사회참여를 목적으로 교육, 노동, 문화생활을 향유할 수 있는 근본적 권리를 말한다. 접근권에는 물리적 장벽을 없애기 위한 이동권(버스, 지하철, 택시 등 각종 교통수단을 이용할 수 있는 권리)과 시설이용권(공공시설 등에서 모든 편의를 제공받을 권리), 각종 정보에의 장벽을 없애는 것으로서의 정보통신권(정보접근권 : 의사표현과 정보 이용에 필요한 통신, 수화통역, 자막, 점자 및 음성도서 등 모든 서비스를 받을 권리) 등 세 가지 권리가 있다. 세 가지 접근권의 하위 개념 중 가장 핵심적 개념이 물리적 장벽을 없애는 것으로서의 권리인 이동권이다. 이동권은 물리적 장벽, 특히 교통시설 이용 등에서의 제약을 받지 않을 권리로 정의할 수 있다.

#### (2) 접근과 이동 제약 실태

지하철뿐 아니라 가장 일반적 대중교통인 버스의 경우 장애인들에게 접근이 불가능한 경우가 많다. 버스 밑바닥이 매우 낮게 설계되어 길에서 걷는 것처럼 탈 수 있는 저상버스는 장애인 및 노인, 임산부 등 교통약자에게 접근 가능한 대안으로 여겨지고 있으나 아직까지 우리나라의 저상버스 보급률은 매우 낮은 데다, 보도가 저상버스를 제대로 이용하기에 적합하게 정비되어 있지 않은 상태이다.

2023년 교통약자 이동편의시설 실태조사에 따르면, 교통약자의 이동편의증진법에 따른 이동편의시설의 기준적합 설치율은 교통수단은 88.3%로 전년 조사보다 8%p 높아졌다. 여객시설 74.9%, 보행환경 78.0% 수준이다. 교통수단의 경우 여객선에 비해서는 도시철도·철도, 저상버스가 상대적으로 양호한 편으로 조사되었다.

이동편의시설이 제대로 갖추어져 있지 않고, 또한 갖추어져 있어도 제대로 관리되지 않으면 장애인들은 외부활동에 제약을 받지 않을 수 없다. 2023년 장애인 실태조사에서는 장애인들의 외부활동의 제약과 교통수단 활용의 제약에 대한 조사항목을 포함하였다. 이 조사에 따르면, 응답자의 42.0%가 집 밖 활동 시 '매우 불편'하거나 '약간 불편'한 것으로 조사되었다. 장애 유형별로 집 밖 활동 시 가장 불편함을 느끼는 장애 유형은 뇌병변장애로 78.7%가 불편함을 느끼고 있었으며, 자폐성장애가 72.6%, 언어장애 54.8%, 호흡기장애 53.7%, 지적장애 52.2% 등으로 불편함을 많이 느끼는 장애 유형에 포함되었다.

〈표 8-7〉 장애 유형별 집 밖 활동 시 불편 여부

(단위 : %)

| 불편 정도 | 지체 장애 | 뇌병변 장애 | 시각 장애 | 청각 장애 | 언어 장애 | 지적 장애 | 자폐성 장애 | 정신 장애 | 신장 장애 | 심장 장애 | 호흡기 장애 | 간 장애 | 안면 장애 | 장루 요루 | 뇌전증 장애 | 전체 |
|---|---|---|---|---|---|---|---|---|---|---|---|---|---|---|---|---|
| 매우 불편 | 9.5 | 35.8 | 12.1 | 7.3 | 13.5 | 13.8 | 25.5 | 6.0 | 8.6 | 12.6 | 19.5 | 1.6 | 4.4 | 17.0 | 15.6 | 12.2 |
| 약간 불편 | 26.0 | 42.9 | 23.2 | 32.5 | 41.3 | 38.4 | 47.1 | 30.9 | 26.6 | 29.4 | 34.2 | 5.8 | 24.2 | 34.9 | 24.3 | 29.8 |
| 거의 불편하지 않다 | 41.3 | 18.2 | 46.2 | 47.2 | 29.6 | 36.2 | 25.3 | 46.4 | 43.3 | 32.9 | 39.0 | 48.5 | 38.3 | 35.7 | 41.0 | 40.2 |
| 전혀 불편하지 않다 | 23.2 | 3.2 | 18.4 | 13.0 | 15.6 | 11.7 | 2.0 | 16.7 | 21.4 | 25.0 | 7.3 | 44.1 | 33.1 | 12.5 | 19.0 | 17.7 |
| 계 | 100.0 | 100.0 | 100.0 | 100.0 | 100.0 | 100.0 | 100.0 | 100.0 | 100.0 | 100.0 | 100.0 | 100.0 | 100.0 | 100.0 | 100.0 | 100.0 |

출처 : 한국보건사회연구원(2023). 2023년 장애인 실태조사.

집 밖 활동이 불편한 이유로는 가장 많은 응답자인 52.3%가 '장애인 관련 편의시설이 부족해서'를 꼽았다. 또한 '외출 시 동반자가 없어서' 불편하다는 응답도 22.1%였으며, '의사소통의 어려움이 있어서'라는 응답은 14.7%로 나타났다. 또한 '주위 사람들의 시선 때문에'라는 응답도 10.3%로 적지 않았다. 따라서 장애인들이 외부에서 활동하는 데 가장 큰 제약은 편의시설의 부족이며, 이는 장애인의 이동권이 아직까지 충분히 보장되지 않고 있다는 사실을 입증하는 것이다. 장애 유형별로는 지체장애, 뇌병변장애, 시각장애, 신장장애, 심장장애 등에서 '장애인 관련 편의시설 부족', 지적장애, 뇌전증장애에서는 '외출 시 동반자가 없어서'가 가장 불편한 이유로 나타났다. 반면 정신장애와 안면장애는 '주위 사람들의 시선 때문에'로 나타나 장애 인식개선에 대한 대책도 필요한 것으로 나타났다.

〈표 8-8〉 집 밖 활동 시 불편한 이유

(단위 : %)

| 구 분 | 지체 장애 | 뇌병변 장애 | 시각 장애 | 청각 장애 | 언어 장애 | 지적 장애 | 자폐성 장애 | 정신 장애 | 신장 장애 | 심장 장애 | 호흡기 장애 | 간 장애 | 안면 장애 | 장루 요루 | 뇌전증 장애 | 전체 |
|---|---|---|---|---|---|---|---|---|---|---|---|---|---|---|---|---|
| 장애인 관련 편의시설 부족 | 73.1 | 59.1 | 56.6 | 32.0 | 20.2 | 11.8 | 8.4 | 11.2 | 64.7 | 66.5 | 75.0 | 52.9 | 17.0 | 58.9 | 19.1 | 52.3 |
| 외출 시 동반자가 없어서 | 17.1 | 23.6 | 33.6 | 16.5 | 12.3 | 31.7 | 30.2 | 33.2 | 29.2 | 22.1 | 18.1 | 34.6 | 11.8 | 9.7 | 38.1 | 22.1 |
| 주위 사람들의 시선 때문에 | 8.1 | 12.6 | 6.5 | 1.0 | 11.6 | 19.2 | 17.4 | 46.4 | 3.5 | 5.7 | 2.0 | 2.5 | 71.3 | 26.9 | 30.2 | 10.3 |
| 의사소통의 어려움이 있어서 | 1.3 | 4.2 | 2.7 | 49.8 | 55.2 | 37.1 | 44.0 | 8.4 | 1.1 | 2.0 | 1.8 | 0.0 | 0.0 | 0.0 | 9.2 | 14.7 |
| 기 타 | 0.4 | 0.5 | 0.6 | 0.7 | 0.7 | 0.3 | 0.0 | 0.8 | 1.4 | 3.7 | 3.1 | 10.0 | 0.0 | 4.5 | 3.4 | 0.6 |
| 계 | 100.0 | 100.0 | 100.0 | 100.0 | 100.0 | 100.0 | 100.0 | 100.0 | 100.0 | 100.0 | 100.0 | 100.0 | 100.0 | 100.0 | 100.0 | 100.0 |

출처 : 한국보건사회연구원(2023). 2023년 장애인 실태조사.

장애인들이 교통수단을 이용할 때 어려운 정도를 보면, 35.2%의 장애인이 어려움이 있는 것으로 나타나 이에 대한 대안마련이 필요하다고 할 수 있다. 장애유형별로는 뇌병변장애가 65.3%로 어려움이 있는 응답자의 비율이 가장 높았으며, 지적장애(45.9%)도 상당히 많은 응답자가 어려움이 있는 것으로 조사되었다.

〈표 8-9〉 장애유형별 교통수단 이용 시 어려운 정도

(단위 : %)

| 불편 정도 | 지체 장애 | 뇌병변 장애 | 시각 장애 | 청각 장애 | 언어 장애 | 지적 장애 | 자폐성 장애 | 정신 장애 | 신장 장애 | 심장 장애 | 호흡기 장애 | 간 장애 | 안면 장애 | 장루 요루 | 뇌전증 장애 | 전체 |
|---|---|---|---|---|---|---|---|---|---|---|---|---|---|---|---|---|
| 매우 어렵다 | 9.0 | 29.1 | 9.3 | 6.6 | 7.5 | 13.8 | 19.3 | 5.9 | 6.8 | 4.4 | 11.8 | 1.9 | 0.8 | 12.9 | 10.1 | 10.7 |
| 약간 어렵다 | 21.7 | 36.2 | 20.7 | 26.1 | 24.1 | 32.1 | 31.2 | 25.2 | 21.3 | 22.6 | 19.5 | 4.7 | 10.9 | 17.0 | 21.2 | 24.5 |
| 거의 어렵지 않다 | 41.6 | 30.6 | 47.8 | 49.8 | 45.0 | 42.0 | 40.9 | 47.0 | 40.4 | 41.4 | 54.7 | 37.4 | 37.1 | 50.1 | 45.2 | 42.9 |
| 전혀 어렵지 않다 | 27.7 | 4.1 | 22.2 | 17.6 | 23.4 | 12.1 | 8.7 | 21.9 | 31.5 | 31.5 | 14.1 | 56.0 | 51.2 | 20.0 | 23.5 | 21.9 |
| 계 | 100.0 | 100.0 | 100.0 | 100.0 | 100.0 | 100.0 | 100.0 | 100.0 | 100.0 | 100.0 | 100.0 | 100.0 | 100.0 | 100.0 | 100.0 | 100.0 |

출처 : 한국보건사회연구원(2023). 2023년도 장애인 실태조사.

장애인들이 교통수단을 이용할 때 어려운 이유로는 71.1%가 버스·택시의 물리적 접근과 탑승 시 어려움(정류장이 멀거나 차량구조로 탑승 시 불편)으로 불편하다고 응답하였으며, '전용 교통수단 부족'이 15.5%, '버스·택시 이용을 위한 편의시설 부족'이 6.3%, 기타 '승차 거부 및 심리적 불편함'이 6.6% 등의 순으로 나타났다. 이와 같은 결과는 우리나라의 장애인들이 외부활동을 하면서 대중교통을 이용하는 데 많은 어려움을 겪고 있다는 현실을 보여주고 있다. 이러한 결과를 통해 버스 및 택시 등 대중교통과 관련한 개선이 필요함을 알 수 있으며, 물리적 접근뿐만 아니라 정보접근 개선 등 다각적인 노력이 필요하다.

〈표 8-10〉 교통수단 이용 시 어려운 이유 (단위 : %)

| 구 분 | 2005 | 2008 | 2011 | 2014 | 2017 | 2023 |
|---|---|---|---|---|---|---|
| 버스·택시가 불편해서 | 58.9 | 64.9 | 61.1 | 61.0 | 64.4 | 71.1 |
| 편의시설 부족 | 20.6 | 19.3 | 20.4 | 17.2 | 14.6 | 6.3 |
| 전용 교통수단 부족 | 9.4 | 10.1 | 14.2 | 14.3 | 18.3 | 15.5 |
| 장애인용 자가용 보급/운전면허증 확보 어려움 | 0.6 | 1.2 | 0.6 | 0.4 | 0.7 | 0.6 |
| 기 타 | 10.5 | 4.5 | 3.7 | 7.1 | 2.0 | 6.6 |
| 계 | 100.0 | 100.0 | 100.0 | 100.0 | 100.0 | 100.0 |

출처 : 한국보건사회연구원(2005, 2008, 2011, 2014, 2017, 2023) 장애인 실태조사.

### 4) 장애인의 시설 거주와 배제

일반적으로 비장애인은 지역사회에 위치한 자신의 주거에서 생활한다. 물론 거주하는 주거가 언제나 적절한 주거는 아닐 수 있어서 빈곤층은 반지하, 옥탑방, 고시원 등에 거주하기도 한다. 그러나 그렇다고 해서 비장애인은 지역사회로부터 격리되어 별도의 시설에서 거주하는 경우는 거의 없다. 따라서 장애인들도 대부분의 일반인들처럼 지역사회에 위치한 자신의 주거에서 생활하는 것이 최선의 선택이라고 할 수 있을 것이다.

그러나 장애인은 상당히 많은 경우 지역사회에서 분리되어 거주시설에서 생활하고 있다. 자립생활운동이 활발하게 진행되면서 많은 장애인들이 지역사회의 주거로 자립하기는 했지만 여전히 거주시설에서 생활하는 장애인은 줄어들지 않고 있다.

장애인 거주시설에는 지역사회의 일반 주거지역 내에 설치하도록 되어 있는 장애인 공동생활가정을 포함하여 장애 유형별 거주시설, 중증장애인 거주시설, 장애영유아 거주시설, 장애인 단기거주시설 등이 있다.

장애 유형별 거주시설은 장애 유형이 같거나 유사한 장애를 가진 사람들에게 주거지원 · 일상생활지원 · 지역사회생활지원 등의 서비스를 제공하며, 지체 · 뇌병변장애인 거주시설, 시각장애인 거주시설, 청각 · 언어장애인 거주시설, 지적 및 자폐성장애인 거주시설 등 4개 유형별 시설이 있다. 중증장애인 거주시설은 1~2급 중증장애인, 즉 장애의 정도가 심하여 항상 도움이 필요한 장애인에게 주거지원 · 일상생활지원 · 지역사회생활지원 · 요양서비스를 제공하는 시설이다. 장애영유아 거주시설은 6세 미만의 장애영유아를 보호하고 재활에 필요한 주거지원 · 일상생활지원 · 지역사회생활지원 · 요양서비스를 제공하는 시설이다. 부모의 보호 아래 지역사회의 서비스를 받으며 성장하기 어려운 상황에 놓여 있는 중증장애영유아를 대상으로 응급상황에 대처할 수 있고 신체적 손상과 감염을 예방하며, 개인별 장애상태와 특성을 파악하여 그에 따른 개별 프로그램을 실시하는 보호조치, 중증장애인 거주시설에 준하는 재활 및 생활 지도, 조기 특수교육, 그리고 7세 이상이 된 아동을 장애 유형에 맞는 다른 시설로 옮기는 조치 등을 실시한다.

장애인 단기거주시설은 일시적으로 가정에서 보호를 받을 수 없어서 도움이 필요한 장애인에게 단기간 주거서비스, 일상생활지원서비스, 지역사회생활서비스를 제공하는 시설이다. 보통 1개월 이내 보호자의 휴식 또는 보호자로부터 일시적 피난 등이 필요한 장애인이 이용대상이다. 그러나 이와 같은 운영목적과 달리 일부 지역에서는 장애인이 1년 이상 거주하는 등 장애 유형별 거주시설과 거의 차이가 없는 현상도 나타나고 있다.

장애인 공동생활가정은 스스로 사회적응이 곤란한 장애인들이 장애인복지전문인력의 지도와 보호를 받으며 공동으로 생활하는 지역사회 내 4인이 거주하는 소규모 주거시설로, "장애인이 지역사회 안에서 가정과 같은 주거환경에 거주하면서 독립적인 생활에 필요한 각종 서비스와 지원을 받으며 사회구성원으로서 존엄한 삶을 영위할 수 있도록" 한 시설이다. 서울장애인종합복지관의 재활용어사전(1995)에서는 그룹홈(공동생활가정)을 '대규모 생활시설을 중심으로 실시되었던 기존의 장애인 거주 프로그램에 대한 비판으로 정상화 원리에 입각하여 새롭게 형성된 장애인 거주 프로그램이며, 장애인의 가치 회복과 일탈 방지를 위하여 보다 쉽게 지역사회에 통합될 수 있도록 물리적 환경을 제공하는 프로그램'이라고 정의하고 있다. 일반주택, 아파트, 연립주택 등과 같은 일반 주거지 형태로 하며, 지역사회의 일반 주거지역 내에 설치하는 것을 원칙으로 한다.

장애인 거주시설 수는 2007년 758개소에서 2010년 1,144개소, 2014년 1,457개소, 그리고 2018년에는 1,527개소, 2023년 1,529개소로 지속적으로 증가하고 있다. 그러나 세부적으로 보면 중증요양시설, 단기거주시설 및 공동생활가정이 특히 많이 증가하였다. 공동생활가정의 증가는 자립생활 패러다임으로 인해 지역사회에서 거주하고자 하는 장애인의 욕구를 반영한 것이라고 할 수 있다. 그러나 지적장애인 거주시설과 중증장애인 거주시설이 크게 늘어난 것은 우리 사회에서 장애인의 지역사회 생활이 여전히 어려운 상황을 반영한 것으로 보인다.

〈표 8-11〉 유형별 장애인 거주시설의 변화 추이 (단위 : 개소)

| 연 도 | 지체 장애 | 시각 장애 | 청각 장애 | 지적 장애 | 중증 장애 | 장애 영유아 | 단 기 | 공동생활가정 | 합 계 |
|---|---|---|---|---|---|---|---|---|---|
| 2007 | 31 | 15 | 12 | 122 | 102 | 7 | 74 | 395 | 758 |
| 2010 | 40 | 14 | 10 | 196 | 182 | 10 | 103 | 589 | 1,144 |
| 2014 | 44 | 15 | 7 | 309 | 223 | 9 | 137 | 713 | 1,457 |
| 2018 | 33 | 16 | 7 | 320 | 239 | 9 | 150 | 753 | 1,527 |
| 2023 | 25 | 15 | 7 | 308 | 252 | 9 | 167 | 746 | 1,529 |

2011년 장애인복지법의 개정으로 새로이 개소하는 거주시설의 정원은 30명을 초과할 수 없게 되었지만, 이미 운영되고 있는 30인 초과 대규모 거주시설을 소규모화하려는 노력은 거의 없는 실정이다. 그로 인해 대규모 거주시설에서 생활하고 있는 장애인 수는 18,700여 명에 이르고 있다. 장애인 거주시설에서 생활하고 있다가 지역사회로 탈시설화하고자 하는 중증장애인의 수는 여전히 상당히 많지만 중증장애인의 자립생활에서 가장 심각한 장벽은 지역사회 내에 주거를 마련하는 일이다. 장애인 거주시설 이용 장애인들이 시설에서 퇴소하여 생활할 수 있는 장애인 공동생활가정의 수는 여전히 크게 부족한 실정이다. 그뿐만 아니라 재가장애인 중에서 자립생활을 하고자 하는 중증장애인들을 위한 주거도 매우 부족하다. 공공임대주택 중 일부가 장애인에게 우선 공급된다고 하나 여전히 물량은 제한되어 있을 뿐 아니라, 임대주택의 공간구조 및 시설이 획일적이어서 장애인에게 적합한 주거를 제공하지 못하고 있다. 결과적으로 여전히 장애인의 자립생활은 심각한 제약을 받고 있다.

## 4. 장애인 문제의 대응방안

앞에서 제시한 장애인 문제에 대해 어떻게 대응할 것인가? 각 모형에 따라서 서로 다른 대응방안을 찾게 된다. 첫째, 개인적 유물론 모형에서 문제는 개인의 신체이기 때문에 개인의 신체적 제약을 완화시킬 수 있는 외과적 수술과 같은 의료적 접근방법, 재활보조기구 등에 초점을 두게 된다. 또한 신체적 제약 자체가 발생하기 전에 예방을 중시하는 유전자 결함을 미리 찾아내고 치료하는 의료적 개입방법의 개발, 사고가 났을 때 신체적 손상으로 발전하지 않도록 하는 응급의료체계의 개선 등의 방법 등으로 대응하게 될 것이다.

둘째, 개인적 관념론 모형에서는 장애인과 비장애인의 신념, 태도 등에 초점을 두게 된다. 개인이 가지고 있는 태도가 장애를 줄이고 제거할 수 있다고 보기 때문에 비장애인이 장애인에게 가지는 차별적 신념이나 태도를 바꾸고, 또한 장애인이 가지고 있는 신념, 정체성 등을 변화시킴으로써 문제에 대응하게 된다. 예를 들어, 장애인이 취업하지 못하는 것은 장애인이 환자의 역할에 익숙해졌기 때문이다. 따라서 그러한 태도를 변화시키는 것이 장애를 제거할 수 있는 방법이다.

셋째, 사회 생성주의 모형에서는 현재 사회의 물리적 장벽, 제도적 장벽 등이 장애를 일으키는 주된 원인이기 때문에 환경의 변화, 제도의 변화가 중요하다. 접근이 불가능한 공공건물을 바꾸어 장애인이 접근 가능하도록 만들고, 장애인이 이용할 수 없는 시내버스, 고속버스, 시외버스와 같은 교통체계를 바꾸는 것이다. 또한 장애인을 분리시키는 교육제도는 통합형으로 바꾸는 것이다. 장애인의 저임금 문제는 장애인을 보호고용이라는 분리된 고용체계로 포함시키기 때문이어서 저임금 문제를 해결하기 위해서는 통합고용이 필요하다. 또한 장애인이 취업하지 못하는 이유는 장애인이 일자리에 접근하지 못하게 만드는 물리적 환경 때문이므로 편의시설을 설치하여 장애인의 접근성을 높여야 한다.

넷째, 사회 구성주의 모형에서는 장애가 특정한 문화적 조건의 산물이라고 본다. 어떤 사회에서나 사람들 간의 차이는 있기 마련이지만 그 사람들이 통합되거나 배제되는 정도는 그 차이에 대한 지배적인 문화적 인식에 따라 다르다. 신체적 장애는 전 세계적으로 나타나지만 신체적 장애가 사회적 역할 수행을 제한하는 정도는 문화적으로 다르다. 또한 발달장애의 사회적 정체성에 있어서도 소규모 사회와 복잡한 사회에서 상당히 다르게 나타난다. 신체적 또는 정서적 손상이 있는 장애인들이 잘 구분되지 않고 쉽게 지역사회와 통합되는 소규모 사회도 많이 있다. 이 모형에서는 사회적 낙인이나 역할기대를 장애의 구성에서 결정적 요인으로 보는 경향이 있다. 예를 들어, 장애인의 실업이나 저임금은 주류사회가 가지고 있는 장애인에 대한 부정적 낙인, 부정적 역할기대 때문이라고 할 수 있기 때문에 이를 해결하기 위해서는 교육을 통한 인식 변화가 필요하다고 할 수 있다.

# 제9장
# 노인문제

1. 문제제기
2. 노인의 개념 및 특성
3. 노화 관련 이론
4. 노인문제의 실태
5. 노인문제 대응방안

# 제9장

# 노인문제

## 1. 문제제기

가능한 한 문제를 줄이고 잘 살아보고자 하는 대다수 구성원의 노력과는 달리 날이 갈수록 우리 사회는 점점 더 다양하고 복잡한 문제가 생겨나고 있다. 오히려 노력을 덜해도 되던 과거의 농경사회에서보다도 산업화와 정보화를 이루고 현대의 도시문명을 즐기려는 사회일수록 한편에서는 문제가 다양하게 증폭되는 역설 속에 살고 있는 것이 현실이다.

문제의 심각성 정도에 따라 판단의 차이는 있겠지만 어쨌든 현대의 모든 사회에서는 과거의 사회와 비교해 볼 때 훨씬 다양한 형태의 사회문제가 발생하고 있다. 예를 들면, 구조적 문제(사회적 불평등)로서의 빈곤, 실업, 소득분배, 노동문제, 교육 불평등, 성차별 등과 해체적 문제(사회병리)로서의 가족문제, 빈민지역, 인구문제, 환경문제 등과 탈선적 문제(사회 부적응)로서의 범죄, 소년비행, 성폭력, 매춘, 자살, 알코올중독, 약물남용, 정신질환 등을 들 수 있다.

위에서 열거한 다양한 사회문제들 중 현시점에서 우리가 가장 심각하게 생각하고 대처해 나가야 할 사회문제의 하나로 꼽을 수 있는 것으로 노인문제를 들 수 있다. 사회복지적 관점에서 생활주기상의 중요한 시기를 고른다면 아동기와 노년기를 들 수 있는데, 특히 우리나라는 아동인구의 비율은 상대적으로 감소하는 것과 비교하여 노인인구는 증가 일로에 있고 문제의 성격도 아동보다는 노인들의 경우가 더욱 심각해지고 있다.

급속한 사회경제적 발전의 한 측면으로서 남녀의 평균수명이 지속적으로 높아짐에 따라 노인인구의 절대규모와 비율이 본격적인 상승세에 놓이게 되었으나 이러한 인구구조의 급속한 고령화 추세와는 달리 노인문제에 대한 정부의 복지정책이나 사회적 수용능력은 좀처럼 개선되지 못하고 있다. 아울러 세대 간의 가치관과 생활방식의 차이 등으로 인해 신체적 · 경제적으로 무력한 노인들이 가정에서도 점차 설 자리를 잃어가고 있는 것이 현실이다. 이에 따라 노인문제에 대한 다각적인 대응책이 개별 가족의 차원에서뿐만 아니라 국가와 사회 전체의 차원에서 시급히 마련되어야 할 것으로 생각된다.

인구의 노령화, 즉 노인층의 절대규모와 전체 인구에 대한 비율이 높아지는 현상은 한편으로 이들에 대한 보호 및 지원의 부담이 가중되는 것을 뜻하지만, 다른 한편으로는 사회발전의 가장 핵심적 목표 중의 하나가 실현되고 있음을 의미한다. 노령사회에서는 일부 특권층뿐 아니라 일반시민들까지도 보편적으로 장수의 복을 누리는 생명의 평등이 실현되는 것이다.

그런데 그러한 발전의 목표로서 성취된 노년기가 적절한 노인보호 내지 지원대책이 결여됨으로 인해 노인 개개인의 하루하루의 삶이 무력하고 고통스러운 것이 된다면 이는 개인적으로 장수하는 의미뿐만 아니라 국가적으로 발전을 추구하는 의의가 근본적으로 상실되는 것이다. 전반적으로 사회정책이 낙후된 가운데 노인에 대한 대책도 미흡한 우리 사회는 적어도 노인문제와 관련해 볼 때는 의미를 상실한 발전을 추구한다는 비판을 받을 수도 있다. 이와 같은 제반 상황은 노인문제를 심각한 새로운 사회문제로 부각시키고 있으며, 노인복지에의 사회적 개입을 적극적으로 요청하고 있다고 하겠다.

일반적으로 인간이 경험하는 문제란 '해결하고자 하는 욕구를 유발하는 불만족스러운 상태 또는 조건'이라고 정의된다. 따라서 노인문제는 '노인의 기본적 생존과 욕구를 본인이나 가족의 노력으로 해결 또는 충족시키지 못하여 삶의 불만족스러운 상태가 지속되는 현상'이라고 규정할 수 있다. 그러나 이러한 인간 개개인의 문제가 모두 사회문제가 될 수 있는 것은 아니다. 어떤 문제가 사회문제인지의 여부를 판단하기 위해서는 다음과 같은 몇 가지 기준을 적용해 보는 것이 필요하다.

첫째, 사회문제란 어떤 사회적 현상이 사회적 가치 또는 규범(norm)에서 벗어나는지의 여부로 판단해 볼 수 있다. 이 기준에 의하면, 현재 우리나라의 노인문제는 우리 사회에서 공유하고 있는 전통적 가치인 경로효친(敬老孝親), 인도주의, 평등주의적 가치관에 위배된다고 볼 수 있으므로 사회문제로 볼 수 있다.

둘째, 상당수의 사람들이 그 현상으로 인하여 부정적인 영향을 받고 있는지의 여부이다. 이 기준에 따르면, 현재 우리 사회는 노인인구의 급격한 증가에 따라 다양한 형태의 노인문제로 인해 피해와 고통을 당하는 노인이 다수를 차지하고 있다는 사실에 비추어 사회문제로 판단할 수 있다.

셋째, 문제의 원인이 사회로부터 비롯된 것인지의 여부이다. 이 기준을 적용해 보면, 현재 우리 사회 노인문제의 원인은 노인 개인이나 가족의 결함이나 실수라기보다는 사회의 전반적 변화, 즉 사회의 제도와 구조상의 문제로 야기된다는 점에서 사회문제로 간주할 수 있다.

넷째, 이 문제를 다수의 사람들이나 영향력 있는 일부의 사람들이 실제로 문제로 판단하고 있는지의 여부이다. 이 기준과 관련해서는 노인문제 관련 전문가들과 노인복지 종사자들은 물론 사회의 대다수 계층에서 노인문제가 단순한 개인이나 가족문제가 아니라는 것을 폭넓게 인식하고 있고, 또한 많은 경우에 대중매체에서 사회문제로 보도하고 있다는 점에서 사회문제로 간주할 수 있다.

다섯째, 사회가 과연 문제의 개선을 원하고 있는지의 여부이다. 이 기준에 대해서는 대부분의 사회구성원들이 우리 사회 노인문제의 심각성을 공유하고 또한 해결을 원한다는 측면에서 사회문제로 보는 것이 가능하다.

마지막으로 여섯째, 문제의 개선을 위한 집단적이고 사회적인 행동들이 요청되는지의 여부이다. 이 기준에 따르면, 노인문제의 근본적인 해결책은 전체 사회 또는 국가적 차원에서의 개입이 있어야만 해결이 가능한 것으로 판단되기 때문에 역시 사회문제로 여겨진다.

산업화와 도시화로 특징지어지는 현대사회에서 노인문제는 필연적으로 제기되는 부산물이라고 할 수 있다. 우리나라는 전통적으로 가족기능이 강하고 따라서 사회복지의 많은 문제들이 가정 내에서 가족구성원 스스로의 노력으로 해결될 수 있었다. 과거의 농경사회에서는 거주지 이전의 필요가 없었기 때문에 가족구성원들은 태어나서 죽을 때까지 함께 생활하는 것이 가능하였다. 따라서 여러 세대가 한 지붕 밑에서 동거하는 대가족 제도가 보편적인 가족의 단위로서 유지되었고, 이러한 대가족 제도하에서는 나이가 많을수록 많은 권한의 보유와 함께 존경의 대상이 되어 평화로운 노후를 보낼 수 있었다.

그러나 산업화, 도시화에 따른 급속한 핵가족화와 여성들의 사회진출 등으로 대가족 시대의 권위의 상징이었던 노인들이 피부양권을 박탈당하고 있으며, 심지어 가정을 울타리 없는 감옥으로 여기는 노인들도 속속 생겨나고 있다. 이전에는 가족 내에서 해결될 수 있었던 문제들도 이제는 제도나 국가적 차원의 관여가 필요한 상황에 놓이게 되었다. 전통적인 대가족 제도에서는 부모 부양이 자연스러운 것으로 인식되었지만, 핵가족 제도가 보편화된 현실에서는 노인들이 설 자리를 잃게 되었고, 가족이 해결해 주지 못하는 노인봉양의 문제를 국가의 복지제도가 감당하지 못하는 사이에 노인인구가 급증하는 고령사회로 넘어가고 있는 것이 우리가 처한 현실이다.

현대 산업사회는 노인들에게 아주 불리한 환경조건을 제공하고 있다. 산업화에 따른 생활환경의 변화는 노인들의 활동에 많은 제약을 주었을 뿐만 아니라 현대사회는 젊음, 또는 새로운 것에 중요한 가치를 부여하기 때문에 노인의 노동력은 쓸모없는 것으로 인식되고, 오히려 사회의 부담으로 취급되기 때문에 노인들은 점점 존재의의를 잃고 있다. 따라서 현대사회 노인문제의 발생원인은 사회의 변화에 따라 나타난 것이라고 할 수 있다.

사회복지가 사회구성원 전체의 행복을 추구하는 노력이라고 한다면, 사회문제는 개개인뿐만 아니라 한 국가사회의 존속과 발전에 지대한 영향을 미치기 때문에 건강한 미래사회의 건설을 위해서는 이러한 문제들을 해결하려는 노력이 요청된다. 따라서 과연 노인은 누구이고, 그들의 특성은 무엇이며 노인들은 현대사회에서 구체적으로 어떠한 문제들을 가지고 있는지를 생각해 보고, 마지막으로 고령시대를 대비하는 사회복지의 방향을 찾는 노력은 매우 중요하다.

## 2. 노인의 개념 및 특성

### 1) 노인의 개념

노인이란 용어는 흔히 사용되지만 그 뜻을 엄밀하게 정의한다는 것은 실제로 쉬운 일은 아니다. 노인에 대한 개념 규정은 특정 국가나 사회의 정치적 · 경제적 · 문화적 · 사회적 배경이 고려되어야 하며 동시에 노인 개개인의 신체적 · 심리적 · 사회적 배경이 고려되어야 한다. 일반적으로 노인의 정의는 '노화현상에 의한 노인의 정의'와 '노인에 대한 조작적 정의'로 구분할 수 있으며 이를 기준으로 개념 정의를 하면 다음과 같다.

#### (1) 노화현상에 의한 노인의 정의

국제노년학회(1951) 간행물에서는 노인을 ① 환경의 변화에 적절하게 반응할 수 있는 생리적 조직기능이 쇠퇴하고 있는 사람, ② 생체의 자체 통합력이 쇠퇴하고 있는 사람, ③ 생체의 기관, 조직, 기능이 감퇴기에 있는 사람, ④ 생체의 적응능력이 감퇴하고 있는 사람, ⑤ 생체조직의 예비능력이 감퇴하여 적응력이 떨어지는 사람으로 정의하고 있다.

또한 비렌(Birren)은 노인을 생리적 · 신체적 · 심리적 · 사회적 노화현상과 함께 고려해야 하며 노인을 ① 생물적 · 생리적 영역에서 퇴화기에 있는 사람, ② 심리적 측면에서 정신 기능과 성격의 변화가 있는 사람, ③ 사회적 영역에서 지위와 역할의 상실이 있는 사람으로 정의하였다.

이상과 같이 노화현상에 따른 노인의 정의는 노화의 과정 또는 그 결과와 결부하여 정의하고 있으나 그 감퇴의 정도나 기능 수행 수준이 각 개인마다 상이하며 어느 상태일 때가 노년기인지 정확하게 규정하기에는 어려움이 있다(정상수 외, 2014).

### (2) 노인에 대한 조작적 정의

노인에 대한 조작적 정의를 살펴보면, 어떤 목적이나 편의를 위해 인위적 또는 조작적으로 규정한 노인의 개념을 말한다. 이러한 조작적 정의는 다음과 같이 다섯 가지로 분류할 수 있다.

#### ① 개인의 자각에 의한 노인의 정의

개인의 지각에 의한 노인은 개인 스스로가 주관적 자각에 의해 스스로를 노인이라고 생각하는 사람을 노인으로 정의한다. 이러한 노인의 정의는 노화의 정도를 어느 정도 내포하고는 있지만 개인의 주관적 자각에 의한 것이므로 일반적인 정의로 보기에는 타당하지 않다. 가령, 어떤 사람은 남들이 보기에 노인이라고 하더라도 본인은 노인이 아니라고 생각할 수 있으며, 반면 어떤 사람은 중·장년층에 속하더라도 자신을 노인이라고 볼 수 있기 때문이다. 일반적으로 중년기 이후부터 자기 자신이 어느 정도 나이가 들었다고 여기는 자각 연령이 실제 연령보다 낮아지며 이는 고학력이거나 전문직일수록 낮은 경향을 나타낸다. 그러나 이러한 노인의 정의는 노인의 일상생활이나 대인관계, 노인 상담 등의 실천 영역에서 매우 유용하게 사용할 수는 있으나 노인에 대한 연구나 정책에서 사용하기에는 다소 주관적이고 추상적이라 할 수 있다(정상수 외, 2014).

#### ② 사회적 역할 감소나 상실에 의한 노인의 정의

사회적 역할 감소나 상실에 의한 노인의 정의는 경제적 활동 등으로부터 은퇴하거나 주부로서의 역할과 지위를 이양함으로써 사회적 역할과 지위가 감소하거나 상실한 사람을 말한다. 산업사회에서 임금 근로자들이 직장에서 은퇴하는 시기를 노인기로 접어든 시기로 보는 견해이다. 이러한 노인의 정의는 우리나라의 경우 55세에서 60세 이상이면 직장에서 은퇴하게 되면서 사회적 역할 감소나 새로운 지위를 획득하지 못하게 되는데, 이와 같은 은퇴시기를 노인기로 접어든 시기로 규정한다는 것이다. 이는 정년이 정해진 임금 근로자에게는 적용이 가능하지만 평소 사회적 지위와 역할이 명확하지 않거나 특별한 사회적 지위가 없었던 사람에게는 그 적용에 한계가 있다(정상수 외, 2014).

### ③ 월력상 연령에 의한 노인의 정의

가장 보편적으로 사용하는 노인의 정의로서 월력상 특정 연령에 이른 사람을 노인으로 규정한다. 월력은 출생 이후부터 달력상의 나이로 계산한 만 나이가 일정 연령 이상일 경우 노인으로 규정하는데, 대부분의 국가들이 65세를 노년기에 도달하는 연령으로 설정하고 있다. 이 정의는 1889년 독일의 비스마르크가 최초로 제정한 연금보험 수급 연령을 65세로 규정한 것에 유래한 것으로 서구에서는 사회보장제도의 급여 수급자격을 65세로 규정하고 있다.

우리나라의 노인 관련 법규를 살펴보면, 「고용상 연령차별금지 및 고령자고용촉진에 관한 법률」에서는 55세 이상인 자를 고령자로 규정하고 있으며, 「국민연금법」에서는 노령연금 수급기준을 60세로, 「노인복지법」에서는 65세를 노인으로 규정하고 있으며 「국민기초생활 보장법」에서는 「노인복지법」의 연령기준을 따르고 있다. 이처럼 월력상 연령에 의한 노인의 정의는 노화의 특성을 잘 반영하며 입법이나 정책에서의 각종 급여 수급자격 및 서비스 이용자격 기준을 규정하는 데 유용하게 적용되고 있다. 그러나 이러한 월력상 연령 정의는 특정 연령 이상의 사람들을 일괄적으로 노인으로 규정함으로써 노화에 따른 개인 차이나 능력, 기능수준을 무시하는 한계가 있다(정상수 외, 2014).

이처럼 60세 혹은 65세 이상인 사람을 일괄적으로 노인이라는 하나의 집단으로 분류하는 것에서 오는 무리를 피하기 위해서 미국의 심리학 교수 뉴가튼(Neugarten)은 노인의 연령 범위를 보다 세분화하여 55~74세를 연소노인으로, 75세 이상을 고령노인으로 분류하였다. 또 브로디(Brody)는 60~64세를 연소노인, 65~74세를 중고령노인, 75세 이상을 고령노인으로 구분하였다. 미국사회복지사협회에서는 55~64세를 연소노인, 75~84세를 고령노인, 85세 이상을 초고령노인으로 구분하고 있다. 우리나라의 경우 2025년 평균수명이 83.5세인 점을 감안할 때 국제적인 노인 분류 기준을 적용할 수 있겠지만 이 또한 임의적인 분류일 수 있으며 사회문화적 변화에 맞게 재조정해야 할 것이다.

이와 같이 월력상 연령에 의한 노인의 정의는 노인 집단의 분류에 어느 정도 한계가 있지만 65세라는 연령은 노인의 법적 · 정책적 · 행정적 기준으로 가장 보편적으로 적용되고 있으며 학술적으로 가장 일반적으로 사용되는 정의이다.

### ④ 기능상 연령에 의한 노인의 정의

기능상 연령에 의한 노인의 정의는 특정 연령에 해당하는 개인의 외모, 신체적 기능, 생산성, 자아 통제, 정신 기능 등의 기능수준을 기준으로 노인을 규정하는 산업노년학 분야의 정의이다. 즉, 개인이 특정한 업무나 일을 수행할 수 없을 정도로 기능이 저하된 경우에 한하여 노인으로 정의한다. 연령이 많아질수록 신체적 기능이나 업무 수행능력이 감소하는 것이 일반적이지만 모든 사람들의 기능수준이 감소하는 것은 아니다. 가령 50대와 60대의 사람이 육체적으로 고강도의 노동력을 요구하는 건설 현장에서는 기능이 저하된 노인일 수 있지만 다양한 사회적 경험을 가지고 업무를 처리하는 영역에서는 노인으로 보기는 어렵다. 따라서 일정 연령에 도달했다고 해서 무조건 사회에서 분리하기보다는 개인의 신체적 · 정신적 · 사회적 기능수준을 충분히 고려하는 것이 타당하다고 본다(정상수 외, 2014).

그러나 기능상 연령에 의한 노인의 정의는 각 개인의 실제 능력과 기능을 판단할 수 있는 의학적 · 사회적 · 심리적 기준이 명확하지 않으며 상당 부분 주관적 기준에 의해 노인으로 규정될 수 있다는 한계가 있다.

### ⑤ 발단단계에 의한 노인의 정의

인간의 발달단계는 생물학적 · 심리학적 · 사회환경적 특성에 따라 분류할 수 있다. 그중 중년기는 사회적 전이와 노화 증상이 나타나기 시작하는 시기이지만 40~50대의 사람을 노인으로 규정하지는 않는다. 대개는 60대 이후부터 생물학적 노화와 함께 심리적 노화가 진행되며 이때부터 사회적 지위나 역할상실, 자녀의 독립으로 빈 둥지 시기가 시작되는 등 사회적 노화가 급속하게 시작된다. 그리고 70대 이후에는 신체적으로 취약해지면서 만성질환을 가지게 되거나 인지기능 저하 및 사회활동 저하로 이어지는 경우가 많다. 따라서 이러한 단계를 근거로

50대 후반부터 후기 성인기 혹은 초기 노년기로 분류하기도 하고 60세 또는 65세부터 노년기로, 75세 이후를 후기 노년기로 분류하기도 한다(정상수 외, 2014).

## 2) 노인의 특성

노인이란 인생의 마지막 단계에서 노화와 더불어 신체적 · 심리적 · 사회적 기능이 점진적으로 쇠퇴하여 생활기능 수행상의 어려움을 경험하는 사람이라 정의할 수 있다. 노인의 신체적 · 심리적 · 사회적 측면에서의 특성으로 구분해서 살펴보면 다음과 같다.

### (1) 노인의 신체적 특성

시간의 흐름에 따라 생물학적 퇴화과정이 생물학적 재생산과정을 능가하여 유기체 내에 퇴행적 변화가 일어나는 현상을 생물학적 노화라고 하는데, 생물학적 노화가 진행됨에 따라 신체조직을 구성하는 세포와 섬유물질의 변화 등으로 신체 구조의 변화가 일어나게 된다(임재옥 외, 2015).

① **신체 구성성분** : 신체 구성성분은 지방, 조직, 뼈, 수분으로 나누어 보면 나이가 들면서 지방은 크게 늘어나는 반면 조직은 감소하고, 뼈는 거의 변화가 없으며 수분은 상당 부분 감소하게 된다.

② **골격 및 골격근** : 연령이 증가함에 따라 뼈의 칼슘이 줄어들면서 골밀도와 무게가 감소하고 이로 인해 골다공증이 발생하면서 골절의 위험 정도가 높아진다. 특히 여성은 폐경으로 인해 여성호르몬의 분비가 줄어들면서 골밀도 저하가 더욱 심하게 나타난다. 또한 골격근의 용적이 감소되어 근운동 능력이 감퇴된다. 근육은 25~30세에 최고 능력치를 나타내다가 점차 근수축력과 속도가 감소된다.

③ **피부** : 노화에 의해 얼굴은 창백해지고, 색소침착으로 반점이 생기고 건조해진다. 피하지방이 감소하면서 주름이 늘어나고, 피부탄력성이 현저히 감소한다. 혈액공급 저하로 모세혈관벽이 얇아지면서 노인성 자반(검버섯)이

발생한다. 피하조직과 피부 신경세포의 감소로 인하여 체온유지능력이 감소되면서 추위를 많이 타게 되고 온도 변화에 쉽게 적응하지 못하여 환절기에 호흡기계 질환에 걸리기 쉽다.

④ **신장과 체중** : 나이가 들면서 신장이 줄어드는데 보통 30세에서 90세 사이에 남자는 2.25%, 여자는 2.5% 정도 작아진다. 체중은 일반적으로 40~50세에는 증가하다가 60세 이후에는 감소한다.

⑤ **모발과 치아** : 모발은 멜라닌 세포의 감소로 은빛으로 변하고 모낭의 약화로 탈모가 쉽게 일어난다. 치아도 점점 약해져서 빠지게 되는데 대개 60대에 14개, 70대에는 11개, 80대에는 6개 정도가 남는다.

⑥ **순환기능** : 심장근 주변 혈관의 동맥경화로 인하여 심장이 비대해지고 지방이 증가한다. 동맥벽의 탄력성 감소와 콜레스테롤의 증가로 혈관벽이 두꺼워지고 혈액순환이 저해되어 혈압이 상승된다. 이로 인해 고혈압이 발생하며 뇌졸중, 협심증, 심근경색과 같은 관상동맥질환 등의 위험을 증가시킨다.

⑦ **소화기능** : 치아손상, 침과 위액 등 소화효소 분비 감소, 위장관 운동 약화로 전반적인 소화기능이 감퇴되어 영양분의 흡수율도 떨어진다. 단백질 소화흡수능력이 떨어지고 칼슘과 철 등 무기질 흡수가 저하되어 근골격계 질환이나 빈혈에 걸릴 위험도 증가한다. 또한 대장 운동성의 저하로 변비나 각종 장 질환이 증가하기 때문에 소화가 잘되는 연동식이나 장운동을 돕는 섬유질 섭취가 필요하다.

⑧ **신장기능** : 신장의 크기, 무게, 피질의 양 등이 감소되며 신장 혈관 경화 현상으로 기능이 저하된다. 노폐물 여과 비율이 80세에는 30세의 50% 정도로 감소됨으로써 각종 신장질환에 노출될 가능성이 높고 방광이나 요도 기능 저하로 밤에 소변을 보는 야뇨 및 요실금 증상이 나타난다.

⑨ **생식기능** : 생식기관이 위축되어 생식기능과 성기능이 저하된다. 여성의 경우 40대 후반부터 50대 초반에 폐경으로 인하여 생식기능이 상실되는데, 성적 욕구 변화와는 상반된다는 연구결과가 있다. 남성의 경우에도 50대부터 60대 사이에 생식기능이 저하되지만 여성보다는 기능 저하가 덜하며 70대 이후에도 충분히 성적 기능을 유지할 수도 있다.

### (2) 노인의 심리적 특성

심리적 노화는 개인의 심리 내적인 감각 및 지각 기능, 정서 및 정신 기능, 성격, 행동 등이 시간의 흐름에 따라 변화하는 것을 말한다. 심리적 기능은 노화와 관련하여 연령이 증가함에 따라 퇴행적 변화가 나타나지만 경험과 관련된 일부 심리적 기능과 발달은 그대로 유지되거나 오히려 더욱 성숙하는 특성이 있기도 하다(임재옥 외, 2015).

① **시각 기능** : 일반적으로 40대 전후로 약화되기 시작하여 수정체 조절기능의 저하로 노안이 오고 수정체의 섬유질이 점점 증가하여 시각이 흐려지는 백내장이 발생하기도 한다. 명암 변화에 대한 적응력과 색채감각도 저하된다.

② **청각 기능** : 50대 이후부터는 고음을 듣는 데 어려움을 느끼고 목소리를 구별하는 능력이 감퇴하는데, 이러한 현상을 '노인성 난청'이라 한다. 음도가 높고 음량이 약한 소리보다 음도가 낮고 음량이 높은 소리를 더 잘 들을 수 있게 된다.

③ **미각 및 후각 기능** : 혀 표면의 변화나 위축으로 미각이 둔화된다. 여성보다 남성이 더 둔감하고, 특히 남성은 짠맛에 대한 감각이 현저히 퇴화하는데 이는 심장질환의 촉진되는 요인이 되기도 한다. 후각은 65세 이후부터 감소하기 시작하여 80세 이후에는 노인의 3/4 정도가 후각 문제를 가지게 된다. 노화로 인한 미각 및 후각 기능의 퇴화는 노인의 식욕부진에 영향을 미친다.

④ **촉각과 통각 기능** : 촉각은 45세 정도까지 증가하다가 그 이후로는 현저히 퇴화한다. 통각은 매우 주관적인 감각으로 통증의 주요인 외에도 스트레스, 불안, 기대와 같은 정서 · 인지적 요인들에 의해 크게 좌우된다. 통각은 노인이 덜 민감하지만 통각 저하는 연령과 큰 상관이 없다.

⑤ **지능** : 지능은 새로운 것을 학습할 수 있는 능력, 새로운 환경에 적응할 수 있는 능력, 새로운 아이디어를 발견해 내는 창의력 등을 포함한다. 일반적으로 지능은 18~25세 이후부터는 점진적으로 감퇴하는 것으로 보고 있으나 지능의 종류에 따라 감퇴의 정도가 다르다. 호른과 카텔(Horn & Cattell, 1996)은

지능을 크게 유동성 지능(fluid intelligence)과 결정성 지능(crystallized intelligence)으로 분류하고 두 지능의 연령별 차이에 대하여 설명하였다. 유동성 지능은 현상 간의 관계성이나 통합능력으로 주로 추상적 추리, 기억, 공간지남력, 언어유창성 등의 선천적 지능을 가리킨다. 결정성 지능은 주로 후천적 경험이나 교육과 훈련 등에 의해 습득된 지능으로 언어이해력, 개념 형성, 논리적 추리력 등이 해당한다. 유동성 지능은 성인 초기에 절정을 이루다가 그 후 서서히 감퇴되는 반면, 결정성 지능은 나이가 들어서도 교육, 경험, 지적 활동 여부에 따라 영향을 받기 때문에 꾸준히 증가한다. 따라서 지능은 연령 이외에 교육, 경험, 직업, 신체 및 건강상태에 많은 영향을 받는다고 할 수 있다.

⑥ **기억력** : 노화에 따라 감각기억의 과정에 과도한 정보나 방해되는 정보가 부여되면 부호화에 문제가 발생하여 정보처리가 어려워지고 체계적으로 정보가 저장되지 못하면서 인출 시에 문제가 발생하게 된다. 이는 기억력의 감퇴로 이어지는데 노년기가 되면 단기기억과 최근 기억 능력이 약화된다.

⑦ **사고능력과 문제해결 능력** : 사고능력은 학습과 지각에 의해 받아들인 정보를 구별하고 분류하여 개념화하는 과정이다. 문제해결 능력은 사고과정에서 형성된 개념을 토대로 논리적인 추론을 하여 어떤 결정을 내리는 것을 말한다. 사고능력과 문제해결 능력은 노화에 의해 감퇴하지만 교육 수준이나 경험, 직업 등의 요인이 복합적으로 영향을 미친다.

⑧ **성격의 변화** : 연령이 증가할수록 우울증이 일반적으로 증가한다. 신체적 질병, 배우자의 죽음, 퇴직에 따른 경제적 악화, 고독과 소외 등으로 우울증이 증가하고 이로 인해 불면증, 감정적 무감각, 강박관념, 증오심, 체중 감소 등의 증상이 나타나기도 한다. 그리고 노화가 진행됨에 따라 외부적 활동으로 향하던 에너지가 자신의 내면으로 향하면서 자신의 사고와 감정에 의해 상황과 사물을 판단하는 경향이 증가한다. 문제해결에 있어서는 새로운 일에 도전하기를 꺼리며 방법이나 행동이 옳지 않거나 이득이 없음에도 기존에 익숙하던 태도나 방법을 고수하고자 하는 경직성이 증가한다.

일반적으로 노인은 모든 사물에 대한 판단과 행동에 있어서 조심성이 증가한다. 친근한 물건에 대한 애착심이 증가하며 신체적 기능의 약화와 경제적 능력의 쇠퇴로 인하여 의존성이 증가한다. 또한 성호르몬의 영향으로 남성은 친밀성, 의존성, 관계 지향성, 동정심 등 여성적 특성이 증가하는 반면, 여성은 공격성, 자기주장, 자기중심성, 권위주의 성향 등 남성적 특성이 증가하게 되는 양성성(androgyne) 경향이 나타난다.

### (3) 노인의 사회적 특성

인간은 사회의 일원으로서 사회구성원과 상호작용하는 과정에서 사회적 관계를 맺으면서 살아가지만 노인이 되면서 사회적 상황의 변화로 인하여 지금까지 갖고 있던 사회적 역할이나 지위의 변화는 삶에 다양한 영향을 미치게 된다. 노인의 사회적 상황과 역할 변화에 따른 사회적 특성을 살펴보면 다음과 같다(임재옥 외, 2014).

#### ① 지위와 역할 변화에 따른 사회적 특성

노년기가 되면 직장에서 퇴직하면서 사회적 역할을 상실하고 지위가 저하된다. 직장 상실은 수입 감소, 사회와 가정에서의 권위 약화, 의존성 증가, 소외와 고립 증가를 초래한다. 또한 가족적인 면에서는 생계유지와 가장으로서의 역할을 상실하고 배우자의 사망으로 남편이나 아내의 역할이 상실되는 반면 의존자나 조부모의 역할로의 변화가 있다.

지위와 역할이 분명한 제도적 역할의 중요성이 노년기에서 급격하게 저하된다. 반면에 지위는 있으나 역할이 유명무실하거나 명목상의 역할 또는 애매모호한 업무만 주어지는 희박한 역할이 노년기가 되면서 더욱 중요해진다. 따라서 사회적 측면에서 노인의 지위와 역할은 퇴직과 함께 공식적이고 제도적인 역할은 낮아지고 비공식적이고 희박한 역할은 증가한다.

#### ② 자녀 독립에 따른 사회적 특성

자녀들이 성장하여 진학, 취업, 결혼 등 독립적인 역할을 수행하기 위해 부모를 떠나게 되고 노부부만 남게 되는데 이러한 상태를 '빈 둥지(empty nest)'라고 한다. 노년기가 되면 대부분의 부모가 빈 둥지를 경험하면서 노인이 되었음을 인식하게 된다. 자녀가 독립한 후에는 부모나 부부의 역할, 부모와 자녀 관계에도 변화가 있는데, 이는 부모와 자녀와의 애착 정도, 부모 자신의 자아성취 활동과 자신의 삶의 목표 등에 따라 긍정적 혹은 부정적으로 변화할 수 있다.

## 3. 노화 관련 이론

### 1) 생물학적 노화 관련 이론

생물학적 노화 관련 이론은 크게 예정이론과 환경이론으로 양분할 수 있다. 예정이론(programmed theory, 비확률이론)이란 유전적 이론(genetic theory)들 중의 하나로 인간은 유전자 세포(DNA)의 유전정보(aging gene)에 의해 이미 수록된 프로그램대로 늙어갈 수밖에 없다는 주장이다. 반면에 환경이론(non-genetic theory, 확률이론)이란 인간이 살아가면서 자연환경, 생활환경, 생활습관 등의 여러 가지 노화촉진 요소에 어떻게 얼마나 오랫동안 접촉하는가에 따라 노화의 양상과 진행 속도가 달라진다는 이론이다. 이렇게 생물학적 노화를 설명하는 이론을 중심으로 세부적인 차이를 주장하는 다양한 이론들이 있다(박석돈 외, 2016).

#### (1) 유전적 이론(Genetic Theory)

##### ① 예정계획이론(Programmed Theory)

유전인자(DNA) 속에 노화의 속성인 노화유전인자(aging gene)가 미리 프로그램되어 있다가 유기체가 시간이 경과함에 따라 그 노화의 속성이 나타남으로써 노화현상이 생긴다는 것으로, 수명은 종(species), 인종, 성별, 가계에 따라 다르다고 전제하며 백인이 흑인보다 수명이 길고, 여성이 남성보다 수명이 길며, 수명이 긴 가계가 있다는 점 등이 이 이론으로 설명된다.

#### ② DNA 작용 과오이론(DNA Error Program Theory)

유전자(DNA)가 단백질 또는 효소를 결합시키는 과정에서 유전자에 포함되어 있는 유전정보에 맞지 않는 것을 생산하게 되는 경우가 발생하게 되는데, 이러한 비정상 단백질이나 유해효소가 축적되어 노화를 일으킨다는 이론이다.

### (2) 비유전적 세포이론(Non-genetic Cellular Theory)

#### ① 사용마모이론(Wear and Tear Theory)

기계를 오랫동안 사용하면 부품이 마모되어 그 기능이 약화되고 결국 정지되는 것과 같이 신체기관도 오랜 사용의 결과로 점진적으로 사용 불가능하게 된다고 보는 것이다. 즉, 노화는 신체기관이 시간의 경과에 따라 마모되기 때문에 발생한다고 가정한다. 그러나 이 이론은 인체 장기의 성장이나 재생능력에 대한 설명이 불가능하다는 한계를 ㄴ가지고 있다.

#### ② 노폐물 축적이론(Waste Product Theory)

세포 속에 해로운 축적물(lipofuscin)이 생성되어 세포의 정상적인 기능 수행을 방해함으로써 노화현상이 생긴다고 보는 것으로, 알치하이머병은 뇌에 유해 축적물의 침착이 심한 것으로 나타나고 있어 이 이론을 설명하는 일례가 된다.

#### ③ 교차연결이론(Cross-link Theory, Collagen Theory)

신체세포의 내부와 외부에서 2개의 큰 분자들이 서로 상대에게 부착되어 운동성을 잃고 움직일 수 없게 되어서 그 결과 DNA의 분열을 방해하고 결국 신체조직이 탄력성을 잃게 되어 노화가 촉진된다는 이론이다.

#### ④ 신체적 변이이론, 체세포 돌연변이설(Somatic Mutation Theory)

연령이 증가함에 따라 세포의 모든 기능을 주관하는 핵 내의 유전정보 전달장치에서 돌연변이의 발생빈도가 증가하여 유전자 본체인 DNA(deoxyribonucleic acid, 디옥시리보 핵산)의 복제나 고분자 화합물인 RNA(ribonucleic acid, 리보핵산)의 변환과정에서 오류가 발생하게 됨으로써 잘못된 단백질을 합성하게 되어 노화가 일어난다는 이론이다.

#### (3) 면역이론(Immunological Theory)

##### ① 면역반응 이론(Immune Reaction Theory)

체내의 면역체계는 질병과 싸우고 신체에서 해로운 이물질을 제거하는 기능을 수행하는데, 이러한 기능의 수행을 위하여 면역체계는 바이러스, 박테리아, 그 밖의 비정상 세포들을 공격하기 위해 필요한 항체를 만든다. 그러나 이 항체의 이물질에 대한 식별 능력이 저하되어 이물질이 계속 체내에 있으면서 부작용을 일으키기 때문에 노화가 진행된다는 이론이다.

##### ② 자동면역반응 이론(Auto-immune Reaction Theory)

신체에 해로운 이물질을 제거하기 위해 체내의 면역체계가 항체를 만드는데, 이때 이물질뿐만 아니라 정상세포까지 파괴하는 항체를 만들게 되어 결국 정상세포가 파괴됨으로써 노화가 진행된다는 이론이다.

#### (4) 생리적 통제이론(Physiological Control Theory)

신체의 노화에 따라 유기체 내의 내분비선, 신경조직 등과 같은 주요 통합조정 기능이 약화되고 상실되는데, 이러한 요인들이 노화를 진행시킨다는 이론이다.

#### (5) 스트레스이론(Stress Theory)

인간은 스트레스에 대처하는 능력을 가지고 태어나는데, 연령의 증가와 더불어 이러한 스트레스 대처능력이 약화되고 소멸되게 되어 노화가 발생한다는 이론이다.

### 2) 심리학적 노화 관련 이론

노화에 따른 심리적 변화를 설명하는 노년심리학 이론은 개인이 신체적 변화와 환경적 변화에 어떻게 기능하는가를 설명하는 이론이다. 구체적으로 기억력, 학습능력 등의 인지적 능력의 변화와 그에 따른 감정, 태도 등의 개인적 적응에 대한 이해를 도모한다. 결국 노인 개인의 내외적 환경 변화가 노인의 심리에 어떤 영향을 미치는가를 규명하고 바람직한 방향을 찾고자 하는 노력이라고 할 수 있다(임재옥 외, 2015).

### (1) 심리사회 발달단계이론

에릭슨(Erik H. Erickson)에 의해 주장된 심리사회 발달단계이론(psycho-social development theory, 1963)이란 기본적으로 프로이트(Freud)의 심리·성적 발달(psycho-sexual development)이론을 발전시킨 것으로, 정신분석학적 입장을 그대로 고수하여 초기경험의 중요성을 강조하고 있다.

그러나 주목할 만한 차이점은 유아기부터의 발달이 성욕을 중심으로 이루어진 것이 아니라 대인관계, 사회적 접촉 등 사회적 발달을 중심으로 이루어진 것으로 전제하고 있다.

에릭슨은 성격의 발달은 전체 생애에 걸친 과제로서 영아기에서 노년기까지 8단계로 구분되고 각 단계마다 발전시켜야 되는 긍정적인 성격 특성과 긍정적인 특성을 발전시키지 못하게 될 때 형성되는 부정적인 성격 특성이 있으며 다음 단계로의 발달은 현 단계까지의 축적적인 발달에 의존하게 된다고 주장했다(표 8-1). 즉, 성격은 일생을 통해 발달한다고 가정하고 자아의 발달에 영향을 미치는 사회적 현실을 고려한다는 점에서 프로이트의 이론과 차이가 있다.

〈표 9-1〉 에릭슨의 심리사회적 발달단계

| 단 계 | 연 령 | 심리사회적 위기 | 중요 과업 | 바람직한 결과 |
|---|---|---|---|---|
| ① 구강기<br>(유아 전기, infancy) | 0~1.5세 | 신뢰 대 불신<br>(trust vs. mistrust) | 먹기<br>(feeding) | 희망<br>(hope) |
| ② 항문기<br>(유아 후기, early childhood) | 1.5~3세 미만 | 자율성 대 수치<br>(autonomy vs. shame, doubt) | 배설<br>(toileting) | 의지<br>(will) |

| ③ 남근기 (아동기, play age) | 3~6세 미만 | 주도성 대 죄의식 (initiative vs. guilt) | 보행 (locomoting) | 목표 (purpose) |
|---|---|---|---|---|
| ④ 잠복기 (학동기, school age) | 6~13세 미만 | 근면성 대 열등감 (industry vs. inferiority) | 학교생활 (school) | 만족(competence) |
| ⑤ 청소년기 (adolescence) | 13~18세 미만 | 동일시 대 동일시 혼란 (identity vs. identity confusion) | 친구관계(peer relationship) | 성실 (fidelity) |
| ⑥ 청년기 (young adulthood) | 18~30세 미만 | 친밀감 대 고립감 (intimacy vs. isolation) | 연애(love relationship) | 사랑 (love) |
| ⑦ 장년기 (middle adulthood, maturity) | 30~65세 미만 | 생산성 대 자아탐닉 (generativity vs. self-absorption) | 부모역할과 생산(parenting and creating) | 배려 (care) |
| ⑧ 노년기 (old age) | 65세 이상 | 자아통합 대 절망 (ego integrity vs. despair) | 삶의 수용 (reflecting on accepting one's life) | 지혜 (wisdom) |

출처 : 장수한 외(2017).

### (2) 발달과업이론

하비거스트(R. J. Havighurst)의 발달과업이론(1972)은 기본적으로 에릭슨의 발달관점에 기초로 개인과 사회환경 간에 어떠한 형태의 상호작용이 일어나는지에 초점을 두어 사회가 기대하는 연령에 적합한 역할과 행동, 즉 연령에 따른 발달과업(developmental task)을 제시하였다.

그러나 지극히 보편적인 성인기만을 대상으로 구분하였기 때문에 결혼하지 않은 사람이나 자녀가 없는 사람 등에게는 적용하기가 어렵다는 한계가 있다.

그의 이론은 전체 6단계로 이루어져 있는데, 1단계는 아동 초기(0~6세), 2단계는 아동 중기(6~13세), 3단계는 청소년기(13~18세), 4단계는 성인 초기(18~30세), 5단계는 중년기(30~60세), 6단계는 노년기(60세 이후)로 구성된다. 그리고 노년기의 발달과업으로는 신체적 능력 및 건강의 약화에 대한 적응, 정년퇴직과 경제적 수입 감소에 대한 적응, 배우자의 죽음에 대한 적응, 동년배 집단과의 유대관계 형성 및 유지, 사회적 역할의 수용 및 융통성 있는 적응, 만족할 수 있는 생활환경의 조성을 들었다.

### (3) 적응발달과업이론

클락과 앤더슨(Clark & Anderson, 1967)은 노년기에 적응해야 할 다섯 가지 과업을 주장했다. 구체적인 과업은 노화의 현실과 이로 인한 활동 및 행동에 제약이 오는 것을 자각하는 것, 신체적 및 사회적 생활반경을 재정의하는 것, 노화로 인한 제약 때문에 종전처럼 만족시킬 수 없는 욕구를 다른 방법으로 만족시키는 것, 자아의 평가 기준을 새롭게 설정하는 것, 노령기의 생활에 맞도록 생활의 목표와 가치를 재정립하는 것으로 구성된다.

### (4) 한국인의 발달과업이론

김종서 등(1982)은 평생교육적 관점에서 한국인의 인생주기를 유아기(0~6세), 아동기(6~12세), 청년 전기(12~18세), 청년 후기(18~25세), 성인 전기(25~35세), 성인 후기(35~60세), 노년기(60세 이후)의 7단계로 구분하고, 각 단계마다 지적 영역, 정의적 영역, 사회적 영역, 신체적 영역에 속하는 발달과업을 설정하여 제시하였다.

우선 지적(知的) 영역으로는 세대차 및 사회변화의 이해, 은퇴생활에 필요한 지식과 생활 습득, 정치 · 경제 · 사회 · 문화 등의 최신 동향 파악, 건강증진을 위한 폭넓은 지식 습득을 꼽았다. 정의적(情意的) 영역으로는 적극적으로 일하고 생활하려는 태도 유지, 취미를 계속 살리고 여가를 즐겁게 보내기, 정년퇴직 및 수입 감소에의 적응, 소외감과 허무감을 극복하고 인생의 의미 찾기, 배우자 사망 후의 생활 적응, 동료 또는 자신의 죽음에 대한 심리적 준비를 꼽았다. 사회적(社會的) 영역으로는 동년배 노인들과의 친교 유지, 가정과 직장에서 일과 책임을 합당하게 물려주기, 가정과 사회에서 어른 역할 수행, 자녀 또는 손자들과의 원만한 관계 유지를 꼽았다. 마지막으로 신체적(身體的) 영역으로는 약화되는 체력 및 건강에의 적응, 노년기에 알맞은 간단한 운동의 규칙적 수행, 건강유지에 필요한 알맞은 섭생, 지병이나 쇠약에 대한 바른 처방을 꼽았다.

### 3) 사회학적 노화 관련 이론

노년학은 다학제적인 학문이며 노년기의 문제는 신체적 · 경제적 · 심리적인 제 측면에서의 적응을 필요로 하기 때문에 이를 설명하기 위한 이론 또한 다양하다. 또한 각각의 이론은 강조하는 측면이 상이하기 때문에 이를 하나의 기준으로 분류하기도 쉽지 않다. 결국 인간의 노화를 설명하기 위한 다양한 이론들 가운데 노화를 설명할 수 있는 유일한 이론은 존재하지 않으며, 각각의 이론은 나름대로의 장단점을 가지고 있다고 할 수 있다. 이들 이론들 가운데 노화현상을 통합적으로 이해하는 데 유용한 지침을 제공해 준 대표적인 이론들은 다음과 같다(임재옥 외, 2015).

#### (1) 분리이론(Disengagement Theory)

커밍과 헨리(Cumming & Henry, 1961)는 노인은 젊은이에 비하여 건강이 약화되고 죽음에 이르게 되는 확률이 높아지게 되므로 개인의 입장에서의 최적의 만족과 사회체계의 입장에서의 중단 없는 계속을 위하여 노인과 사회는 상호 간에 분리되기를 원하며 이러한 분리는 정상적이고 피할 수 없는 것으로 사회에서 분리된 노인은 보다 높은 심리적 만족감을 갖게 된다고 주장하였다.

노인을 재교육시키는 것보다 젊은 세대로 교체하는 것이 사회적으로도 보다 기능적이라는 분리이론은 구조기능주의 이론에 그 근거를 두고 있다. 즉, 노인을 은퇴시켜 사회로부터 분리시키고 노인이 수행하던 역할을 젊은 세대가 수행하도록 교체하는 것이 보다 바람직하다는 것이다. 그러나 분리이론은 개인의 성격이나 사회경제적 지위의 차이에 따른 다양성을 간과하고 있다는 점에서 비판을 받고 있다(정옥분 외. 2016).

#### (2) 활동이론(Activity Theory)

노인의 사회적 활동의 참여 정도가 높을수록 노인의 생활만족도는 높아진다는 것으로, 하비거스트(Havighurst, 1953)는 노년기에도 노년기 이전처럼 다양한 사회적 관계의 활동에 참여하는 것이 필요하며, 특히 퇴직으로 인하여 상실된 지위와 역할을 대체할 만한 다양한 활동에의 참여를 통하여 성공적인 노년기를 맞을 수 있다고 주장하였다.

그러나 노화로 인한 능력의 저하는 분명히 존재하며, 이러한 능력의 저하로 인해 실제로 노인들이 중년기에 자신이 수행하던 역할을 지속하기에는 어려움이 있다는 점에서 활동이론은 비판을 받고 있다. 또한 활동이론에서는 활동수준보다 개인의 성격이나 사회경제적 지위, 생활방식과 같은 변인들이 노년기의 생활만족도에 더 많은 영향을 미치고 있다는 점을 간과하고 있다(정옥분 외, 2016).

### (3) 지속이론(Continuity Theory)

아츠리와 뉴가튼(Atchley & Neugarten, 1968)에 의해 주장된 지속(연속)이론은 활동이론이나 분리이론과는 달리 인간은 성인기에 진입한 이후에 자아상, 성격, 생활습관 등이 거의 동일하게 유지되며, 노년기에도 이전과 같은 방식으로 생활하게 된다는 주장으로, 노년기에 자신의 고유한 생활습관과 성격, 행동유형을 유지하는 것이 자아존중감과 생활만족도를 증진시킨다고 설명하였다.

활동적이던 사람이 은퇴를 했다고 해서 비활동적이 되거나 수동적인 사람이 노인이 되어서 적극적으로 변화하는 경우는 드물고, 따라서 분리이론이나 활동이론을 모든 노인들에게 적용할 수는 없다는 주장은 합리적이라는 점에서 타당성을 가진다. 그러나 노화에 대한 개인의 적응은 여러 요인의 상호작용에 의해 영향을 받기 때문에 실증적으로 검증이 어렵다는 한계가 있고, 또한 노화의 개인차를 지나치게 강조하여 노화에 대한 국가와 사회의 역할을 간과하게 된다는 비판이 있다(임재옥 외, 2015).

### (4) 연령계층이론(Age Stratification Theory)

라일리와 포너(Riley & Foner, 1968)의 연령계층이론은 활동이론이나 분리이론과는 달리 노화문제를 개인의 문제로 국한시키지 않고 사회적인 연령계층의 문제에 초점을 맞추었다. 이는 사회는 기본적으로 연령등급에 의해서 구분되는 연령층으로 구성되어 있고 서열화되어 있다는 점을 전제로 하고 있다. 한 연령계층에 속하는 사람들은 서로 비슷한 역사적인 경험을 하면서 성장해 왔기 때문에 비슷한 태도, 가치 또는 전망을 갖게 되며, 다른 역사적 경험을 하며 성장해 온 연령집단과는 구별되는데, 노인은 다른 젊은 연령층과의 관계에서 그들의 지위와 역할을 찾아야 하고 그 속에서 노인에게 활용 가능한 여러 지위와 역할, 기회 등을 선택하여 이용해야 한다고 주장하였다.

연령계층이론은 인구학적·역사적 특성에 근거한 것이므로 출생시기나 동시대 출생 집단효과(cohort effect)와 관련된 연령집단별 차이에 대해 설득력 있는 논리를 제공해 주고 있다. 연령계층이론은 지금까지 노화를 발달적인 관점에서 설명하려고 했던 시각에서 벗어나 사회적인 경험의 차이를 고려하여 노화과정을 보다 넓은 시각에서 설명하고 있다는 점이 긍정적으로 평가받을 수 있다. 그러나 개인차의 문제를 간과하고 있다는 점에서 비판의 여지가 있다(정옥분 외, 2016).

### (5) 교환이론(Exchange Theory)

교환이론에서는 인간은 합리적이고 이윤추구적인 동물이므로 보상을 최대화하고 비용을 최소화하는 행동에 초점을 둔다. 따라서 노인의 교환자원의 부족, 가치성의 저하 또는 고갈 등은 노인이 집단으로서 또는 개인으로서 사회적 교환관계를 형성하는 데 있어서 의존성을 증가시킨다. 또 이는 권력의 약화를 초래하고 권력의 상대적 약화는 교환관계에서의 교환조건의 열세를 초래하여 노인이 결국은 개인 및 사회와의 관계에서 어려움을 당하게 되어 노인문제를 발생시킨다고 주장하였다(정옥분 외, 2016).

그러나 교환이론에 대한 비판은 인간이 보상을 가장 우선적인 가치로 행동하지 않는 경우도 많다는 점이다. 그리고 교환가치의 상실을 전반적인 능력의 저하현상으로 보는 것도 비판의 여지가 있다. 이처럼 제한된 자원에도 불구하고 대부분의 노인들은 어느 정도의 상호작용을 지속하고자 하며, 이러한 상호작용을 통해 자신의 환경에 적응해 가면서 자신이 환경에 영향을 미치는 두 가지 과정을 동시에 진행하게 된다(정옥분 외, 2016).

### (6) 현대화이론(Modernization Theory)

현대화라는 사회적 변화, 즉 현대화 과정에서 나타나는 특징적 현상들, 예를 들어 보건기술의 발전, 경제적 생산기술의 발전, 도시화의 촉진, 교육의 대중화 등이 노인을 노동의 현장에서 퇴직시키고, 사회적, 지적 및 도덕적으로 고립화시킴으로써 결국은 노인의 지위를 약화시키고 노인문제를 발생시킨다는 주장이 카우길과 홈즈(Cowgill & Holmes, 1972)의 현대화이론이다.

현대화이론은 사회구조의 변화와 자원에 따른 지위의 변화를 설명해 준다는 점에서 크게 기여를 하였다. 그러나 현대화가 이루어지기 이전 사회에서 노인들의 지위가 높았다는 가정에 대해서는 비판의 여지가 있다. 모든 문화에서 노인이 존경의 대상이었던 것은 아니며, 노인 개개인이 가지고 있는 경제적 능력이나 성별, 문화, 인종 등의 여러 요인에 따라 차이가 있었다는 사실에 비추어 볼 때에 노인의 지위가 과거에는 높았으나 현대화를 기점으로 낮아지기 시작하였다는 주장은 비판의 여지가 있다(정옥분 외, 2016).

### (7) 하위문화이론(Subculture Theory)

하위문화란 한 범주에 속하는 구성원들이 외부 사람들과의 관계보다는 같은 범주에 속하는 사람들과 더 많은 관계를 유지할 때 생기는 것으로, 다양한 인구사회학적 요인이나 사회문화적 상황에 의하여 독특한 하위문화가 형성된다. 로즈(Rose, 1965)의 하위문화이론을 노인에게 적용해 보면 노인들은 노령기에 속해 있다는 공통적인 특성과 사회로부터의 소외와 노인에 대한 사회의 부정적인 반응으로 인하여 노인들끼리만의 상호작용을 하기에 용이한 조건이 형성되며, 이러한 노인들끼리만의 상호작용은 노인들만의 특유한 하위 노인문화를 발전시키게 된다는 것이다.

노인세대의 하위문화는 다른 세대와의 갈등과 분화를 통하여 집단 내 결속력을 높이고 조직력을 강화하는 순기능을 수행하여 사회정책에 영향력을 행사할 수 있다는 장점도 있지만, 반면에 노인세대가 주류사회에서 배제될 가능성이 높으며 이는 사회통합의 면에서 바람직하지 못하다고 주장하였다. 또한 개별적 다양성을 과소평가하여 실제로 노인과 젊은 세대 간 차이보다는 노인 사이의 개인차가 더 크게 나타난다는 사실을 간과할 수 있다는 비판이 있다(임재옥 외, 2015).

### (8) 사회와해이론(Social Break-down Theory)

인간의 행동은 유전적 요인, 사회화, 사회적 상황의 세 가지 요인이 영향을 미치며, 사회심리학에서는 이 가운데 사회적 장면에 초점을 맞추고 있다. 또한 사회적 상황들이 개인에게 영향을 미치기도 하지만 사회적인 상황을 변화시키는 사람들의 능력을 강조하고 있다. 저스만(J. Zusman, 1966)의 사회와해이론은 인간의 능력은 사회적인 힘에 의하여 강화되기도 하고 수정되기도 한다는 행동수정이론에 초점을 맞추고 있다.

노인이 부적절한 행동에 대해 사회적 비판을 받게 되면 의존적 존재가 되지만 장점과 능력을 인정받으면 자율적 존재가 될 수 있는데, 일반적으로 사회가 노인을 부정적으로 인식함에 따라 노년기의 사회적 관계와 사회참여가 위축된다는 것으로, 사회가 노인에게 은퇴를 강요하게 되면 노인은 자신감 상실과 정서적 불안 등으로 부적절한 행동을 하고 의존적 존재가 되어 문제를 경험하게 된다고 주장하였다. 그러나 반면에 노인에게 능력을 발휘할 수 있는 적절한 기회를 제공해 준다면 오히려 자신의 능력에 대해 긍정적으로 평가하고 독립적인 생활이 가능해질 것이라고 주장하였다(임재옥 외, 2015).

### (9) 구조지체이론(Delayed Structure Theory)

구조지체이론은 과학기술의 진보, 의료기술의 발달 등의 덕택으로 노인들의 활동능력은 증가하였지만 경제 · 제도적 측면에서는 오히려 노인을 조기 은퇴시키고 있고, 사회복지제도에 있어서도 노인의 욕구에 맞추어 적절한 서비스를 개발하여 시행하지 못하는 등 사회제도가 노인들의 욕구와 현실의 변화를 따라가지 못하고 지체된다고 주장하는 이론이다(정옥분 외, 2016).

### (10) 역할이론(Role Theory)

역할이론은 사회학의 한 이론으로서 사회조직이나 집단 내에서 담당하는 역할에 따라 개인이나 집단 상호 간의 관계와 작용을 분석하는 이론이다. 역할이론을 노인인구에게 적용해 보면 개인이 노화에 얼마나 잘 적응하는가는 노년기의 역할 변화를 어느 정도 수용하는가에 의해 결정된다는 것으로, 노년기가 되면 상실되는 역할은 많은 반면에 새로운 역할을 획득하지 못하거나 역할의 불확실성 등으로 인하여 사회적 정체감이나 자아존중감 등에 혼란이 초래된다고 주장하였다(임재옥 외, 2015).

### (11) 낙인이론(Labeling, Stigma Theory)

낙인이론은 범죄학이론의 하나로 제도, 관습, 규범, 법규 등 사회를 유지하기 위한 기본적인 제도적 장치들이 오히려 범죄를 유발한다고 본다. 사회적 규범에서 볼 때 어떤 특정인의 행위가 이 규범에서 벗어났을 경우, 구성원들이 단지 도덕적인 이유만으로 나쁜 행위라고 규정하고 당사자를 일탈자로 낙인찍으면 그 사람은 결국 범죄자가 된다는 것인데, 즉 당사자의 행위 자체가 범죄가 되거나 반도덕적 행위가 아님에도 불구하고 사회가 그렇게 규정함으로써 범죄를 유발하게 된다는 것이다. 낙인이론을 현대사회의 노인에게 적용해 보면 사회가 노인들을 비생산적이고 쓸모없는 존재로 규정하게 되면, 노인들은 이러한 사회적 낙인에 맞추어 스스로 행동하려는 경향이 있다는 것이다(임재옥 외, 2015).

### (12) 스트레스 이론(Stress Theory)

스트레스는 수많은 스트레스원에 의해 야기되는 일반적인 신체적 적응 반응이라고 할 수 있다. 매우 다양하고 서로 다른 상황들이 스트레스 반응을 일으킬 수 있지만 그 반응은 항상 동일한 과정을 거치며 그 자극의 종류에 관계없이 스트레스 반응은 비특정적으로 발생하는 것으로 알려져 있다. 스트레스에 대한 일반적 반응을 일반적응 증후군(GAS : General Adaptation Syndrome)이라고 하며 이는 경고반응단계, 저항단계, 그리고 소진단계로 구성된다. 스트레스는 사건 자체보다 그 사건에 대한 개인의 해석을 더욱 중시하고 인간은 다른 동물에게 없는 인지기능이 있어서 생활사건이 스트레스를 일으키기보다는 상황에 대한 인지적 평가가 스트레스를 만드는 것으로 알려져 있다.

한스 셀리에(Hans Selye)의 스트레스 이론을 노인인구에 적용해 보면 노년기에는 퇴직, 건강 악화, 배우자 상실 등으로 인하여 많은 스트레스를 경험하게 되지만 이에 대처할 수 있는 자원이 부족하여 스트레스로 인한 부정적 영향을 받을 가능성이 높아지며, 또한 동일한 스트레스라고 하더라도 개인의 스트레스에 대한 지각과 대처자원, 사회적 지지 수준에 따라 스트레스의 영향은 달라지게 된다(임재옥 외, 2015).

## 4. 노인문제의 실태

노인문제는 노인이 살고 있는 사회환경과 생활태도에 따라 다양하게 나타날 수 있지만 일반적으로 '상실(喪失)'이라는 개념과 연계하여 설명할 수 있다. 노인이 되면 누구나 경험하는 심신 쇠약은 노인을 여러 측면에서 의존하도록 만들며, 노동력을 감퇴시킴으로써 직업 일선에서 물러나게 한다. 이는 곧 소득 상실뿐만 아니라 역할과 지위 상실로 이어지며 결국 사회적으로 소외되고 고립되는 상태에 놓이게 된다. 이와 같이 노인의 4고(사고), 즉 빈곤(poverty), 질병(illness), 역할 상실(idleness), 소외와 고립(isolation)은 우리 사회의 노인들이 당면하고 있는 공통적인 문제이다.

### 1) 노인 빈곤 문제

우리나라 노인 빈곤율은 OECD 회원국 중 압도적 1위이다. 2021년 기준 우리나라 은퇴연령층(66세 이상)의 상대적 빈곤율은 39.3%로 경제협력개발기구(OECD) 가입국 중 가장 높은 수준이다(보건복지부, 2023)(그림 9-1).

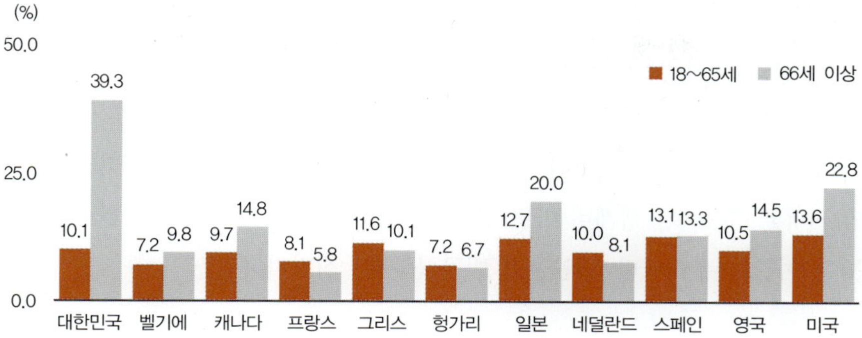


|그림 9-1| OECD 주요국의 상대적 빈곤율(66세 이상, 2021)

출처 : 보건복지부(2023). 2023년 노인실태조사.

심각한 노인 빈곤의 원인으로 여러 가지를 들 수 있으나, 노부모 부양에 대한 가치관 변화와 급속한 핵가족화로 인해 노후소득 마련의 주체가 자녀 중심의 사적 이전소득에서 노인 개인의 자산과 소득으로 전환된 점을 들 수 있다. 이러한 변화 속에서 현 노인세대는 공적연금 등 사회보장제도의 미성숙으로 인하여 노후소득 공백을 경험하고 있으며, 이는 우리 사회의 높은 노인 빈곤율로 나타나고 있다(이윤경 외, 2019).

이러한 배경에는 노후소득보장제도인 공적연금의 도입이 늦었고 그 소득보장 수준이 많이 낮다는 점을 들 수 있다. 특히 국민연금이 1988년에서야 시행되었기 때문에 그 적용을 받지 못하거나 또는 가입기간이 짧아서 온전한 연금보장을 받지 못하는 노인들이 존재한다(김흥래 · 이근영, 2022). 노후소득보장제도의 사각지대를 보완하기 위해 노령연금을 도입하였고, 이후 기초노령연금으로 대체되어 시행되다가 기초연금법을 제정하여 현재는 대상과 급여수준을 확대하여 적용하고 있다.

또한 국민기초생활보장제도 역시 제도의 사각지대 해소를 위해 부양의무자 기준을 일부 폐지하면서 제도 보완을 통한 수급대상 범위를 확대하였다. 국민기초생활수급자 비율을 살펴보면 65세 이상 노인계층의 경우 41.3%로 다른 연령층보다 높고, 총 인구수 대비 수급자 비율 역시 65세 이상 노인계층이 10.4%로 가장 높다(보건복지부, 2023).

그러나 노후소득보장제도의 지속적인 보완에도 불구하고 생계비 마련을 위한 65세 이상 고령자의 고용률(통계청, 2023)은 37.3%로 높은 편이다. 이는 전년(36.2%) 대비 1.1%p 상승한 수치이며 고령자의 고용률은 2015년 이후 줄곧 상승하고 있는 실정이다. 무엇보다 고령자의 57.2%가 장래 근로를 희망하였고 근로 희망 사유로 77.9%가 생계비 마련이라는 응답이 절대적으로 높게 나타난 것에서 보듯이 여전히 우리나라 노인들의 빈곤 문제는 심각하다.

## 2) 노인 건강문제

고령화사회에서 노인은 급성질환보다는 지속적인 관리와 치료가 요구되는 만성질환을 겪게 되므로 노인의 건강문제는 의료비 및 사회적 부담 측면에서 매우 중요한 사회문제로 부각되고 있다.

노인실태조사(2023)에 따르면 우리나라 노인의 86.1%가 1개 이상의 만성질환을 가지고 있으며, 만성질환 1개를 가지고 있는 노인은 22.1%, 2개 28.0%, 3개 이상인 노인은 35.9%로 나타났다. 연령대가 높아질수록 만성질환 유병률도 증가하였으며, 65~69세 노인의 평균 만성질환 개수는 1.7개인 반면 90세 이상 노인의 경우 평균 3.0개로 나타났다(그림 9-2). 만성질환 종류별 유병률을 살펴보면 고혈압이 56.8%로 가장 높고, 다음으로 당뇨병 24.2%, 고지혈증 17.1%로 나타났으며, 이러한 질환의 유병률이 높을수록 노인 진료비도 향후 높아질 가능성을 시사한다.

(단위 : %, 개)

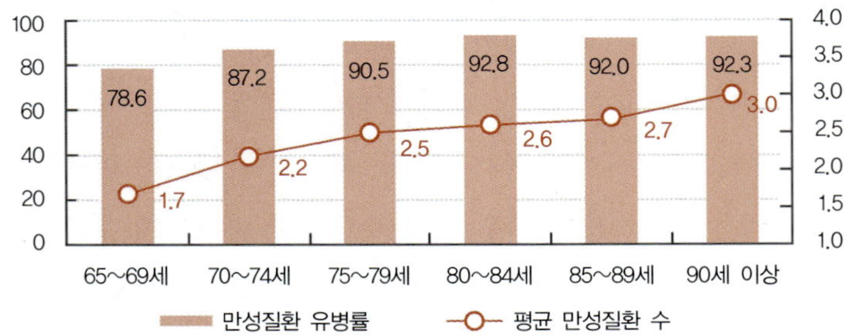


|그림 9-2| 연령대별 만성질환 유병률 및 평균 만성질환 개수

출처 : 보건복지부(2023). 2023년 노인실태조사.

노인 우울 증상과 관련한 현황을 살펴보면, 65세 이상 노인의 11.3%가 우울 증상을 보였으며, 남자 노인보다는 여자 노인의 우울 증상 비율이 높으며 연령대가 증가할수록 우울 위험이 높아지는 것으로 나타났다(그림 9-3).

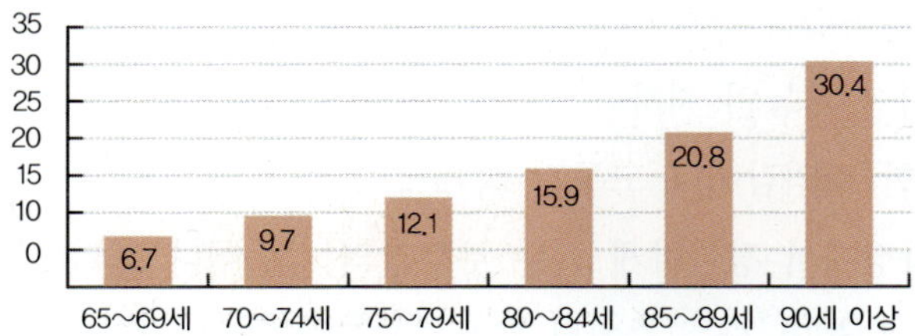


|그림 9-3| 연령대별 우울 위험군(2023년)

출처 : 보건복지부(2023). 2023년 노인실태조사.

그리고 지난 1년간 자살을 생각해 본 적이 있는 노인은 1.0%였으며, 남자 노인보다는 여자 노인, 연령대가 높아질수록(65~69세 0.7%, 85~89세 1.4%, 90세 이상 3.9%), 동 거주 노인보다는 읍·면 거주 노인에서 자살 생각률이 상대적으로 높은 것으로 나타났다. 자살을 생각한 주된 이유로는 신체적 질병으로 인한 고통이나 불편이 47.8%, 외로움 23.3%, 경제적 어려움 9.3%, 배우자·가족·지인의 사망 6.2%, 정신적 질병으로 인한 고통이나 불편 5.9%, 돌봄 부담 4.5% 등이었다(보건복지부, 2023).

65세 이상 고령자의 장기요양 인정자 비중은 10.8%로 전년대비 0.3%p 증가하였고, 65~69세는 1.8%, 70~79세 6.8%, 80세 이상은 30.9%로 인구 고령화에 따라 장기요양 인증자 비중은 계속 증가하는 추세이다(통계청, 2024).

상술한 바와 같이 노인의 건강문제로 인해 지출된 건강보험 진료비는 40조 6,129억 원으로 전체 진료비의 무려 43.4%를 차지(통계청, 2023)하는 만큼 초고령사회에 들어선 우리 사회의 노인의 건강문제는 의료비 지출 부담과 함께 계속 증가할 전망이다.

### 3) 노인 고독 및 소외 문제

고독과 소외는 현대사회의 필연적인 결과이며 모든 사람들이 경험하는 문제지만 사회적 관계망과 접촉이 적은 노인이 느끼는 고독과 소외의 정도는 단순한 문제로 보기는 어렵다.

노인들은 심신 기능의 저하와 은퇴로 인하여 소득 감소 및 역할과 지위의 상실 등으로 인한 소외감이나 고독감 속에 살아가는 경우가 많다. 나이가 들어감에 따라 그 과정에서 경험하게 되는 부부간의 갈등이나 노인세대와 현 세대 간의 세대 갈등, 더불어 사는 주거환경이나 사회활동에서 잘 어울리지 못할 때 고독감과 소외의 정도는 크다. 노인실태조사(2023)에 따르면 65세 이상 혼자 사는 노인가구는 32.8%로 그 비율이 급증한 반면 자녀 동반 가구는 상대적으로 급감한 것으로 나타났다.

이처럼 독거노인 혹은 사회적 접촉 기회가 부족한 노인들의 경우 고독감과 소외를 경험하게 될 가능성은 더욱 높다. 고독감과 소외는 노인의 신체적 건강에 부정적인 영향을 미치며 조기 사망률과 심리적 스트레스 정도를 높이고 무기력감으로 인해 결국은 삶의 질 저하로 이어진다. 그리고 고독감이 높은 노인들은 높은 자살 시도율과 죽음에 대한 불안감이 높으므로 노인의 고독감을 해소하고 평균수명 연장으로 보다 길어진 노년기를 건강하고 활기차게 보내기 위한 다양한 방안이 마련되어야 할 것이다.

### 4) 노인의 역할상실 문제

전문적 지식과 기술을 필요로 하는 정보화 사회로 전환됨에 따라 종래의 단순기술과 경험에 의한 지식만으로 주로 1차 산업에 종사해 왔던 노인들이 스스로 경제활동 영역을 찾지 못하여 소득원천을 상실하고 있을 뿐만 아니라 노후생활상 특별한 역할을 찾지 못하여 물질적 · 정신적 측면에서 소외되고 있다. 더욱이 도시화 추세에 따라 노인인구의 대다수가 도시에 모여 살게 되고 개인능력 위주의 가치관이 보편화됨으로써 노인계층의 사회적 · 경제적 지위나 권위는 점차 하락하고 있으며, 개인주의 또는 물질주의적인 가치관이 지배하게 되고 종래 나이만으로도 우대해 주던 경로효친의 의식구조가 점차 퇴색하여 감으로써 노인들은 사회에서는 말할 것도 없고 심지어 가정에서까지 설 자리가 없어져 가고 있는 것이다.

우리나라에서는 조기 정년과 명예퇴직제도 등으로 인하여 55세 이후부터 사회적인 의미에서 노인이 되어 노령기가 더욱 길어지고 있다(김호식 외, 2009). 그에 반해, 퇴직 이후의 여가에 대한 사회화의 미숙과 여가시설 및 여가 프로그램의 부족으로 많은 노인들은 여가문제로 고민하고 있다.

여가활동 및 자원봉사활동 등은 노인의 사회참여 욕구를 충족시키는 중요한 수단이 될 수 있다. 인간은 누구나 활동하고 싶어 하는 욕구를 가진 존재이며, 특히 제도나 개인의 상황에 따라 사회적 활동이 없거나 줄어든 노인의 경우 이러한 활동 욕구는 더욱 높다. 그러나 우리나라 노인들은 근대화 과정에서 경제개발에 치중하는 정치 · 경제의 틀 속에서 오로지 먹고 사는 문제에 매달려 남을 위하여 봉사하거나 사회활동에 참여하는 것에 익숙하지 못하다(이미숙 · 최경희, 2022). 따라서 노인들의 사회활동 참여 욕구를 충족시키고 여가를 보람 있게 보낼 수 있도록 다양한 복지서비스와 각종 유용한 정보를 적극적으로 제공하는 방안을 강구해야 한다.

### 5) 노인학대 문제

평균수명의 연장으로 인하여 노년기가 장기화됨에 따라 노인 부양이란 문제가 대두된다. 가족규모의 축소로 장남 위주의 가족부양이라는 기본적 부양 체계는 무너지고 은퇴 후의 연장된 생활기간 동안의 부양문제는 결국 사회적으로 의존할 수밖에 없다.

그러나 현실적으로 노인복지체계가 미흡한 우리 사회에서 노인 부양의 사회적 자원은 매우 미비하고, 어쩔 수 없이 노인 부양은 힘겨운 가족의 부담으로 남게 되어 노부모와 자녀 관계에서 학대의 현상이 나타나게 된다. 노년층의 수적 증가와 더불어 자녀세대의 감소가 부양자와 피부양자의 부양 비율의 불균형을 가져오면서 학대 사례는 더욱 증가하게 되고, 따라서 심각한 사회문제로까지 번지게 되었다. 단순한 생활 부양뿐만 아니라 수명연장으로 인하여 만성질환이나 치매로 인한 요보호 노인인구도 증가하면서 실제로 노인 부양은 가족의 한계를 넘어선 문제로 인식되고 있다.

가장 심각한 문제는 노인학대의 가해자가 대부분 잘 아는 사람이거나 의존적인 사람들과 지속적으로 접촉하는 사람들이며 그중에서도 노인을 학대하는 대상자가 주로 가족이라는 점에서 문제가 심각하다.

노인학대현황보고서(2023)에 따르면 한 해 동안 전국 지역노인보호전문기관을 통해 신고된 전체 신고 건수는 21,936건으로 전년대비 12.2% 증가(19,552건 → 21,936건)하였다. 학대 유형은 신체적 학대 4,541건(42.7%), 정서적 학대 4,531건(42.6%), 방임 758건(7.1%), 경제적 학대 352건(3.3%), 성적 학대 265건(2.5%), 자기방임 165건(1.6%), 유기 26건(0.2%) 순으로 나타났다(그림 9-4). 신체적 및 정서적 학대의 학대행위자 유형은 '배우자-아들-딸'이며, 방임의 경우는 '기관-아들-딸' 순으로 나타났다.

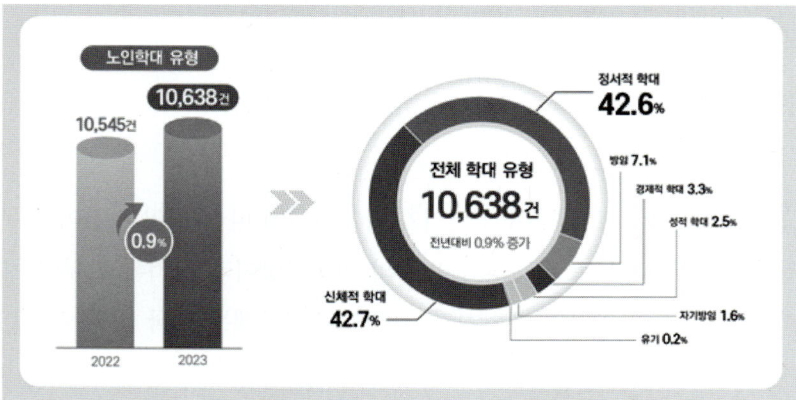


|그림 9-4| 노인학대 유형

출처 : 보건복지부(2023). 2023년 노인학대현황보고서.

전체 학대사례 7,025건 중 노인학대 발생 장소는 가정 내 학대가 6,079건(86.5%)으로 높은 비율로 나타났으며, 그 외 세부 유형으로는 생활시설 571건(8.1%), 병원 115건(1.6%), 이용시설 108건(1.5%), 기타 88건(1.3%), 공공장소 64건(0.9%) 순으로 나타났다(그림 9-5).

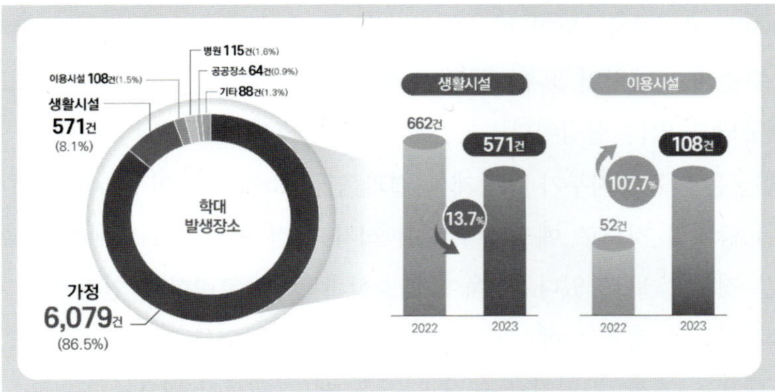


|그림 9-5| 노인학대 발생 장소

출처 : 보건복지부(2023). 2023년 노인학대현황보고서.

노인학대의 문제는 가족의 문제로서 신고를 하거나 밖으로 드러나지 않는 특징이 있다. 노인실태조사(2023)에 따르면 학대 시 대응방법의 경우 90.1%가 '그냥 참음'으로 응답한 것을 볼 때, 학대받는 노인들은 자신의 학대가 외부로 노출되는 것을 꺼리는 것으로 생각되며, 노인학대의 실태는 보다 더 심각할 것으로 추정할 수 있다.

노인학대는 노인들에게 있어서 매우 심각한 위기이다. 이 위기를 극복하지 못하면 노년기는 황폐해지며, 삶의 보람이나 의지를 보장받을 수 없고 하나의 인격체로서 사회의 구성원이 되기가 쉽지 않다. 이러한 위기가 발생했을 때, 일반적으로 노인은 약화된 가족 내 입지 때문에 독자적으로 이 위기를 타개하기는 어렵다. 노인들은 사회적 · 경제적 · 심리적으로 이미 많이 위축되어 있기 때문에 적절한 사회적인 개입과 중재가 필요하고, 필요한 경우 적절한 조치를 반드시 취해야만 한다(정옥분 외, 2016 재인용).

## 5. 노인문제 대응방안

### 1) 노인 빈곤 문제 대응방안

향후 65세 이상 노인인구 수는 지속적으로 늘어날 것으로 예상되며 전체 인구의 50% 미만에 속하는 노인 빈곤율은 보다 높아질 전망이다. 따라서 현재 노인의 소득수준에 추가적인 노후소득원이 확보될 수 있도록 노후소득보장제도의 보완이 요구되고 있는 실정이다.

국민연금은 보건복지부가 재정계산 결과 연금 소진 시점이 2060년에서 2057년으로 3년 당겨질 것으로 예상되며 수지 적자 시점 역시 2044년에서 2042년으로 앞당겨질 것으로 보고 있다. 더욱이 저출산과 인구 고령화로 인하여 장기 재정 불균형이 지속될 것으로 예상되기 때문에 사회적 합의를 통한 국민연금 보험료 및 소득대체율 조정, 가입기간 연장과 같은 제도 개선이 필요하다(김형수, 2023).

노인 빈곤 문제를 해결하기 위한 방안으로 고령 인구를 노동시장으로 유입하여 노후의 지속적인 소득 창출과 동시에 부족한 노동인구 문제를 보완하고 이들의 근로를 통해 사회보장 재정을 확보하는 것이다. 대표적으로 임금피크제를 원활하게 도입하여 고령 근로자로 하여금 임금을 점진적으로 조정하되 연금 수급 연령까지 고용이 보장될 수 있도록 관련 법적 제도를 정비하는 것도 고려해 볼 수 있다(김도환, 2022).

그 외에도 우리나라 노인의 경우 보유 자산 중 부동산이 차지하는 비중이 78.4%로 전체 평균인 68.2%를 상회하므로(신용상 · 김용도, 2016) 부동산을 이용한 주택연금 가입 또한 노인의 소득을 일부 보완할 수 있는 대안이 될 수 있을 것이다.

이상과 같이 노인 빈곤 감소를 목표로 기초연금, 고령자 고용 정책, 세제지원 정책 등 관련 제도들과의 포괄적인 연계 지원이 필요하다.

### 2) 노인 건강문제 대응방안

고령화에 따라 노인의 만성질환 유병률이 증가하고 있으나 현행의 건강증진 사업은 고혈압, 당뇨병 등의 등록 및 관리를 통한 건강관리 사업으로서 개별 질환 중심 체계로 운영되고 있다. 따라서 포괄적인 노인 건강관리를 위해서는 만성질환 환자군을 선정하여 대상자별, 생애주기별 종합적인 관리체계를 구축할 필요가 있다. 또한 만성질환 고위험군을 대상으로 프로그램 및 교육자료 계발, 정보제공 수단의 다양화 등을 통해 지역사회 기반 건강증진 사업을 확대할 필요가 있다.

고령이거나 사회경제적 수준이 낮고 혼자 사는 노인 등 취약계층을 위한 지역자원 접근성을 강화하고 이들을 위한 집중적인 건강관리 사업을 제공하기 위해 정부와 지방자치단체의 협력을 통한 인프라 구축이 필요하다.

노인의 특성상 복합적인 퇴행성 만성질환에 이환되는 경우가 많아 완치보다는 질병 예방이 보다 중요하다. 따라서 우리나라 노인들의 유병 상태와 사망원인을 고려하여 노년기 건강검진 항목을 도입하고 만성질환의 예방과 조기진단 및 관리가 이루어질 수 있도록 해야 할 것이다. 만성질환을 예방하기 위해서는 노인 개개인의 건강 수준 및 다양한 욕구를 반영한 노인 건강증진 프로그램이 공급되어야 할 것이며, 무엇보다도 노인 건강증진 프로그램 운영을 위해서는 프로그램에 참여하는 모든 노인에게 적절한 건강 수준 사정이 먼저 이루어질 수 있도록 관련 의료인력체계 구축 및 지원이 마련되어야 할 것이다(정유선, 2024).

### 3) 노인의 고독과 역할상실 문제를 해결하기 위한 사회활동

통상적인 노화는 질병적 노화로 연결되지만 개인의 선택과 노력 여하에 따라 성공적 노화로 바꿀 수 있다. 하비거스트(Havighurtst, 1972)는 노년기에 행복해지기 위해서는 지속적으로 활동을 유지해야 한다는 활동이론을 제안하였다. 사회적 · 가정적 역할 없이 막연하게 긴 시간을 보내는 노년기의 사회활동은 노인의 신체적 · 심리적 · 사회적 건강을 증진하는 중요한 수단이다(김춘남 · 박수희, 2022).

노년기의 고독과 소외감을 줄이고 의미 있는 사회활동의 일환으로, 노인의 삶의 경험과 지식을 활용한 사회공헌 프로그램을 적극 활용한다. 예를 들어, 청소년이나 청년에게 인생 경험과 지혜를 전수하는 노인 멘토링 프로그램이나 독거노인 또는 취약계층 노인을 위한 상담 · 방문 · 돌봄 봉사활동, 그리고 공원이나 공공시설 정리 및 관리와 관련된 지역사회 환경 개선 활동에 적극 참여하도록 한다.

그 외에도 문화 · 여가활동의 일환으로 노인 예술동아리 활동이나 지역사회에서 노인이 주체가 되는 공연 · 전시 개최 프로그램을 정부 차원에 지원하는 방안도 고려해 볼 수 있다. 또한 노인을 대상으로 한 무상 또는 저렴한 문화 여가 프로그램을 지역 복지시설에서 수시로 운영하고 대중교통지원 등을 통하여 노인들의 사회활동 참여기회를 높일 수 있도록 경제 · 문화 · 사회복지적 차원의 종합적인 지원책이 마련되어야 할 것이다.

### 4) 노인학대 문제 대응방안

노인학대는 신체적 · 정신적 피해를 초래하며 노인의 존엄성과 삶의 질을 심각하게 위협한다. 이를 예방하고 개선하기 위해서는 사회적 관심과 체계적인 대응이 필요하다. 우선 노인학대 예방을 위한 인식개선 교육을 적극 실시한다. 노인학대 예방캠페인을 전개하고 노인 돌봄 관련 종사자와 가족을 대상으로 인식개선 프로그램을 운영하도록 한다. 특히 돌봄제공자의 경우 노인 돌봄의 과정에서 겪는 스트레스로 인하여 노인을 학대하는 상황에 이를 수 있거나 때에 따라서는 자신이 노인을 학대하고 있다는 사실을 알지 못할 수도 있다. 따라서 돌봄제공자의 스트레스 요인을 조절하고 적절한 휴식을 취하게 하는 것이 노인학대를 예방하는 좋은 방법이라 할 수 있다. 구체적인 방법으로 가족구성원이나 친구에게 도움을 요청하거나 하여 돌봄제공자 자신의 시간을 갖도록 한다. 그리고 지역사회 관련 서비스를 제공하는 기관에 도움을 요청하여 일정 기간 돌봄의 책임에서 벗어나도록 해준다. 또한 돌봄으로 겪는 스트레스를 줄일 수 있도록 돌봄제공자에 대한 경제적 지원과 심리적 지지를 제공하는 것도 필요하다.

그리고 노인들을 대상으로 노인 자신의 권리를 스스로 인식하고 학대에 적극적으로 대처할 수 있도록 학대 예방교육을 제공하고 노인 보호 모임과 같은 자조모임을 활성화하여 학대 피해 경험 공유와 정보를 제공할 수 있도록 한다. 경로당이나 복지관, 방문요양센터 등 지역 기관과 연계하고 독거노인 및 취약계층 노인에 대한 정기 방문 및 전화 상담 서비스를 제공하여 노인학대 의심 사례를 지속적으로 모니터링한다. 아울러 학대 가해자에 대한 강력한 법적 제재 시행 및 재발 방지를 위한 지속적인 재교육 또한 필요하다.

# 부 록

## 노인학대의 구체적 행위(출처 : 보건복지부 노인학대예방센터 업무수행 지침)

① 신체적 학대(Physical Abuse)

| 구체적 행위 | 나타나는 징후 | 학대 세부내용 분류 |
|---|---|---|
| • 때린다.<br>• 세게 친다.<br>• 꼬집는다.<br>• 물건을 집어 던진다.<br>• 흉기로 위협한다.<br>• 강하게 누른다.<br>• 찌른다.<br>• 강하게 흔든다.<br>• 강하게 붙잡는다.<br>• 난폭하게 다룬다.<br>• 무리하게 먹인다.<br>• 신체 구속한다.<br>• 감금(가둠)한다.<br>• 의자나 침대에 묶어둔다.<br>• 불필요한 약물 투여한다.<br>• 담배 등으로 화상 입힌다. | • 설명할 수 없는 상처<br>• 설명과 일치하지 않는 상처<br>• 치료를 받지 못한 상처(잘린 상처, 찔린 상처, 생채기, 출혈, 골절 등)<br>• 신체부상(얼굴, 목, 가슴, 복부, 골반, 팔, 다리)<br>• 외관상 나타나지 않는(옷이나 신체의 일부분에 의해 가려진) 상처<br>• 머리카락이 뽑힌 흔적이나 머리 부분에 출혈한 흔적<br>• 화상(담뱃불이나 질산 혹은 로프나 체인의 마찰로 야기된 화상 등)<br>• 영양부족 상태 또는 질병과 관계없는 탈수상태<br>• 이상한 체중 감소<br>• 행동이나 활동수준이 변화 | ☑ 외상 없음<br>☑ 부종<br>☑ 멍듬<br>☑ 할퀸<br>☑ 꼬집힘<br>☑ 물어뜯김<br>☑ 찢김<br>☑ 경미한 출혈<br>☑ 머리카락 뽑힘<br>☑ 목 졸린 흔적<br>☑ 묶은 흔적<br>☑ 유해한 약물 투여 흔적<br>☑ 감금<br>☑ 삠(접질림)<br>☑ 골절<br>☑ 탈골<br>☑ 인대손상<br>☑ 고막파열<br>☑ 화상<br>☑ 복부출혈<br>☑ 호흡곤란<br>☑ 두개골 골절<br>☑ 경뇌막 혈종<br>☑ 신체떨림(수전증)<br>☑ 뇌손상<br>☑ 의식장해<br>☑ 뇌사<br>☑ 사망<br>☑ 기타 |

② 언어 · 정서적 학대(Verbal · Emotional Abuse)

| 구체적 행위 | 나타나는 징후 | 학대 세부내용 분류 |
|---|---|---|
| • 말로 욕을 퍼붓는다.<br>• 노인에게 고함을 지른다.<br>• 말로 혐오스럽게 한다.<br>• 말로 (양로원 등의 시설로 보내겠다) 협박한다.<br>• 노인에게 쓸모없는 늙은이라고 하는 등 자존심을 상하게 하는 말을 한다.<br>• 신체적 저하로 인한 노인의 실수를 비난하고 꾸짖는다.<br>• 노인이 수치심을 느끼게 하는 모욕적인 말을 한다.<br>• 유아처럼 다룬다.<br>• 고령자를 가족과 친구로부터 격리한다.<br>• 외출시키지 않는다.<br>• 노인을 보지 않는다.<br>• 노인에게 말을 걸지 않는다.<br>• 무시하고 대답하지 않는다.<br>• 노인만 따로 식사를 먹게 한다.<br>• 창피를 준다.<br>• 비웃거나 조소를 한다.<br>• 재앙을 가져오는 사람으로 취급한다.<br>• 위협적으로 무례한 태도를 취한다.<br>• 노인의 친구나 친지 등이 방문하는 것을 싫어한다.<br>• 노인의 일상적인 사회활동이나 종교활동을 노골적으로 방해한다. | • 반응하려고 하지 않는다.<br>• 질문을 해도 '네', '아니요'라는 짧은 답변 외에는 응답이 없다.<br>• 표정이 없다.<br>• 정서상태 : 우울, 공포, 혼돈상태, 부정, 분노, 흥분, 수동성<br>• 무기력하다.<br>• 말하기를 꺼리거나 주저한다.<br>• 고개를 숙이고 있다.<br>• 웃는 모습이 아니다.<br>• 눈물을 머금다, 운다, 절망이나 동요를 보인다.<br>• 대화에 참가하지 않는다.<br>• 걱정되는 듯한 모습을 하고 있다.<br>• 눈이 쑥 들어가 있다.<br>• 가족의 안색을 살핀다.<br>• 가족을 피하려고 한다.<br>• 집에 돌아가려 하지 않는다. | ☑ 무관심<br>☑ 소리 지름<br>☑ 비하된 언어<br>☑ 이유 없는 짜증과 화<br>☑ 심한 욕설<br>☑ 대꾸 안 함<br>☑ 무시<br>☑ 모멸감<br>☑ 고의적 따돌림<br>☑ 언어적 협박 및 위협<br>☑ 흉기로 위협<br>☑ 과대한 요구<br>☑ 생활기구 제한<br>☑ 기물파손<br>☑ 물건 던짐<br>☑ 사회적 활동 제한<br>☑ 사용 공간 제한<br>☑ 생활기구 사용 제한<br>☑ 쫓아냄<br>☑ 집 못 들어오게 함<br>☑ 나가지 못하게 함<br>☑ 기타 |

③ 성적 학대(Sexual Abuse)

| 구체적 행위 | 나타나는 징후 | 학대 세부내용 분류 |
|---|---|---|
| • 노인이 성적수치심을 갖게 하는 성 관련 언어표현 및 행위<br>• 성 관련 언어, 시각적 자료, 행동으로 성적 굴욕감을 유발하는 행위<br>• 폭행한 후 강제적으로 성행위 및 강간하는 것<br>• 물건이나 흉기를 사용하여 강제적으로 성폭행하는 것<br>• 원치 않는 성행위 및 강간<br>• 성적 수치심을 유발하는 환경(남녀 구별 필요공간에 구별 없는 경우, 탈의실, 화장실 개방 등) | • 걸을 때 혹은 앉을 때의 어려움<br>• 속옷이 찢어짐<br>• 외부 성기 부분이나 항문 부위의 타박상이나 하혈<br>• 성병<br>• 우울, 사회관계의 단절<br>• 수면장애<br>• 분노 또는 수치심 | ☑ 성적 수치심 유발 행위<br>☑ 성적 수치심 유발 환경<br>☑ 성희롱<br>☑ 성추행<br>☑ 성폭행<br>☑ 강제적 성행위 및 강간<br>☑ 기타 |

④ 재정적 학대(Financial Abuse/ Exploitation)

| 구체적 행위 | 나타나는 징후 | 학대 세부내용 분류 |
|---|---|---|
| • 노인의 유언장을 허위로 작성하거나 노인이 작성한 유언장을 노인의 동의 없이 수정한다.<br>• 노인의 허락 없이 노인의 이름을 사용해서 계약을 한다.<br>• 노인의 허락 없이 부동산(재산)을 사고판다, 빌린다.<br>• 노인의 허락 없이 노인 명의의 증서를 변경한다.<br>• 노인의 허락 없이 노인 재산을 증여한다.<br>• 노인의 소득(연금, 임대료 등)을 가로챈다.<br>• 대리권을 악용한다.<br>• 노인의 허락 없이 노인 금전에서 돈을 빌려준다.<br>• 노인의 허락 없이 노인 명의의 | • 자신의 생활이나 보호를 위한 충분한 돈을 가지고 있지 않다.<br>• 필요한 물건을 살 수 없다.<br>• 체납된 공과금 및 세금서가 발견되고 있다.<br>• 은행계좌의 현저한 혹은 비적절한 거래가 있다.<br>• 노인의 서명이 아닌 노인의 서명과 유사하게 서명된 수표나 서류가 있다.<br>• 개인 소지품이 없어졌다.<br>• 노인의 재산이 타인의 명의로 갑자기 전환되었다. | ☑ 인감도용<br>☑ 연금 및 생계급여 등 수입에 대한 착취<br>☑ 강제적인 명의변경<br>☑ 부양 전제 증여 후 부양의무 불이행<br>☑ 은행계좌 무단 인출<br>☑ 현금갈취<br>☑ 동산갈취<br>☑ 부동산갈취<br>☑ 재산권 사용 제한(예 근저당)<br>☑ 유언장 허위 작성<br>☑ 의사표현 능력이 없는 노인의 재산 갈취<br>☑ 불완전한 의사표시상태에서 노인의 재산 갈취 |

| | | |
|---|---|---|
| 은행구좌에서 돈을 인출한다. (돈을 훔친다, 돈을 악용한다, 연금을 가로채서 사용하는 것 등)<br>• 노인에게서 빌린 돈이나 물건을 돌려주지 않는다.<br>• 노인의 값나가는 물건을 빼앗는다.<br>• 노인의 허락 없이 노인 명의의 은행구좌를 해약한다. | | ☑ 신용카드 명의도용 및 도용<br>☑ 노인임금 채무 불이행<br>☑ 기타 |

⑤ 방임(Neglet)

| 구체적 행위 | 나타나는 징후 | 학대 세부내용 분류 |
|---|---|---|
| • 식사와 물을 주지 않는다.<br>• 약물을 불충분하게 투여한다.<br>• 치료를 받게 하지 않는다(병원에 데리고 가지 않는다).<br>• 청결유지를 태만히 한다(옷 갈아입기, 기저귀 교환, 손톱 깎기, 산발, 목욕 등).<br>• 노인에게 필요한 기구를 제공하지 않는다(안경, 의치, 보청기 등).<br>• 거동이 불편한 노인을 장기간 혼자 있게 둔다.<br>• 노인 방만 청소하지 않는다.<br>• 와상 시 몸의 위치 변경을 태만히 한다.<br>• 노인이 사고를 당할 수 있는 위험한 상황에 처하게 한다. | • 오물, 대소변 냄새, 노인 주변 환경에 있어서 건강이나 안전에 관련되어 위험한 증후가 있다.<br>• 머리, 수염, 손톱 등이 자라서 지저분해져 있다.<br>• 욕창이 있다.<br>• 땀띠, 염증, 이(기생충)가 있다.<br>• 악취가 난다.<br>• 의치, 보청기, 안경 등이 없다. 또는 부수어져 있다.<br>• 식사를 거르고 있다.<br>• 영양실조나 탈수상태에 있다.<br>• 필요한 의료를 받지 않거나 필요한 약을 먹지 않고 있다.<br>• 의복을 착용하지 않았다.<br>• 언제나 같은 의복이나 더럽고 찢어진 옷 또는 계절에 맞지 않는 의복을 입고 있다.<br>• 오물로 침대나 이불이 더럽혀져 있다.<br>• 기저귀가 교환되지 않고 있다.<br>• 전기, 가스, 전화, 수도가 단절되어 있다. | ☑ 의료적 방임(치료받아야 하는 상황)<br>☑ 보장기구(보청기, 당뇨체크기구 등) 제공거부<br>☑ 필수생활비, 생계비 지원 단절<br>☑ 비위생 거주 환경<br>☑ 개인위생 방치(와상, 치매 등 거동 불가능 노인)<br>☑ 난방 단절<br>☑ 전기, 가스, 수도 단절<br>☑ 주거환경 안전사고 위험<br>☑ 거동 불가능 노인에게 충분치 못한 식사 제공<br>☑ 영양실조<br>☑ 탈수상태<br>☑ 연락두절<br>☑ 왕래두절(1년 이상)<br>☑ 노인의 배회<br>☑ 신변 위험 상태 방치<br>☑ 죽게 내버려 둠<br>☑ 가출 후 찾지 않음<br>☑ 기타 |

⑥ 자기방임

| 구체적 행위 | 나타나는 징후 | 학대 세부내용 분류 |
| --- | --- | --- |
| • 노인 스스로 할 수 있음에도 불구하고 신변의 청결, 건강관리, 가사 등을 포기하거나 관리하지 않아 심신의 문제가 발생한다.<br>• 자기의 신변청결, 건강관리, 가사 등을 본인이 할 능력이 부족하거나 어떤 이유로 노인도 모르는 사이에 심신의 문제가 발생한다. | • 스스로 식사와 수분을 섭취하지 않음<br>• 필요한 치료와 약복용을 중지 또는 이로 인한 건강상태 악화<br>• 의도적으로 죽고자 하는 모든 행위 | ☑ 의도적으로 신변청결 및 기본생활 회피<br>☑ 의도적으로 식사 거부<br>☑ 의도적으로 기본적인 보호 거부로 건강문제 발생<br>☑ 치료 행위 거부로 생명에 위험 초래<br>☑ 자해<br>☑ 자살기도<br>☑ 사망<br>☑ 기타 |

⑦ 유기학대

| 구체적 행위 | 나타나는 징후 | 학대 세부내용 분류 |
| --- | --- | --- |
| • 노인을 낯선 장소에 버린다.<br>• 노인을 다른 주거지에 거하게 하고 연락을 두절한다.<br>• 거동이 불편한 노인을 시설에 맡기고 연락을 두절한다.<br>• 노인을 강제적으로 반감금 형태 시설에 보내 집으로 돌아오지 못하게 한다. | • 노인이 낯선 장소에서 오랜 시간 배회하며 자신의 주거지 및 연락처를 알지 못한다.<br>• 주거지가 아닌 장소에서 불결한 신변상황이나 식사를 제대로 하지 못한 상태에 방치되어 있다.<br>• 자녀들이 전혀 연락이 되지 않으며, 주거지를 옮기거나, 이민을 떠났다.<br>• 노인의 신상에 대한 정보를 전혀 알 수가 없다. | ☑ 노인을 길, 시설, 낯선 장소에 버림<br>☑ 반감금 형태의 시설에 입소됨<br>☑ 사망<br>☑ 기타 |

# 제10장
# 가족문제

1. 문제제기
2. 가족과 가족문제의 이해
3. 가족 변화에 대한 쟁점
4. 가족문제의 실태
5. 가족문제의 대응방안

# 제10장

# 가족문제

## 1. 문제제기

우리 사회는 가족문제를 가족 내부의 문제로 치부하려는 경향이 있다. 가족문제를 사적인 '가정사(家庭事)'로 간주하는 관점은 표면적으로는 개인의 자율성을 존중하는 듯 보이나, 사회적인 책임이나 개입을 회피하려는 인식이 내포되어 있어 있다. 가족문제는 가족구성원의 역량 부족이나 가족관계 내의 갈등만으로는 온전히 설명될 수 없으며, 사적인 영역에 국한된 현상이 아니라 거시적인 사회구조적 요인과 긴밀하게 상호 연관되어 있다. 특히, 실업, 빈곤, 주거 불안정, 교육 불평등과 같은 사회경제적 취약성이 복합적으로 개인 및 가족문제의 주요 원인으로 작용하며, 그 발생원인은 다양하고 복합적인 특성을 보인다. 가족문제를 사회문제로 인식하기 위해서는 거시적인 사회구조적 맥락에서 가족구성원의 개인적 특성과 더불어, 가족이 처한 사회경제적 환경 및 제도적 구조 등 다양한 요인을 포괄적으로 고려하여 가족문제의 발생원인을 이해할 필요가 있다. 가족문제의 발생원인을 이해하는 것은 우리 사회가 직면한 가족문제를 올바르게 이해하고 그 본질을 파악하는 중요한 과정이며, 효과적인 해결책을 모색하는 데 필수적이다.

따라서 이 장에서는 가족문제의 개념과 발생원인 및 유형을 학습하고, 한국의 주요 가족문제에 대해 살펴보고자 한다.

## 2. 가족과 가족문제의 이해

### 1) 가족의 개념

가족의 개념은 시대와 사회적 변화에 따라 지속적으로 변화해 왔다. 전근대 사회에서는 대가족 중심의 가족 개념이 일반적이었으나, 산업화 및 도시화의 진전에 따라 핵가족 중심의 가족 개념으로 전환되었다. 이후 현대사회에서는 가족 개념이 더욱 다양하고 포용적인 방향으로 확장되고 있다.

다양한 가족의 개념을 크게 두 가지 관점으로 구분된다.

첫째, 가족을 기능과 형태 중심으로 정의하는 관점이다. 머독(Murdock, 1949)은 기능주의적 관점에서 가족을 정의하며, 가족은 모든 사회에 존재하는 보편적 제도로, 결혼, 동거, 경제적 협력, 자녀 양육 등을 통해 사회적 기능을 수행한다고 보았다(박주희, 2023; 이윤정 외, 2021). 그는 핵가족이 전 세계 모든 문화에 존재한다고 주장하였다. 반면, 레비스트로스(Lévi-Strauss, 1969)는 "가족은 부부와 그들의 자녀로 구성되고, 법적 결속, 종교적, 경제적 기타의 권리와 의무, 성적 권리와 금기의 정확한 체계, 그리고 사랑, 애착, 존경, 공포 등 다양한 심리적 감정으로 결합된 집단으로 정의하였다(박주희, 2023; 이윤정 외, 2021). 레비스트로스는 가족의 구조와 형태, 특히 혈연과 혼인 관계를 중시하였다. 기능적 관점은 가족의 역할을 강조하며, 형태적 관점은 가족의 외형적인 구조를 중시한다(박주희, 2023; 이윤정 외, 2021). 기능과 형태 중심의 가족 정의는 현대사회의 복잡하고 다양화된 가족구조를 반영하는 데 유용하다. 혈연 중심에서 벗어나 비혈연적 관계 및 다양한 생활양식을 포괄할 수 있기 때문이다. 이러한 가족 정의는 정서적 지지, 경제적 협력, 사회적 역할 수행이라는 가족의 핵심 기능을 강조한다. 특히, 가족구성원 간의 상호작용 양상 및 역할 수행에 초점을 둔 문제해결 접근은 가족 치료 및 상담 분야에서 가족구성원의 상호작용 패턴과 역할 수행의 향상을 도모하는 데 적용될 수 있다.

둘째, 가족을 전통적인 개념과 현대적인 개념으로 구분하는 관점이다. 파슨스(Parsons, 1955)는 산업화 이후 핵가족이 사회적 기능 분화에 적합하다고 보았으며, 전통적인 가족의 역할 분담을 강조하였다. 반면 현대적 관점은 다양한 가족 형태의 출현과 함께 가족 개념의 다원화를 강조한다. 이는 개인의 가치관 변화, 성평등 의식의 확산, 그리고 사회적 다양성의 증대와 밀접한 관련이 있다(권신영 외, 2025; 이원숙, 2016; 이윤정 외, 2021). 이 관점은 혈연과 혼인 중심의 전통적 가족과 개인의 자율성과 다양성을 강조하는 현대적 가족을 대비시켜 가족의 역사적 맥락과 문화적 가치를 이해하는 데 적용하며, 가족 연구의 기초를 다지는 데 중요한 역할을 한다.

그러나 두 관점은 각각의 장단점을 지니고 있으며, 상황에 따라 어느 쪽이 더 적합한지는 다를 수 있다. 현대사회에서는 이러한 두 관점을 조화롭게 통합하여 다양한 가족 형태를 인정하고 지원하는 방향으로 나아가는 것이 바람직한 방향이라 할 수 있다. 이를 통해 가족의 다양성을 존중하면서도 사회적 안정성을 유지하고, 모든 형태의 가족이 건강하게 기능할 수 있도록 돕는 것이 중요한 것이다.

## 2) 가족문제의 이해

### (1) 가족문제의 개념

가족에 대한 사회구성원들의 가치, 규범, 행동 양식 등은 지속적으로 변화하고 있으며, 전통적으로 당연하게 여겨졌던 가족 형태와 기능이 다양화되고 있다. 이에 따라 어떤 상황을 가족문제 영역에 포함해야 할지에 대한 명확한 기준이 없다. 다만, 가족구성원들의 고통이나 문제의 심각성, 사회적 영향 등을 고려하여 판단할 수 있으며, 그 가족의 상황이 가족문제의 영역에 포함될 수 있다는 것에 대한 합의와 변화되어야 할 필요가 있다는 것에 대해서는 사람들이 공통적으로 인식하고 있다(고명석 외, 2023).

가족 관련 연구에서 가족문제의 개념은 가족해체나 가족 갈등 등과 혼용되어 사용해 왔다(김유경, 2015; 원석조, 2002; 조흥식 외, 2025; 최일섭, 2000).

조흥식 등(2025)에 의하면, 가족문제를 생각할 때 중요한 것은 가족 개인에 대한 기능이 가족 내의 제반 관계 속에서만 수행되는 것이 아니라 가족은 개인과 전체 사회 사이에서 매개체 역할을 하는 중간집단임을 인식해야 한다는 것이다. 또한 역동적인 사회체계로서 가족은 사회가 보유한 가족에 대한 고정관념으로 인하여 혼인제도, 자녀출산 및 양육, 부모 부양, 교육제도 등 다각적인 측면에서 개인에게 끊임없이 영향을 주거나 강요하는 반면, 한편으로는 지역사회와 국가 등 보다 큰 사회에 영향을 주는 요소로서 작용하기 때문에 '가족의 사회화'와 '사회의 가족화'를 동시에 이루어 감을 알 수 있다(조흥식 외, 2025). 따라서 가족문제는 중간집단으로서 가족이 사회변동에 대응할 수 없게 되기 때문에 발생한 제반 문제로 볼 수 있다(조흥식 외, 2025).

따라서 가족문제란 가족 내부의 가족관계에서 발생하는 개별 문제, 혹은 가족과 사회와의 갈등 상황뿐만 아니라 그러한 갈등이 원인이 되어 가족이 붕괴되거나 해체되는 결과를 초래하는 상황으로 정의할 수 있으며, 가족생활에 관계되는 여러 가지 사회문제와 연관되어 있다는 점까지 포함하여 이해해야 한다(조흥식 외, 2025). 가족문제는 가족구성원의 안정과 행복을 저해하고 사회 전반에도 부정적인 영향을 미치는 사회적 문제이며, 사회구조 변화에 따른 압력, 가족기능 약화, 경제적 위기, 가치관 변화, 법·제도적 한계 등 다양한 구조적 요인들의 상호작용으로 인해 더욱 복잡하고 광범위하게 확대되고 있다.

가족과 사회는 상호 영향을 주고받는 관계 속에서 다양한 문제에 직면하게 되는데 이러한 관점에서 가족문제를 분석할 때, 가족구성원의 역할과 가족기능의 변화뿐만 아니라, 가족이 사회 내에서 수행하는 역할에도 주목해야 한다. 그리고 가족을 둘러싼 지역사회, 조직, 이해관계 집단 등이 가족에 미치는 영향을 고려하는 것이 중요하다. 가족문제를 보다 깊이 이해하기 위해서는 사회 전반이 가족에게 미치는 다양한 요인을 면밀히 분석할 필요가 있다.

위의 관점에서 가족문제를 분석할 때 중요한 문제는 다음과 같다. 첫째, 가족구성원의 역할과 가족기능의 변화에서 무엇이 가족기능의 약화를 초래하였는가 하는 문제의식을 가지고 시작해야 한다. 가족이 수행하는 다양한 역할 중 어떠한 측면들이 약화되었는지, 그 원인은 무엇인지 탐구해야 한다. 둘째, 가족기능의 약화를 살펴볼 때 두 가지 차원의 기능 문제를 모두 고려해야 한다. 하나는 가족구성원 개개인의 성장과 안녕, 사회화 등을 지원하는 가족 내부의 기능이 어떻게 변화하거나 약화되었는지에 대한 문제이다. 다른 하나는 가족이 사회체계의 한 부분으로서 사회통합과 사회 유지 및 발전에 기여하는 기능이 어떻게 영향을 받고 약화되었는지에 대한 문제이다. 가족문제 연구는 이 두 가지 측면의 기능 약화에 대한 통합적인 이해를 요구한다. 셋째, 이러한 가족기능 약화의 원인 및 과정에 대한 분석과 더불어, 가족 외부의 사회환경이 가족에게 미치는 영향에 대한 고찰이 필수적이다. 특히 가족을 둘러싼 지역사회, 다양한 사회 조직 및 집단, 그리고 광범위한 사회구조(예 경제 시스템, 문화적 가치, 정책 및 제도) 등 전체 사회가 가족의 형태, 기능, 관계에 영향을 미치는 다층적이고 복합적인 요인들을 체계적으로 분석하는 것이 중요하다. 따라서 가족문제는 가족 내부만의 고립적 결함이라기보다 사회적 고정관념과 제도 등의 외부 환경 요인에 의해 역동적으로 변화하는 가족구조가 사회변동성에 적절히 대응하지 못하는 과정에서 발생하는 사회-가족 간 부조화의 문제로 개념화되어야 하며, 이에 대한 접근이 필요하다.

### (2) 가족문제의 발생원인과 유형

가족문제는 개인과 사회 전체에 영향을 미치는 복잡한 현상으로 그 원인은 다양한 차원에서 분석될 수 있다. 가족문제의 주요 원인은 가족구성원 간의 기대 차이와 의견 대립에서 오는 역할 긴장과 스트레스, 물리적 폭력, 급격한 사회변화에 대한 부적응, 그리고 사회제도의 기능적 결함 등으로 복합적이다(조흥식 외, 2025). 조선주 등(2010)의 연구에 의하면 통상 가족문제가 발생하는 경우에는 가족원끼리의 기대 차이나 역할갈등에서 비롯되는 문제에서부터 가족원의 의식이나 행동이 여타의 사회제도와의 관계에서 부딪치게 되는 갈등, 때로는 가족 내부의 고유한 생활양식이 가족을 둘러싼 사회변동의 속도 차이에서 오는 사회문화적 갈등과 마찰에 이르기까지 대단히 다양한 양상으로 나타나고 있다. 요컨대 가족문제를 야기하는 주요인은 대체로 가족원의 기대 격차와 의견 대립 등에 기인하는 역할 긴장과 스트레스, 나아가 물리적 폭력행위로부터 급격한 가족 변화나 사회변동과 조응하지 못함으로써 발생하는 가족 내외적 환경, 또는 가족을 둘러싼 사회제도의 기능적 결함까지를 포괄하는 것으로 볼 수 있다(조선주 외, 2010). 이처럼 가족문제가 발생하는 양상이나 원인은 매우 다양하다. 함인희(1993)와 고기홍(2005)은 가족문제의 발생원인과 그 파급효과에 의해 크게 미시적 차원과 거시적 차원으로 구분하고 있다.

먼저 미시적 차원의 가족문제는 결혼생활과 부부 및 부모-자녀 관계에서 비롯되는 가족 내적 문제를 들 수 있다. 이는 주로 가족 내적 동학이나 가족관계 및 가족주기와 연관되어 가족구성원의 역할을 둘러싼 긴장 및 갈등 등을 발생시킨다는 점에서, 그리고 문제의 발현형태가 주로 개인이나 가족 내적 범주로 제한되어 나타난다는 특징을 갖는 것이다(고기홍, 2005).

여기에는 우선 가족문제를 가족관계나 구조, 기능, 그리고 가족생활주기에 기인하는 것으로 설명할 수 있다. 우선, 가족관계의 측면에서 가족문제를 유형화할 수 있는데, 가족구성원들의 관계적 특징에 따라 다음과 같은 여섯 가지 유형으로 분류할 수 있다(김양희 · 박정윤, 2004). 즉, ① 부부관계에서 발생하는 문제(배우자 부정, 성격이나 정체성 차이, 배우자 폭력, 주벽 · 도박, 성생활 문제, 유기 · 별거, 가출, 경제적 무능력, 신체장애 · 정신건강), ② 자녀 문제(교육문제, 비행문제), ③ 가정폭력의 문제, ④ 가사노동 분담의 불평등에 따른 기혼여성의 스트레스 문제, ⑤ 노인 부양 문제, ⑥ 가족해체와 한부모가정 문제 등이 그것이다.

〈표 10-1〉 가족기능 요소에 따른 가족문제 유형

| 요 소 | 가족문제 |
|---|---|
| 구 조 | 부모결손, 편부, 편모, 재혼문제, 무자녀, 외도, 정신질환자, 신체적 병자, 별거, 부모부양문제, 이혼 |
| 의사소통 | 대화 부족, 표현 부족, 불일치 및 이중적 태도, 무시, 불신 태도 |
| 역 할 | 경제문제, 실업문제, 경제적 무능력, 주거문제, 자녀교육, 양육 및 훈육문제, 가사문제, 건강문제, 성문제, 불임문제, 흡연문제, 음주문제, 효도 부족, 모범 보이지 못함, 역할회피, 무책임함, 능력 부족, 자기관리 부족 |
| 위 계 | 부모의 방임적 태도, 권위적 태도, 가부장적 태도, 신체 및 언어폭력, 동맹과 소외, 말다툼, 비난, 싸움, 경쟁, 갈등, 관계갈등, 부부갈등, 고부갈등, 무시, 버릇없음 |
| 경 계 | 가족공동행사 부족, 여가활동 부족, 정서유대 및 지지 부족, 책임회피, 과잉보호, 간섭, 통제, 억압, 강요, 개인 미성숙 |
| 규 칙 | 원칙 부족, 버릇없음, 양보 부족, 간섭, 통제, 억압, 강요, 종교문제(부모 종교 강요, 형식적 생활) |
| 생활주기 | 문제해결 및 개선 부족, 학업 및 진로, 결혼문제, 이성문제, 노후문제 |

출처 : 고기홍(2005) 재인용.[1]

따라서 미시적 차원의 가족문제는 주로 부부관계, 부모-자녀 관계와 같은 가족 내 핵심 관계에서 비롯되며, 이는 가족구성원 간의 긴장과 갈등을 야기한다. 이러한 문제가 심화될 경우 가족기능의 와해와 해체로 이어진다고 본다.

두 번째, 거시적 차원의 가족문제는 사회 전반의 구조적 요인들이 가족의 생활에 직접적인 영향을 미치며, 이러한 요인으로 인해 가족 시스템의 부적응이나 기능적 결손이 나타난다고 보는 관점이다. 이는 경제적 불평등, 노동시장의 유연화, 복지제도의 미비와 같은 구조적 요인들이 가족의 경제적 안정성과 기능을 약화시켜 발생하게 된다. 예컨대, 소득 격차는 교육 및 의료 접근성의 차별을 유발하여 계층 간 불평등을 고착화시킨다. 그리고 노동시장의 유연화로 인한 비정규직 중심의 고용 구조는 소득 불안정을 초래하여 가정 내 갈등을 심화시킨다. 또

1 고기홍(2005)은 가족문제의 다양한 특징들을 면밀히 검토하여 평가할 수 있는 몇 가지의 핵심 요소를 발견할 수 있다는 점에 착안하여 이를 유형화하고, 나타나는 특징적 양상을 평가하는 요소를 〈표 10-1〉에 제시하였다.

한 미흡한 복지제도는 노인 빈곤문제를 야기하고, 이는 자녀세대의 부모 부양 부담을 전가하여 가족관계의 긴장을 유발한다. 특히, 저출산 및 고령화 현상은 이러한 구조적 문제를 더욱 악화시키는 주요 요인으로 작용하며, 핵가족화 및 1인 가구 증가와 같은 가족구조 변화를 초래하게 된다.

따라서 미시적 차원의 가족문제는 가족구성원 간의 상호작용에서 비롯되고 거시적 차원의 가족문제는 사회 전반의 구조적 요인에서 비롯되지만, 두 차원은 서로 영향을 주고받으며, 가족문제의 복잡성을 설명한다(조흥식 외, 2025).

한편 가족문제를 사회변동이라는 거시 구조적인 변화 속에서 규정하기도 한다(함인희, 1993, 조흥식 외, 2025 재인용). 가족문제를 가족과 사회의 변화 속도 간의 지체 현상에서 파생되는 문제로 규정하고, '일탈적 현상'이 아니라 '규범적 현상'으로 규정하고 있을 뿐만 아니라 '적응'의 범주만을 제외한 세 가지 유형의 가족문제는 상호 배타적인 범주이기보다는 상호 교환이 가능한 범주로 이해된다(조흥식 외, 2025).

### (3) 한국 가족문제의 성향

조흥식 등(2025)에 따르면 한국의 주요 사회환경 변화를 고려하여 현재 한국 사회가 안고 있는 가족문제의 성향을 요약하면 다음과 같다.

첫째, 한국인의 가족 가치관은 유교적 전통, 생존 중심의 도구주의, 정서적 보호를 강조하는 서정주의, 그리고 개인주의적 경향이 혼재되어 상호작용하며, 독특한 혼합·변종적 양상을 보임으로써 일관된 가족 정책 수립의 어려움을 야기한다. 특히 개인주의 가치관의 확산은 결혼 기피 및 연령 상승, 미혼율 증가로 이어지고 있다. 둘째, 경제적 불안정, 여성 취업 증가, 가족 간 경제적 격차 심화는 가족 소득 문제를 심화시키고 있다. 셋째, 핵가족화, 1인 가구 증가, 맞벌이 가족의 보편화는 가족의 전통적인 돌봄 기능을 약화시키고 있으며, 이는 아동, 노인, 장애인 등 취약계층에 대한 사회적 돌봄의 필요성을 증대시킨다. 넷째, 도시화로 인한 불안정성, 세대 차이, 부부 불화 등은 가족의 통제 및 사회화 기능을 저해하며, 가정폭력과 같은 가족문제를 야기하는 주요 요인으로 작용한다. 다섯째, 이혼, 별거, 유기 등으로 인한 결손가정의 증가는 심리적·경제적 소외 문제를 야기하며, 다양한 형태의 한부모가족 등은 전통적인 가족기능의 변화를 요구한다. 마지막으로, 독신 가구, 동거, 재혼 가족, 동성애 가족 등 다양한 비전형적 가족 형태의 증가는 기존의 단일한 가족 경험이라는 이데올로기의 해체를 촉진하며, 다양성에 기반한 상호 존중과 가족관계의 평등성을 추구하는 새로운 가족 의미 해석의 필요성을 제기한다(조홍식 외, 2025).

종합해 보면, 가족문제를 이해하기 위해서는 가족에게 나타나는 변화 양상을 중심으로 가족 가치관, 인구학적 변화로 인한 가족 규모 및 형태, 가족관계와 기능의 변화, 그리고 사회환경과 정책 변화 등 통합적이고 다차원적 접근이 필수적이다.

## 3. 가족 변화에 대한 쟁점

### 1) 가족변화론과 가족위기론

최근 한국은 가족구조 및 가치관의 변화로 인하여 이혼율 증가, 한부모가족 증가, 1인 가구 증가, 출산율 하락 등 다양한 차원에서 제기되는 가족 변화는 가족 형태의 다양화를 위기나 부정적으로 인식하고 대책을 모색하는 위기론 입장과 이와 같은 변화를 긍정적으로나 혹은 필연적으로 일어날 수밖에 없다고 바라보면서 대책을 모색하는 변화론 입장으로 나뉜다(윤홍식 외, 2020 : p. 26). 각각의 입장은 '가족은 어떻게 구성되어야 하고 어떤 방식으로 살아가는 것이 이상적인가'라는 가족 가치에 대한 차이를 보인다. 가족위기론과 가족변화론이 가족 변화를 해석하는 근본적인 차이는 '어떤 가족이 이상적이며, 가족 내에서 역할이 어떻게 분담되어야 하는가'라는 가족 가치에 대한 차이에 대한 관점에서 비롯된다(윤홍식 외, 2020 : 26).

가족위기론에서는 남성 가장을 중심으로 하는 핵가족을 이상적인 형태로 상정하며, 남성은 생계부양을, 여성은 가족 보호를 일차적으로 담당하는 성별 분업을 자연스럽고 바람직하다고 본다. 이러한 관점은 여성의 사회 및 노동 시장 참여가 증가했음에도 불구하고 여성의 위상과 역할을 가족 내에서의 돌봄 역할에 기반하여 규정하려는 경향으로 이어진다. 이들은 전통적 가족 형태와 성역할 분담에서 벗어나는 현상들을 가족의 기능 약화 및 해체의 징후로 인식하며, 이는 사회적 문제와 직결된다고 우려한다. 반면 가족변화론자들은 남성 가장 중심의 핵가족만이 이상적인 형태라는 전제에 동의하지 않는다. 이들은 남성을 생계부양자, 여성을 가족 보호자로 구분하는 전통적인 성역할 분업이 가부장적 구조를 내재하고 있으며, 여성의 남성에 대한 종속을 심화시킨다는 점에서 비판적인 입장을 취한다. 따라서 이러한 성역할 구분에 기반한 가족 형태를 이상적이라고 보지 않는다. 가족변화론은 이혼가족, 1인 가구 등 다양한 형태의 가족을 단순히 해체된 '문제가족'으로 보기보다는 기존 가부장적 구조에서 벗어나 평등하고 민주적인 관계를 모색하는 '대안적인 가족 형태'가 될 수 있다고 평가한다. 이러한 시각은 여성의 지위가 어머니나 아내라는 전통적 역할 규정에서 벗어나 사회경제적으로 독립적이고 자율적인 개인으로서 전제되어야 한다는 철학적 기반 위에 서 있다고 할 수 있다.

### 2) 가족문제 진단

가족위기론에서는 가족문제를 주로 전통적 가족구조의 붕괴나 기능 약화에서 비롯된다고 본다. 예를 들어, 높은 이혼율은 자녀 양육의 불안정성을 야기하고, 가족구성원 간의 유대 약화는 사회적 고립이나 비행문제로 이어진다고 주장한다. '정상적인' 가족 형태에서 벗어난 한부모가족, 동거가족 등 다양한 가족 형태 자체를 문제의 원인으로 보거나, 최소한 문제발생 가능성이 높은 형태로 간주하는 경향이 있다.

반면 가족변화론에서는 가족문제를 특정 가족 형태의 문제가 아니라, 가족을 둘러싼 사회경제적 환경이나 구조적 문제(예 불평등, 빈곤, 열악한 노동 환경, 돌봄 인프라 부족, 차별 등)에서 비롯된다고 본다. 예를 들어, 맞벌이 부부의 양육문제는 부부의 의지 부족이 아니라 사회의 충분한 돌봄 지원 시스템 부재의 원인으로 보며, 한부모가족의 어려움은 가족 형태 자체보다 사회적 편견이나 경제적 자립을 위한 지원 부족의 원인으로 본다.

### 3) 가족문제와 아동빈곤

가족위기론에서는 아동빈곤 문제가 주로 가족구조의 불안정성, 특히 한부모가족의 증가와 밀접하게 연결되어 있다고 본다. 전통적인 양부모 가족에 비해 한부모가족은 소득원이 적거나 불안정하기 때문에 아동이 빈곤에 노출될 위험이 높아진다고 주장한다. 또한 가족해체가 부모의 양육 기능 약화로 이어져 아동의 발달 부진이나 교육 기회 상실을 초래하고, 이것이 장기적으로 빈곤의 대물림으로 이어질 수 있다고 우려한다. 해결책으로는 전통적 가족의 가치 회복, 이혼 방지, 결혼 장려 정책 등을 강조한다.

반면 가족변화론에서는 아동빈곤 문제가 주로 사회경제적 불평등, 저임금 일자리 증가, 불안정한 고용 상태, 불충분한 사회 안전망 등 구조적 문제에서 비롯된다고 본다. 특정 가족 형태(예 한부모가족, 다문화가족, 동거가족 등)가 빈곤에 더 취약한 것은 사실이지만, 이는 가족 형태 자체의 문제라기보다는 해당 가족 형태가 사회적으로 겪는 차별이나 지원 부족 때문이라고 주장한다. 따라서 아동빈곤 해결을 위해서는 소득보장 정책 강화, 양질의 일자리 확대, 공공 돌봄 서비스 확충, 주거 지원, 교육 기회 균등 등 사회경제적 불평등 해소 및 사회 안전망 강화가 중요하다고 강조한다. 즉, 가족 형태가 아닌 사회구조의 문제를 해결해야 아동빈곤 문제가 해결될 수 있다고 본다.

## 4. 가족문제의 실태

### 1) 가족구조 및 유형의 변화

한국의 가족은 평균 가구원 수 감소와 함께 소가족화 및 핵가족화 경향이 지속되고 있다. 지난 30년 동안 1인 가구는 9.0%에서 30.3%로 약 3.4배 증가했으며, 전체 가구 중 1인 가구 비중이 가장 많은 비중을 차지하였다.

〈표 10-2〉 연도별 총 가구 및 평균 가구원 수 변화 추이(2000~2050) (단위 : 만 가구, %, 명)

| | | 2000 | 2005 | 2010 | 2015 | 2020 | 2025 | 2030 | 2040 | 2050 |
|---|---|---|---|---|---|---|---|---|---|---|
| 총 가구 (일반 가구) | 가구 | 1,450.7 | 1,603.9 | 1,749.5 | 1,901.3 | 2,073.1 | 2,230.9 | 2,318.0 | 2,386.6 | 2,284.9 |
| | 증가율 | – | 1.95 | 1.90 | 1.65 | 2.52 | 1.03 | 0.62 | –0.02 | –0.75 |
| 평균 가구원 수 | | 3.12 | 2.88 | 2.70 | 2.53 | 2.37 | 2.19 | 2.09 | 1.97 | 1.91 |

출처 : 1) 통계청(2022). 장래가구특별추계 : 2020~2050.
2) 통계청(2000~2020). 인구주택총조사.

〈표 10-2〉를 보면 총 가구 수는 2040년까지 증가 후 감소하여 2050년에는 2020년 대비 소폭 증가한 2,285만 가구 수준으로 예상된다. 가구 증가율은 2040년부터 감소세로 전환되며, 2050년에는 평균 가구원 수는 1.9명 수준까지 감소할 것으로 전망하고 있다(통계청, 2022).

〈표 10-3〉 유형별 가구 변화 추이(2010~2050) (단위 : 만 가구, %)

| | | 가 구 | | | | | 구성비 | | | | |
|---|---|---|---|---|---|---|---|---|---|---|---|
| | | 2010 | 2020 | 2025 | 2030 | 2050 | 2010 | 2020 | 2025 | 2030 | 2050 |
| 계 | | 17,359 | 2,073.1 | 2,230.9 | 2,318.0 | 2,284.9 | 100.0 | 100.0 | 100.0 | 100.0 | 100.0 |
| 1인 가구 | | 4,153 | 647.7 | 765.3 | 825.5 | 905.4 | 23.9 | 31.2 | 34.3 | 35.6 | 39.6 |
| 친족가구 | 계 | 13,002 | 1,384.3 | 1,412.4 | 1,432.7 | 1,309.2 | 74.9 | 66.8 | 63.3 | 61.8 | 57.3 |
| | 부부 | 2,666 | 347.5 | 408.9 | 462.5 | 533.5 | 15.4 | 16.8 | 18.3 | 20.0 | 23.3 |
| | 부부+자녀 | 6,427 | 607.8 | 579.6 | 547.4 | 390.6 | 37.0 | 29.3 | 26.0 | 23.6 | 17.1 |
| | 부+자녀 | 347 | 50.9 | 51.4 | 51.6 | 45.8 | 2.0 | 2.5 | 2.3 | 2.2 | 2.0 |
| | 모+자녀 | 1,248 | 152.0 | 156.4 | 158.9 | 150.6 | 7.2 | 7.3 | 7.0 | 6.9 | 6.6 |
| | 3세대이상 | 1,062 | 79.2 | 65.1 | 56.6 | 32.3 | 6.1 | 3.8 | 2.9 | 2.4 | 1.4 |
| | 기타[2] | 13 | 146.8 | 150.9 | 155.7 | 156.5 | 7.1 | 7.1 | 6.8 | 6.7 | 6.8 |
| 비친족가구 | | 1,240 | 41.1 | 53.2 | 59.8 | 70.3 | 1.2 | 2.0 | 2.4 | 2.6 | 3.1 |

출처 : 1) 통계청(2024). 2023년 인구주택총조사.
2) 통계청(2025). 2025년 3월 국내인구통계자료.
3) 통계청(2012). 장래가구특별추계 : 2010~2040.
4) 통계청(2022). 장래가구특별추계 : 2020~2050.

2 부부+미혼형제자매(기타 친인척), 가구주+미혼형제자매, 가구주+기타 친인척, 1세대 기타, 부부+양친(한부모), 부부+미혼자녀+부부미혼형제자매, 조부모(한조부모)+미혼손자녀, 2세대 기타 포함됨.

그리고 부부와 미혼자녀로 구성된 가족 유형이 점차 줄어들 것으로 예측되고, 부부로만 이루어진 가구와 1인 가구는 지속적인 증가 추세를 보일 것으로 예측된다. 〈표 10-3〉을 보면 2010년 부부+자녀가구가 642만 7천 가구(37.0%)로 가장 많고, 1인 가구(23.9%), 부부가구(15.4%) 등 순으로 나타난 것이 2025년 현재 1인 가구가 765만 3천 가구(34.3%)로 가장 높게 나타났고, 그다음 부부 + 자녀가구(26.0%)로 나타났다. 1인 가구의 연령별 비중은 2020년에 30대 이하의 비중이 36.7%로 1위를 차지하고 있으며, 그다음으로는 고령자 가구로 나타났다. 1인 가구의 증가 원인은 취학, 취업 등 이유로 단독가구를 형성한 청년층과 사별한 후 혼자 남게 된 노인층의 증가에 의한 것으로 보인다. 하지만 앞으로 2050년까지 65세 이상인 고령자 가구는 2.5배, 여성 가구주는 1.4배 증가할 것으로 전망되어 가구주의 여성화와 고령화가 함께 진행되고 있음을 알 수 있다(통계청, 2022).

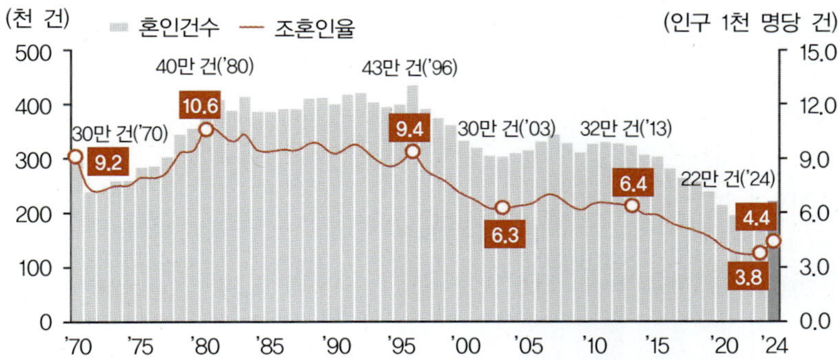


|그림 10-1| 혼인건수 및 조혼인율 추이(1970~2024)

출처 : 통계청(2025a). 2024년 혼인 · 이혼통계.

1인 가구 증가는 혼인건수 감소를 동반하는 대표적인 사회적 현상으로 파악된다. |그림 10-1| 혼인건수는 1970년 30만 건(조혼인율[3] 9.2)에서 1996년 43만 건

3 조혼인율(粗婚姻率, Crude Marriage Rate)은 특정 연도의 총 혼인건수를 해당 연도의 연앙인구(보통 7월 1일 기준 인구)로 나눈 값에 1,000을 곱하여 산출하는 지표로 이는 해당 연도 인구 1,000명당 혼인건수가 얼마나 되는지를 보여준다. 조혼인율은 한 사회의 전반적인 혼인 수준을 파악하는 데 사용되는 기본적인 지표이다. 조혼인율 = (해당 연도 총 혼인건수/해당 연도 연앙인구)×1,000

으로 증가하며 정점을 기록했다. 그러나 이후 지속적으로 감소하여 2024년에는 22만 건(조혼인율 4.4)으로 나타났다. 2023년과 2024년에 혼인건수가 감소 추세에서 증가로 전환되었는데 그 원인은 2020년 코로나19 팬데믹으로 인해 지연되었던 혼인 증가와 함께, 외국인과의 혼인이 다시 증가하는 추세가 복합적으로 작용한 기저효과로 해석할 수 있다(통계청, 2025). 2024년 혼인·이혼통계 조사에 따르면 2014년부터 2024년까지 초혼연령을 비교 분석한 결과, 전반적인 초혼 연령이 더욱 높아지거나, 해당 연령대에 도달해도 결혼을 하지 않는 비혼이 증가하는 경향을 보였다.

한편, 여성의 고학력화 및 경제활동 참여 확대와 더불어 농어촌 지역의 심각한 성비 불균형으로 인한 미혼남성의 증가 현상은 지역사회의 고령화와 저출산 문제를 가속화시키는 주요 요인이었다. 이러한 사회경제적 및 인구학적 변화를 배경으로 외국인과의 혼인이 증가하면서 다문화가족 수가 증가하였다.

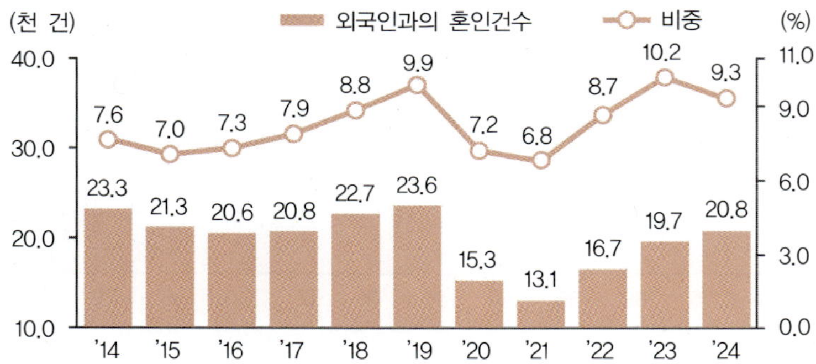


|그림 10-2| 외국인과의 혼인 추이(2014~2024)

출처 : 통계청(2025a). 2024년 혼인·이혼통계.

|그림 10-2| 외국인과의 혼인 추이를 보면 2024년 외국인과의 혼인건수는 2만 8천 건으로 2014년 2만 3천 건 대비 지속적으로 2만 건대를 유지하는 경향을 보이고 있다. 국제결혼 건수는 지속적인 증가 추세로 나타났으며, 2020년 코로나19 팬데믹의 영향으로 감소세로 전환되었으나, 다시 꾸준히 증가 추세를 보이고 있다.

〈표 10-4〉 다문화 가구 혼인유형별 분포(2008~2023) (단위 : %)

| 구 분 | 2008 | 2010 | 2015 | 2018 | 2021 | 2023 |
|---|---|---|---|---|---|---|
| 한국인 남편+외국인 아내 | 76.9 | 74.6 | 62.6 | 67.0 | 62.1 | 69.8 |
| 한국인 아내+외국인 남편 | 22.0 | 22.7 | 22.9 | 18.4 | 22.0 | 17.9 |
| 귀화자[4] | 1.1 | 2.7 | 14.6 | 14.6 | 16.0 | 12.3 |

출처 : 1) 통계청(2011, 2015, 2018, 2023). 다문화인구동태통계.
2) 통계청(2005~2020). 장래가구특별추계 : 2020~2050.

〈표 10-4〉 다문화 가구의 혼인유형별 분포를 보면 2023년 한국인 남편과 외국인 아내로 구성된 가구는 69.8%로 나타난 반면, 한국인 아내와 외국인 남편으로 구성된 가구는 17.9%로 나타났다. 2008년부터 외국인 아내의 비율이 평균 70% 이상으로 다문화가족은 외국인 아내가 차지하는 비중이 높은 경향을 보인다.

이상에서 살펴본 바와 같이 가구규모의 지속적인 축소와 함께 소가족화 추세가 두드러지며, 부부와 자녀로 이루어진 전통적인 유형인 핵가족의 비중은 감소하는 반면, 부부 가구와 1인 가구는 증가세를 나타낸다. 특히 1인 가구 내에서 고령화와 여성화 현상이 심화되는 양상이 가구 구조 변화의 특징으로 나타나고 있다.

한국 사회는 1인 가구 증가, 혼인건수 감소, 초혼 연령 증가, 다문화가족 증가 등 다양한 가족 형태 및 구조의 변화 양상이 두드러지게 나타나고 있다. 이러한 변화의 배경에는 여성의 자아실현 욕구 증대에 따른 경제활동 참여 확대가 저출산 및 고령화 현상을 심화시키고 1인 가구 비율을 증가시키는 등 복합적인 인구사회학적 요인이 작용한다(박희숙 외, 2024; 이윤정 외, 2021). 궁극적으로 이러한 변화들은 결혼 가구 비율의 감소와 더불어 무자녀 가족, 한부모가족, 다문화가족 등 다양한 가족 유형의 증가로 이어진다.

4 남녀 모두 또는 한쪽이라도 귀화자인 경우를 말한다.

## 2) 가족해체

가족해체는 주로 이혼, 사별, 별거, 유기 등 다양한 사건으로 인해 발생한다. 이 중에서 이혼이 가장 높은 비율을 보인다.

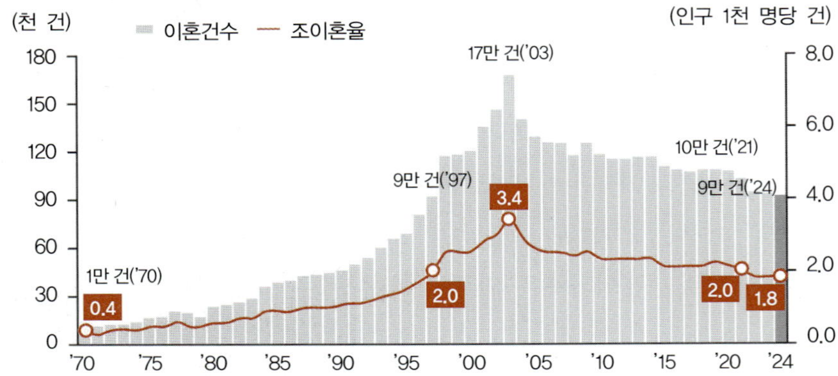


|그림 10-3| 이혼건수 및 조이혼율 추이(1970~2024)

출처 : 통계청(2025a). 2024년 혼인 · 이혼통계.

이혼건수를 보면 2003년 17만 건(조이혼율 3.4건)으로 정점을 기록했다. 그러나 이후 지속적으로 감소하여 2024년에는 9만 1천 건(조이혼율 1.8건)으로 나타났다. 그러나 2024년 이혼건수는 여전히 상당한 규모라 할 수 있다.

〈표 10-5〉 혼인지속기간별 이혼건수(2014~2024) (단위 : 천 건, %)

| 구 분 | 2014 | 2019 | 2020 | 2021 | 2022 | 2023 | 2024 | 구성비 | 전년대비 증감 | 전년대비 증감률 |
|---|---|---|---|---|---|---|---|---|---|---|
| 이혼건수[5] | 115.5 | 110.8 | 106.5 | 101.7 | 93.2 | 92.4 | 91.2 | 100.0 | −1.2 | −1.3 |
| 4년 이하 | 27.2 | 23.3 | 21.1 | 19.1 | 17.3 | 16.6 | 15.2 | 16.7 | −1.4 | −8.4 |
| 5~9년 | 22.0 | 20.0 | 18.4 | 17.3 | 16.7 | 16.8 | 16.4 | 18.0 | −0.4 | −2.1 |

5 법적인 결혼(혼인) 여부와 관계없이 실제 결혼생활 시작에서 사실상 이혼(별거)까지의 동거기간을 나타낸다.

| 10~14년 | 16.3 | 16.0 | 15.4 | 14.6 | 13.8 | 14.4 | 14.4 | 15.8 | 0.0 | 0.2 |
|---|---|---|---|---|---|---|---|---|---|---|
| 15~19년 | 17.0 | 13.2 | 11.9 | 11.3 | 11.2 | 11.7 | 12.1 | 13.3 | 0.3 | 2.9 |
| 20년 이상 | 33.1 | 38.4 | 39.7 | 39.4 | 34.2 | 32.9 | 33.0 | 36.2 | 0.1 | 0.4 |
| 평균 혼인지속기간 | 14.3 | 16.0 | 16.7 | 17.3 | 17.0 | 16.8 | 17.2 | – | 0.4 | 2.3 |

출처 : 통계청(2025a). 2024년 혼인·이혼통계.

〈표 10-5〉 혼인지속기간별 이혼건수를 비교한 결과, 2014년 이후 2024년이 기간 동안 혼인지속기간 9년 이하의 이혼은 감소 추세를 보인 반면, 혼인지속기간 20년 이상의 이혼, 즉 황혼이혼은 지속적인 증가세를 나타내고 있다. 황혼이혼의 증가는 평균 수명의 연장과 더불어 은퇴 후 배우자와의 동거기간이 연장되면서 발생하는 갈등 관계의 심화와 밀접한 관련이 있다. 또한 개인주의적 가치관의 확산으로 인해 개인의 행복과 자아실현을 우선시하는 경향이 있어 불만족스러운 결혼생활을 유지하기보다 이혼을 선택하게 된다.

또한 이혼은 한부모가족의 발생 주된 원인이며, 이혼율 증가는 한부모가족의 증가에 직접적인 영향을 미치고 있다. 2024년 미성년 자녀가 있는 부부의 이혼은 3만 9천 건으로 전체 이혼의 42.8%이며, 미성년 자녀가 없는 부부의 이혼은 5만 1천 건으로 전체 이혼의 55.7%로 나타났으며, 2014년 대비 2024년 추이를 보면 미성년 자녀가 있는 부부의 이혼율이 40%대를 보이고 있다(통계청, 2025). 부모의 이혼은 부모-자녀 관계 문제, 자녀의 양육문제, 자녀의 심리·정서적, 사회·행동적 측면을 포함한 전반적인 발달 영역에 중대한 영향을 미칠 수 있는 전환기적 사건으로 인식되며, 자녀에게 다양한 잠재적 영향을 초래할 수 있다.

한부모가족은 모자중심가구의 비율이 높아, 주로 여성이 자녀를 양육하는 비중 또한 높다. 여성가족부의 2024년 한부모가족 실태조사 결과에 따르면 한부모가족의 월평균 소득은 294.6만 원으로 전체 가구소득(488.7만 원)의 60.3% 수준에 머물렀다. 2015년 대비 2024년 한부모가족 실태조사 결과를 비교 분석한 결과, 모든 자녀 연령대에서 한부모가 공통적으로 겪는 가장 큰 어려움은 '양육비 및 교육비용 부담'인 것으로 나타났다. 한편, 학원 이용률이 39.2%로 2021년 대비 2배 이상 높아져 한부모가정의 사교육비 부담이 증가한 것으로 보인다.

다문화가족은 해체 후 형성되는 다문화 배경의 가족들이 기존 한국인 부부의 이혼으로 형성된 가족과는 다른 독특한 어려움에 직면하게 된다.

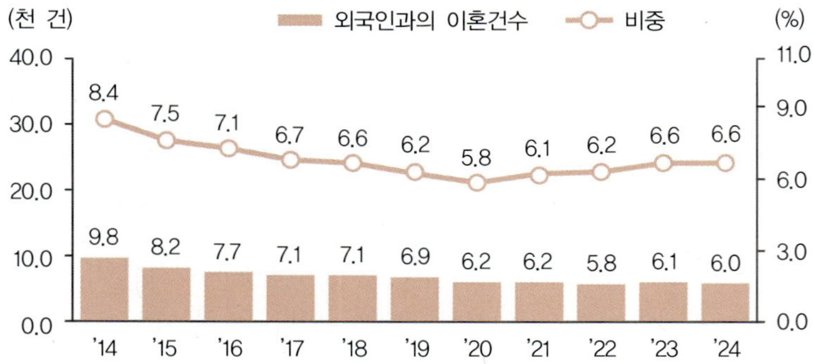


|그림 10-4| 외국인 배우자와의 이혼 추이(2014~2024)

출처 : 통계청(2025a). 2024년 혼인·이혼통계.

|그림 10-4| 외국인 배우자와의 이혼 추이를 살펴보면 2024년 외국인 배우자와의 이혼건수는 6천 건으로 2014년 대비 감소 추세에 있으나 연간 6천 건 수준은 다문화가족이 겪을 수 있는 어려움이나 사회적 영향이 여전히 크다는 것이다. 다문화가족의 이혼율 증가는 문화적 차이, 언어 장벽, 경제적 어려움, 법적 문제, 그리고 정서적 지원 부족 등 다양한 사회구조나 환경적인 요인에 기인한다. 이러한 요인들은 부부간의 갈등을 심화시키고, 가족구성원들의 삶의 질을 저하시키며, 결국 이혼으로 이어지게 만드는 주요 원인으로 작용하기도 한다. 이혼 후 결혼이주여성이 홀로 자녀를 양육하면서 겪는 경제적 취약성, 사회문화적 소통의 어려움, 자녀 교육문제, 체류자격 불안정성과 같은 다양하고 복합적인 어려움이 발생할 수 있다. 또한 다문화가족 해체 후 한국인 배우자나 외국인 배우자가 재혼하면서 가족이 재구성되는 경우가 발생한다. 이러한 구성은 다문화가정 해체 문제의 또 다른 양상을 보여준다.

### 3) 노인 부양 기능

부모 부양에 대한 인식변화는 가족의 가치관 및 구조변화에도 영향을 미치고 있다.

〈표 10-6〉 부모 부양에 대한 책임 인식변화 추이(2014~2024) (단위 : %)

| 구 분 | | 2014 | 2016 | 2018 | 2020 | 2022 | 2024 |
|---|---|---|---|---|---|---|---|
| 부모 스스로 해결 | | 16.6 | 18.6 | 19.4 | 12.9 | 12.6 | 16.4 |
| 가족 | 전 체 | 31.7 | 30.8 | 26.7 | 22.0 | 19.7 | 18.2 |
| | 장남 또는 맏며느리 | 6.2 | 5.6 | 5.0 | –[6] | – | – |
| | 아들(장남 포함) 또는 며느리 | 3.5 | 4.5 | 3.7 | – | – | – |
| | 딸 또는 사위 | 0.7 | 1.0 | 1.0 | – | – | – |
| | 모든 자녀(아들과 딸) | 75.4 | 71.1 | 72.0 | – | – | – |
| | 자식 중 능력 있는 자 | 14.2 | 17.7 | 18.3 | – | – | – |
| 가족과 정부, 사회 | | 47.3 | 45.5 | 48.3 | 61.6 | 62.1 | 60.3 |
| 정부, 사회 | | 4.4 | 5.1 | 5.7 | 3.5 | 5.5 | 5.0 |
| 기 타 | | 0.0 | 0.0 | 0.0 | 0.0 | 0.0 | 0.0 |
| 합 계 | | 100.0 | 100.0 | 100.0 | 100.0 | 100.0 | 100.0 |

출처 : 통계청(2025b). 2024년 한국의 사회지표.

〈표 10-6〉 부모 부양에 대한 책임 인식변화 추이를 보면 2014년에는 가족과 정부, 사회가 함께 노부모 부양을 해야 한다는 의견이 47.3%였으나 2024년에는 60.3%로 증가하였으며, 가족이 부양해야 한다는 응답이 2014년 31.7%에서 2024년 18.2%로 13.5%p 감소한 것으로 나타났으며, 정부, 사회가 부양해야 한다는 응답이 2014년 4.4%에서 2024년 5.0%로 0.6%p 증가한 것으로 나타났다. 이 결과는 노부모 부양에 대한 사회적 공감대 형성으로 국민연금, 기초연금, 노인장기

6 2024년 한국의 사회지표 조사에 따르면, 2020년부터 가족구성 변화상을 반영하여 가족 중 부모 부양자에 대한 견해는 조사하지 않았다(통계청, 2025).

요양보험제도 등 공적 부양 시스템이 확대되고 있음에도 불구하고, 여전히 현대 사회의 가족에게 과중한 부담으로 작용하고 있는 것으로 보인다.

가족 부양문제는 인구구조의 급격한 변화와 다양한 사회경제적 요인들이 복합적으로 작용하여 심각한 사회적 문제로 대두되고 있다. 전 세계적으로 유례없는 한국의 고령화 속도와 낮은 출생률은 부양해야 할 노인인구가 급증하게 되는 반면, 이를 부양할 젊은 세대의 인구 감소를 초래하여 세대 간 부양 부담의 불균형을 심화시키고 있다. 이와 더불어, 불안정한 고용 상황과 높은 생활 비용 등의 경제적 어려움은 가족의 부양 능력을 약화시키고 있다. 이러한 요인들이 결합하여 중장년층이 노부모 부양과 성인 자녀 지원을 동시에 책임지는 '낀 세대'[7] 현상을 심화시키고 있으며, 이는 공적 부양 시스템의 한계를 보완하지 못하고 오히려 가족 단위의 부양 스트레스와 경제적 부담을 가중시키고 있다.

## 5. 가족문제의 대응방안

가족문제 실태에서 살펴보았던 내용을 토대로 가족문제에 대한 대응방안을 제시하면 다음과 같다.

첫째, 법률혼과 혈연 중심의 가족 개념에 기반한 전형으로 전제한 가족 정책의 틀에서 벗어나야 할 것이다. 현재 가족 관련 제도와 정책은 전통적으로 법률혼과 혈연 중심의 가족 개념에 기반하여 법적 권리 및 사회적 지원체계를 구축해 왔다. 그러나 가족구조의 변화로 비혼 동거, 한부모가족, 조손가족, 1인 가구 등 기존의 틀로는 포괄하기 어려운 다양한 가족 형태가 증가하고 있다. 법적으로 다양한 관계와 가족 개념을 인정하는 법률 개정이 필요하며, 각 가족 형태에 맞는 맞춤형 서비스 확충과 더불어 사회적 인식을 개선하여 포용적인 환경을 조성해야 한다. 특히 가족정책은 다양한 가족 형태를 포괄하면서 정책 혜택에 있

7 1960년대 전후에 태어난 베이비부머들의 상황을 이르는 말로, 빠른 고령화와 청년층의 사회 진출이 늦어지는 게 맞물리면서 80~90대 부모와 20~30대 자녀 사이에서 양쪽을 모두 부양하는 경우를 의미한다.

어서 가족 형태별 차별이 생산되지 않도록 하는 정책 결과에 대한 평가에 반영하도록 해야 한다(윤홍식 외, 2020).

둘째, 가족해체의 복합적인 원인과 그로 인한 다양한 어려움을 고려할 때, 가족해체의 부정적인 영향을 최소화하고 해체 이후의 안정적인 삶을 지원하기 위한 통합적이고 다층적인 정책 접근이 필수적이다. 이는 가족해체 '예방'을 위한 관계 및 위기 상담 지원 확대, 해체 '과정'에서의 충격 완화를 위한 조정 및 심리 지원 제공을 포함하며, 나아가 해체 '이후'의 안정적인 삶을 위해 경제적 지원 확대, 양육비 · 교육비 부담 완화, 양육비 미지급 문제해결을 위한 양육비 긴급지원 확대 또는 양육비 선지급제 도입 검토가 필요하다. 실질적인 양육 및 돌봄 부담 경감, 자녀의 건강한 성장 지원, 사회적 고립 해소를 위한 관계망 형성 지원을 강화해야 한다. 특히 다문화가족이면서 동시에 한부모가족인 취약계층이 겪는 복합적인 어려움인 법적 · 제도적 접근성 제약을 해소하기 위한 맞춤형 정보 제공 및 지원체계 구축이 필수적이다. 궁극적으로는 다양한 가족 형태에 대한 사회적 편견을 해소하고 모든 가족구성원이 존중받는 포용적인 사회문화 조성이 요구된다.

셋째, 사회적 부양 부담 문제는 저출산 문제와 맞물려 우리나라의 최대 관심사이다. 저출산문제로 인해 미래 세대 노동력 공급이 감소하는 반면, 평균 수명 연장으로 인한 고령 인구의 급증은 생산가능인구 대비 부양해야 할 인구 비율을 급격히 상승시킨다. 사회적 부양 부담 증가 및 저출산 문제에 대한 가족복지 차원의 정책적 대응은 현대사회의 다양한 가족 형태 현실을 인정하고 모든 가족구성원의 안정적인 삶과 기능을 지원하는 데 중점을 두어야 한다. 핵심적으로는 아동 양육 부담 완화를 위한 현금수당 지원 및 보육 돌봄 서비스 확충, 고령 인구 돌봄 및 부양 부담 경감을 위한 가족 및 지역사회 돌봄 시스템 강화 등 지원과 더불어 일-가정 양립 환경 조성과 가족의 경제적 자립 및 정서적 안정을 위한 지원 강화가 수반되어야 한다. 이러한 다층적인 접근은 인구구조 변화에 따른 부양 부담을 사회화하고, 어떠한 형태의 가족도 소외되지 않고 안정적으로 가족기능을 수행할 수 있도록 해야 할 것이다.

# 제11장
# 청소년 문제

1. 문제제기
2. 청소년 문제의 개념화
3. 청소년 문제 관련 이론
4. 청소년 문제의 실태
5. 청소년 문제의 대응방안

# 제11장

# 청소년 문제

## 1. 문제제기

청소년 문제는 흔히 개인의 비행이나 심리적 어려움으로 인식되지만, 실제로는 가정, 학교, 지역사회 등 다양한 환경 요인과 구조적 맥락이 복합적으로 작용하는 사회적 문제로 이를 이해하기 위해서는 다차원적 접근이 필요하다.

청소년기는 신체적 · 정서적 · 인지적으로 급격한 변화를 경험하는 과도기적 시기로 학업, 대인관계, 진로 등 다양한 발달 과제에 직면하면서 스트레스와 위기를 겪기 쉬우며 외부 환경의 영향을 더욱 민감하게 받을 수 있다. 특히 우리나라의 경우, 과도한 입시 중심의 교육 체계, 가정해체, 지역 간 자원 불균형, 사회적 불평등 등 구조적 요인들이 이러한 불안정성을 심화시키며 청소년 문제를 더욱 복잡하고 다변화된 양상으로 전개되게 만들고 있다.

이러한 상황에서 디지털 기술의 급속한 발달은 청소년 문제의 양상과 범위를 더욱 변화시키고 있다. 스마트폰 중독, SNS를 통한 괴롭힘, 디지털 성범죄 등 온라인 공간에서 발생하는 새로운 유형의 문제가 빠르게 증가하고 있으며 이는 청소년의 일상, 정서, 관계 형성에 심각한 영향을 미치고 있다.

이처럼 청소년 문제는 개인의 특성이나 심리 요인만으로는 설명되기 어려우며 가정, 학교, 사회 전반의 구조적 요인들과 밀접한 관련을 맺고 있다. 따라서 이러한 문제에 효과적으로 대응하기 위해서는 개인 차원의 개입을 넘어 가정과 학교, 지역사회, 국가가 함께 협력하는 통합적이고 구조적인 접근이 요구된다.

이에 이 장에서는 청소년 문제를 보다 종합적으로 이해하기 위해 먼저 청소년 문제의 개념을 정리한 후 관련 이론을 살펴보고, 주요 문제의 실태와 원인을 분석한 뒤 이에 대응하기 위한 정책적 · 실천적 방안을 모색하고자 한다.

## 2. 청소년 문제의 개념화

청소년 문제의 개념을 이해하기 위해서는 다음 세 가지 측면을 먼저 검토할 필요가 있다.

첫째, '문제'를 어떻게 정의하느냐에 대한 논의이다. 일반적으로 문제는 '바람직하지 못한 상태' 혹은 '무언가가 결핍된 상태'로 정의된다(Hoghughi & Hoghughi, 1992, 김진숙 · 강진구, 2000 재인용). 전자로 청소년 문제를 규정할 경우, 청소년의 비행, 폭력, 약물남용 등 사회규범을 위협하거나 위배하는 외현적 행동에 주목하게 되며, 후자는 심리적 · 사회적 자원, 교육 기회, 안정적인 돌봄 환경의 부족 등 구조적 결핍에 초점을 두게 된다(서미 외, 2022). 즉, 청소년 문제는 청소년의 행동뿐만 아니라, 그 행동이 발생하게 된 결핍된 환경이나 조건까지 포함하는 개념으로 확장될 수 있다.

둘째, 청소년 문제는 '문제'로 인식하는 주체에 따라 그 정의가 달라질 수 있다. 청소년이 느끼는 문제와 부모, 교사, 전문가가 보는 문제가 반드시 일치하지 않는다. 때로는 성인들이 '문제'로 간주하는 행동이 청소년 자신에게는 전혀 문제가 아닐 수도 있다. 이러한 시각의 차이는, 성인 중심의 기준이 청소년 문제를 왜곡하거나 객관성을 잃게 만들 수 있음을 시사한다(천정운 외, 2019).

셋째, 청소년 문제의 개념화는 문제의 원인을 어떻게 해석하느냐에 따라 개입 방향에 큰 차이를 가져온다. 예를 들어, 자살이나 자해와 같은 행동을 청소년 개인의 심리적 특성이나 선택의 결과로 해석할 경우, 상담이나 행동 교정 등 개인 중심의 개입이 강조된다. 반면 이를 가정의 불안정, 사회적 자원 부족, 교육 격차 등 구조적 요인의 결과로 본다면, 예방 중심의 정책 개입이나 사회적 지원체계 구축이 더 중요하게 논의된다(서미 외, 2022).

이러한 관점에 기반해, 선행 연구들은 청소년 문제를 다음과 같은 몇 가지 방식으로 개념화하고 있다.

첫째, 청소년 문제를 '바람직하지 못한 상태'로 개념화하는 관점이다. 이 관점에서는 청소년 문제를 청소년의 문제행동으로 정의하며, 문제행동은 주로 비행이나 범죄를 포함한다(김성봉, 2012). 이에 김진화 등(2002)은 문제행동을 법과 규범에서의 일탈, 가치 기준에 미달하는 이상행동, 환경 부적응 행동으로 정의하며, 개인과 타인에게 부정적 영향을 미치거나 청소년의 건강, 성격, 정서 발달을 저해하는 행동이라고 보았다.

둘째, 청소년 문제를 '무언가가 결핍된 상태'로 보는 관점이다. 이 접근에서는 문제의 초점을 청소년 개인의 행동보다는 가정, 학교, 또래, 사회환경 등 다양한 맥락에서 발생하는 위험 요인에 두며, 청소년 문제를 구조적 위기의 결과로 인식한다. 이러한 관점은 '위기청소년(Youth at Risk)' 개념과 맞닿아 있으며, 문제를 교정보다는 예방과 지원 중심으로 접근하는 것이 특징이다(서미 외, 2022; 하태선, 2021). 따라서 청소년 문제는 비행이나 범죄와 같은 문제행동에 국한되지 않으며, 청소년의 삶의 질과 건강한 성장을 위협하는 다양한 사회적 문제를 포괄하는 개념으로 확장될 수 있다(하태선, 2021).

셋째, 청소년 문제를 청소년의 주관적 인식을 중심으로 정의하는 관점이다. 김창대 등(1995)은 청소년 문제를 청소년과 부모가 '문제'로 지각하고 호소하는 문제로 정의하였다(김진숙 · 강진구, 2000). 이러한 접근은 청소년들이 스스로 지각하고 호소하는 문제를 중심으로 상담 및 교육 현장에서 현실적으로 다룰 수 있는 문제를 반영하는 데 유용하다. 그러나 이 접근은 청소년들이 지각하지 못하는 문제나 잠재적인 문제를 충분히 반영하지 못한다는 한계가 있다(김진숙 · 강진구, 2000).

정리하면, 청소년 문제는 단순히 외현적 행동이나 일탈로 국한되지 않으며, 개인의 내면적 갈등, 환경적 결핍, 구조적 불평등 등 다양한 차원에서 발생할 수 있는 복합적인 사회문제로 이해되어야 한다. 따라서 청소년 문제는 개별 청소년의 행동뿐 아니라, 이를 유발한 맥락과 위험 요인까지 포함하는 폭넓은 개념으로 접근할 필요가 있으며, 가정, 학교, 지역사회, 국가 모두의 협력과 개입이 요구되는 사회적 과제라 할 수 있다.

## 3. 청소년 문제 관련 이론

청소년 문제의 원인을 설명하는 이론적 관점은 크게 개인적 요인과 사회환경적 요인으로 구분된다. 이들 각각의 요인은 청소년 문제를 온전히 설명해 주지는 못하지만, 그 어느 요인도 그 설명력을 과소평가할 수 없을 만큼 중요성을 지닌다(천정웅 외, 2019).

### 1) 개인적 요인에 관한 이론

#### (1) 고전이론(합리적 선택이론)

고전이론은 18세기 유럽의 계몽주의, 인본주의, 합리주의에 영향을 받아 등장하였다. 고전주의학자들은 인간을 합리적 사고를 지닌 자율적 존재로 간주하며, 문제행동이나 범죄는 개인의 자유의지에 따른 이성적 선택의 결과라고 보았다(오윤선 · 최아람, 2019). 이런 점에서 '합리적 선택이론(Rational Choice Theory)' 또는 '선택이론'으로도 불린다.

대표적인 고전이론 학자인 세자르 베카리아(Cesare Beccaria, 1738~1794)는 인간이 행동을 선택할 때 이익과 손실을 계산한 결과로 범죄나 문제행동이 발생한다고 주장하였다(모경환 외, 2016). 예를 들어, 청소년이 비행 행동을 저지르는 경우는, 해당 행동으로 인해 얻는 이익이 법적 처벌로 인한 손실보다 크다고 판단했기 때문이라는 것이다.

이 이론에 따르면, 청소년 문제행동을 예방하기 위해서는 처벌의 명확성, 신속성, 공정성이 보장되어야 하며, 교화와 처벌이 균형 있게 이루어져야 범죄 억제 효과를 기대할 수 있다고 하였다(하태선, 2021).

그러나 고전이론은 형벌체계가 확립된 현대사회에서도 여전히 범죄와 비행이 지속되고, 청소년의 문제행동이 더욱 지능화되고 저연령화되는 현상을 충분히 설명하는 데는 한계가 있다(오윤선 · 최아람, 2019). 개인의 이성적 판단만으로 행동을 결정한다고 보기 어렵기 때문에, 이후의 이론들은 청소년 문제의 심리적 · 사회적 요인까지 포함하여 더 정교하게 발전하게 된다.

### (2) 생물학적 이론

초기 생물학적 이론은 범죄나 비행 행동의 원인을 개인의 신체적 · 유전적 특성에서 찾으려는 관점이다. 대표적으로 체사레 롬브로소(Cesare Lombroso)는 특정 신체적 특징이 범죄 성향과 연결된다고 주장하였고, 윌리엄 셸던(William Sheldon)은 체형과 성격 간의 관계를 통해 근육질 체형이 비행 가능성이 높다고 보았다. 또한 리처드 더그데일(Richard Dugdale)은 한 가문의 범죄 이력을 분석하여 범죄 성향이 유전된다고 주장하였다(하태선, 2021). 그러나 이들 초기 생물학 이론은 과학적 근거의 부족과 일반화의 오류로 인해 현재는 학문적으로 거의 수용되지 않고 있다.

한편, 현대에 들어 신경생리학적 연구는 전두엽 기능 저하가 충동성과 공격성 증가에 일정 부분 영향을 미칠 수 있다는 점에 주목하고 있다. 전두엽은 의사결정, 감정 조절, 충동 통제 기능을 담당하며, 이 부위의 기능장애는 충동적이고 반사회적인 행동이 나타날 가능성을 높일 수 있는 요인 중 하나로 간주된다. 또한 아이젠크(Eysenck)의 성격이론에서는 외향성, 신경증 성향, 정신병적 성향과 같은 성격 특성이 문제행동과 연관될 수 있음을 지적하며, 이러한 특성은 유전적 기초 위에 가정환경, 사회적 경험 등과의 상호작용 속에서 문제행동이 형성된다고 주장하였다(이미리 외, 2020).

결론적으로, 생물학적 이론은 청소년 문제를 설명하는 데 있어 단독으로는 한계가 있으나, 신경생리학적 관점이나 성격이론은 환경 요인과의 상호작용을 고려할 때 보조적 설명 틀로 활용될 수 있다.

### (3) 심리학적 이론

심리학적 이론은 청소년 문제행동의 원인을 개인의 발달 과정, 내면적 심리 상태를 통해 이해하려는 접근이다. 이 이론은 청소년기의 정서, 인지, 도덕 발달이 아직 충분히 성숙하지 않았거나 갈등이 존재할 경우, 특정 상황에서 문제행동으로 이어질 가능성이 있음을 강조하며, 청소년 문제해결에 다양한 시사점을 제공한다.

에릭 에릭슨의 심리사회 발달단계이론은 청소년기를 자아정체성 형성의 핵심 시기로 보며, 이 과정에서 정체성 혼란이나 역할 혼동을 경험하는 경우, 비행이나 반사회적 행동의 위험이 커질 수 있다고 본다. 에릭슨에 따르면, 청소년은 자아정체성을 확립하는 과정에서 다양한 사회적 · 심리적 갈등을 겪으며, 이 시기에 적절한 지원과 긍정적인 상호작용이 부족하면 문제행동으로 이어질 가능성이 커진다고 설명한다(오윤선 · 최아람, 2019).

인지발달 및 도덕 발달 이론은 청소년의 합리적 사고와 도덕적 판단 능력의 발달이 문제행동에 큰 영향을 미친다고 본다. 피아제의 인지발달 이론은 아동이 경험을 통해 사고 체계를 발달시키며, 청소년기에 이르러 도덕적 판단과 문제해결 능력의 기초를 마련한다고 설명한다. 이를 토대로, 로렌스 콜버그의 도덕 발달 이론은 도덕적 판단이 미성숙한 청소년이 사회적 규범을 내면화하지 못하고, 자신의 이익을 우선시하여 비윤리적 또는 반사회적 행동을 정당화할 위험이 있음을 주장한다(이미리 외, 2020).

이와 같이 심리학적 이론은 개인의 정서적 · 인지적 · 도덕적 발달 수준이 청소년 문제행동에 미치는 영향을 강조하며, 심리적 지원과 도덕 교육 등을 통해 청소년의 건강한 성장을 도울 수 있는 개입 전략의 근거를 제공한다.

### 2) 사회환경적 요인에 관한 이론

#### (1) 사회해체이론

사회해체이론(Social Disorganization Theory)은 청소년 문제의 원인을 사회환경의 구조적 약화에서 찾는다. 이 이론은 시카고학파를 중심으로 발전하였으며, 인간과 환경의 집단적 상호작용을 탐구하는 인간생태학의 영향을 받아 형성되었다(구혜영, 2020). 특히 산업화, 도시화, 인구 이동, 슬럼화와 같은 급격한 사회변화는 지역사회의 통합성과 통제력을 약화시키며, 이로 인해 청소년 비행이나 문제행동이 발생한다고 본다.

이 이론을 대표하는 연구는 클리포드 쇼(Clifford Shaw)와 헨리 매케이(Henry McKay)의 1920~1930년대 시카고 지역 연구이다. 이들은 시카고 도시 내 특정 지역에서 청소년 비행이 반복적으로 발생한다는 점에 주목하고, 해당 지역이 갖는 특징을 분석했다. 연구에 따르면 이러한 고비행 지역은 높은 인구 이동률, 낮은 경제수준, 인구 밀도 증가, 슬럼화와 같은 특징을 지니고 있었으며, 지역의 사회적 유대와 통제력이 약화된 상태였다(모경환 외, 2016).

이러한 연구는 청소년 비행이나 문제행동이 개인의 성격이나 심리적 요인 외에도, 청소년이 거주하는 지역사회 환경과 밀접한 연관이 있다는 점을 실증적으로 보여준다. 따라서 사회해체이론은 청소년 문제를 예방하거나 완화하기 위해 지역사회의 조직력 강화, 공동체 기반의 예방 프로그램 운영 등의 지역사회 차원의 개입이 필요함을 강조한다.

#### (2) 아노미이론

아노미이론은 사회의 급격한 변화로 인해 기존의 규범과 가치체계가 약화되거나 붕괴되었을 때, 개인이 사회적 통제를 잃고 일탈행동에 노출될 수 있다는 관점을 중심으로 한다. 이 이론은 프랑스의 사회학자 에밀 뒤르켐(Émile Durkheim)에 의해 처음 제안되었다.

뒤르켐은 급속한 산업화나 도시화처럼 사회구조가 급격히 변화할 때, 사회가

구성원들에게 일관된 규범과 가치를 제공하지 못하고, 그 결과 개인이 도덕적 지침 없이 목표를 추구하게 되는 무규범 상태, 즉 '아노미' 상태에 빠질 수 있다고 보았다(모경환 외, 2016). 이러한 상태는 사회적 연대와 통합을 약화시키며, 특히 청소년처럼 가치체계를 형성하는 과정에 있는 개인에게는 혼란과 갈등을 야기할 수 있다.

예를 들어, 빠르게 도시화된 지역에서 전통적인 공동체 기능이 약화되고, 가족이나 학교의 지도력이 낮아진 경우, 청소년은 명확한 규범 없이 성장하게 된다. 이로 인해 비행, 학교 중도 탈락, 폭력 등 문제행동이 발생할 가능성이 높아질 수 있다.

아노미이론은 청소년 문제를 단순히 개인의 심리적 문제로 환원하기보다, 사회 전반의 규범 약화와 공동체 붕괴와 같은 구조적 요인에 주목하게 한다.

따라서 아노미이론은 청소년 문제를 예방하기 위해 사회적 통합 기반을 강화하고, 일관된 규범과 가치체계를 재정립하며, 지역사회와 공동체의 연대감을 강화하는 구조적 접근이 필요함을 강조한다.

### (3) 사회학습이론

사회학습이론(Social Learning Theory)은 청소년의 문제행동이 사회적 환경 속에서 관찰, 모방, 상호작용을 통해 학습된 결과라고 본다(모경환 외, 2016). 즉, 문제행동은 우연히 발생하는 것이 아니라, 주변 사람들의 행동을 관찰하고 그 행동을 모방하며, 그에 따른 보상과 처벌의 경험을 통해 강화되거나 약화되는 학습 과정으로 설명하는 이론이다.

이 이론은 반두라(Bandura)의 관찰학습 이론(모델링)을 기반으로, 청소년이 주변 사람들의 행동을 관찰하고 모방하며, 그 과정에서 보상이나 처벌을 통해 특정 행동이 강화되거나 약화된다고 설명한다. 예를 들어, 또래 집단이나 미디어를 통해 반복적으로 접하는 폭력적 장면이나 일탈행동은 청소년의 행동 형성에 영향을 미칠 수 있다(모경환 외, 2016).

또한 서덜랜드(Sutherland)는 범죄 행위나 일탈행동은 타고나는 것이 아니라,

비행을 정당화하는 가치관을 지닌 집단과의 상호작용을 통해 학습된다고 보았다. 그는 이를 '차별적 접촉(differential association)'이라 명명하며, 청소년이 어떤 가치관과 규범에 얼마나 자주, 먼저, 오랜 시간, 강하게 노출되느냐에 따라 행동의 형성이 달라진다고 설명하였다(김정렬, 2024; 김준환 외, 2025). 즉, 법과 규범을 중시하는 환경보다는 범죄를 정당화하는 하위문화에 더 많이 노출된 청소년은 비행 행동을 학습하고 실행할 가능성이 높아진다는 것이다.

이처럼 사회학습이론은 청소년 문제행동을 사회적 맥락에서 강화되고 지속되는 학습의 결과로 보고(구혜영, 2020), 문제 예방과 개입을 위해 긍정적인 모델 제공과 유해한 환경 차단이 중요하다는 점을 시사한다. 예를 들어, 건강한 또래 관계 형성, 가정과 학교에서의 역할 모델링, 미디어 리터러시 교육 등은 청소년이 긍정적인 행동을 학습하도록 돕는 효과적인 방법이 될 수 있다.

다만, 동일한 환경에 노출된 모든 청소년이 동일한 행동을 보이지는 않기 때문에, 개인의 자아통제력, 인지적 특성, 가정의 양육 방식 등도 함께 고려할 필요가 있다.

### (4) 사회통제이론

사회통제이론(Social Control Theory)은 청소년의 비행이 왜 발생하는지보다는, 왜 대부분의 청소년이 비행을 저지르지 않는지를 설명하려는 관점으로, 규범 준수를 가능하게 하는 통제 요인의 유무에 초점을 두는 이론이다. 즉, 사람은 본래 비행을 저지를 가능성이 있으며, 이를 억제해 주는 통제 장치가 약화될 때 일탈 행동이 나타난다고 본다(구혜영, 2020).

이 이론은 크게 내적 통제와 외적 통제로 구분되며, 각각을 강조하는 대표 이론으로는 레클리스(Reckless)의 봉쇄이론(Containment Theory)과 허쉬(Hirschi)의 사회유대이론(Social Bond Theory)이 있다.

첫째, 레클리스의 봉쇄이론은 청소년의 비행을 억제하는 요인을 내적 봉쇄와 외적 봉쇄로 나누어 설명한다. 내적 봉쇄는 자아존중감, 자기통제력, 도덕적 신념 등과 같은 심리적·도덕적 요소를 의미하며, 외적 봉쇄는 가족, 학교, 사회규범 등 외부 환경의 규제력을 의미한다. 이 두 봉쇄력이 강할수록 비행 가능성은 낮아진다고 보았다(모경환 외, 2016).

둘째, 허쉬의 사회유대이론은 청소년이 사회적 규범을 따르게 만드는 핵심 요소로 애착(attachment), 전념(commitment), 참여(involvement), 신념(belief)의 네 가지를 제시하였다. 가족, 학교, 또래 등과의 애착이 강할수록, 사회적 목표에의 전념이 높을수록, 건전한 활동 참여가 활발할수록, 사회적 규범과 가치에 대한 신념이 깊을수록 비행 가능성은 낮아진다고 보았다(모경환 외, 2016).

레클리스와 허쉬 모두 사회적 통제력이 약해질 때 청소년 문제행동이 발생한다는 점에서 공통점을 가지지만, 봉쇄이론은 통제의 내외적 힘 자체에 주목하고, 사회유대이론은 사회와의 유대 관계가 비행 억제에 결정적이라는 점에 더 주목한다.

### (5) 낙인이론

낙인이론(Labeling Theory)은 청소년 문제행동의 발생보다는 특정 행동에 대한 사회적 반응과 규정이 문제행동의 지속과 심화에 어떤 영향을 미치는지를 설명하는 이론이다. 즉, 사회가 특정 청소년에게 '비행 청소년', '문제아' 등 부정적인 낙인을 부여하면 그 청소년은 자신을 그와 같은 존재로 인식하게 되고, 이후 더욱 심화된 문제행동으로 이어질 가능성이 커진다고 본다(구혜영, 2020).

대표적인 학자인 레머트(Edwin Lemert)는 낙인이론을 일차적 일탈(primary deviance)과 이차적 일탈(secondary deviance)로 구분하여 설명한다. 일차적 일탈은 일시적이고 반복되지 않는 가벼운 일탈로, 대부분의 청소년이 경험할 수 있는 초기의 비행을 의미한다. 그러나 사회가 이 같은 행동에 대해 '비행 청소년'이나 '문제아' 등의 낙인을 부여하면 청소년은 자신을 부정적으로 인식하고, 이후 비행 행위가 지속되거나 심화되는 현상, 즉 이차적 일탈이 발생할 수 있다(모경환 외, 2016).

베커(Howard Becker)는 이러한 관점을 확장하여 비행은 행위 그 자체보다 사회가 특정 행동을 어떻게 규정하고 해석하는지에 따라 형성된다고 보았다. 즉, 사회가 청소년에게 '문제 청소년'이라는 낙인을 부여할 경우, 그 청소년은 자신을 그러한 정체성으로 인식하게 되고, 결국 낙인에 부합하는 방향으로 행동을 고착할 가능성이 커진다는 것이다(오윤선 · 최아람, 2019).

따라서 청소년 문제행동을 예방하고 개입하기 위해서는 부정적인 낙인 부여를 최소화하고, 청소년이 긍정적인 자아정체감을 형성할 수 있도록 하는 사회적 환경과 지원을 마련하는 것이 중요함을 시사한다.

## 4. 청소년 문제의 실태

청소년 문제는 문제행동 그 자체에만 주목할 것이 아니라 그러한 행동이 후속 문제를 유발하거나 기존의 위기를 심화시키는 위험 요인으로 작용할 수 있다는 점에서 청소년 문제의 실태를 파악할 때는 행동뿐 아니라 그 이면의 원인과 맥락을 함께 살펴볼 필요가 있다(서미 외, 2022).

### 1) 청소년 호소 문제

2023년 청소년 상담통계에 따르면 전체 상담 건수는 약 74만 6천 건으로 집계되었으며, 상담 유형 중 정신건강 문제가 34.9%로 가장 높았고, 그 뒤를 대인관계 문제(20.2%), 학업 · 진로 문제(9.2%)가 이었다(여성가족부, 2024). 이 통계는 최근 청소년들이 겪는 어려움이 비교적 내면의 정서적 문제와 사회적 관계에 집중되고 있음을 보여준다. 특히 학업이나 진로보다 정신건강 문제에 대한 호소가 더 많다는 점은 현재 청소년들이 정서적 안정과 심리적 지지에 대한 욕구가 크다는 것을 시사한다.

이러한 정서적 어려움이 적절히 해결되지 않을 경우, 사회적 고립으로 이어질 가능성도 존재한다. 최근 연구에 따르면 청소년들이 타인의 평가나 상처로부터 자신을 보호하려는 심리에서 사회적 단절을 선택하는 사례가 늘어나고 있다. 이로 인해 '히키코모리'와 유사한 고립 현상이 점차 확산되고 있으며 이들은 낮과

밤이 뒤바뀐 생활 패턴, 스마트폰 의존 등으로 이어지면서 정신건강 문제가 더욱 심화될 수 있다(서미 외, 2022).

정서적 위기는 스트레스, 우울감, 외로움, 불안 등의 다양한 형태로 나타난다. 2024년 청소년 건강행태 조사에 따르면, 스트레스를 '많이' 또는 '대단히 많이' 느낀다고 응답한 비율은 여학생 49.9%, 남학생 35.2%로 나타나 성별 간 차이도 뚜렷하였다(교육부 · 질병관리청, 2024). 우울감 경험률은 전체 27.7%로, 여학생은 32.5%, 남학생은 23.1%였으며, 외로움 경험률은 전체 18.8%, 범불안장애 중등도 이상 경험률은 14.1%로 나타났다. 이러한 수치는 청소년의 정서적 고통이 상당히 광범위하고 심각한 수준임을 시사한다.

이와 같은 심리 · 정서적 위기가 장기화될 경우, 극단적 선택으로 이어질 가능성도 높다. 실제로 우리나라의 청소년 사망 원인 1위는 2011년 이후 줄곧 자살이며, 10~19세 청소년의 사망 원인 중 자살이 43.7%로 가장 높았다. 이는 2위인 악성신생물(악성 종양, 암 등)(14.2%), 3위인 운수사고(11.4%)와 비교했을 때 3배 이상 높은 수치다(교육부 · 질병관리청, 2024). 이러한 통계는 청소년 자살이 단순한 개인의 문제가 아니라, 사회 전체가 주목해야 할 심각한 사회적 위기임을 보여준다.

### 2) 사회 · 환경 문제

가정은 청소년이 처음으로 사회화되는 장으로 부모로부터 심리적 · 정서적 지지뿐만 아니라 안정적인 경제적 기반을 제공받으며 건강한 사회구성원으로 성장하는 데 중요한 역할을 한다. 그러나 최근에는 이혼율 상승, 경제적 침체와 소득 불균형 등으로 인해 가정의 경제적 어려움이 가중되고, 그로 인해 안정적인 돌봄 기능이 약화되면서 전통적인 가족의 보호 역할이 점차 무너지고 있다. 특히 가정 내에서 발생하는 폭력은 청소년 발달에 치명적인 영향을 미치며, 친밀한 가족 관계 속에서 반복되는 폭력은 무의식적 인권침해이자 악순환의 주요 요인으로 작용한다.

보건복지부 조사(2024)에 따르면, 아동학대사례로 판단된 피해아동 가족유형의 경우, 친부모가정 17,218건(66.9%), 모자가정 3,171건(12.3%), 부자가정 2,168건(8.4%), 재혼가정 1,298건(5.0%) 순으로 나타났다(표 11-1). 피해아동의 연령의 경우, 13~15세가 6,328건(24.6%)으로 가장 큰 비중을 차지했고, 그다음으로 10~12세 6,141건(23.9%), 7~9세 4,713건(18.3%) 순으로 나타났다. 재학대 사례 학대 행위자와 피해 아동과의 관계의 경우, 부모에 의한 재학대 사례가 3,943건(97.4%)으로 월등히 높았다.

〈표 11-1〉 피해아동 가족유형 (단위 : 건, %)

| 친부모 가정 | 부자 가정 | 모자 가정 | 미혼 부·모 가정 | 재혼 가정 | 친인척 보호 | 동거 (사실혼 포함) | 가정 위탁 | 입양 가정 | 시설 보호 | 기타 | 계 |
|---|---|---|---|---|---|---|---|---|---|---|---|
| 17,218 | 2,168 | 3,171 | 383 | 1,298 | 232 | 296 | 43 | 46 | 122 | 762 | 25,739 |
| 66.9 | 8.4 | 12.3 | 1.5 | 5.0 | 0.9 | 1.2 | 0.2 | 0.2 | 0.5 | 3.0 | 100 |

출처 : 보건복지부(2024). 2023 아동학대 주요통계.

부모의 학대와 방임은 청소년 가출과도 밀접하게 연결된다. 한국청소년쉼터협의회(2019)의 실태조사에 따르면, 청소년 가출 유형 중 '생존형 가출'(40.1%)과 '방임형 가출'(20.9%)이 가장 높은 비중을 차지하였으며, 귀가를 거부하는 사유로는 "집에 돌아가도 전과 같은 문제를 겪을까 봐" 또는 "가정폭력 때문에 집에 가기 두려워서"가 가장 많았다(한국청소년쉼터협의회, 2019). 이처럼 가정이 보호 기능을 수행하지 못할 경우, 청소년은 비자발적으로 가정을 떠나게 되며 이후 '비행 청소년'이라는 낙인, 생계 불안, 고립 등 이차적인 문제에 노출되기 쉽다. 더욱이, 이러한 악순환을 차단할 사회적 보호체계가 미흡하여 재가출 사례도 빈번히 발생하고 있다(한국청소년상담복지개발원, 2020).

학교 및 교육 제도 또한 청소년 사회·환경 문제의 중요한 부분을 차지한다. 2024년 학교폭력실태조사에 따르면, 피해 유형 중 언어폭력이 가장 높은 비중을 차지했으며, 2023년 1차 표본조사에서 37.1%였던 언어폭력 피해 비율은 2024년 1차 전수조사에서 39.4%로 2.3%p 증가하였다(교육부, 2024. 9. 25). 또한 코로나19 이후

학교폭력의 양상은 물리적 폭력에서 사이버폭력이나 언어폭력으로 변화하고 있으며, 피해 연령이 점차 낮아지는 '저연령화' 경향도 관찰되고 있다(김현희, 2024).

이러한 학교폭력은 단순한 물리적 폭행을 넘어, 피해 학생에게 대인관계의 어려움, 무력감, 고립감 등 심리적 위기를 경험할 위험을 증가시키고 있다(박지현, 2024).

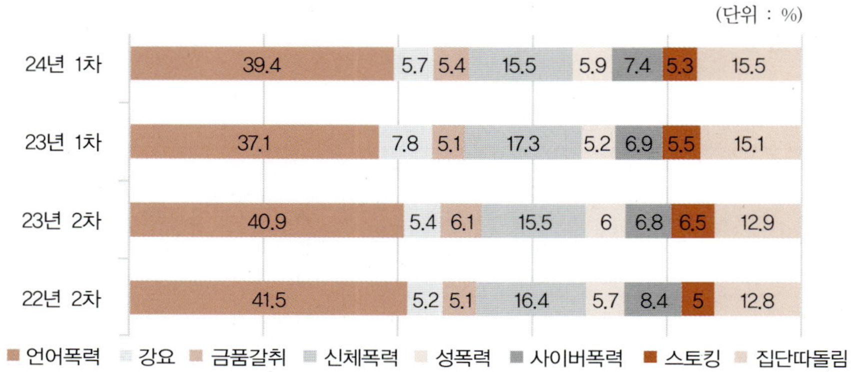


|그림 11-1| 학교폭력 피해 유형별 피해 응답률

출처 : 교육부(2024. 9. 25). 2024년 학교폭력실태조사.

### 3) 디지털 · 사이버 문제

정보화의 급속한 발전과 인터넷망의 확산으로 인해 온라인 공간은 청소년의 삶에서 필수적인 요소로 자리 잡았다. 특히 스마트폰 보급 이후 청소년의 인터넷 및 스마트폰 이용률이 급증하면서, 이와 관련된 역기능적 현상 역시 심각한 사회문제로 대두되고 있다. 2021년 기준, 한국 스마트폰 이용자 중 24.2%가 과의존 위험군에 속하였으며, 이 중 청소년(만 10~19세)의 비율은 37%에 달하는 것으로 나타났다(과학기술정보통신부 · 한국지능정보사회진흥원, 2021).

일반적으로 사이버 비행은 컴퓨터나 휴대폰 등 정보통신매체를 활용하여 가상현실 공간에서 발생하는 규범 위반 행위를 포괄하는 개념으로, 주로 가해자가 청소년인 경우에 사용된다(김경호 · 차은진, 2012).

반면, 사이버폭력은 사이버 비행의 하위 범주로, 온라인상에서 발생하는 폭력적 행위, 예를 들어 사이버 언어폭력, 명예훼손, 사이버 스토킹, 사이버 성폭력, 신상정보 유출, 사이버 따돌림, 사이버 갈취, 사이버 강요 등을 의미한다(방송통신위원회, 2021). 두 용어는 밀접한 관련이 있으나, 사이버폭력은 특히 피해자에게 직접적인 심리적·신체적 피해를 초래하는 폭력 행위에 중점을 둔다.

사이버 비행은 그 행위가 이루어지는 공간과 매체의 특성 때문에 전통적인 오프라인 비행과 차별화된다. 예를 들어, 사이버 공간은 시간과 공간의 제약을 받지 않고 언제 어디서든 일어날 수 있으며(서미 외, 2022), 전송과 복사가 용이하고, 익명성이 보장되므로 한 번의 게시나 링크 공유만으로도 피해 내용이 광범위하게 확산될 수 있다(정철호, 2009). 이러한 특성은 사이버 비행의 위험성을 더욱 증대시키며, 2010년 이후 휴대폰 기술 발전과 스마트폰 보급 급증에 따라 사이버폭력 사례도 급속히 증가하였다. 실제로 채팅 서비스나 SNS에서 사이버불링, 악성댓글, 그리고 타인의 행동을 몰래 촬영해 유포하는 '도촬' 사례 등이 빈번하게 보고되고 있다(서미 외, 2022).

한국청소년정책연구원(2016)의 조사에 따르면, 중학교 2학년부터 고등학교 3학년까지 한 번 이상 비행을 경험한 청소년 중 현실비행 경험률은 52.4%인 반면, 사이버 비행 경험률은 64.6%에 달한다. 학령별로 살펴보면, 현실비행은 중학교 2학년(18.4%)에서 고등학교 3학년(32.7%)으로 점진적으로 증가하는 반면, 사이버 비행은 중학교 2학년(46.9%)에서 고등학교 3학년(13.0%)으로 급격히 감소하는 추세를 보인다. 이는 청소년이 초기에는 온라인 공간에서 비행을 경험하다가, 고등학교 진학과 함께 오프라인에서의 비행이 상대적으로 증가하는 패턴을 시사한다. 특히 청소년이 처음 비행을 경험하는 시기가 사이버 공간에서 일찍 시작되고 있음을 고려할 때, 초기 상담 및 개입을 통한 사이버 비행문제의 조기 예방이 필요하다(차주환 외, 2023).

### 4) 범죄 및 비행문제

청소년 비행문제는 청소년기에 빈번하게 관찰되는 문제 현상 중 하나로, 범죄 행위뿐 아니라 사회규범에서 벗어난 다양한 일탈행위를 포함하는 개념이다. 청소년 비행의 기준은 시대, 국가, 사회, 문화에 따라 다르며, 범죄 행위에 대한 규제 방식 역시 차이가 있어 그 범위를 정확히 규정하기 어렵다(장수한, 2020). 일반적으로 청소년 비행은 형법 위반에 따른 범죄와, 청소년이라는 사회적 지위 때문에 일탈행동으로 간주되는 지위비행으로 구분할 수 있다. 우리나라는 2007년 개정된 소년법에 따라 소년법 적용 대상의 상한 연령이 기존 '14세 이상 20세 미만'에서 '14세 이상 19세 미만'으로 1년 낮아졌다. 이에 따라 19세부터는 일반 성인과 동일하게 형사처벌을 받게 되었다(김희년 외, 2021). 또한 촉법소년(10세 이상 14세 미만)은 형사처벌 대신 보호처분의 대상으로 분류되며, 소년부 판사의 심사를 거쳐 보호관찰, 사회봉사명령, 상담교육, 소년원 송치 등의 처분을 받는다.

2022년 청소년 범죄자 현황에 따르면, 청소년 범죄자 수는 7만 8,102명으로 2021년 대비 17.1% 증가한 반면, 2014년 8만 4,661명 대비 7.7% 감소한 것으로 나타났다. 그러나 청소년 인구를 고려한 범죄율은 2014년 10만 명당 1,603.1명에서 등락을 거쳐 2022년에는 1,868.8명으로, 2021년 1,582.0명 대비 큰 폭으로 증가하였다.

〈표 11-2〉 연도별 청소년 범죄자 현황 및 구성비(2014~2022) (단위 : 명, %)

| 구분 / 연도 | 전체 범죄자 | | 청소년 범죄자 | | | | 청소년 범죄자 구성 비율 (b+c/a×100) |
|---|---|---|---|---|---|---|---|
| | 전체 범죄자(a) | 전체 범죄율 | 청소년 범죄자 (b+c) | 촉법소년 등(b) | 범죄소년(c) | 청소년 범죄율 | |
| 2014 | 1,886,615 | 4,036.7 | 84,661 | 7,104 | 77,557 | 1,603.1 | 4.5 |
| 2015 | 1,995,658 | 4,167.4 | 77,727 | 6,756 | 70,971 | 1,544.8 | 4.0 |
| 2016 | 2,026,900 | 4,300.7 | 82,704 | 6,788 | 75,916 | 1,719.5 | 4.1 |
| 2017 | 1,869,446 | 3,948.7 | 80,409 | 7,743 | 72,666 | 1,723.7 | 4.3 |
| 2018 | 1,757,794 | 3,698.8 | 74,477 | 8,335 | 66,142 | 1,650.7 | 4.2 |
| 2019 | 1,765,268 | 3,702.1 | 76,707 | 10,460 | 66,247 | 1,775.3 | 4.3 |

| 2020 | 1,649,450 | 3,446.5 | 75,543 | 11,063 | 64,480 | 1,783.8 | 4.6 |
|---|---|---|---|---|---|---|---|
| 2021 | 1,372,632 | 2,866.9 | 66,697 | 12,680 | 54,017 | 1,582.0 | 4.9 |
| 2022 | 1,386,465 | 2,888.9 | 78,102 | 17,076 | 61,026 | 1,868.8 | 5.6 |

* 주 : 1) 10세 이상 19세 미만 인구 10만 명당 인원수를 집계함

2) '범죄소년'은 14~18세 범죄자를 의미하며, 대검찰청(2015~2022) 「범죄분석」의 범죄자 연령 통계를 활용해 집계함

3) '촉법소년 등'은 경찰이 법원 소년부에 송치한 촉법소년과 우범소년을 의미하며, 법원행정처(2012~2022) 「사법연감」의 소년보호사건 접수 통계를 활용함

4) '청소년 범죄자'는 14~18세의 범죄소년과 경찰이 소년법원에 송치한 촉법소년 등의 수를 합계한 결과임

5) 전체 범죄율=(청소년 범죄자+성인 범죄자)/10세 이상 인구수×100

6) 청소년 범죄율=(촉법소년 등+14~18세 범죄소년)/10~18세 인구수×100,000

출처 : 대검찰청(2015~2023). 범죄분석; 법원행정처(2012~2023). 사법연감.

더불어, 촉법소년 수는 2014년 7,104명에서 2022년 1만 7,076명으로 크게 증가한 반면, 범죄소년 수는 2014년 7만 7,557명에서 2022년 6만 1,026명으로 감소하는 추세를 보였다. 전체 범죄자 수와 범죄율은 감소하는 경향을 보이나, 청소년 범죄자의 감소폭(2014년 대비 7.7%)은 전체 범죄자 감소폭(26.5%)에 비해 상대적으로 작으며, 전체 범죄자 중 청소년 범죄자가 차지하는 비율은 2014년 4.5%에서 2022년 5.6%로 1.1%p 증가하였다(청소년 백서, 2023).

청소년 범죄 유형 중 특히 마약류 사범은 10년 전 대비 1,165.8% 증가하는 상당히 높은 증가율을 보였다. 2022년 청소년 마약류 범죄를 분석하면, 향정신성의약품이 69.0%로 가장 높은 비율을 차지하였고, 이어 마약이 22.5%, 대마가 8.5% 순으로 나타났다. 청소년의 신체적·정신적 발달에 마약류가 미치는 부정적 영향을 감안할 때, 중독 예방 및 교육에 더욱 집중해야 함을 시사한다(청소년 백서, 2023).

〈표 11-3〉 청소년 마약범죄의 마약류별 현황(2013~2022) (단위 : 명(%))

| 구분<br>연도 | 전체 | 청소년 마약류 사범 | | 청소년 마약류 종류별 | | | |
|---|---|---|---|---|---|---|---|
| | | 인원 | 비율 | 합계 | 향정신성 의약품 | 대마 | 마약 |
| 2013 | 9,764 | 58 | 0.6 | 58(100.0) | 39(67.2) | 17(29.3) | 2(3.4) |
| 2014 | 9,742 | 102 | 1.0 | 102(100.0) | 48(47.1) | 54(52.9) | – |
| 2015 | 11,916 | 128 | 1.1 | 128(100.0) | 78(60.9) | 50(39.1) | – |
| 2016 | 14,214 | 121 | 0.9 | 121(100.0) | 91(75.2) | 28(23.1) | 2(1.7) |
| 2017 | 14,123 | 119 | 0.8 | 119(100.0) | 70(58.8) | 49(41.2) | – |
| 2018 | 12,613 | 143 | 1.1 | 143(100.0) | 105(73.4) | 36(25.2) | 2(1.4) |
| 2019 | 16,044 | 239 | 1.5 | 239(100.0) | 167(69.9) | 69(28.9) | 3(1.2) |
| 2020 | 18,050 | 313 | 1.7 | 313(100.0) | 196(62.6) | 78(24.9) | 39(12.5) |
| 2021 | 16,513 | 450 | 2.7 | 450(100.0) | 192(42.7) | 62(13.8) | 196(43.6) |
| 2022 | 18,395 | 481 | 2.6 | 481(100.0) | 332(69.0) | 41(8.5) | 108(22.5) |

* 주 : 마약류 통계에서 청소년 연령 기준은 '19세 이하'를 기준으로 하고 있음

출처 : 대검찰청(2015~2023). 마약류 범죄백서.

법무부에 따르면, 최근 10년간 소년범의 재범률은 약 12% 내외로 나타났으며, 이는 성인의 5%보다 2배 이상 높은 수치이다. 특히 성인의 재범률은 점진적으로 감소하는 추세를 보이지만, 청소년(소년대상자)의 재범률은 오히려 증가하고 있는 상황이다. 이처럼 소년범의 재범률이 높다는 점은 초기 개입이나 교정 프로그램의 효과가 충분치 않음을 시사한다. 따라서 효과적인 재활 프로그램과 체계적인 사후 관리 시스템의 강화, 그리고 가정 및 학교 등 청소년 지원 인프라의 확충이 시급함을 보여준다.

〈표 11-4〉 보호관찰대상자 재범률

| | 2014 | 2015 | 2016 | 2017 | 2018 | 2019 | 2020 | 2021 | 2022 | 2023 |
|---|---|---|---|---|---|---|---|---|---|---|
| 소년대상자 재범률 | 10.6 | 11.7 | 12.3 | 12.8 | 12.3 | 12.8 | 13.5 | 12.0 | 12.0 | 13.2 |
| 성인대상자 재범률 | 5.1 | 5.2 | 5.6 | 5.6 | 5.1 | 5.0 | 5.0 | 4.5 | 4.1 | 4.3 |

출처 : 법무부(2024). 「보호관찰통계」.

## 5. 청소년 문제의 대응방안

청소년은 아직 성장하는 단계에 있으므로, 이들의 잠재력을 최대한 발휘하여 건강한 성인으로 성장할 수 있도록 예방과 지원 중심의 정책 및 개입 전략이 마련되어야 한다. 이를 위해 국가와 지역사회는 청소년의 위기 상황에 효과적으로 대응하고, 안정적인 성장과 자립을 도울 수 있는 체계적인 지원 방안을 구축할 필요가 있다.

### 1) 청소년을 위한 주요 정책 및 법령

청소년을 위한 정책적 개입과 제도적 지원은 매우 중요하며, 이는 단순히 교육의 대상이 아닌 한 사회의 구성원으로서 청소년이 존엄성과 권리를 보장받으며 성장할 수 있도록 돕는 과정이다. 그러나 일부 청소년은 가정해체, 학업 중단, 사회적 고립 등으로 공교육 체계나 지역사회 보호망에서 벗어나게 되어, 이들에게는 별도의 복지적 개입, 심리·정서적 지원, 자립을 위한 통합적 접근이 필요하다.

현재 우리나라에서는 청소년을 지원하기 위한 여러 법과 제도가 마련되어 있으며, 그 중심에는 「청소년기본법」이 있다. 이 법에서는 청소년을 '9세 이상 24세 이하'로 정의하고, 이들의 보호, 교육, 복지, 활동을 종합적으로 지원하기 위한 정책의 기반을 마련하고 있다.

이와 더불어, 활동 영역에서는 「청소년활동 진흥법」, 복지 영역에서는 「청소년복지 지원법」, 유해환경으로부터의 보호를 위해 「청소년 보호법」이 시행되고 있으며, 학교 밖 청소년을 위한 「학교 밖 청소년 지원에 관한 법률」도 별도로 제정되어 있다. 특히 「청소년복지 지원법」은 2004년 제정 이후 18차례 개정을 거치면서 위기청소년 지원, 청소년부모 지원, 지역사회 청소년통합지원체계(CYS-Net)의 구축 등을 통해 복지 체계를 지속적으로 강화해 오고 있다.

2004년 제정 당시, 청소년의 인권 보장과 복지 향상을 국가와 사회의 책무로 규정하였으며, 특별지원청소년, 교육적 선도 등에 관한 내용을 담았다. 특히

2012년 전부개정을 통해 청소년 인권 관련 조항은 삭제되었으나, 지역사회 청소년통합지원체계와 복지지원기관, 복지시설 조항을 추가하며 정책적 체계를 확립하였다. 2021년 일부개정에서는 '가출청소년'이라는 용어를 '가정 밖 청소년'으로 변경하고, 청소년부모 지원 근거 조항을 신설하였으며, 위기청소년 통합지원기구 설치를 명문화하였다.

청소년 관련 법제도는 단일 법률로 완결되지 않고, 여러 영역과 연계되어 있다. 청소년복지정책은 아동, 청년, 가족 정책과도 밀접하게 연결되며, 이에 따라 다음과 같은 관련 법령들도 함께 고려할 필요가 있다.

- 아동복지법 : 보호대상아동과 지원대상아동을 구분해 가정위탁, 보호시설 입소, 자립 지원 등을 규정하고 있음
- 청년기본법 : 청년 복지증진을 위한 정책 수립, 자산 형성 지원, 건강관리, 취약계층 지원 확대 등을 명시함
- 건강가정기본법 및 한부모가족지원법 : 청소년 한부모 및 취약가정 지원을 포함한 가족지원서비스, 자립지원, 교육지원, 시설 우선입소 등 복지적 개입을 위한 근거 마련

이와 같이 청소년 정책은 다차원적인 법체계와 정책적 기반 위에 형성되어 있으며, 청소년의 건강한 성장과 사회적 통합을 돕기 위한 제도적 장치를 지속적으로 확대하고 있다(장민선, 2022).

### 2) 예방 및 조기 개입 프로그램

청소년 문제에 효과적으로 대응하기 위해서는, 청소년이 직면한 다양한 위기상황에 신속하고 통합적으로 대응할 수 있는 체계적인 지원 시스템이 필수적이다. 그러나 과거에는 위기청소년에 대한 지원이 지역별로 분산되고 단편적으로 운영되는 한계가 있었으며, 청소년 관련 기관 간 협력체계의 부재로 인해 위기상황의 조기 발견과 맞춤형 서비스 제공에 어려움이 많았다.

이러한 문제점을 개선하고자, 정부는 지역사회 청소년 지원서비스를 통합·연계하는 「지역사회 청소년통합지원체계(청소년안전망)」를 구축하여 운영하고 있다. 이 체계는 정신건강 문제, 가출, 폭력 피해, 인터넷·스마트폰 중독 등 다양한 위기 상황에 처한 청소년에게 상담, 보호, 의료, 자립지원 등 맞춤형 서비스를 One-Stop으로 제공하는 것을 목표로 한다.

또한 청소년안전망의 효과적 운영을 위해 위기청소년 통합지원 정보시스템이 도입되었다. 이 시스템은 위기청소년의 발견부터 보호 종료까지의 전 과정을 통합적이고 효율적으로 관리할 수 있도록 설계된 관리체계이다(청소년 백서, 2023).

이와 같은 예방 및 조기 개입 프로그램은 위기청소년을 조기에 발견하고, 문제 상황을 악화되기 전에 신속하게 대응할 수 있도록 하는 통합적이고 실질적인 청소년 보호체계로 기능하고 있다. 이는 청소년이 위기 상황에서 벗어나 건강하고 안정적으로 성장할 수 있는 환경을 조성하는 데 핵심적인 역할을 수행하고 있으며, 청소년 복지정책의 실질적인 기반으로 자리매김하고 있다.

이에 더해, 위기청소년이 단지 위기 상황에서 벗어나는 것을 넘어서, 자신이 지닌 강점과 가능성에 주목하고, 궁극적인 삶의 가치에 관심을 가지도록 돕는 접근이 필요하다. 청소년 문제에 대한 개입은 단기적 위기 대응에 머물 것이 아니라, 국가와 사회의 책무로서 청소년이 책임 있는 민주시민으로 성장하고 자신의 잠재력을 실현할 수 있도록 지원하는 것에 초점을 맞출 필요가 있다.

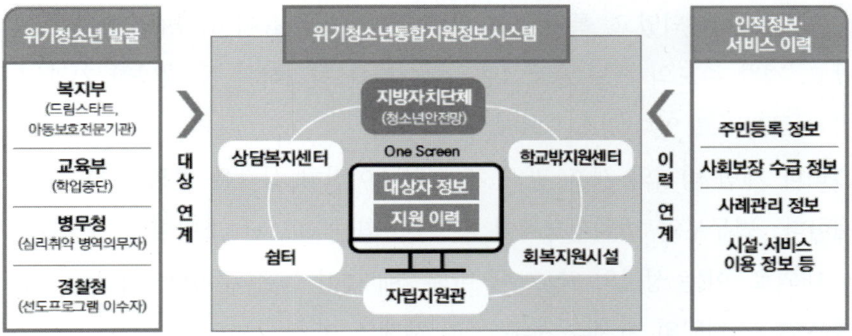


|그림 11-2| 위기청소년 통합지원 정보시스템 추진체계

출처 : 여성가족부(2023)

### 3) 사후 관리 및 재범 방지

법무부는 학교폭력 및 저연령 소년의 비행 증가에 대응하여, 위기청소년과 비행 초기 단계에 있는 청소년의 재범을 예방하기 위한 장기적이고 체계적인 대책을 추진해 왔다. 2007년 7월, 부산, 광주, 대전, 청주, 안산, 창원 등 6개 지역에 청소년 비행 예방센터를 설립한 이후, 2022년 기준으로 제주소년원을 포함한 총 19개 센터가 운영 중이다. 2013년부터는 이들 센터에 '청소년꿈키움센터'라는 명칭을 사용하여, 긍정적인 이미지 제고와 교육 대상자의 심리적 부담 완화를 도모하고 있다.

청소년꿈키움센터는 법원, 검찰, 학교, 소년부 판사 및 검사의 의뢰를 받아 비행 예방교육, 보호자 교육, 상담조사, 심리검사, 법교육 등을 수행하며, 청소년 비행 관련 연구 및 프로그램 개발에도 주력하고 있다(청소년 백서, 2023).

또한 경찰은 청소년 범죄자의 특성에 맞춘 다양한 선도 프로그램을 운영하고 있다. 주요 프로그램으로는, 청소년상담복지센터 등과 연계해 집단상담 및 미술치료를 제공하는 '사랑의 교실', 신경정신과 의사 및 임상심리사가 참여해 자기통제력 향상과 인간관계 개선을 돕는 '마음나눔교실', 학교전담경찰관(SPO)이 회복적 접근 방식을 적용하여 운영하는 '희망동행교실'이 있다. 선도 프로그램 이수 시 수료증이 발급되어 사법처리 과정에서 참고자료로 활용되기도 한다.

이와 같은 선도 프로그램은 코로나19로 일시 감소했으나, 2022년에는 2만 6,411명으로 회복되었고, 특히 '사랑의 교실' 참여 비율이 61.9%로 가장 높게 나타났고, 경찰 주도의 선도 프로그램은 38.0%를 차지하는 등 다양한 기관 간 협력이 이루어지고 있다(청소년 백서, 2023).

그러나 재범 방지와 사후 관리 체계에는 여전히 심각한 인프라 부족 문제가 존재한다. 법무부와 법원행정처에 따르면, 최근 10년간 소년범의 재범률은 약 12% 내외로, 이는 성인의 약 5%에 비해 2배 이상 높은 수치다. 이러한 높은 재범률은 초기 개입의 한계와 사후 관리 체계의 미흡을 반영한다.

예를 들어, 2024년 7월 1일 기준 전국 조사관 정원은 223명으로, 2020년 197명,

2022년 214명, 2023년 221명에서 소폭 증가한 수준에 머무르고 있다. 조사관은 소년 사건의 비행 원인, 성장 환경, 성격, 정신상태, 동기 등을 조사하고, 이혼 부모 대상의 자녀 양육 안내, 아동학대 가해자 교육, 재범 예방교육 등 후견 및 복지 업무도 수행한다. 그러나 역할의 확장에 비해 인력 확충은 예산 부족 등의 이유로 매우 제한적이다. 2022년에는 138명의 증원이 요청되었지만, 실제 증원은 7명, 2023년에도 요청 인원 79명 중 2명만 충원되었다.

또한 지역 간 인력 편차도 심각하다. 서울가정법원에는 52명의 조사관이 배치되어 있는 반면, 속초, 공주, 제천, 의성, 영덕, 장흥, 남원 등 일부 지역은 전담 조사관이 없어 인근 기관 순회에 의존하고 있다. 이로 인해 사건 처리의 전문성과 공정성 확보에 대한 우려가 제기된다(법률신문, 2024. 7. 3).

소년의료보호시설의 부족도 심각한 문제이다. 현재 정신질환이나 약물남용 치료를 담당할 수 있는 시설은 대전소년원 부속 의원 단 한 곳이며, 정원은 80명에 불과하다. 이로 인해 7호 처분(6개월 의료기관 위탁 치료)을 내리는 데 어려움이 있으며, 치료의 적기를 놓치는 사례도 빈번하다. 2020년 기준, 7호 처분을 받은 소년의 1년 내 재입원율은 11.5%에 이르는 것으로 나타났다.

법조계에서는 정신질환이 상당히 진행된 소년범에게 단순한 교육만으로는 교정 효과를 기대하기 어렵다는 지적이 제기되고 있다. 이에 서울가정법원은 "국립법무병원과 같은 형태로, 법무부가 설립하고 보건복지부로부터 의료기관 인증을 받은 특수 의료기관이 가장 실효적일 것"이라는 의견을 제시하기도 했다(한국일보, 2024. 5. 30).

결론적으로, 소년범 재범 방지와 사후 관리를 위해서는 전문 인력 확충, 지역 간 격차 해소, 의료 및 교육 연계 시스템 강화, 맞춤형 치료·재활 프로그램 확대 등 통합적이고 체계적인 관리체계 구축이 시급한 과제로 남아 있다.

# 제12장
# 다문화사회 문제

1. 다문화의 이해
2. 다문화의 현황
3. 다문화 이론과 사회통합의 이해
4. 다문화의 문제들
5. 다문화 사회문제에 대한 이론적 해석
6. 다문화사회 통합을 위한 대응방안

# 제12장

# 다문화사회 문제

20세기 말 세계화의 영향과 국제 교류의 증가로 우리 사회도 빠르게 다문화사회로 접어들고 있다. 이제 우리는 주변에서 국제결혼을 통해 이주해 온 결혼이민자와 취업 등 경제적 이유로 입국한 이주노동자, 그리고 북한을 탈출하여 어렵게 입국한 북한이탈주민 등을 쉽게 만나볼 수 있다.

이 장에서는 최근 급증하고 있는 다문화에 대한 이해를 높이기 위하여 우리 사회가 가지고 있는 다문화의 문제를 다문화의 개념과 현황, 문제점, 그리고 사회통합을 위한 대응방안으로 나누어 개괄적으로 살펴보고자 한다.

## 1. 다문화의 이해

### 1) 다문화의 개념

다문화는 하나 이상의 복수의 문화를 의미한다. 즉, 다문화는 다인종, 다민족으로 구성된 사회에서 문화의 중심이 되는 주류문화에 대한 하위개념으로, 위계관계 혹은 다양성의 존중을 내포하는 개념으로 정의할 수 있다(이종복 외,

2013). 따라서 다문화사회는 서로 다른 문화에 대한 이해와 존중을 통하여 형성된다.

다문화(multi-culture)라는 용어는 1990년대 후반부터 일부 사회단체에서 사용되었으나, 정부 정책과 시민단체에서 본격적으로 사용되기 시작한 것은 2005년 결혼이민자들이 급증하면서 그들의 처우가 사회적 이슈로 다루어지게 되면서부터이다(여성가족부, 2006).

다문화를 포함한 용어로는 다문화사회, 다문화가족[1] 등이 있다. 다문화사회는 다인종, 다민족으로 구성된 사회를 의미하며, 다문화가족은 우리 사회에 거주하고 있는 결혼이민자, 이주노동자, 북한이탈주민, 난민 등의 외국인 근로자와 외국인과의 사이에서 태어난 자녀들을 비차별적으로 부르는 용어이다(이성기 외, 2020).

### 2) 다문화사회의 진입배경

우리나라는 그동안 우리 민족을 '단일민족', '백의민족' 등으로 표현하며 민족의 순혈성을 강조해 왔으며, 또한 국제적으로도 전 세계 184개 국가 중 아이슬란드와 함께 단일문화를 고수하고 있는 국가로 분류되어 있다(UNESCO, 1998). 그러나 우리나라도 1950년 한국전쟁 후 미군과 한국인 여성들의 결혼에서부터 시작하여 1980년대 말부터 국내의 부족한 노동력을 메우기 위하여 외국인노동자들이 증가하기 시작하였으며, 1990년대 중반부터는 농촌 총각들의 결혼을 위한 국제결혼이 증가하는 등 다양한 이유로 2023년 말 기준 국내에 체류하고 있는 외국인이 2,507,584명으로 전체 인구의 4.89%에 이르고 있다(법무부, 2024). 즉, 우리사회는 짧은 기간 동안에 외국인의 유입이 급속하게 이루어지고 있으며, 서구에서는 몇 세대에 걸쳐 진행되었던 다문화사회가 단시간 내에 빠르게 진행되고 있는 것이다.

1 본문에서는 익숙한 표현인 '다문화가족'을 사용하였으나, 최근에는 '이주배경가족' 등 포용적 용어로의 전환이 논의되고 있다.

## 2. 다문화의 현황

다양한 인종, 다양한 출신의 배경을 가진 다문화가족이 급증함에 따라 우리 사회의 구성원도 다양해지고 있다. 다문화가족의 범위는 다양하게 논의되고 있으나 이 절에서는 다문화가족을 결혼이민자(자녀), 이주노동자(자녀), 북한이탈주민(자녀)에 한정하고자 한다(이성기 외, 2020).

### 1) 결혼이민자 현황

한국의 이주노동자의 유입은 1980년대 말을 기점으로 대량 유입되었으나 1990년대 중반부터는 여성결혼이민자들의 비율이 급격히 증가하였다. 일반적으로 외국인 남성의 이주는 노동을 중심으로 이루어지는 반면, 여성 이주는 결혼을 중심으로 이루어졌다.

우리나라의 국제결혼은 시기별로 다양한 변화의 과정을 거쳤다. 1990년대 초에는 한국인과 외국인과의 결혼은 전체 결혼의 1% 수준에 불과하였으며, 한국인 여성과 외국인 남성 간의 결혼이 주종을 이루었고, 한국인 남성과 외국인 여성과의 결혼은 소수였다. 그 당시 한국인 남성과 결혼한 외국인 여성은 대부분 미국과 일본 여성들로서 1% 미만의 소수였다. 1992년 중국과의 수교 이후에는 한국계 중국인 여성을 중심으로 한 결혼이 두드러졌으며, 1990년대 중반부터는 한국인 남성과 외국인 여성의 결혼이 현저히 증가하여 한국인 여성과 외국인 남성의 결혼을 앞지르기 시작하였다.

그후 지속적으로 증가세를 보이던 국제결혼은 1997~1999년에는 현저히 퇴조하였다. 이는 IMF로 인한 경제사정 악화와 함께 한국계 중국인 여성들의 위장결혼, 사기결혼에 대한 사회적 비판이 높아지고, 남성들의 피해와 관련 범죄사실 등이 보도되면서 국제결혼에 대한 경계심이 작용했기 때문이다. 또한 1998년 위장결혼을 막기 위한 국적법이 개정되면서 국적 취득이 어려워진 것도 결혼추세에 상당한 영향을 미쳤다. 따라서 1990년대 후반에는 한국계 중국인과의 결혼이 주춤하고 미국, 일본, 중국 이외 지역 출신들과 결혼이 증가하기 시작하였고, 2014년 이후에는 초청인의 소득요건 및 주거요건 등 결혼이민(F-6) 사증발급요건을 강화하여 건전한 국제결혼 문화가 지속적으로 안정화되고 있다. 2020년과 2021년에는 코로나19로 국가 간 이동이 제한되어 신규로 입국하는 결혼이민자의 증가 추세가 다소 정체되었으나, 전염병 관련 방역조치가 해제되어 완전하게 일상을 회복한 2023년에는 결혼이민자가 전년대비 3% 이상 증가하였다(법무부, 2024).

통일교의 국제결혼사업인 '참가정운동'은 1961년부터 시작되었는데, 당시에는 일본인 여성교도와 한국인 남성교도 간의 결혼이 대부분이었다. 그러나 1990년대 중반에 통일교 측에서 범세계적인 참가정운동을 벌여 통일교도 이외의 필리핀과 태국 등 일부 동남아 국가 출신 여성들도 대거 '축복결혼' 대열에 합세되었으며, 통일교도가 아닌 한국 남성들도 통일교를 통한 국제결혼이 가능하게 되었다. 따라서 1990년대 말에서 2000년대 초에는 결혼정보회사나 사적인 경로를 통한 한국계 중국인과 결혼, 그리고 통일교를 통한 필리핀, 태국, 일본 여성과의 결혼이 대다수를 차지하였다.

2000년대 중반부터는 베트남 여성이 급격히 증가하였다. 베트남은 한국과 문화나 생활양식, 가족중심적 사고, 유교적 습관, 종교, 얼굴 등 여러 면에서 비슷하다. 특히 베트남 여성들은 생활에 잘 적응하는 경향이 있기 때문에 선호대상이 되었다. 이 외에도 구소련 지역과 몽골 등 중앙아시아 지역으로 그 범위가 확대되었다. 이는 국제결혼정보업체들이 증가하는 한국인 남성과 국제결혼의 수요를 자신들의 사업대상 지역에 끌어들이면서 나타난 현상으로 보인다.

〈표 12-1〉 결혼이민자 현황

(단위 : 명)

| 구 분 | | 2019 | 2020 | 2021 | 2022 | 2023 |
|---|---|---|---|---|---|---|
| 합 계 | | 166,025 | 168,594 | 168,611 | 169,633 | 174,895 |
| 성 별 | 남 자 | 28,931 | 30,716 | 31,943 | 33,392 | 34,526 |
| | 여 자 | 137,094 | 137,878 | 136,668 | 136,241 | 140,369 |
| 지 역 | 경기도 | 48,227 | 50,182 | 51,316 | 51,997 | 53,857 |
| | 서울특별시 | 28,100 | 27,883 | 27,327 | 27,339 | 27,799 |
| | 경상남도 | 10,670 | 10,865 | 10,705 | 11,939 | 10,895 |
| | 인천광역시 | 10,977 | 11,286 | 11,568 | 10,586 | 12,565 |
| 국 적 | 중 국 | 60,324 | 60,072 | 59,770 | 59,499 | 60,048 |
| | 베트남 | 44,172 | 44,058 | 41,447 | 39,136 | 39,956 |
| | 일 본 | 14,184 | 14,595 | 15,074 | 15,366 | 15,662 |
| | 필리핀 | 12,030 | 12,002 | 12,041 | 12,253 | 12,557 |

출처 : 법무부(2024). 외국인정책 통계연보.

〈표 12-1〉의 결혼이민자 통계에 의하면 2023년 말 기준, 결혼이민자의 수는 총 174,895명으로 파악되었다(법무부, 2024). 이 중 여성 결혼이민자는 140,369명(80.3%), 남성 결혼이민자는 34,526명(19.7%)으로 여성 비율이 압도적으로 높다. 국적별로는 중국이 34.3%로 가장 많고, 그 뒤를 베트남(22.8%), 일본(9.0%), 필리핀(7.2%)이 잇고 있다. 지역별로는 경기(31.1%), 서울(16.1%), 인천(7.3%) 순으로 수도권 집중도가 높으며, 전체의 54.5%가 수도권에 거주하고 있다. 이는 한국 사회의 인구 밀집 구조와 이주 정착 경향을 반영한 결과로 볼 수 있다.

## 2) 이주노동자 현황

세계화의 추세는 자본과 정보뿐만 아니라 사람의 이동을 촉발시키고 있으며, 국가와 민족의 경계를 넘나드는 이주노동을 더욱 증가시키고 있다(한건수, 2006). 이주노동은 국가와 지역 간에 일자리를 구할 기회와 임금의 격차가 있는 한 지속될 수밖에 없는 국제적인 현상이다. 시장경쟁력 강화에서 배제된 실업자는 국내에서 적당한 일거리를 찾지 못하고 결국 생존을 위해 다양한 경제적 목적으로 이주를 감행하게 된다(김범수 외, 2007).

우리나라는 1970년대까지 노동력을 송출해 온 전형적인 인력 송출국이었으나 1990년대 들어서면서 외국인 노동력의 수입국이 되었다. 노동력 수출국에서 완전히 노동력 수입국으로 전환한 것은 아니지만, 미국과 일본 등지로 노동력을 송출하면서도 내국인들이 기피하는 저임금 산업의 부족인력을 대량으로 수입하는 양면적인 모습을 보인다.

우리나라에 이주노동자들이 처음 들어온 것은 1987년 노동자 대투쟁 이후 국내 노동자 임금이 상승하자 중국과 동남아 노동자들이 관광 또는 단기방문 사증으로 입국하여 일을 하기 시작하면서부터이다. 그러나 1991년 해외에 투자한 국내 기업들이 현지에서 고용한 인력들을 국내에 유입하여 우리 사회에 이주노동자들이 공식적으로 등장하게 되었다. 고용노동부의 외국인력정책에 따르면, 2023년 말 기준 고용허가제(E-9)를 통해 입국한 이주노동자는 약 28만 명이다. 이들은 제조업, 농축산업, 건설업, 서비스업 등에서 근무하고 있으며, 내국인이 기피하는 일자리를 중심으로 경제활동에 기여하고 있다. 고용허가제는 단기순환형 체류제도로, 이주노동자의 장기 정착이나 가족 동반은 제한되며, 이는 차별적 배제모형의 일환으로 해석되기도 한다. 이주노동자 정책은 한국의 산업 구조와 인구 고령화에 대응하기 위한 필수 요소로 자리 잡고 있다.

한편 국내에 유입된 이주노동자는 내국인 노동시장을 보완하는 큰 역할을 담당하고 있다. 이주노동자들의 경제활동에 의해 부가가치 생산량이 증가하고, 산업경쟁력이 강화되고 있으며 내국인 노동자가 취업할 수 있는 신규 일자리들이 창출되고 있다. 삼성경제연구소(2010)의 보고서에 의하면, "한국은 노동력 부족 문제를 해결하기 위해 2050년까지 1,159만 명의 이민자를 받아들여야 한다"고 하였다. OECD(2025)에 따르면, 저출산과 고령화로 인해 한국의 노동 연령 인구수는 2020년부터 지속적으로 감소하였으며, 추세적인 취업자 증가 규모는 둔화되어 2030년경에는 감소세로 전환될 것으로 전망된다. 이러한 조사 결과들은 국내 노동력 부족이 결국 경제에 심각한 부정적인 영향을 미칠 것을 예측하고 있어

이주노동자들은 지속적으로 증가할 전망이다. 그러나 그동안 우리 사회에서는 이들을 미등록체류자, 불법체류자로 규정하고 이주노동자 전체를 차별하고 낙인화하는 경향이 있었다. 이로 인해 그들은 우리 사회, 특히 산업현장에서 산업재해를 겪으며, 인권이 침해당하는 등 생존권의 위협을 받으며 살아왔다. 그러나 이제는 그들의 존재를 인정하고 상호 공존하는 윈윈(win-win) 전략이 필요하다. 이주노동자의 노동권과 인권을 실질적으로 보장하는 법적 안전장치를 보장하고, 그들이 산업현장에서 자신의 역량을 충분히 발휘할 수 있도록 지원하는 대책이 마련되어야 할 것이다(이종복 외 2013).

### 3) 북한이탈주민 현황

'북한이탈주민'이란 대한민국 법률상의 용어이며, '북한에 주소 · 직계가족 · 배우자 · 직장 등을 두고 있는 자'로서 북한을 벗어난 후 외국의 국적을 취득하지 아니한 자를 말한다. 그러나 그동안 우리나라에서 북한이탈주민을 가리키는 용어는 다음과 같이 몇 차례 바뀌었다. 이러한 변화과정을 검토하는 것은 북한이탈주민을 대하는 시대적 상황을 반영하고 있어 그들을 이해하는 데 큰 도움이 된다.

- 1993년 이전 : 귀순자(歸順者), 귀순용사(歸順勇士)
- 1994~2004년 : 탈북자(북한이탈주민)
- 2005~2008년 : 새터민(북한이탈주민)
- 2008년~ : 북한이탈주민

5 · 16 쿠데타 직후 군사정부는 휴전선을 넘어 군사적 기밀을 가지고 오는 소수의 사람들에 대해 특별히 처우할 군사적 필요성을 느끼고, 1962년 「국가유공자 및 월남귀순자 특별원호법」을 제정하였다. 이 시기에 탈북한 자들은 '귀순용사'로 대우받았으며, 국유기업체나 대기업에 취업할 수 있었고 주택, 교육, 결혼 등 생활영역에서 특혜와 자본주의 체제의 우월성을 내외에 알리는 홍보모델이

되기도 하였다. 당시 탈북자는 연 10명을 넘지 않는 소수였으므로 국가 행·재정상의 무리 없이 집행될 수 있었다. 그러나 문민정부 이후 이들의 군사적·정치적 가치가 상실되면서 이들의 지원은 대폭 축소되었으며, 이들은 일종의 '경제난민'으로서 '생활보호대상자' 차원의 '탈북자'라는 용어가 일상적으로 사용되기 시작하였다.

1994년 이후에는 탈북자 수가 급증하고 생활여건이 악화되자, 김대중 정부는 IMF 경제상황 속에서도 노동시장에 개입하여 획기적으로 확대된 지원정책을 추진하여 자립정착의 토대를 마련해 주었다. 노무현 정부에서는 입국자 규모가 급증하고 정착지원제도가 고비용, 저효율이라는 비판을 받자, 정착금과 생계비 보조금을 줄여 근로의욕을 높이고 취업을 제고하는 방향의 현행 정착지원제도로 개선하였다. 탈북자들은 입국 후 '하나원'에서 2개월 동안 사회적응 훈련을 받고 1~2년간 보호경찰관의 신변보호를 받으며, 정착금과 취업알선, 직업교육, 교육지원, 특별생계보조금 등을 지원받게 되었다.

정부는 2004년부터 북한이탈주민을 일컫는 부정적이고 거부감을 주는 '탈북자'라는 용어 대신 '새터민'으로 변경하였으며, 새터민은 '새로운 터전에서 삶의 희망을 갖고 사는 사람'이라는 뜻이었다(김범수, 2007). 한편 탈북자 단체와 남한 사회 일부에서는 '새터민'이란 용어가 부자연스러우며, 한국에 정착하지 못하고 해외에 흩어져 있는 탈북자들을 아우르지 못하다는 의견이 제기되었다. 2008년 통일부는 가급적이면 '새터민'이라는 용어를 쓰지 않겠다고 발표했으며, 이에 따라 북한을 이탈한 주민을 포괄하는 용어인 '북한이탈주민'이라는 용어가 일반적으로 사용되고 있다.

2024년 북한이탈주민의 수는 〈표 12-2〉와 같이 15,084명이며 누적 합계 수는 34,314명에 이르고 있다.

〈표 12-2〉 북한이탈주민 입국현황 (단위 : 명)

| 구분 | 2001 | 2002 | 2003 | 2004 | 2005 | 2006 | 2007 | 2008 | 2009 | 2010 | 2011 | 2012 | 2013 |
|---|---|---|---|---|---|---|---|---|---|---|---|---|---|
| 남(명) | 565 | 510 | 474 | 626 | 424 | 515 | 573 | 608 | 662 | 591 | 795 | 404 | 369 |
| 여(명) | 478 | 632 | 811 | 1,272 | 960 | 1,513 | 1,981 | 2,195 | 2,252 | 1,811 | 1,911 | 1,098 | 1,145 |
| 합계(명) | 1,043 | 1,142 | 1,285 | 1,898 | 1,384 | 2,028 | 2,554 | 2,803 | 2,914 | 2,402 | 2,706 | 1,502 | 1,514 |

| 구분 | 2014 | 2015 | 2016 | 2017 | 2018 | 2019 | 2020 | 2021 | 2022 | 2023 | 2024.9 | 합계 |
|---|---|---|---|---|---|---|---|---|---|---|---|---|
| 남(명) | 305 | 251 | 302 | 188 | 168 | 202 | 72 | 40 | 35 | 32 | 22 | 5,126 |
| 여(명) | 1,092 | 1,024 | 1,116 | 939 | 969 | 845 | 157 | 23 | 32 | 164 | 159 | 9,958 |
| 합계(명) | 1,397 | 1,275 | 1,418 | 1,127 | 1,137 | 1,047 | 229 | 63 | 67 | 196 | 181 | 15,084 |

출처 : 국내 북한이탈주민 입국현황(2024년 말 입국자 기준)

북한이탈주민은 1990년대 중반 북한의 식량사정 악화를 계기로 꾸준히 증가하기 시작하였으며, 2001년 1,000명을 넘어선 이래 2006년에는 2,000명을 초과하였고, 2024년 말 기준 누적 북한이탈주민 수는 34,314명으로 보고되었다. 이 중 여성은 24,746명(약 72.1%), 남성은 9,568명(약 27.9%)으로, 성별 격차가 뚜렷하게 나타나고 있다. 북한이탈주민은 2001년 1,000명, 2006년 2,000명을 돌파하며 빠르게 증가했으나, 2020년 이후 코로나19 영향으로 입국 인원이 급감하였다. 최근에는 다시 점진적으로 증가하고 있으며, 이들의 정착지원을 위한 사회적 기반이 중요 과제로 대두되고 있다.

2000년 이후 북한이탈주민이 급증한 원인은 이들이 해외에 체류하면서 북송의 위험을 느끼며 살기보다는 한국에 입국하여 보다 안전한 삶을 살려는 시도가 증가하였기 때문이다. 또한 제3국 내 우리 공관에 들어간 탈북자들에 대한 우리 당국의 지원 및 한국에 기입국한 가족의 입국지원 활동 증가도 크게 영향을 미치고 있다. 최근에는 중국의 단속이 강화되면서 체포와 북송을 우려한 탈북자들이

제3국을 거치거나 국내로 바로 들어오기 때문에 걸리는 시간이 짧아진 측면도 있다. 또한 가족동반 입국이 늘어나고 있으며, 가족단위의 입국이 증가하면서 여성의 비율과 아동, 장년층의 비율도 크게 증가하였다. 이러한 연령구성이 다양화되면서 남한사회에서 육아문제, 학교생활 적응문제, 노인문제 등 새로운 적응문제가 대두되고 있다. 한편 북한이탈주민은 목숨을 걸고 국경을 넘어 자유의 땅에 도착하지만 남한생활은 결코 녹록지 않으며, 정치사상적 · 경제적 · 문화적 · 사회적 · 심리적인 적응 면에서 상당한 어려움을 경험하고 있다.

이러한 북한이탈주민의 한국생활 부적응을 돕기 위하여 2008년에는 하나원을 확충하고 여성특화교육을 강화하며, 심리안정 및 건강회복 지원을 강화하였다. 또한 취업문제 해결을 위해 고용노동부, 기업 등과 유기적인 협력관계를 구축하고 '북한이탈주민 일자리 창출사업'을 진행하였다. 정부는 2010년 9월 북한이탈주민이 한국 사회의 일원으로 자립, 자활의 의지를 가지고 안정적인 정착을 하도록 「북한이탈주민의 보호 및 정착지원에 관한 법률」을 개정하여 다양한 정책적 지원을 시행하고 있다.

그러나 북한이탈주민을 끌어안는 적극적인 정책과 북한이탈주민과 함께 살아가는 우리 사회의 준비는 여전히 미흡한 편이다. 이제는 북한이탈주민이 통일시대를 준비하는 중요한 인적자원임을 감안하여 2세대를 뛰어넘는 긴 시간 동안 적대적인 관계로 동떨어져 진행되어 온 북한사회에 대한 이해를 돕고, 이질화된 양쪽 사회의 가교역할을 하는 자원으로 인식하여야 한다(이성기 외, 2020).

## 3. 다문화 이론과 사회통합의 이해

### 1) 이주민과 사회통합의 개념

사회통합은 다양한 문화적 배경을 가진 이주민이 사회구성원으로서 동등한 권리와 책임을 가지고 살아가는 상태를 의미한다. 이는 단순한 법적 귀속이나 경제적 참여를 넘어서, 교육, 정치, 문화, 사회적 연대 등 여러 측면에서 이주민이 포괄적으로 참여할 수 있는 구조를 말한다. 사회통합은 다문화사회를 운영하는 국가의 정책 방향과 밀접한 관련이 있으며, 이에 따라 다양한 통합모형이 등장하게 되었다.

### 2) 캐슬과 밀러의 다문화사회 통합모형

캐슬과 밀러(Castles & Miller, 2009)는 현대 이주사회의 통합 전략을 세 가지 주요 모형으로 분류하였다. 각 모형은 이주민을 어떻게 받아들이고, 어떤 기준으로 사회에 통합시키는지를 중심으로 구성된다.

#### (1) 차별적 배제모형

차별적 배제모형(differential exclusionary model)은 단일민족주의에 입각한 민족 관점을 가지고 있는 국가들에서 주로 나타나는 현상이다. 단일문화주의는 다문화주의와 대비되는 개념으로 하나의 국가나 민족이 하나의 문화를 가진다는 이데올로기를 반영한다. 단일문화주의가 강한 국가는 주로 민족의 동질성을 자랑스러워하며 순혈주의, 단일민족주의, 자민족 중심주의 등의 특성을 가진다. 단일문화주의를 지지하는 사회는 소수집단의 문화를 주류문화로 동화시키거나 배제를 통하여 사회통합을 시도한다(김태원 · 김유리, 2011). 이주자들의 가족합류이민을 제한하고 엄격한 귀화 조건 등으로 안정적이고 장기적인 체류 조건을 허용하지 않는 배제적(exclusionary)인 이민정책과 이주민을 받아들이더라도 3D 직종과 같은 노동시장의 일부 영역에만 참여를 개방하고, 복지혜택, 국적획득, 정치참여 등에서는 배제시키는 차별적(differential)인 이민정책을 실시한다. 한국의 비전문적인 이주노동자들에게 적용되는 단기순환 외국인력정책인 고용허가제는 차별적 배제모형에 기반한 정책이라 할 수 있다. 대표적인 국가로 독일, 스위스, 오스트리아 등이 있다.

### (2) 동화주의 모형

동화주의는 이주민 또는 소수집단을 일방적인 과정을 통해 주류사회에 통합시키는 정책이다. 이주민과 소수집단의 구성원들은 그들이 가진 고유한 문화적, 언어적, 사회적 정체성을 포기하고 이주국의 주류문화에 합류, 주류집단과 비슷한 문화적 정체성을 형성하게 된다. 이 경우 국가의 다양한 정책들은 소수집단의 동화과정을 가속화시키기 위한 사회적 조건들을 제공한다. 예를 들면, 이주민 또는 소수집단 구성원들을 대상으로 주류사회의 언어를 사용하도록 권하고, 주류사회의 문화와 역사 등을 교육시키는 것들이다. 또한 이주민 또는 소수집단이 주류문화로 동화되는 것을 조건으로 국적과 시민권을 허용하는 정책을 실시한다. 1960년대까지 미국 사회가 표방한 용광로(melting pot) 정책이나 프랑스의 공화주의(동화주의)가 대표적인 사례이다(Castles & Miller, 2009). 한국에서는 이주노동자에게는 차별배제모형을 적용하지만 결혼이민자들에게는 다문화주의를 표방한 동화주의 모형(assimilationist model)을 적용하고 있다. 그러나 시간이 지남에 따라 동화주의는 유연한 통합정책(intergration policies)으로 대체되었다. 통합정책은 이주민의 주류사회로의 점진적인 적응을 촉진하고 이러한 과정에서 이주민들의 출신국가 구성원들로 이루어진 공동체의 역할이 중요함을 인정한다. 그럼에도 불구하고 통합정책의 궁극적인 목표는 이주민들의 주류문화에의 흡수이다(이경희, 2011).

### (3) 다문화주의 모형

샐러드 볼(salad bowl) 또는 모자이크(mosaic) 모형이라고 불리는 다문화주의 모형(multicultural model)은 이주민 또는 소수민족집단이 자신의 고유문화와 경제성을 지켜나가는 것을 인정하고 장려하며, 정책목표를 소수민족집단의 주류사회로의 동화가 아닌 공존에 두고 있다. 다문화주의 모형은 샐러드 볼 모형이라고 불리는데, 이는 샐러드 그릇 안의 각기 다른 재료들이 각자의 모습과 특성을 그대로 유지한 채 전체 샐러드 요리를 구성하는 것과 같기 때문이다. 다문화주의 모형에는 문화다원주의(cultural pluralism)와 다문화주의(multiculturalism)의 두 가지 하위 유형이 있다. 이 두 개념은 다양성을 인정하고 사회적 통합을 추구한다는 점에서 같지만, 문화다원주의는 문화의 다원성과 다양성을 인정하면서 주류사회가 존재하는 것을 전제로 한다. 반면에 다문화주의는 주류사회의 존재를 인정하지 않고, 다양한 문화가 평등하게 인정되어야 함을 강조한다(김은미 · 김지은, 2008). 문화다원주의의 대표적인 국가로는 미국이 있고, 다문화주의의 대표적인 국가로는 캐나다, 호주, 스웨덴이 있다. 미국의 경우 이민자들과 소수민족들 간의 문화적 차이와 민족공동체(ethnic community)의 존재를 인정하고 허용하지만 국가가 적극적으로 그들의 고유문화 유지를 위해 정책적으로 지원하지는 않는다. 그러나 캐나다나 호주에서는 다문화주의를 국가정책으로 채택하고 적극적으로 개입하여 소수민족과 이민자의 고유문화를 발전시키는 데 도움을 주고 있다(우수명, 2021).

### 3) 비교 및 교육적 시사점

세 가지 모형은 이주민을 바라보는 시각과 사회통합에 대한 철학이 뚜렷이 다르다. 차별적 배제는 경제적 실리를 중심으로, 동화주의는 일체성과 동일성 중심으로, 다문화주의는 다양성과 공존 중심으로 구성된다. 최근 한국의 정책은 점진적으로 다문화주의적 요소를 수용하고 있으나, 여전히 제도적 한계와 인식의 장벽이 존재한다.

### 4) 확장된 시각 : 비판적 다문화주의

기존의 차별적 배제모형, 동화주의 모형, 다문화주의 모형은 이주민을 통합하는 정책적 접근을 중심으로 설명되었다. 그러나 이러한 모형들은 사회 내부에 존재하는 권력 불균형과 구조적 차별을 충분히 설명하지 못한다는 비판을 받아왔다. 비판적 다문화주의(Critical Multiculturalism)는 단순한 문화 인정이나 공존을 넘어, 사회 전반에 내재된 권력 구조와 이데올로기를 해체하려는 시각이다. 이

이론은 이주민을 수동적인 통합의 대상으로 보지 않고, 능동적인 사회 구성 주체로 인식한다.

비판적 다문화주의는 특히 교육 현장에서 활발히 논의되고 있으며, 교과서, 언어, 평가, 교사-학생 관계 속에 작동하는 문화적 권력과 이데올로기를 드러내고자 한다. 또한 정책 영역에서도 이주민을 단지 '수용의 대상'이 아닌 정책 형성의 참여자로 보고, 권리와 발언권을 확대하는 방향을 제시한다. 복지, 건강, 노동, 주거 등 모든 제도는 다문화적 민감성과 구조적 공정성을 반영해야 한다는 점에서, 비판적 다문화주의는 기존 통합 모형을 보완하는 중요한 이론으로 주목받고 있다(박휴용, 2012).

## 4. 다문화의 문제들

### 1) 문화갈등 문제

#### (1) 내국인의 문화갈등

문화충격은 새로운 문화권에서 생활하는 이주민들에게만 나타나는 것이 아니라 내국인에게도 나타나는데 이주민들의 낯선 문화에 대한 경계와 배타성, 국민의 정체성의 문제를 가져오기 때문이다.

국내 한 조사에 의하면, '누가 가장 한국인인가?'라는 질문에 대하여, '한국에서 태어났으나 피부색이 다른 결혼이민자 자녀'는 55.6%, '한국에 취업한 중국동포는 18.0%, '한국인과 결혼 후 귀화한 외국인'은 15.9%, '해외 입양된 한국인'은 7.5%, '한국어 구사를 못하는 재외동포 2세'는 3.0% 순으로 나타났다.

'한국인으로 판단하는 데 있어 주요한 점'으로서는 '당사자의 인식' 94.3%, '국적 보유 여부' 89.4%, '혈통' 83.1%, '한국어 구사 여부' 74.3%, '태생지' 74.3% 순이었다. 또 '귀 자녀의 학교에서 결혼이민자의 자녀가 반장이 되어도 무방한가?'라는 질문에 응답자의 92.2%가 '그렇다'고 답하였다. 그러나 '베트남인 또는 필리핀인과 사회적 관계를 어느 정도 허용할 수 있는가?'라는 질문에 대해서는 '가까운 이웃'이 39.6%, '절친한 친구'가 36.2%, '직장동료'가 14.0%, '배우자'가 7.2%, '자녀의 배우자'가 3.0% 순이었다. 이는 우리가 아직 외국인을 가족으로 받아들이는 단계까지 이르지 못하고 있음을 보여주는 결과이다(이종복, 2013).

### (2) 이주민의 문화갈등

이주민의 문화갈등 원인은 새로운 문화를 접하면서 일어나는 방향 상실이자 정서적 혼란이다. 새로운 문화권과 접하는 충격은 다음 네 가지로 요약된다.

첫 번째 문화충격은 의사소통의 불능이다. 자신의 교육, 지식, 고향에서의 지위나 신분에 안정을 주던 요건들을 표현할 수 없게 되면서 자신감을 잃고 나약한 존재로 전락하게 된다.

두 번째는, 이해력 상실과 일상생활의 변화이다. 이주민은 한국에 입국 후 본국에서 배운 지식의 대부분은 쓸모없는 것이 되어버리거나 때로는 문화의 차이로 오해를 불러일으키기도 한다. 그로 인해 자신이 확실하다고 여기던 것이 한국에서는 혼돈으로 되면서 삶의 의미 및 현실감각을 상실하게 된다. 즉, 새로운 문화환경을 접하는 사람은 단순한 일 처리에도 부담을 갖게 되고 이에 많은 시간을 쓰게 된다.

세 번째는, 관계의 변화이다. 다른 사람과의 관계에 있어서 이주민들은 한국이라는 새로운 상황에서 인정받기 위해 처음부터 시작해야 하는 부담을 갖게 된다.

네 번째는, 감정과 가치관의 혼돈이다. 문화충격은 지식의 측면도 있지만 감정과 평가의 방향 상실도 포함된다. 감정적인 차원에서는 상실감과 혼동을 경험하게 된다. 한국말을 알아듣는 것 같지만 언어의 정확한 의미와 감정적 뉘앙스는 이해하지 못하기 때문이다. 이때 이주민들은 새로운 사회에 대한 자신감을 잃게 되고 좌절감과 죄의식, 거부감을 갖기도 한다.

## 2) 인권문제

### (1) 이주노동자의 인권문제

우리나라는 2004년부터 고용허가제라는 제도를 시행하고 있다. 고용허가제는 이전 제도에서 발생하였던 여러 가지 문제점을 개선하기 위하여 도입되었다. 이 고용허가제는 내국인 근로자를 고용하려 했으나 고용할 수 없는 300인 미만의 중소기업으로 하여금 이주노동자를 채용할 수 있도록 하는 제도이다. 현재(2024년 기준) 우리나라와 양해각서를 체결한 16개국 노동 송출국 출신의 외국인 중 한국어 시험 및 신체검사를 통과한 사람들은 국내에서 이주근로자로 일할 수 있다. 고용허가제는 송출과정의 투명성을 보장하기 위해 국가와 국가가 MOU를 체결하고, 이주근로자의 인권침해 문제를 예방하기 위하여 이들에게도 내국인들과 동등하게 노동조합 및 노동관계조정법을 적용하도록 하였다. 따라서 이주근로자에 대한 차별을 금지하고 임금이 체불되거나 산업재해를 당했을 때 고용주에게 배상을 받을 수 있는 권리를 보장하였으며, 건강보험의 적용을 받을 수 있도록 하였다. 따라서 이주근로자는 최저임금법의 적용을 받으며, 결사의 자유와 단체교섭권, 단체행동권의 보장을 받는다.

그러나 법률이 개정되었는데도 불구하고 실제로는 이주노동자들이 한국의 내국인 노동자들과 동등한 권리를 보장받지 못하고 인권침해를 당하는 사례가 빈번히 발견되고 있다. 특히 저숙련 생산직에 종사하는 이주노동자, 그들 중에서도 미등록 이주근로자의 경우는 인간으로서 당연히 보장받아야 할 권리를 침해받고 있는 정도가 훨씬 심하다. 국가인권위원회(2023)에 따르면, 이주노동자는 저임금·장시간 노동, 임금체불, 신분증 압류, 욕설 및 조롱, 폭행, 구금 및 감금, 성희롱, 성폭행, 성매매, 산업재해 피해 등 작업장에 관련된 인권침해, 출입국관리사무소 직원이나 경찰관 같은 공권력에 의한 인권침해와 차별, 열악한 주거환경, 일상생활에서의 편견과 인종차별 등 다양한 영역에서 인권침해를 경험하고 있는 것으로 보고되고 있다.

### ① 차별적인 근로환경

차별적인 근로환경으로는 대표적으로 장시간 노동, 저임금, 임금체불, 욕설, 조롱, 폭행, 사업재해 피해와 보상에 대한 인권침해의 유형이 있다.

모든 이주노동자는 체류자격과 상관없이 근로기준법의 전 조항이 적용된다. 근로기준법에 따르면, 사업주는 정당한 이유 없이 노동자를 해고시키거나 기타 징벌을 할 수 없으며 노동자를 해고할 경우에도 밀린 임금이나 퇴직금은 모두 지급해야 한다. 이렇게 법에서는 이주노동자의 기본적인 권리를 보장하고 있으나 현실은 이와 다른 경우가 많다.

일반적으로 이주노동자는 내국인 노동자보다 장시간 일하고 낮은 임금을 받고 있다. 또한 한국 언어에 익숙하지 않다는 이유 등으로 직장동료나 고용주에게 조롱이나 욕설, 폭행 등을 당하기도 하며, 이주노동자의 신분상 약점이 악용되는 경우가 빈번히 발생한다. 왜냐하면 미등록 이주근로자들은 합법적인 체류자격을 취득하지 못했기 때문에 언제든 단속에서 발견되면 법에 따라 본국으로 추방될 수 있는 가능성에 노출되어 있기 때문이다. 그뿐만 아니라 대다수의 이주노동자들은 소규모, 단순 · 고위험 노동업종에 근무하는 경향이 있어 내국인에 비하여 유해하거나 사고위험이 높은 작업환경에 노출되어 있다. 또한 언어문제로 인하여 작업안전과 유해환경에 대한 정보가 부족할 뿐만 아니라 작업안전 관련 교육이 제대로 이루어지지 않는다. 더 큰 문제는 산업재해보상보험이 적용되더라도 실제로 보상받지 못하는 경우가 많다는 점이다. 일부 고용주는 치료해 준 것만으로도 충분하다고 여기고, 이주노동자가 보상을 요구하면 해고하기도 한다.

### ② 공권력 단속과정에서 나타나는 인권침해

모든 국가는 국제법을 따르지만 우선적으로는 자국의 법체계에 따라 주권을 행사하기 마련이다. 이는 이주근로자의 경우에도 마찬가지이다. 한 국가에 입국하는 순간 혹은 일정 기간 이상 체류했다고 해서 자동적으로 그들을 내국인으로 간주하여 내국인과 동등한 권리를 부여하는 국가는 없다. 특히 한국 정부의 공식적인 입장은 우리나라에 영구적으로 정착하려는 이주근로자의 입국을 합법적으로 허용하려는 것이 아니다. 대신 이주근로자는 국내의 노동력 부족, 특히 저숙련 단순노동 분야에서의 노동력 부족 문제를 해소하기 위해 일정 기간 동안에만 한국에 체류하고, 그 이후에는 본국으로 돌아가야 한다는 것을 기본으로 전제하고 관련 정책을 입안하고 있다.

정부는 국내법을 위반한 모든 사람을 처벌 대상으로 보기 때문에, 미등록 이주자의 경우 체류자격이 없다는 사실이 확인되면 단속 및 처벌의 대상이 된다. 등록되지 않은 이주노동자는 행정적 관리가 어렵고, 일부는 위법 행위나 사회문제를 유발할 가능성이 있다는 점에서 정부는 국내법 위반을 근거로 미등록 이주자를 단속하고 본국으로 송환하고 있다. 그러나 이러한 조치과정에서 인권침해 및 과잉단속에 대한 우려 또한 지속적으로 제기되고 있으며(경향신문, 2023), 이는 인간으로서의 기본적 존엄성과 권리를 침해할 수 있는 실태로 지적되고 있다.

여러 조사에 의하면, 경찰의 검문·검색과정에서 신분과 합당한 이유 등을 고지받아야 함에도 불구하고, 그렇지 않는 경우가 많은 것으로 나타났다. 또한 모든 외국인을 미등록 이주자로 간주하고, 확인 절차 없이 출입국사무소로 연행하거나 몸수색, 심지어 알몸수색을 당하는 이주근로자의 사례가 제기되었다. 이주근로자가 일하고 있는 직장에 무단으로 진입해 이주근로자를 단속하기도 한다. 그뿐만 아니라 미등록 이주자를 단속하는 과정에서 과도한 폭력을 행사하여 이주근로자의 인권을 침해하는 사례가 빈번히 발생하고 있으며, 미등록 이주자를 보호하는 시설에서는 이들을 상대로 감시카메라를 촬영하기도 한다(이종복 외, 2013).

#### ③ 배타주의적 문화 : 차별적인 시선과 인종차별

우리 사회에는 이주근로자들이 내국인들이 취업을 꺼리는 직종에 종사함으로써 한국 경제에 상당한 기여를 하고 있다. 대부분의 이주근로자들은 저임금 단순노동에 종사한다. 그럼에도 이주근로자가 내국인의 일자리를 빼앗고 있다는 부정적인 인식이 존재한다. 또한 이주근로자의 출신국의 경제력이나 피부색, 인종에 따라 차별적으로 인식하여 이름 대신 욕설이나 비하하는 표현을 쓰기도 한다. 길을 걸을 때 이주근로자처럼 보이는 사람을 보면 신기하게 쳐다보거나 옆

자리에 오는 것을 싫어하는 사람들도 있다. 이주근로자가 증가하면 범죄율이 높아질 가능성이 높다는 막연한 부정적인 인식도 팽배하다. 전문적인 기술을 가지고 있는 이주근로자나 선진국 출신의 이주근로자에 대해서는 우호적인 반면, 생산직종에 종사하거나 개발도상국 출신 이주근로자에 대해서는 부정적인 인식을 나타낸다. 한국 사회에서는 일반적으로 백인은 부유하고 문명인인 반면, 아시아나 아프리카 출신 외국인은 가난하고, 열등하고, 문화적으로 미개하다고 생각하는 경향이 있다. 문제는 객관적이고 합당한 이유 때문에 이주근로자 집단에 대해 부정적인 인식을 가지는 것이 아니라 단지 경제수준이 낮은 국가에서 온 이주근로자라는 이유 때문에 이들을 차별하고 이들에 대한 편견을 가지고 있어 이주근로자의 인권을 침해하는 행동으로 이어지고 있다는 것이다. 이주근로자도 우리와 같은 인간이라는 생각을 가지고 대우해야 그들의 기본적인 인권을 존중하며 보호할 수 있게 된다. 다수집단이 소수집단에 대해 이유 없이 갖는 편견과 이로 인해 나타나는 차별 및 인권침해는 소수자의 삶의 질을 저하시키며, 이들이 사회에 기여할 수 있는 통로를 막고, 더 나아가서는 사회갈등을 유발할 수 있는 잠재적인 불안요소가 될 수 있다.

### (2) 결혼이민자의 인권문제

#### ① 여성결혼이민자에 대한 가정폭력과 성폭력

외국인 아내에 대한 남편의 폭력사례는 이주여성단체들이 끊임없이 지적하는 문제이다. 일부 연구에 따르면, 국제결혼 가정의 남편이 부인을 상품화하거나 통제 대상으로 여기는 경향이 존재한다고 지적된다. 또한 의사소통의 어려움, 문화적 이질감, 남편의 성격장애나 알코올중독, 도박, 의처증 등 다양한 이유로 부부간 갈등이 많아 한국 여성들보다 국제결혼 이주여성이 가정폭력에 노출될 위험이 훨씬 크다고 하겠다(이종복 외, 2013).

한국인과 결혼한 결혼이민자는 국적법 제6조에 따라 기본적으로 국내 2년이라는 거주요건을 충족해야만 귀화 신청 자격이 부여된다. 그리고 귀화 신청 후

최종 귀화 허가 통지까지는 통상 1년 반에서 2년여의 기간이 소요된다. 따라서 결혼이민자는 실제로 약 4년이라는 기간 동안 국내에서 외국인의 신분으로 거주해야 한다. 그동안에는 출입국사무소로부터 비자와 외국인등록증을 발급받아야 한다. 결혼이민자에게는 F-2(거주비자)가 부여되며, 이는 1회 체류기간이 1년으로 만료 전에 체류 연장 허가를 받아야 하며, 만약 체류 연장을 하지 않았을 경우는 불법체류자 신세가 되어 출입국으로부터 단속과 강제추방될 위험에 놓이게 된다.

이처럼 한국에서의 법적 지위가 한국인 배우자에게 전적으로 달려 있는 결혼이민자가 가정폭력 피해로부터 적극적으로 대처하기는 매우 어려운 현실이다. 외국인 신분으로 살아가야 하기에 한국인 배우자의 조력이 절대적으로 필요하기 때문이다. 혼인의 진정성을 심사한다는 명목으로 출입국사무소는 결혼이민자의 출입국 행정을 처리할 때마다 한국인 배우자의 동행을 요구하고 있다. 따라서 결혼이민자의 지위가 한국인 배우자에게 종속적인 한 가정폭력 등 인권침해적인 상황이 발생하여도 결혼이민자는 이를 감내할 수밖에 없다.

### ② 의사소통 곤란과 문화차이로 인한 인권침해

여성결혼이민자들에게는 한국 사회의 순혈주의, 가부장적 가족제도, 경제적인 사유 등의 편견으로 기본적인 인권침해가 가해지고 있다. 특히 언어소통 부족으로 겪는 차별 속에 여성결혼이민자들은 적응이 더 어려울 수밖에 없다. 여성결혼이민자들은 한국어를 배울 기회도 갖지 못한 채 한국 사회로 들어오는 경우가 많아 가족과 의사소통도 되지 않고 한국 문화도 알 수가 없다. 따라서 한국에 와서는 완전히 고립된 생활을 하게 된다. 의사소통이 자유롭지 않으니 남편도 대화를 하려 하지 않는다. 언어소통의 어려움을 해결하여 신속한 국내 적응과 노동 관련 고충 등을 원활히 처리할 수 있도록 고용노동부 고용센터와 한국국제노동재단 등에서 통역지원서비스를 제공하고 있으며, 결혼이민자에 대한 통역지원서비스는 지역의 다문화가족지원센터에서 시행되고 있다.

### (3) 다문화가정 아동·청소년의 인권문제

#### ① 법적 · 제도적 측면의 한계

다문화가정 구성원들은 차별이나 편견, 언어와 문화차이, 정체성의 혼란, 불안정한 지위 등으로 인해 많은 어려움을 겪는데, 그중에서도 다문화가정의 아동 · 청소년은 인권보장에 있어서 이중으로 취약한 지점에 놓여 있다. 아동이라는 점에서 상대적으로 사회적 약자의 위치에 있으면서 동시에 다문화가정의 구성원이라는 점에서 소수자에 속하기 때문이다. 과거에는 이주근로자의 거주권과 노동권 쪽에 중점을 두고 다문화가정에 대한 논의가 주로 진행되었다면 이제는 다문화가정 자녀들의 인권문제에 대한 관심으로 확대되고 있다. 특히 다문화가정 아동 · 청소년의 교육, 의료, 복지 등 사회권을 둘러싸고 많은 논의가 있었는데, 그중에서도 미등록 이주근로자 자녀들의 인권문제가 가장 심각한 상태라고 볼 수 있다. 한국에서 태어났거나 어렸을 때부터 한국에서 자라서 문화나 언어 측면에서는 한국인의 정체성을 가지고 있는 경우도 있지만, 속인주의 원칙을 따르는 우리나라에서는 미등록 이주근로자의 자녀라는 이유로 법적 지위의 부재로 인해 공적 서비스 접근에서 제한을 받는 사례가 보고되고 있다.

#### ② 구성원들의 차별적인 의식

우리나라의 인종적, 민족적 다양화가 여성에 의해 주도되고 있으며 특히 결혼이주여성이 한국의 다문화 사회화를 이끄는 주요 동력이 되고 있다. 그러나 지역공동체에서 다인종적, 다문화적 공존과 상호 존중이 중요한 사회적 과제로 대두되고 있음에도 불구하고, 공존이 아닌 갈등과 분리가 경험되고 있으며, 이러한 차별은 결혼이주여성의 자녀에게까지 영향을 미치고 있다(박미숙 외, 2014). 다문화가정의 아동은 '피부색이 이상하다', '가난한 나라 출신이라서 어떠하다'는 등의 사회적인 차별과 편견으로 인해 어려움을 겪는다. 과거에 비해서는 많이 나아졌다고 하지만 다문화가정이 증가하면 사회적 갈등이 유발될 것이라거나, 단일민족국가의 전통이 약화된다거나, 한국 사람의 일자리를 뺏는다는 등의 부정적인 생각이 여전히 남아 있다. 이런 사회적인 편견과 부정적인 인식은 성인들에게도 마음의 상처를 주지만, 어린 아동이나 한참 정체성에 대해 고민할 청소년들에게는 더 깊은 상처를 줄 수 있다.

### 3) 북한이탈주민의 적응문제

#### (1) 취업문제

북한이탈주민의 연령대가 경제활동이 가장 활발해야 할 20~40대가 약 75%에 이르는 점을 고려할 때 이들의 가장 중요한 적응문제는 취업이다. 직업은 경제적 안정뿐만 아니라 개인의 목표의식, 자존감 및 사회생활 전반에 영향을 끼친다는 점에서 북한이탈주민의 높은 실업률은 이들의 한국 사회 적응에의 어려움과 정부의 재정 지출을 가중시키는 등의 문제를 낳고 있다.

이러한 상황에 대해 무엇보다 가장 답답한 사람은 당사자인 북한이탈주민일 것이다. 한국에서의 자유롭고 안정된 생활을 꿈꾸며 목숨을 걸고 북한을 탈출해 갖은 고생을 무릅쓰고 한국에 왔지만, 막상 와서 보니 취직은 어렵고 주위로부터 곱지 않은 시선을 받거나 무시를 당하기 때문이다. 특히나 북한에 가족과 형제를 두고 와서 겪는 외로움, 향수병과 같은 심리적 불안정까지 더해져 이들의 한국 사회 적응은 험난하기만 하다.

현행 지원체계에 따르면, 한국에 입국한 후 초기 5년 이내에 취업에 관한 활동을 해야만 장려금을 받을 수 있게 되어 있다. 직업훈련을 6개월 이상 받으면 훈련 장려금을 받고 관련 자격증을 취득하면 취득 장려금을, 4대 보험이 적용되는 직장에서 1년 이상 일하면 취업 장려금을 지급받는다. 그러나 체제가 다른 사회에서 온 북한이탈주민이 충분한 사회적응 기간 없이 조기 취업에 내몰리면서 취업을 하더라도 직장 내 다른 종업원과 갈등을 빚고 직장을 그만두는 일이 비일비재하다. 이런 이유로 많은 경우 북한에서 왔다는 것을 숨기고 조선족으로 위장하여 취업하기도 한다. 직장을 그만두면 다시 기초생활수급자로 돌아가는 것이 쉽지 않아 최소한의 지원이 아예 끊기기도 한다. 또한 입국 탈북자의 대다수가 북한 내에서 무직, 부양 또는 단순 노무직에 종사하였으며, 다른 경력이 있더라도 한국 내 동일 직종과의 기술 차이로 인해 한국에서 자신이 원하는 직장을 찾기가 매우 어려운 실정이다. 그래서 많은 수의 북한이탈주민은 취업을 망설이고 기초생활비를 타며 간헐적으로 아르바이트를 하면서 살아간다. 또한 입국 탈북자의 약 70%가 여자이고 양육을 담당하고 있는 20~40대가 대다수를 차지하고 있어 취업은 고사하고 직업훈련에도 참가하지 못하는 경우가 많다. 이들에 대해서는 취업 기간을 입국 초기 5년으로 일괄적으로 적용하지 않고 개인이 선택할 수 있게 하는 등의 탄력적인 운영이 필요해 보인다.

### (2) 북한이탈주민에 대한 부정적인 인식

북한이탈주민에 대한 부정적인 인식도 이들의 사회적응을 가로막고 있다. 북한이탈주민은 한국을 동포의 나라로 여기는 경향이 크지만 한국에서 북한이탈주민을 바라보는 시선은 가난한 공산국가에서 온 사람들로 보는 등 부정적인 인식이 형성되어 있기 때문이다. 탈북자들의 한국 입국 동기는 1990년대 중후반 '고난의 행군' 시기에는 '배가 고파서'라는 것이 대다수였지만 2000년대 초반 이후에는 '자유를 찾아서', '한국에 있는 가족과의 재결합', '자녀의 교육문제' 등으로 다양해지고 있다. 그렇기 때문에 한국에서 살아가는 북한 사람들을 단지 경제적인 이유만으로 한국에 온 것으로 바라보는 것은 동정심을 유발하여 일시적 지원과 관심은 불러일으킬 수 있으나 이들에 대한 진정한 이해를 가로막는다.

### (3) 북한이탈 청소년의 교육문제

북한이탈 청소년의 교육문제도 심각하다. 어른들은 북한사회에서 오랫동안 살아왔기 때문에 한국 사회에서의 적응에 어느 정도 한계를 보인다 하더라도 청소년의 경우 아직 사회화가 덜된 시기이므로 적절한 지원책과 교육이 이루어진다면 한국 사회에 잘 적응할 수도 있다. 또한 이들은 통일 후 남북을 연결하는 고리로서 중요한 역할을 담당해야 할 세대이다. 그러나 탈북 청소년들의 상당수는 교과서의 용어나 내용을 이해하지 못해 학업성취도에서 부진을 면치 못하고 있으며, 주위 친구들의 차별적인 시선에 상처를 입어 학교생활에 적응하는 데 어려움을 겪고 있다. 이런 이유로 때로는 북한에서 왔다는 사실을 숨기기도 한다. 일반 학교에서 한국 학생과의 경쟁이 어려운 경우에는 제도적으로 한겨레학교, 대안학교 등의 중간 단계의 적응시설에서 교육을 받을 수 있고, 대학특례제도가 있어 수도권 소재 대학에 비교적 쉽게 입학할 수는 있지만 본인의 눈높이와 실제 대학수학능력과의 괴리로 대부분 중도 탈락하게 된다.

북한이탈주민은 때로는 새터민, 때로는 탈북자 등으로 불린다. 남북관계나 한국 사회의 인식의 변화에 따라 수시로 바뀌어 온 이들에 대한 명칭과 지원 주체 및 체계는 우리가 이들을 바라보는 시선이 일방적이었음을 반증하고 있다. 현행 지원제도가 체계적으로 북한이탈주민의 적응을 잘 돕기 위해 다양한 방향으로 변화하고 있지만 결국 이들이 한국 사회에서 성공적으로 살아가기 위해서는 이들에 대한 우리의 인식이 자립과 자활을 받아야 할 수동적인 주체가 아닌 우리 곁에서 함께 살아가고 통일을 만들어 나갈 능동적 주체라는 점으로 변화되어야 한다.

## 5. 다문화 사회문제에 대한 이론적 해석

### 1) 결혼이주여성 문제에 대한 사회학적 이론 관점별 해석

#### (1) 기능주의적 관점

기능주의는 사회를 하나의 유기체로 보며, 구성원 각자가 사회 안정에 기여한다고 본다. 결혼이주여성은 농촌 총각의 결혼문제, 저출산, 가족 다양성 확대 등 인구구조상의 불균형을 보완하는 역할을 한다. 그러나 이들이 사회제도에 원활히 적응하지 못할 경우, 문화 갈등, 가정폭력, 자녀 양육의 어려움 등 다양한 문제가 발생하며 사회 전체의 통합 기능이 약화될 수 있다. 따라서 이들을 위한 언어교육, 문화적 이해 증진, 지역사회 네트워크 강화 등의 제도적 조정이 필요하다.

### (2) 갈등론적 관점

갈등이론은 사회를 권력과 자원의 불균형 구조로 보며, 결혼이주여성은 젠더, 계급, 인종에 따라 구조적 불평등을 겪는 존재로 분석한다. 이들은 종종 상품화되거나 통제의 대상으로 간주되며, 귀화나 체류자격도 남성 중심의 구조에 종속된다. 국가 정책은 이들의 주체성을 고려하기보다는 인구문제 해결 수단으로 접근하는 경우가 많다. 해결 방안으로는 법적 권리 보장, 가정폭력에 대한 구조적 대응, 이주여성의 사회적 주체성 강화가 요구된다.

### (3) 상호작용주의적 관점

상호작용주의는 결혼이주여성이 일상 속에서 어떻게 사회적 낙인과 의미 형성을 경험하는지를 분석한다. 이들은 '외국인 아내', '돈 보고 결혼한 여성'이라는 사회적 낙인 속에서 편견과 차별에 직면하며, 그들의 자존감과 정체성 형성에 영향을 받는다. 언어, 외모, 문화적 차이가 상호작용의 장벽이 되고, 이는 사회적 배제를 강화한다. 이를 해결하기 위해서는 공감적 소통, 언어 지원, 가족 간 관계 회복, 문화 간 이해 교육 등 관계 중심의 접근이 필요하다.

## 2) 이주노동자 문제에 대한 사회학적 이론 관점별 해석

### (1) 기능주의적 관점

기능주의는 이주노동자를 경제 시스템의 필수 노동력으로 본다. 저임금, 3D 업종 등 내국인이 기피하는 직무를 담당함으로써 산업 유지를 가능하게 하고, 노동시장 유연성을 확보하는 데 기여한다. 문제는 사회화 과정의 미비와 제도적 조정 부족에서 비롯되며, 노동조건 개선, 체류 안정성 보장, 사회통합 프로그램을 통해 해결이 가능하다.

### (2) 갈등론적 관점

갈등이론은 이주노동자를 자본주의 구조 속에서 저임금으로 착취당하는 계층으로 본다. 내국인과 이주노동자 간의 분열은 지배계급이 만든 인위적 경쟁구도로서, 이주노동자는 권리를 제한당한 '불완전한 시민'으로 존재한다. 해결책으로는 노동권과 사회보장권 확대, 법적 지위 향상, 차별 철폐를 위한 제도적 개입이 필요하다.

### (3) 상호작용주의적 관점

상호작용주의는 이주노동자가 일상생활에서 어떻게 '불법체류자', '잠재적 범죄자' 등의 낙인을 경험하는지를 중시한다. 언론 보도, 언어 사용, 사회적 시선 속에서 이들의 정체성은 왜곡되며, 이로 인해 배제와 차별이 자연화된다. 이를 해소하기 위해서는 다문화 감수성 교육, 미디어 프레이밍 개선, 지역사회와의 접촉 증진이 필요하다.

## 3) 북한이탈주민 문제에 대한 사회학적 이론 관점별 해석

### (1) 기능주의적 관점

기능주의는 사회를 통합된 유기체로 보며, 각 구성원이 고유의 역할을 수행함으로써 사회 질서를 유지한다고 본다. 북한이탈주민은 통일시대를 대비한 인적 자원으로서 기능하며, 한국 사회 내 인구구성의 다양성과 국가적 통합에 기여할 잠재력을 지닌다. 그러나 이들이 직업적응이나 문화적 사회화 과정에서 어려움을 겪는 경우, 이는 사회통합 기능이 제대로 작동하지 못하는 것으로 해석된다. 해결책으로는 초기 적응을 위한 직업훈련, 정서지원, 교육제도 연계 등의 제도적 개입이 필요하다. 북한이탈주민을 포용하는 시스템은 사회 전체의 안정성을 위한 중요한 조정 메커니즘으로 이해된다.

#### (2) 갈등론적 관점

갈등이론은 북한이탈주민의 문제를 권력과 자원의 불균등 분배 구조에서 발생하는 것으로 본다. 남한의 주류사회는 북한이탈주민을 '이질적 타자'로 인식하며, 통합을 빌미로 이들을 일방적인 적응의 대상으로 만든다. 이 과정에서 북한이탈주민은 낙인, 배제, 불평등한 기회구조에 직면하게 된다. 특히 교육, 고용, 주거에서의 차별은 구조적 억압의 표현이며, 제도적으로 보장된 권리조차 실질적으로는 제한되기 쉽다. 따라서 제도적 평등성 강화, 당사자 참여 중심의 정책 수립, 인식개선 교육이 갈등 해소의 핵심 방안으로 제시된다.

#### (3) 상호작용주의적 관점

상호작용주의는 북한이탈주민 문제를 일상적 상호작용과 낙인을 통해 형성되는 사회적 의미의 결과로 본다. 이들은 '탈북자', '새터민' 등의 용어로 구분되며, 이는 편견과 거리감을 심화시키는 상징적 기제가 된다. 언어, 복장, 행동 방식 등 일상생활에서 드러나는 차이들은 남한 사람들과의 관계 속에서 낙인을 유발하고, 이로 인해 자기정체성에 혼란을 겪게 된다. 해결을 위해서는 낙인을 완화하는 언어 사용, 통합적 학교 및 지역사회 프로그램, 상호 이해를 돕는 문화교류 활동이 중요하다.

## 6. 다문화사회 통합을 위한 대응방안

### 1) 결혼이주민의 사회통합 방안

#### (1) 제도 및 정책적 접근

결혼이주민의 사회통합을 위한 제도적 접근은 국적법, 다문화가족지원법, 지방자치단체의 통합지원 조례 등을 기반으로 한다. 국적 취득의 조건을 완화하고,

체류 안정성을 보장하며, 건강보험, 교육, 취업 등의 권리 접근성을 높이는 것이 핵심이다. 여성가족부의 다문화가족지원센터는 다문화가정의 언어교육, 가족상담, 자녀교육 지원 등 통합적 서비스를 제공하고 있고, 제4차 다문화정책 기본계획(2023~2027)을 통해 지방정부의 역할 확대, 이중 언어 지원, 통번역서비스 강화 등이 추진되었다(여성가족부, 2023). 결혼이주민을 위한 정책은 초기 적응 중심에서 장기 정착을 지원하는 방향으로 전환되어야 하며, 자녀의 청소년 비율이 증가함에 따라 이들의 발달단계에 적합한 교육·복지정책의 강화가 요구된다.

#### (2) 실천적 접근

실천적 접근은 지역사회와의 관계 형성, 문화 간 이해 증진, 가족 내 상호 존중의 회복 등 삶의 현장에서 이루어지는 통합 노력을 말한다. 예를 들어, 마을단위 공동체 프로그램, 다문화가정의 멘토링, 가족상담 및 자조모임, 문화교류 활동 등이 있다. 또한 결혼이주여성의 경제적 자립을 위한 직업교육과 사회적 일자리 연계, 언어 습득과 사회참여를 위한 커뮤니티 활동 참여도 중요하다. 지역 주민과의 상호작용을 촉진하기 위해 지역 언론, SNS, 공동체 라디오 등을 활용한 미디어 프로젝트는 상호 이해와 문화교류의 장을 마련하며, 실천적 통합의 기반이 된다. 이와 함께, 결혼이주민 자녀의 역량을 강화할 수 있는 지원방안이 필요하다. 자녀의 발달주기에 따라 부모교육 및 정보 제공을 강화하고 결혼이주민 자녀의 기초학습 능력 강화 프로그램을 확대 운영해야 하며, 학교와 지역센터 간 협업을 통해 결혼이주민의 자녀 대상 학습멘토링, 심리정서지원 강화도 필요하다. 또한 다문화가정 내 부부갈등, 자녀 양육 갈등을 조율할 수 있는 가족중재·부부대화 프로그램 등도 포함될 필요가 있다.

### 2) 이주노동자의 사회통합 방안

#### (1) 제도 및 정책적 접근

이주노동자 정책은 고용허가제(E-9), 방문취업제(H-2) 등을 중심으로 형성되어 있다. 노동력 확보와 산업 유지라는 국가적 필요에 따라 설계되었으며, 근로계약, 숙소 제공, 산업안전, 건강보험 의무가입 등이 제도화되었다. 최근에는 이주노동자의 인권 보호와 장기체류자의 사회통합을 위한 제도 개선 논의도 증가하고 있다. 노동부 및 산업별 지원센터에서는 노동권 교육, 분쟁 조정, 산업 안전 교육 등을 제공하고 있으며, 일부 지자체는 지역 내 통합 프로그램을 운영 중이다. 제도 및 정책적으로 논의되는 대책은 다음과 같다. 첫째, 고용허가제 실태조사 및 영향 평가를 통하여 고용허가제에서 노동허가제로의 전환이 필요하다. 둘째, 이주노동자 사회보장제도의 취지와 현실에 부합하는 개선이 필요하다. 4대보험 개선안으로는 의료보험의 사각지대가 생기지 않게 사업장 변경 기간에 의무가입과 장기요양보험 징수 원천 금지가 필요하다. 셋째, 현재 한국 사회에서 가장 많은 비중을 차지하고 있고 가장 수요가 많은 E-9(비전문취업)은 10년 정도 장기간 가족과 분리된 삶을 살며 한국의 경제성장에 이바지하고 있다. 장기체류 이주노동자가 가족과 함께 한정적으로 생활할 수 있도록 주거, 교육, 의료 등 포괄적 제도 기반 마련이 시급하다.

### (2) 실천적 접근

실천적 접근은 이주노동자와 지역사회의 상호작용을 기반으로 한다. 문화 간 갈등을 완화하기 위한 다문화교육, 고용주 대상 인식개선 프로그램, 언어교실 및 생활적응 교육 등이 있다. 또한 이주노동자 스스로 권리를 인식하고 공동체 내에서 상호지지체계를 형성하는 노동자 모임, 협동조합, 노조 참여 등이 실천적 통합의 기반이 된다. 이주민 대상 언론 콘텐츠 제작, 커뮤니티 라디오, SNS 플랫폼 활용 등도 정보 접근성과 문화 교류에 기여하고 있다. 또한 언어소통의 어려움과 문화적 차이를 경험하는 이주노동자의 고충을 상담해 주고 한국 생활에 적응할 수 있는 실질적인 도움이 되는 사회적 지지원이 중요하다. 따라서 효과적인 상담을 받을 수 있도록 외국인복지센터의 전문 상담사 및 사회복지사와의 연계망을 확보한다면 그들의 주관적 삶의 질이 증대될 수 있다. 이 밖에도 다국어 기반의 노동법 안내서, 고용·근로자 갈등 중재 매뉴얼 등 실질적 자료를 제공하거나, 시장, 공단, 종교시설 등을 기반으로 하는 참여형 문화행사(예 이주민 요리 축제, 전통의상 체험행사)를 통한 지역커뮤니티 연계 활동도 필요하다.

### 3) 북한이탈주민의 사회통합 방안

#### (1) 제도 및 정책적 접근

북한이탈주민은 법적으로 대한민국 국민의 지위를 갖지만, 실질적인 사회통합을 위해 별도의 정책 체계가 운영되고 있다. 통일부 산하 하나센터를 중심으로 정착금 지원, 임대주택 제공, 직업교육, 의료 및 심리상담, 교육 지원이 제도적으로 마련되어 있다. 또한 교육부, 고용노동부, 여성가족부 등이 연계하여 청소년, 여성, 고령 북한이탈주민에 특화된 프로그램을 운영하고 있다. 그러나 현 북한이탈주민 지원체계는 법정보호기간 5년 이내와 그 이후로 이분화되어 있어, 법정보호 기간 이내에는 신변보호부터 고용까지 집중적인 지원체계가 발동하면서 촘촘한 사회안전망이 작동되지만, 그 이후에는 정책 대상에서 소외되며 불안정한 삶에 처하게 되는 것이 현실이다. 특히 여성들은 남한사회에 견고한 사회적 지지망 없이 결혼과 출산으로 이어지는 고용단절의 문제에 더 큰 곤란함을 겪는다. 따라서 제도 중심의 획일화된 지원에서 벗어나 욕구에 기반한 연속적이고 통합적인 지원체계가 필요하다.

#### (2) 실천적 접근

북한이탈주민의 실천적 통합은 지역사회와의 관계 형성, 심리적 안정감 회복, 자조모임을 통한 연대감 강화에 초점이 맞춰진다. 동료 북한이탈주민과의 멘토링, 청소년 대상 정체성 교육, 문화체험활동 등은 사회적응을 돕는 실질적인 활동이다. 또한 북한이탈주민이 지역사회 리더나 강사, 상담사로 활동하며 자기 서사를 나누는 활동은 공동체 내 다름에 대한 존중을 확산시킨다. 탈북민 방송, 자서전 출간, 시민단체 활동 참여 등도 실천적 접근의 사례이다. 지금까지 북한이탈주민을 위한 사회복지실천은 일방적인 교육 중심의 프로그램을 통해 북한이탈주민이 남한사회에 적응하는 데 필요한 정보와 역량을 강화하는 데 초점을 두어 왔다. 하지만 이에 머무르지 않고 일반시민들과 쌍방향으로 주고받는 북한이탈주민들의 교류 역량을 강화하는 것으로 초점을 전환해야 한다. 예를 들어, 남북문화 이질감 해소를 위한 대중적 캠페인 활동은 사회통합을 위한 접근이 될 것이다.

### 4) 다문화사회 통합을 위한 종합과제

한국 사회의 다문화 구성원인 결혼이주민, 이주노동자, 북한이탈주민은 각기 다른 배경과 제도로 유입되었지만, 이들이 한국 사회에서 경험하는 통합의 어려움은 공통된 구조적 문제로 이어진다. 이러한 문제는 단순히 개인적 차원의 적응 실패가 아니라, 우리 사회의 제도 · 문화 · 지역 · 실천현장에서 드러나는 통합의 한계에 기인한다.

첫째, 제도적 배제와 차별적 행정은 여전히 다문화 당사자들의 삶을 제약하고 있다. 체류자격에 따라 복지 접근이 제한되거나, 법적 권리의 보장이 불완전한 사례는 다수 존재한다. 이는 헌법이 보장하는 인간의 기본권과 사회보장권의 사각지대를 형성하며, 장기적으로 사회적 불평등을 고착시킬 우려가 있다. 따라서 국적이나 체류자격에 무관하게 기본적인 사회보장 혜택을 보장하는 통합형 복지체계의 구축이 필요하며, 차별 피해를 실질적으로 구제할 수 있는 인권 옴부즈만 제도 도입도 검토되어야 한다.

둘째, 문화적 낙인과 상호이해 부족은 사회통합의 정서적 장애물로 작용한다. 다문화 구성원에 대한 편견은 언론, 교육, 일상 대화 속에서 무의식적으로 재생산되고 있으며, 이는 한국 사회의 '단일민족' 담론과 결합해 이주민을 '영원한 타자'로 고정시킨다. 이를 해소하기 위해서는 유아기부터 성인에 이르기까지 전 생애주기에 걸친 다문화 이해 교육을 체계화하고, 지역사회 안에서 다문화 주민과 기존 주민 간의 자연스러운 상호작용을 유도할 수 있는 공동체 기반 활동이 확대되어야 한다.

셋째, 지역사회에서의 고립감과 배제는 다문화 주민이 실제로 정착하는 '삶의 현장'에서 발생하는 문제다. 거주지 기반의 사회적 관계망은 통합의 핵심 요소임에도 불구하고, 다문화 주민은 지역사회 내에서 소외되기 쉽다. 이에 따라 다문화 주민이 안심하고 접근할 수 있는 지역 통합지원센터의 확대가 필요하며, 이주민 스스로가 지역사회 리더로 성장하고 주민 참여의 주체로 자리 잡을 수 있도록 지원하는 프로그램 개발이 시급하다.

넷째, 다문화 실천현장의 전문성과 지속가능성이 부족한 점도 중요한 과제로 지적된다. 민간기관에 과도하게 의존하거나 일회성 프로그램 중심의 사업이 반복되면서, 실제적 변화보다는 보여주기식 지원에 그치는 경우가 많다. 이를 개선하기 위해서는 사회복지사, 상담사, 지역 활동가 등 실천현장의 전문가들이 다문화 역량을 충분히 갖추고 활동할 수 있도록 전문교육과 슈퍼비전 체계를 마련해야 하며, 중앙정부–지방정부–민간기관 간의 협력 기반이 구축되어야 한다.

마지막으로, 분절된 정책의 한계 역시 통합의 중요한 장애 요인이다. 현재는 결혼이주민, 이주노동자, 북한이탈주민 등 각 집단별로 별개의 부처에서 정책이 분산적으로 시행되고 있어 정책 간의 연계성과 일관성이 부족하다. 이에 따라 부처 간 정책을 통합 · 조정하는 '다문화통합전략기획단'과 같은 거버넌스 체계의 도입이 요구되며, 단기체류 중심의 정책이 아닌 장기적인 정주 사회로서의 관점을 반영한 통합지표 개발 또한 필요하다.

요컨대, 다문화사회의 통합은 단일한 정책이나 프로그램으로 달성될 수 없다. 제도, 문화, 지역, 실천, 정책의 모든 수준에서 구조적 대응이 이루어져야 하며, 이는 이주민 집단만의 문제가 아니라, 우리 사회 전체의 통합성과 지속가능성을 높이기 위한 핵심 과제이다.

# 제13장
# 젠더 문제

1. 문제제기
2. 젠더의 개념
3. 젠더 관련 이론
4. 사회복지에서의 젠더 문제
5. 사회복지에서의 젠더 문제 대응방안

# 제13장

# 젠더 문제

## 1. 문제제기

왜 지금 젠더가 문제인가?

대륙을 넘나드는 국제선 비행기에 왜 여성 기장은 보기가 어려울까? 남성은 왜 군대에 가야 할까? 퍼스트레이디는 있는데, 왜 퍼스트맨은 없을까? 남성이 전업주부인 경우는 왜 찾아보기 힘들까? 공공화장실을 청소하는 분은 대부분 여성인데 왜 관리하는 분은 대개가 남성일까(부산대 여성연구소, 2011 : 13)?

이러한 물음이 십수 년 전에도, 현재에도 여전히 유효한 이유가 무엇일까?

사회복지에서 물음도 같은 맥락에 있다. 왜 노인돌봄을 수행하는 요양보호사는 여성들이 대부분일까? 왜 성폭력 또는 가정폭력의 피해자는 여성이 다수를 차지할까? 왜 여성은 남성보다 낮은 임금을 받을까? 왜 코로나19 상황에서 여성이 더 많은 일자리를 잃었을까? 왜 사회서비스업에서 여성은 남성보다 더 많이 종사하고, 정규직보다 비정규직에 더 많이 종사할까?

베티 프리단(Betty Freidan)은 젠더 문제를 "이름 없는 문제"라고 한다. '여성의 신비'로 여성 문제를 은폐한 것처럼, 젠더 문제는 여성의 지위상승 신화로 거의 해결된 듯 포장되었고 한다(부산대 여성연구소, 2011).

2024년 3월 8일 '여성의 날'을 앞두고 영국 이코노미스트가 6일(현지시간) 발표한 '유리천장 지수'에서 한국은 조사 대상 29개국 가운데 29위를 기록했다. 이코노미스트는 일하는 여성의 노동참여율과 남녀 고등교육·소득 격차, 여성 노동참여율, 고위직 여성 비율, 육아 비용, 남녀 육아휴직 현황 등 지표를 반영해 경제협력개발기구(OECD) 회원국을 대상으로 2013년부터 유리천장 지수를 산정한다. 지수가 낮을수록 일하는 여성의 환경이 전반적으로 열악하다는 뜻이다. 한국은 12년 연속 꼴찌에 오르는 불명예를 안았다.

한국 지표를 보면 대부분 바닥권이었다. 남녀 소득 격차는 31.1%로 지난해에 이어 최하위를 면치 못했다. 여성의 노동참여율은 남성보다 17.2%p 낮아 튀르키예, 이탈리아에 이어 27위를 기록했다. 관리직 여성 비율과 기업 내 여성 이사 비율 모두 뒤에서 2등이었다. OECD 평균 관리직 여성 비율은 지난해 33.8%에서 올해 34.2%로 올랐다. 그런데 한국(16.3%)과 일본(14.6%)은 여전히 실망스러운 수준이라고 이코노미스트는 지적했다. 이번 조사 결과는 한국 여성이 다른 선진국 여성보다 심각한 소득 불평등을 겪고 있고 노동시장에서 소외당하고 사회적 권한 역시 작다는 점을 보여준다고 이코노미스트는 꼬집었다(서울신문, 2024. 3. 7).

2023년 세계경제포럼(WEF)의 보고서에 따르면, 한국의 젠더 격차 지수는 0.68로, 전체 146개국 중 105위를 기록했다. 교육 성취 부문에서 한국은 104위로, STEM(과학, 기술, 공학, 수학) 분야에서는 여전히 남성이 압도적으로 많다(WEF, 2023 : 15). 정치 영역에서도 여성의 대표성이 부족한데, 2023년 한국의 국회의원 중 여성 비율은 19.1%에 불과하며, 장관직에서도 여성 비율은 16.67%에 그친다(여성가족부, 2023 : 22). 이러한 통계는 교육 분야별, 정치권력 분배 부문에서 한국이 젠더 불평등을 겪고 있는 국가라는 점을 확인할 수 있다.

이러한 젠더 불평등 현상은 디지털 시대에도 지속되고 있다. 한국여성정책연구원의 조사(2023)에 따르면, 여성은 디지털 플랫폼에서 더 많은 혐오 표현과 차별을 경험하고 있으며, 온라인 성폭력의 주요 피해자가 되고 있다. 이는 젠더 불평등이 오프라인을 넘어 온라인 공간으로 확장되고 있음을 알 수 있다.

이처럼 한국 사회의 젠더 불평등은 심각한 수준이며, 이러한 젠더 불평등은 정치적인 결정에서 갈등 양상을 드러내어 선거 결과에도 영향을 미친다. 도대체 무엇이 문제인가? 젠더란 어떤 개념인가? 사회복지에서 젠더 문제는 어떻게 나타나며 그 대안은 무엇인지에 대해 살펴보자.

## 2. 젠더의 개념

젠더(gender)는 1960년대 이후 학계에서 여자, 남자라는 이분법적인 생물학적 성차(sex)와 구별되는 개념으로 사용되기 시작했다. 이는 두 가지 성의 본질적인 차이가 기질, 역할, 인성을 만든다는 당시 지배적이었던 생물학적 결정론을 반박하기 위해 등장했다. 생물학적 결정론은 남성 지배적 가치를 반영하여 여성을 공적 영역에서 배제하고 성적 대상물로 고착시키는 결과를 낳는다는 비판 속에서, 젠더 개념은 특정 사회가 성별 '차이'를 어떻게 강화하고 위계화하는지를 분석하며 성 평등과 차이 존중을 이끌어 내려는 페미니즘 운동의 주요 분석 범주가 되었다(김현미, 2022; 배은경, 2004).

젠더 개념의 등장은 시몬 드 보부아르(Simone de Beauvoir, 2021)의 "우리는 여자로 태어나는 것이 아니라 여자가 되는 것이다"라는 통찰이나, 슐라미스 파이어스톤(Shulamith Firestone, 2016)이 '성'을 젠더 차별의 범주로 이론화한 것과 맥을 같이 한다. 성(sex)이 남성 또는 여성의 생물학적 차이를 설명한다면, 젠더는 그런 차이들 위에 겹쳐진 사회적 의미로 이해될 수 있다(Robyn Ryle, 2015 : 25-26). 사회학에서는 젠더를 특정 사회에서 구성원에게 적절하다고 여겨지는 사회적, 문화적, 심리적 특성 및 행동에 관한 기대로 정의하며(Giddens, A., & Sutton, P. W., 2017/2020 : 244), 페미니즘에서는 여성과 남성의 관계가 사회적으로 조직되는 방식을 지칭하는 용어라고 설명한다(여성문화이론연구소, 2015 : 335).

앞서 언급했듯이 젠더는 생물학적 성별 판별 개념에 대한 비판에서 출발하여 성차의 사회적 구성 과정을 분석하기 위한 개념으로 발전했다. 이는 진화생물학 등 기존 학문의 성차 이해 방식에 도전하기 위한 분석 범주로서 중요성을 가진다(권김현영, 2016 : 20). 젠더를 사회적 구성물이라고 강조할 때 종종 '여성다움'과 '남성다움'이라는 문제로 오인되기도 하지만, 젠더 규범이 남성 중심적으로 실천되고 권력이 반영된 결과임을 이해하는 것이 중요하다. 따라서 젠더는 여성다움/남성다움 지식 자체보다는 성차별적 사회구조가 '어떻게' 구성되고 남성 중심주의가 '어떻게' 지속되는지를 분석하기 위한 개념이다. 이는 성별을 생물학적 진실로 환원하려는 시도에 대한 저항이기도 하다(권김현영, 2016 : 21-23). 페미니스트 학자 조안 W. 스콧(Joan W. Scott)은 젠더를 역사 연구의 중요한 범주로 삼으며, 성들 간의 인지된 차이에 기반한 사회관계를 구성하는 요소이자 권력 관계를 의미화하는 일차적 방식이라고 설명하여, 젠더가 권력이 표현되는 기본적인 장임을 강조했다(여성문화이론연구소, 2015 : 348).

한편, 젠더는 삶의 표면에 뚜렷이 나타나지 않고 보이지 않게 작용하므로, 사회 구성물로서의 젠더를 이해하기 위해서는 젠더를 '알아보는 법'을 배울 필요가 있다. 주디스 로버(Judith Lorber)는 젠더를 물고기가 사는 물에 비유하며, 우리가 일상에서 마주치는 사람들의 '젠더'를 본다는 것이 단순히 남자인지 여자인지를 구분하는 것 이상이며, 젠더가 작동하는 보이지 않는 방식을 드러내는 것임을 시사했다(Robyn Ryle, 2015 : 24-25). 젠더 관점을 적용하면 남성이 보편, 여성이 특수로 대변되는 언어 현상('여기자', '여학교' 등)이나, 여성을 보호해야 한다는 온정적 성차별주의 논리를 통해 젠더 이분법을 강화하는 방식(권김현영, 2016 : 26) 등을 분석할 수 있다. 또한 중심과 주변이라는 틀을 통해 여성의 경험(가사노동, 감정노동 등)이 어떻게 비가시화되는지 이해하고, 정책 입안 및 수행에서 젠더 관점을 활용하여 대상자의 범주를 알맞게 변화시키고 효과성을 높일 수 있다('미혼모' 대 '한부모' 용어 사용의 차이 등)(권김현영, 2016 : 26-27). 젠더는 다양한 사회적 범주들과 교차하며 존재하고, 때로는 구조적 문제를 은폐하기 위한 '젠더 사기(gender decoy)'로 사용될 수도 있다. 따라서 젠더를 올바르게 활용하기 위해서는 왜 젠더가 강조되는지, 누가 이득을 보는지에 대한 비판적 질문을 던지고 모두를 위한 구조적 평등 방식을 끊임없이 모색해야 한다(권김현영, 2016 : 28).

## 3. 젠더 관련 이론

사회복지 분야에서 젠더 불평등 문제를 깊이 이해하고 효과적으로 대응하기 위해서는 관련 이론적 기반을 다지는 것이 중요하다. 젠더 관련 이론들은 젠더가 사회적으로 어떻게 형성되고 유지되며 개인과 사회에 어떤 영향을 미치는지를 설명하며, 문제해결 방안 모색의 기준이 된다. 비록 초기 사회학 이론들이 젠더를 충분히 다루지 못하고 특정 관점에 치우치는 한계를 가졌지만(Robyn Ryle, 2015 : 49-50), 이후 다양한 젠더 이론들이 발전하며 젠더 불평등의 구조적, 상호작용적, 문화적 측면을 분석하는 데 기여했다. 특히 자신의 위치에서 오는 특권(privilege)은 종종 투명하여 인지하기 어렵기에(Robyn Ryle, 2015 : 51-52), 젠더 이론은 이러한 특권 구조를 비판적으로 분석하고 젠더 불평등의 본질을 드러내는 데 유용한 도구가 된다. 다음은 주요 젠더 이론과 페미니즘 이론을 살펴본다.

### 1) 젠더 이론

젠더 이론은 젠더가 사회적으로 어떻게 구성되고 유지되며 개인의 경험과 사회구조에 어떤 영향을 미치는지를 다양한 관점에서 설명한다. 젠더를 생물학적 현상이 아닌 사회적 현상으로 이해하며 젠더 불평등의 원인과 작동 방식을 분석하는 틀을 제공한다.[1]

#### (1) 성역할 이론(Sex Role Theory)

성역할 이론은 젠더를 사회화 과정에서 학습되는 일련의 기대되는 역할과 행동 양식으로 설명하는 초기 이론이다. 사회화된 성역할 수행이 젠더 차이를 만든다고 보지만, 사회구조적 맥락 설명 부족 및 전통적 역할을 당연시한다는 비판을 받는다.

1 젠더 이론의 내용은 로빈 라일(Robyn Ryle, 2015)을 요약하였다.

#### (2) 상호작용주의 이론(Interactionism Theories)

상호작용주의 이론에는 지위 특성 이론과 젠더 행하기 이론이 있다. 이들 이론은 젠더가 개인 간의 일상적인 상호작용 속에서 만들어지고 재생산된다고 본다. 지위 특성 이론은 젠더가 상호작용에서 지위 특성으로 작용해 영향력 차이를 만들고 불평등을 재생산한다고 설명하며, 젠더 행하기 이론은 젠더가 고정된 것이 아니라 사회적 상황에서 끊임없이 '수행(doing)'됨으로써 구성되고 강화된다고 주장한다.

#### (3) 제도적 또는 구조적 방법론(Institutional or Structural Approaches)

이 이론에는 젠더화된 조직 이론과 사회연결망 이론이 있다. 이 이론은 젠더 불평등의 근원을 개인의 행동이나 상호작용보다는 사회제도나 구조 자체의 특성에서 찾는다. 젠더화된 조직 이론은 조직 자체가 젠더 불평등을 내재하고 성별 분리, 승진 장벽 등을 야기한다고 분석하며, 사회연결망 이론은 젠더화된 관계망이 자원 접근 및 기회 불균등으로 이어진다고 본다.

#### (4) 교차적 페미니즘 이론(Intersectionality)

"교차성(Intersectionality)"은 젠더 불평등이 인종, 계급, 성적지향 등 다른 사회적 정체성과 교차하며 복합적으로 작용한다는 관점이다. 단일 젠더 문제에서 벗어나, 여러 차원의 차별을 동시에 겪는 가중된 불이익에 주목하며 사회복지 실천에서 대상자의 복합적 어려움을 이해하는 데 중요한 이론적 관점이다.

### 2) 페미니즘의 이론

페미니즘[2] 이론은 젠더 불평등의 근원과 작동 방식을 비판적으로 분석하고, 이를 해소하기 위한 실천적 방향과 대안을 모색하는 중요한 이론적 틀이다. 다

2 페미니즘을 '여성주의'로 번역하기도 하는데, 이 글에서는 '페미니즘'이라는 원어 그대로 사용하였다.

양한 페미니즘 이론들은 각기 다른 관점에서 젠더 불평등을 진단하고 해법을 제시하며 발전해 왔다.[3]

### (1) 자유주의 페미니즘(Liberal Feminism)

자유주의 페미니즘은 개인의 합리성과 평등한 권리라는 자유주의 사상에 기반하여, 여성에게 남성과 동등한 법적, 제도적 기회와 대우가 주어져야 한다고 주장한다. 성별 중립주의를 표방하며 평등한 교육, 참정권 획득(제1의 물결), 사회적 권리 신장(제2의 물결) 등 법과 제도의 개혁을 통한 젠더 불평등 해소를 목표로 한다. 그러나 젠더 불평등을 야기하는 근본적인 사회구조나 권력 문제, 그리고 다양한 여성들이 경험하는 차이(교차성)를 간과한다는 비판을 받는다.

### (2) 마르크스 페미니즘과 사회주의 페미니즘(Marxist and Socialist Feminisms)

마르크스주의 페미니즘은 여성 억압의 근본 원인을 자본주의 생산 체제와 계급구조에서 찾으며, 여성의 경제적 종속 문제를 중요하게 다룬다. 이러한 마르크스주의의 한계를 극복하고자 등장한 사회주의 페미니즘은 여성 억압을 자본주의 생산 구조와 가부장적 재생산 구조(자본주의적 가부장제)라는 두 가지 축의 상호작용 결과로 설명하며, 공적 및 사적 영역 모두에서의 성별 노동 분업 철폐를 강조한다. 두 이론 모두 경제적 · 구조적 문제해결에 통찰을 제공하지만, 성적 억압을 충분히 설명하지 못하거나 자본주의와 가부장제 동시 해체의 어려움이라는 한계가 있다.

### (3) 급진주의 페미니즘(Radical Feminism)

급진주의 페미니즘은 기존 페미니즘의 한계를 비판하며 여성 억압을 인간 역사상 최초이자 가장 근본적인 억압 형태로 규정한다. 특히 여성의 성과 재생산

3 페미니즘의 이론은 로즈마리 퍼트넘 통 · 티나 페르난디스 보츠(Rosemarie Putnam Tong & Tina Fernandes Botts, 2019)와 공미혜(2019)를 중심으로 요약하였다.

통제 및 젠더 기반 폭력 문제를 여성 억압의 핵심으로 보며, “개인적인 것이 정치적인 것이다”라는 표어를 통해 사적 영역의 문제를 공론화하는 데 크게 기여했다. 그러나 남성과의 분리를 주장하는 분리주의나 여성 억압을 생물학적 조건으로 환원시키는 경향으로 인해 비판받기도 한다.

### (4) 에코페미니즘(Eco feminism)

에코페미니즘이라는 용어는 1974년 프랑소와 도본느(Francoise d'Eaubonne)가 만든 것으로 여성 억압과 자연 억압 사이에 직접적인 연관성이 있으며, 남성 중심주의가 여성과 자연 모두에게 적이 되고 있다는 통찰력에서 비롯되었다. 이후 에코페미니즘의 중심 가설은 다음과 같이 요약하고 있다(Rosemarie Putnam Tong, 2004). 첫째, 여성과 자연의 억압 간에는 중요한 연관성이 있다. 둘째, 이 연관의 본질을 이해하는 것이 여성 억압과 자연 억압을 이해하는 데 필수 요소이다. 셋째, 페미니즘 이론과 실천에 생태학적 관점이 포함되어야 한다. 넷째, 생태학적 문제를 해결하기 위해서 페미니즘 관점이 포함되어야 한다. 이 이론은 페미니즘 이론과 실천에 생태학적 관점을 통합하고, 생태학적 문제해결에 페미니즘 관점이 필수적이라고 주장한다. 인간이 자연을 지배하고 착취하는 방식과 남성이 여성을 억압하는 방식이 연결되어 있다고 보고, 두 가지 억압을 동시에 해결하려는 통합적 접근을 강조한다.

### (5) 포스트모던 페미니즘(Postmodern Feminisms)

포스트모던 페미니즘은 남성 중심적인 논리 구조와 언어의 사용을 비판하며, 일관성 있는 사회체계 자체의 내적인 모순을 해체하려 한다. 이들은 사회의 중심부에서 밀려난 ‘타자(여성 또는 억압받는 사람들)’의 입장을 재해석하는 작업을 하며, 이러한 주변부의 시각이 지배문화(가부장제)에서 벗어나 현실을 더 정확하게 볼 수 있는 사고체계를 부여한다고 주장한다. 포스트모던 페미니즘은 다양성, 다원성, 비중심성을 강조하며, 젠더와 관련된 고정된 정의나 범주를 해체하려 시도한다. 그러나 '학자들의 페미니즘'이라 불릴 정도로 난해하다는 비판과 더불어, 지향하는 다양성이 자칫 무질서 상태로 이어질 가능성이 있다는 지적도 받는다.

### (6) 퀴어 페미니즘(Queer Feminisms)

퀴어 페미니즘은 젠더와 섹슈얼리티(sexuality)에 대한 기존의 여성/ 남성 이분법적 사고에 질문을 던지며 다양한 정체성 형성 방식에 주목한다. 이 이론은 '여성'이라는 개념을 넘어 젠더와 섹슈얼리티의 다양성을 인정하고 기존 범주를 해체하려 시도하며, 젠더 논의의 지평을 확장시켰다. 이는 성소수자를 포함한 다양한 젠더 정체성을 가진 사람들을 이해하고 포용적인 사회복지 실천을 하는 데 중요한 관점을 제공한다.

이처럼 다양한 페미니즘 이론들은 젠더 문제가 단일하지 않고 복잡하며, 여러 이론적 관점과 맞닿아 있음을 보여준다. 특히, 여성들의 경험이 인종, 계급, 섹슈얼리티 등 다른 사회적 억압과 복합적으로 얽히는 교차성 개념은 다양한 억압이 개인에게 가중된 불이익을 초래함을 강조하며 젠더 불평등의 복합성을 이해하는 데 필수적이다. 궁극적인 성평등은 여성이 남성보다 우위에 서는 것이 아니라, 여성과 남성 모두가 잠재력을 함께 개발하고 서로 협력하는 다원적인 사회를 지향한다. 페미니즘 이론은 이러한 비전 아래 '개인적인 것이 정치적인 것이다'와 같이 일상 속 차별에 대한 작은 변화 노력이 사회 전반의 젠더 정의를 향한 움직임에 기여할 수 있음을 역설하며, 사회복지 현장의 실천가들에게 중요한 비판적 성찰과 실천적 동기를 제공한다(공미혜, 2019 : 9; 양난주, 2022).

## 4. 사회복지에서의 젠더 문제

사회가 당면한 수많은 문제들은 젠더라는 구조적인 불평등과 복잡하게 얽혀 있으며, 이는 개인이 겪는 어려움의 종류와 사회복지 시스템으로부터 받는 지원에 영향을 미친다. 젠더는 생물학적 성과 구분되는 사회문화적 구성물로서, 개인의 삶의 기회와 사회적 자원에 대한 접근 방식에 깊은 영향을 준다. 따라서 사회복지가 우리 사회의 문제들을 제대로 진단하고 모든 구성원의 삶의 질을 높이기 위해서는 젠더의 차원이 어떻게 작동하고 불평등을 야기하는지를 필수적으로 이해하고 고려해야 한다.

사회복지 분야에서 젠더 문제가 왜 중요하며, 정치, 노동, 가족, 건강, 교육, 문화, 폭력 등 우리 사회 주요 영역에서 젠더 불평등이 어떤 구체적인 문제점을 야기하는지 사회복지적 관점에서 살펴보자.

### 1) 사회복지에서의 젠더 관점의 중요성

사회복지에서 젠더 관점이 중요한 이유는 여러 가지다. 첫째, 사회문제는 젠더에 따라 다르게 나타난다. 여성은 노동시장에서의 불평등이나 돌봄 부담으로 어려움을 겪기 쉽고, 젠더 기반 폭력 같은 문제도 특정 젠더에 집중되는 경향이 있다. 둘째, 기존 사회복지정책이나 실천 방식 자체에 젠더 편향성이 존재할 수 있다. 전통적 성역할에 기반한 제도는 다양한 젠더를 배제하거나 불리하게 만들 위험이 있고, 실천 현장의 젠더 고정관념이 개입을 왜곡하기도 한다. 셋째, 사회복지는 젠더 평등 실현이라는 사회 정의적 목표를 갖는다. 젠더 불평등은 구조적 문제이므로, 이를 해소하는 것이 모든 구성원의 행복과 사회통합에 필수적이다. 사회복지는 젠더 불평등의 원인을 분석하고 차별 해소를 위해 옹호 및 지원해야 한다. 따라서 사회복지에서 젠더 문제를 제대로 이해하고 이를 바탕으로 문제를 해결하는 것은 사회복지가 목적하는 사회통합에 도달하는 필수 과정이라 할 수 있다.

### 2) 사회복지 영역별 젠더 불평등 문제점

사회문제는 젠더라는 구조적인 불평등과 복잡하게 얽혀 있으며, 이는 개인이 겪는 어려움의 종류와 사회복지 시스템으로부터 받는 지원에 영향을 미친다. 정치, 노동, 가족, 건강, 교육, 문화, 폭력 등 우리 사회 주요 영역에서 젠더 불평등이 어떤 문제점을 야기하는지 사회복지적 관점에서 살펴보고자 한다.

### (1) 노동시장 및 소득 분배에서의 젠더 불평등 문제점

노동시장에서의 젠더 불평등은 개인의 경제적 안정과 사회 전반의 소득 분배에 심각한 문제를 야기하는 구조적 문제이다. 가장 큰 문제 중 하나는 높은 젠더 간 임금격차가 지속되고 있다는 점이다. 동일하거나 유사한 가치의 일을 하더라도 여성이 남성보다 낮은 임금을 받는 현실은 구조적 차별을 보여준다.

영국 시사주간지 이코노미스트가 발표한 '유리천장 지수(The glass-ceiling index)'에서 한국은 조사 대상 29개국 중 28위를 기록했다. 특히 한국 여성들은 심각한 소득 불평등을 겪고 있는 것으로 나타났다. OECD 국가들의 여성 평균임금은 여전히 남성보다 평균 11.4% 낮았으나, 한국의 경우 성별 임금격차가 29.3%로 가장 컸다(여성신문, 2025. 3. 7).

경제협력개발기구(OECD) 통계(2022년 기준)에 따르면 한국의 성별 임금격차는 31.2%로 OECD 평균(11.4%)을 크게 웃돌아 회원국 중 격차가 가장 크다. 고용노동부 '2023년 고용형태별 근로실태조사'에서도 남성 대비 여성 임금 비율은 65.3%에 그쳤다(여성신문, 2025. 5. 7). 또 통계청이 발표한 '2023년 임금근로일자리 소득 결과'에서도 성별 평균소득은 남자 426만 원, 여자 279만 원으로 나타났다. 남녀 임금격차는 월 147만 원으로 남자가 여자의 약 1.5배에 달했다(통계청, 2025).

2023년 고용형태별근로실태조사 보고서(고용노동부, 2024 : 16)에 의하면, 성별 시간당 임금총액은 남성 26,042원, 여성 18,502원(남성의 71.0%)으로 나타났으며, 남성의 경우 비정규직근로자는 정규직근로자(27,695원)의 73.4%인 20,337원, 여성의 경우 비정규직근로자는 정규직근로자(20,205원)의 74.0%인 14,944원으로 나타났다. 성별 시간당 임금총액은 정규직이나 비정규직 모두 여성이 낮게 나타났고, 여성은 남성의 71% 수준으로 낮게 나타났다.

이처럼 노동시장에서의 젠더 불평등이 여성에게 불리하게 작동하고 있지만 여성의 고용률 역대 최고, M자 곡선 완화, 여성 임원 역대 최다 등의 지표는 여성들의 사회적 진출 증가로 마치 젠더 불평등이 사라진 것 같은 착시현상을 일으킨다. 여성은 불평등한 취급을 받고 남성은 우월적 대우를 받는 것은 옛날 이야기라고 한다(매일노동뉴스, 2025. 3. 7).

신경아(2024)에 의하면, 최근 한국 사회에서는 정치 · 경제 · 사회적인 요인이 복합적으로 작용하여 청년들을 중심으로 '젠더 갈등'이 문제가 되어 왔다. 특히 노동시장 내 청년남성의 불리함에 관한 주장들, 즉 남성 피해자론 또는 남성 역차별론이 제기되고 있다고 했다. 그러나 지난 20여 년간 한국 노동시장에서 전개되어 온 변화가 성별 불평등을 구조적으로 개선해 왔다는 결론을 내리기는 어렵다고 했다. 20대 여성들의 노동시장 진출이 늘고, 30대 여성들의 결혼과 출산 지연으로 인한 노동시장 잔류와, 30~40대 여성들의 이탈 후 재진입이 늘고 있지만, 그것이 성별 임금 불평등의 획기적인 축소라는 효과로 이어지지는 못하고 있다는 것이다. 결국 생애 기대 임금에서 여성은 여전히 남성과는 다른 구조와 궤적, 낮은 수준의 범위에 머물고 있으며, 대기업과 중소 · 영세기업, 정규직과 비정규직의 격차는 더욱 커지고 있다고 보고하였다.

이처럼 노동시장에서 열등한 노동력으로 간주되지만 개별 여성들이 개인적으로 젠더 전략을 다변화하는 방식으로 이런 상황을 봉합하고 있다. 그러나 성별 분업의 기본 구조가 변화하지 않는 한 장기적으로 더 많은 사회문제들이 양산될 것이다. 이것이 임신, 출산, 양육 등 당면한 생애주기상의 과제를 "자신의 선택으로" 미루어가면서 신자유주의적 사회변화의 파장을 온몸으로 막아내고 있는 여성들의 삶의 현장성에 시급히 주목해야 하는 이유이다(배은경, 2009 : 40). 이러한 문제점들은 여성의 불안정한 소득으로 인해 여성 개인과 여성 가구주의 빈곤뿐만 아니라 사회보험 혜택의 제한으로 인한 노년기 여성의 높은 빈곤율로 이어지는 등 사회복지의 문제로 연결될 수 있다.

### (2) 가사노동에서의 젠더 이슈 문제점

가사노동의 젠더 불균형은 집안일로 이해되는 가정관리와 자녀 양육 및 노부모 부양 등의 가족 돌봄으로 집중되는 문제로 여성의 사회참여를 제약하고 돌봄 부담으로 인한 어려움을 야기하는 핵심 문제다. 통계청의 생활시간조사(2020)[4]에 의하면, 남자의 평일 가사노동시간은 48분에 비해 여성의 평일 가사노동시간은 3시간 10분으로, 여성이 남성에 비해 2시간 17분 더 많이 하는 것으로 나타났다. 가사노동[5]은 가정관리와 가족 돌보기로 구분하는데, 남성은 평일 가사노동시간 중 가정관리가 38분, 가족 돌보기가 10분으로 나타난 반면, 여성은 가정관리가 2시간 32분, 가족 돌보기가 38분으로 나타났다.

일반적으로 남녀 간 가사노동시간 차이가 크면 여성의 결혼만족도를 떨어뜨리고 일과 가족의 양립을 어렵게 만든다. 가사노동 부담이 큰 여성들은 아이를 더 낳는 데 소극적이며 이혼을 더 자주 고려하게 된다. 여성과 남성의 가사노동시간 차이가 큰 것이 여성들의 경제활동참가율과 출생률을 낮추는 원인 중의 하나일 수 있다(통계청, 2020).

가사 및 돌봄 노동 대부분을 여성이 부담하면서 여성은 시간 빈곤, 유급 노동시간 축소, 경력 단절을 겪게 된다. 남성의 육아휴직 사용률이 저조한 것은 돌봄이 '여성의 일'이라는 고정관념이 여전함을 보여준다. 2023년 전체 육아휴직자는 19만 5,986명으로 전년대비 3.0% 감소하였고, 전체 육아휴직자 중 모(母)는 74.3%로 부(父) 25.7%의 2.9배로 나타나, 여성이 남성에 비해 더 많은 육아휴직을 사용하는 것으로 나타났다(통계청, 2023).

과도한 가사노동에서의 가정관리 및 돌봄 부담은 가사노동 제공자의 신체적·정신적 소진과 사회적 고립을 초래한다. 돌봄 노동의 가치가 저평가되고 사회적 지원이 부족한 현실은 이러한 문제를 심화시킨다. 이러한 가사노동에서의 젠더 불균형은 개인의 삶의 질 저하뿐 아니라 저출산, 고령사회 돌봄 위기 등 국가적 문제와도 연결된다.

4 생활시간조사는 통계청에서 5년마다 실시하며, 2025년 5월 현재, 가장 최근 통계는 2019년 조사자료이다.

5 통계청(2020)은 가사노동을 가정관리와 가족 돌보기(가족 및 가구원 돌보기)로 구분하고 있다. 행동분류표에 의하면, 가정관리의 세부분류에는 음식준비(설거지 포함), 의류관리, 청소 및 정리, 주거 및 가정용품 관리, 반려동물 및 식물 돌보기, 상품 및 서비스 구입, 기타 가정관리가 있다. 가족 및 가구원 돌보기의 세부분류에는 10세 미만 아이 돌보기(신체 돌보기, 간호, 훈육 및 공부 가르치기, 책 읽어주기, 대화하기, 놀아주기 등), 만 10세 이상 미성년자 돌보기, 장기 돌봄 필요 성인 돌보기, 독립적인 성인 돌보기가 있다.

### (3) 젠더 폭력(가정폭력, 성폭력 등)의 사회복지 문제점

젠더 폭력은 젠더 불평등이 극단적으로 나타나는 문제로, 피해자의 인권을 심각하게 위협한다. 가정폭력, 성폭력 등의 피해자는 압도적으로 여성이며, 이는 불평등한 권력 관계에서 기인한다.

2022년 가정폭력실태조사(김정혜 외, 2022)에 의하면, 지난 1년간 배우자/ 파트너에 의한 신체적/ 성적 폭력 피해율은 여성 4.6%, 남성 1.8%였으며, 4개 유형 폭력(신체적/ 성적/ 경제적/ 정서적 폭력) 피해율은 여성 9.4%, 남성 5.8%였고, 5개 유형 폭력(신체적/ 성적/ 경제적/ 정서적 폭력 및 통제) 피해율은 여성 28.7%, 남성 26.3%로 나타났다. 또 폭력유형별로는 지난 1년간 정서적 폭력 경험은 여성의 6.6%, 남성의 4.7%가 경험한 것으로 나타났다. 지난 1년간 배우자/ 파트너에 의한 폭력 피해 경험과 폭력유형별 폭력 피해 경험 모두 여성이 남성보다 더 많은 것으로 나타났다. 또한 이혼, 별거, 동거종료 이전에, 당시의 배우자/ 파트너에 의한 신체적/ 성적 폭력 피해율도 여성 38.8%, 남성 20.9%로 나타나, 여성이 남성에 비해 폭력 경험이 더 많은 것으로 나타났다.

이 조사는 2019년 조사와 비교하여, 대부분의 문항에서 가정폭력 허용도가 다소 높아졌으며, 가정폭력 지속의 책임을 피해자에게 돌리는 인식이 드러났다고 보고하였다. 이는 가정폭력에서 젠더 불균형이 존재하고, 여성이 가정폭력을 지속적으로 경험할 수 있음을 알 수 있다.

한편 성폭력은 꾸준히 증가하면서 성폭력 피해가 성별화된 양상을 보였다. 2006년부터 2023년까지의 경찰청 성폭력 발생 현황(2025)을 살펴보면, 발생 건수는 2006년 14,369건, 2015년 30,651건, 2022년에 40,533건으로 최고치를 기록한 후 2023년에는 37,752건으로 소폭 감소했다. 한국성폭력상담소(2024)의 2023년 상담결과에 의하면, 성폭력 피해자는 여성이 89.2%, 남성이 8.6%로 나타났다. 가해자는 여성이 3.4%, 남성이 84.4%로 나타났다. 특히 온라인에서 성폭력 피해자는 여성이 95.0%, 남성이 5.0%로 여성의 피해가 압도적으로 높게 나타났다. 가해자는 남성이 88.8%로 나타났다.

성폭력은 점점 증가하는 추세이고, 피해자의 대부분이 여성이며, 가해자의 대부분은 남성으로 드러났다. 또한 온라인 성폭력 피해자는 여성이 압도적으로 많아, 성폭력에서의 젠더 불균형이 심각함을 알 수 있다. 이처럼 가정폭력 및 성폭력 등의 피해자는 대부분 여성이며, 이는 불평등한 권력 관계에서 기인한 것으로 이해할 수 있다.

그러나 피해자 지원 시스템은 여전히 한계가 많다. 한국여성상담소(2024)는 피해자의 68.8%가 법적 지원을 원하지만 경찰의 신고 반려나 혐의 없음 등의 어려움을 마주했다고 보고했다. 온라인 성폭력은 디지털 성범죄의 결과물이며, 피해자의 신원이 인터넷상에 공개될 경우 인터넷과 디지털 기술을 이용한 개인의 성적 자기결정권을 침해하는 성범죄로 그 폐해가 더욱 심각해진다. 법적 대응 측면에서 법률개정 및 처벌을 강화하지만 여전히 미흡하다. 또한 인력과 자원의 부족으로 충분한 지원도 이루어지지 않고 있다. 따라서 피해자 지원 시스템의 강화, 예방교육 및 인식개선 프로그램의 활성화 등이 요구된다(조준택 · 송영진 · 안재경, 2024 : 59-60).

피해자인 여성은 피난처 부족, 전문 상담/ 치료 접근성 낮음, 법률/ 경제 지원 미흡, 그리고 장애 여성, 이주 여성 등 취약 집단 대상 맞춤 지원 부족의 문제도 있다. 지원 과정에서의 2차 피해도 심각하며, 가해자 처벌 미약 및 교정 프로그램 부족도 재발 위험을 높인다. 성소수자는 정체성을 이유로 폭력에 노출될 위험이 높으나 지원체계는 여전히 열악하다. 젠더 폭력은 피해자의 삶을 파괴하고 사회 안전을 위협하고 있어, 사회복지는 피해자 지원과 근본 원인 해결에 나서야 할 필요가 있다.

### (4) 정치 및 제도영역에서의 젠더 불평등 문제점

정치는 사회의 자원분배와 정책결정을 담당하는 핵심 영역이지만, 역사적으로 남성 중심의 권력 구조는 젠더 불평등을 심화시켜 왔다. 인류의 절반인 여성이 정치참여에서 배제되었던 역사는 보편적 인권을 표방하는 근대 국가의 모순으로 지적되기도 했다(유경훈, 2013). 오늘날에도 주요 의사결정 기구에서의 여성 및 소수 젠더의 심각한 과소대표 문제는 지속되고 있다. 국회, 지방의회 등 정책결정 기구에서 여성의 참여 비율은 여전히 낮으며, 2024년 제22대 한국 총선 결과 여성 국회의원 비율이 전체의 20%에 그치는 현실은 한국 정치의 '유리천장'이 여전함을 보여준다(BBC 코리아, 2024. 4. 12). 이러한 대표성 부족은 다양한 젠더의 경험과 요구가 정책에 제대로 반영되지 못하는 결과를 초래하며, 이는 젠더 편향적인 사회복지정책이 지속되는 원인이 된다.

정책결정 과정 자체의 젠더 편향성은 더욱 심화될 우려를 낳고 있다. 여성폭력 문제해결에 앞장서야 할 여성가족부(2023)가 최근 "제3차 양성평등정책 기본계획(2023~2027)" 안에서 '여성폭력', '젠더폭력', '성별에 기반한 폭력' 등의 정책 용어를 모두 삭제했다. 대신 '폭력'으로 대체되었다. 공청회 토론자로 나선 강은영 한국형사법무정책연구원 선임연구위원은 "젠더 문제를 전면에 드러내지 않는 의제나 정책과제가 양성평등정책 기본계획의 취지에 부합하는지 의문이 있다"고 지적했다(한겨레신문, 2022. 12. 2). 여성폭력방지기본법(국가법령정보센터, 2025)[6]에 정의된 '여성폭력' 용어를 정책에서 제거하는 것은 문제의 특수성을 외면하고 젠더 기반 폭력 문제해결에 걸림돌이 될 수 있다.

실제로 한국의 젠더 불평등은 국제적으로도 낮은 수준에 머물러 있다. 세계경제포럼(WEF)이 내놓은 2023년 세계 젠더 격차 보고서(Global Gender Gap Report 2023)를 보면 한국의 젠더 격차 지수[7]는 0.680을 기록, 전체 146개 국가 중 105위를 기록했다. 2022년 99위보다 6계단 하락했다. 정치권력 분배(0.169) 부문에선 88위였다. 정치권력 분배 부문에서 '의회 여성 비율'은 0.304를 기록, 84위에 그쳤다. WEF는 "피지와 미얀마, 한국 등은 정치권력 분배 부문에서 가장 퇴보한 국가들"이라고 지적했다(경향신문, 2023. 6. 28).

2024년 4월 10일 실시된 제22대 총선 결과 총 300인의 당선자 중에서 여성 당

6 제3조(정의) 제1호 "여성폭력"이란 성별에 기반한 여성에 대한 폭력으로 신체적 · 정신적 안녕과 안전할 수 있는 권리 등을 침해하는 행위로서 관계 법률에서 정하는 바에 따른 가정폭력, 성폭력, 성매매, 성희롱, 지속적 괴롭힘 행위와 그 밖에 친밀한 관계에 의한 폭력, 정보통신망을 이용한 폭력 등을 말한다(국가법령정보센터, 2025).

7 젠더 격차 지수는 1에 가까울수록 양성평등이 잘 이뤄졌다는 의미다(경향신문, 2023. 6. 28).

선자가 60명을 차지하였다. 20%의 여성의원 비율은 OECD 회원국의 평균 여성의원 비율 33.8%보다 낮은 수준이며, 국제의원연맹(IPU) 회원국의 평균 여성의원 비율인 26.9%(2023년 기준)에도 미치지 못한다는 비판을 받지만, 1948년 제헌 국회 개원 이래로 가장 높은 여성의원 비율이다. 여성 당선자는 민주화(1988년) 이후 총선에서도 한 자리 수에 머물다가, 제16대 총선에서 처음으로 두 자리 수인 16명(5.9%)이 당선되었다. 이후 총선에서 여성 당선자는 꾸준히 증가 추세에 있다. 이와 같은 여성의원 증가에 가장 직접적인 영향을 미친 것은 바로 여성할당제 도입이다. 현행 「공직선거법」의 권고대로 각 정당이 지역구 후보자 추천에서 30% 여성할당을 준수한다면 여성의원 비율은 33%까지 높아질 것으로 보인다(전진영 · 송진미 · 황선주, 2024 : 1).

한국의 여성의원 비율은 100위권 밖, 고위직 · 관리자 비율의 성별 격차는 125위, 소득 격차는 120위로 조사대상국 가운데 최하위권에 속한다(여성가족부 폐지 저지와 성평등 정책 강화를 위한 범시민사회 전국행동, 2022. 11. 8). 이상의 지표들은 한국 사회의 젠더 불평등이 여전히 심각함을 명확히 보여준다. 젠더 평등 의제에 대한 정치권의 낮은 이해도와 소극적인 태도, 그리고 정책 집행에서의 후퇴 가능성은 사회 전반의 젠더 불평등 구조를 강화하고, 사회복지 시스템이 모든 시민에게 공정하고 평등한 서비스를 제공하는 것을 방해하는 핵심적인 문제점으로 작용할 수 있다. 더 나아가 여성 및 소수 젠더 정치인들이 겪는 젠더 기반 폭력과 괴롭힘은 이들의 정치참여를 위축시키는 또 다른 심각한 장벽이 될 수 있다.

### (5) 건강 및 의료 서비스에서의 젠더 문제점

건강은 인간다운 삶을 위한 기본적인 전제 조건이지만, 젠더는 개인이 경험하는 건강문제의 양상, 의료 서비스에 대한 접근성, 그리고 의료 시스템 내에서의 경험에 큰 영향을 미친다. 젠더에 따른 건강 및 의료 불평등은 다양한 형태로 나타난다.

제5차 여성건강통계에 의하면, 기대수명 증가와 성별 격차로 여성이 더 오래 살지만 주관적 건강 수준은 낮고, 유방암과 더불어 자궁체부암 · 난소암 발생률은 빠르게 증가하며 남성암으로 인식되는 폐암·췌장암도 꾸준히 증가하고 있다. 그리고 전 생애주기에서 우울장애, 자살생각 등 정신건강 수준이 남성보다 심각하다. 더불어 청소년 및 성인 여성의 약 40%가 심한 월경통, 폐경기 여성의 약 60%가 심한 폐경 증상을 경험하고 있다고 밝혔다(질병관리청, 2023).

첫째, 임신과 출산 과정에서의 여성의 자기결정권 문제가 중요하게 제기된다. 여성의 몸에서 일어나는 과정임에도 불구하고, 출산 과정에서의 의료적 개입 결정, 피임 및 낙태에 대한 접근성, 그리고 모성 건강에 대한 지원 부족 등에서 여성의 자기결정권이 충분히 보장되지 못하는 문제가 여전히 존재한다. 원치 않는 임신으로 2020년 임신중지 건수가 3만 2,063건[8](변수정 외, 2020)이다. 그해 태어난 아이들 27만 2,300명(통계청, 2020)의 9분의 1 수준이다.

한국여성정책연구원 연구보고서에 따르면 2021년 이후 장애, 청소년, 성폭력 피해자도 즉각적인 임신중지 도움을 받지 못했다. 여성가족부 지침과 원스톱센터 규정에 성폭력으로 인한 임신을 협소하게 기술하고, 무고 여부를 따지거나 본인 혼자 결정하기 어렵게 한 것도 부담을 가중한다. '모두의 안전한 임신중지를 위한 권리보장 네트워크'가 조사한 보고서에도 응답자 대부분이 2021년 이후 임신 초기에 임신중지를 하고자 했으나 신뢰할 만한 정보와 의료기관을 찾기 어려웠고, 거주지 가까운 곳에서 임신중지를 할 수 없었다(한겨레, 2024. 4. 29).

2020년 헌법재판소는 낙태죄 헌법불합치 결정을 했다. 하지만 낙태죄는 유지하되 낙태의 '허용 요건'을 '신설'하여 여성의 자기결정권이 충분히 보장받지 못하고 있다. 대체입법을 비롯한 후속 조처가 이뤄지지 않고 있고 있는 실정이다.

둘째, 젠더 규범에 따른 건강 행동과 의료 이용의 차이가 건강 격차를 유발할 수 있다. 남성은 자신의 건강문제에 대해 약하게 보이는 것을 꺼리거나 위험한 생활습관(흡연, 음주 등)에 더 노출될 수 있고, 여성은 가족 돌봄 부담 등으로 인해 자신의 건강관리를 소홀히 하는 경향이 나타날 수 있다.

셋째, 성소수자의 의료 서비스 접근 장벽이 높다는 문제가 있다. 자신의 성적

8 여성 1천 명당 임신중지 시술 건수에 실제 15~44세 인구수를 곱해 산출한 추정치이다.

지향이나 성별 정체성을 의료진에게 밝히기 꺼리거나, 의료인의 무지나 편견, 차별적인 태도로 인해 필요한 상담이나 치료를 받기 어렵고, 이는 성소수자의 신체적 · 정신적 건강 악화로 이어질 수 있다.

마지막으로, 가정폭력이나 성폭력 등 젠더 폭력 피해자는 심각한 신체적 · 정신적 후유증을 겪지만, 이들에 대한 전문적이고 통합적인 의료 및 심리지원 시스템이 여전히 부족한 실정이다. 이러한 건강 및 의료 분야의 젠더 관련 문제점들은 사회복지 대상자들의 전반적인 건강 수준을 저하시키고, 질병으로 인한 사회적 · 경제적 어려움을 가중시키는 요인으로 작용할 수 있다.

### (6) 성소수자(LGBTQ+)가 겪는 사회복지적 문제점

성소수자는 성적지향 및 성별 정체성으로 인해 다양한 차별과 배제에 직면하며, 이는 심각한 사회복지적 어려움을 야기한다. 사회적 낙인과 차별(가족/ 직장/ 주거 차별, 혐오 발언 등)은 가장 근본적인 어려움이다. 전국교직원노동조합 성평등특별위원회는 성소수자 교사 91명을 대상으로 설문조사를 진행한 결과, '학교 현장에서 성별 정체성, 성적지향을 기반으로 한 차별 경험이 있는가(복수응답 가능)'라는 질문에 성소수자 교사 73.6%는 '성소수자 차별 · 혐오표현을 경험했다'고 답했다. 응답자의 45.1%는 '경제적인 차별', 40.7%는 '가족돌봄휴가, 질병휴가 사용 등 복무에의 차별'을 겪었다고 답했다. 동료 교사, 관리자, 학생, 양육자로부터 성소수자 차별 · 혐오 표현을 경험했다고 하였다(전국교직원노동조합, 2025. 3. 14). 이러한 성소수자의 경험은 심리적 고통과 고립을 초래할 수 있다.

한편 성소수자는 법적 · 제도적 인정 부재(동성혼 불인정 등)로 사회복지 시스템 접근에 제약을 받는다. 차별 경험은 정신건강에 부정적 영향을 미쳐 우울증, 불안 장애 위험을 높이며, 의료인의 편견도 서비스 접근을 어렵게 한다. 가족 지지 부족이나 단절은 주거 · 경제 불안정으로 이어지기도 하며, 사회복지 서비스 이용 시에도 어려움을 겪는다. 이러한 문제점들은 성소수자가 안전하고 존엄하게 살아가고 기본적인 권리를 누리는 것을 방해하게 된다.

최근 동성(同性) 동반자를 건강보험 피부양자로 등록할 수 있다는 대법원 전원

합의체의 판단이 나왔다. 대법원은 동성 동반자를 '부부 공동생활에 준할 정도의 경제적 생활공동체'라고 판단하며 동성 동반자를 피부양자로 인정하지 않는 것은 위법하다고 봤다. 대법원 관계자는 "그동안 피부양자로 인정될 수 없었던 동성 간 결합 관계에 있는 사람들에 대해 행복추구권, 사생활의 자유, 법 앞에 평등할 권리 등 헌법상 기본권을 보다 충실하게 보장할 수 있게 되었다는 데 의의가 있다"고 말했다. 대법원의 '동성(同性) 부부 건강보험 피부양자 자격' 인정 판결은 동성 부부의 법적 지위를 인정한 최초의 판결로, 국내에서 동성 부부의 사회보장 권리를 법적으로 처음 인정한 사례로 기록되었다(법률신문, 2024. 7. 18).

### (7) 교육 및 문화 영역에서의 젠더 문제점

교육과 문화는 개인이 젠더를 인식하고 사회적 가치관을 형성하는 근본적인 영역이다. 그러나 교육 현장에서는 교과서 내용이나 상호작용을 통해 무의식적이거나 명시적인 젠더 고정관념이 주입되는 문제가 지속되며, 대중매체와 문화 콘텐츠 역시 여성을 성적 대상화하거나 특정 젠더에 고정된 역할을 부여하는 등 왜곡된 젠더 이미지를 확산시키는 경우가 많다. 이러한 교육 및 문화 환경은 젠더 불평등과 편견에 대한 비판적 사고능력을 저해하고, 사회 전반의 젠더 감수성을 부족하게 만드는 주요 원인이 된다. 젠더 감수성이란 성별에 따른 차별, 편견에 대한 민감성을 가지고 성차별적 태도나 관행을 비판적으로 인식하는 능력을 의미하며, 이는 건강한 사회관계와 사회복지 실천을 위해 필수적이다.

교육과 문화를 통해 형성된 낮은 젠더 감수성은 사회복지 대상자들이 겪는 어려움을 제대로 이해하고 공감하는 것을 방해한다. 특히 성폭력과 같은 젠더 기반 폭력 문제에 대한 사회적 인식과 대응방식에서 젠더 감수성 부족은 극명하게 드러난다. 성폭력 피해자가 경험하는 고통을 축소하거나, 피해자에게 사건의 책임을 전가하고, 피해자를 '나와 거리가 먼 불쌍한 사람'으로만 인식하는 태도는 모두 낮은 젠더 감수성에서 비롯된다. 성폭력이 발생하는 구조적인 문제와 사회문화에 대한 깊은 성찰과 공동체의 책임의식이 부족한 것은 결국 피해생존자가

회복하고 사회구성원으로 다시 설 수 있도록 돕는 사회복지적 노력에도 큰 장애가 될 수 있다.

또한 성소수자에 대한 낮은 이해와 편견 역시 교육·문화 영역의 문제이다. 학교 교육이나 대중문화에서 성소수자의 존재가 배제되거나 왜곡되게 묘사되는 경향은 성소수자에 대한 사회적 이해를 낮추고 혐오와 차별을 심화시킨다. 이는 성소수자가 사회적으로 고립되고 필요한 사회복지 서비스 이용 시에도 차별을 겪게 만드는 원인이 되며, 성소수자를 포용하기 위한 사회 전반의 젠더 감수성 향상이 시급함을 보여준다. 따라서 교육 및 문화 영역에서의 젠더 관련 문제와 그로 인한 젠더 감수성의 부족은 사회 전반의 젠더 불평등을 강화하고, 사회복지 시스템이 젠더 기반 어려움을 겪는 모든 대상자에게 적절하고 민감하게 대응하는 것을 어렵게 만드는 중요한 기제가 될 수 있다.

## 5. 사회복지에서의 젠더 문제 대응방안

앞에서 우리 사회의 정치, 노동, 가족, 건강, 교육, 문화, 폭력, 성소수자 등 다양한 영역에서 나타나는 심각한 젠더 불평등 문제점들을 사회복지의 관점에서 살펴보았다. 이러한 문제들은 개인의 삶의 질을 낮추고 사회통합을 저해하는 구조적인 과제이다. 젠더 불평등은 사회 시스템과 문화 전반에 걸쳐 뿌리내린 구조적인 현상이므로, 사회복지는 문제 진단에 그치지 않고 이를 해결하기 위한 적극적이고 다층적인 대응방안을 모색하고 실천해야 한다. 젠더 평등의 실현은 사회복지 대상자들이 겪는 고통을 경감하고 자립을 돕는 실천적 목적과 함께, 인간의 존엄과 권리보장이라는 사회복지 본연의 가치 및 사회 정의를 실현하는 필수적인 과정이다. 앞에서 확인된 젠더 불평등 문제점들을 해결하기 위한 구체적인 대응방안들을 제도적·법적, 정치적, 그리고 사회적·문화적(시민적) 차원으로 나누어 살펴보고자 한다.

### 1) 제도적 · 법적 차원의 대응방안

젠더 불평등은 법과 제도를 통해 유지, 재생산되는 측면이 커 제도 개혁은 문제해결의 기본이다. 앞에서 논의된 정책, 제도, 법적 문제점들은 기존 제도의 한계와 개혁의 필요성을 보여준다.

주요 제도적 · 법적 대응방안은 다음과 같다. 첫째, 모든 사회복지정책 과정에 젠더 주류화(Gender Mainstreaming) 전략을 강화하여 정책이 젠더 불평등을 심화시키지 않고 완화하도록 해야 한다. 둘째, 젠더 임금격차 해소, 성소수자 차별 금지 등 젠더 불평등 해소를 위한 법률 제정 및 기존 법률 개정이 필요하다. 법적으로 정의된 젠더 관련 용어(예 여성폭력방지기본법)를 정책에서도 일관되게 사용하고 법의 취지에 맞는 정책을 추진해야 한다. 셋째, 돌봄 부담 불균형 완화, 고용 안정성 제고 등을 위해 사회복지정책 전반에 젠더 관점을 반영한 맞춤형 지원을 강화해야 한다. 넷째, 젠더 평등 관련 부처 및 전담 기구의 역할과 위상을 강화하고 안정화하여 일관성 있는 정책 추진을 뒷받침해야 한다. 마지막으로, 다양한 젠더의 필요를 민감하게 반영하는 사회복지 서비스 전달 체계를 구축하여 서비스 이용 과정에서의 젠더 기반 차별을 해소해야 한다.

### 2) 정치적 차원의 대응방안

정치 영역의 젠더 불평등은 정책결정의 대표성을 저해하고 젠더 평등 의제 추진을 어렵게 한다. 앞서 논의된 과소 대표 문제, 정치권의 낮은 이해도, 소극적 태도 등은 정치적 대응의 시급함을 보여준다.

주요 정치적 대응방안은 다음과 같다. 첫째, 국회 등 주요 의사결정 기구에서 여성 및 소수 젠더의 대표성을 확대하기 위한 적극적인 대책이 필요하다. 둘째, 젠더 불평등 문제를 사회 정의 실현을 위한 핵심 정치 의제로 설정하고, 시민사회와 협력하여 정책 변화 동력을 확보해야 한다. 셋째, 정치참여를 시도하는 여성 및 소수 젠더에 대한 젠더 기반 폭력 및 괴롭힘을 근절하고 안전한 환경을 조성해야 한다. 넷째, 시민사회의 정치참여를 활성화하고, 유권자들의 젠더 평등의식 함양을 통해 젠더 평등 정책을 지지하는 정치 세력에 힘을 실어주는 것도 중요하다. 마지막으로, 정치인 대상 젠더 감수성 교육을 강화하여 이해도를 높이고 편향적인 태도를 개선하도록 유도해야 한다.

### 3) 사회적 · 문화적(시민적) 차원의 대응방안

젠더 불평등은 사회 전반의 문화, 규범, 인식을 통해 유지, 재생산되므로 시민사회의 인식개선과 문화 변화 노력이 중요하다. 앞서 논의된 젠더 감수성 부족, 젠더 편향적 문화, 폭력에 대한 사회적 인식 문제, 성소수자 편견 등은 사회적 · 문화적 대응이 시급함을 보여준다.

주요 사회적 · 문화적 대응방안은 다음과 같다. 첫째, 학교, 직장, 지역사회 등 사회 전반에 걸쳐 젠더 평등 및 젠더 감수성 교육을 확산하고 내실화해야 한다. 둘째, 대중매체 및 문화 콘텐츠의 젠더 편향성을 개선하고 다양성을 확보하여 사회구성원의 젠더 인식을 긍정적으로 변화시키는 노력이 필요하다. 셋째, 젠더 폭력의 심각성과 원인에 대한 사회적 이해를 높이고 피해자에 대한 지지 문화를 확산해야 한다. 넷째, 성소수자의 존재와 인권을 존중하는 인식개선 캠페인을 적극 추진하여 편견과 혐오를 해소하고 다양성을 포용하는 문화를 만들어 가야 한다. 마지막으로, 여성, 성소수자 등 다양한 젠더의 목소리가 충분히 들려지고 존중받도록 하고, 젠더 불평등 해소를 위한 시민사회의 자발적인 연대와 참여를 강화해야 한다.

### 4) 젠더 정의로운 사회복지를 향한 과제와 전망

앞에서 확인된 젠더 불평등의 문제점에 대한 대응방안을 제도적 · 법적, 정치적, 사회적 · 문화적 차원에서 살펴보았다. 이러한 다층적인 노력은 상호 보완적이며, 어느 한 차원만으로는 충분한 효과를 거두기 어렵다. 법과 제도의 변화는 사회적 인식개선 없이는 실효성을 얻기 어렵고, 정치적 의제 설정 또한 시민사회의 지지 없이는 지속되기 어렵다.

사회복지 분야는 이 과정에서 핵심 역할을 수행해야 한다. 사회복지 실천가들은 젠더 감수성을 갖추고 대상자의 다양한 젠더 경험과 필요를 민감하게 파악하여 지원해야 한다. 또한 사회복지기관과 전문가들은 젠더 불평등에 대한 비판적 목소리를 내고 정책 개선을 옹호하며, 시민사회의 젠더 평등 운동에 연대해야 한다. 사회복지 교육 역시 젠더 관점을 강화하여 미래 사회복지사들의 역량을 키워야 한다. 젠더 불평등은 여전히 강력한 사회적 과제이지만, 사회복지 분야의 지속적인 관심과 노력을 통해 모든 젠더의 사람이 존엄하고 평등하게 살아가는 젠더 정의로운 사회를 만들어 갈 수 있기를 기대한다.

# 참고문헌


가케이 유스케(2014). **인구감소 디자인**(정태원 역). 서울 : KMAC.

강경호(2002). **중독의 위기와 상담**. 경기 : 한사랑가족상담연구소.

강동익 · 송경호(2021). 주택가격변동이 혼인율과 출산율에 미치는 영향과 정책적 함의. 한국조세재정연구원 연구보고서, 21(14).

강미나 · 박미선 · 이재춘 · 이길제 · 윤성진 · 조윤지 · 우지윤 · 이건우 · 허소영 · 전혜란 · 문소희(2022). 2021년 주거실태조사 : (특성가구) 연구보고서, 국토연구원.

강상경 · 강병철 · 권태연 · 김낭희 · 김문근 · 김성용 · 김혜미 · 문영주 · 이현주 · 유창민 · 조상은 · 정은희 · 하경희(2023). **정신건강론**. 서울 : 학지사.

고기홍(2005). 가족문제 사례개념화 모형 개발. **청소년상담연구**, 13(1), 3-15.

고명석 · 민혜숙 · 박선태 · 박용오 · 박경미 · 정상민 · 이연중 · 김경숙 · 홍예람(2023). **현대사회의 사회문제**. 서울 : 동문사.

고수현(2012). **100세 시대 노인복지론**. 경기 : 정민사.

고영삼(2012). **인터넷에 빼앗긴 아이 : 인터넷중독, 해답은 가정에 있다**. 서울 : 베가북스.

고용노동부(2024). 2023년 고용형태별근로실태조사 보고서.

고용노동부(2024). 2023외국인정책연보.

고재욱(2013). 청소년의 스마트폰 중독이 사회성에 미치는 영향에 관한 연구 : 대인관계, 자신감, 또래 사교성을 중심으로. **대동철학**, 63, 1-38.

고정희(2019). 서울시 세대별 1인가구의 주거특성 분석 및 정책제언, **부동산학연구** 25(2), pp. 67-85, 한국부동산분석학회.

공미혜(2019). 페미니즘의 기원과 역사. **여성우리**, 61, 6-9.

과학기술정보통신부 · 한국지능정보사회진흥원(2024). 2024 스마트폰 과의존 실태조사.

과학기술정보통신부 · 한국지능정보사회진흥원(2021). 스마트폰 과의존 실태조사 보고서.

관계부처합동(2021). 제2차 정신건강복지기본계획.

교육부(2024). 전국 17개 시도 교육청 폐교 현황.

교육부(2024. 9. 25). 2024년 1차(전수조사) 및 2023년 2차(표본조사) 학교폭력 실태조사 결과 발표.

교육부 · 질병관리청(2024). 제20차(2024년) 청소년건강행태조사 통계.

구혜영(2020). **청소년복지론**(제2판). 서울 : 신정.

국가인권위원회(2003). 국내거주외국인 노동자 인권실태조사. 국가인권위원회, 인권연구당담관실.
국민건강보험(2023). 2023 건강보험통계연보.
국토교통부(2022). 주택이외의 거처 주거실태조사, 통계정보보고서.
국토교통부(2025). 2025년 주거급여 사업안내.
국토교통부(2025). 국토교통위원회 현안보고 : 전세사기 피해 실태조사 결과 및 피해자 지원현황.
국회예산정책처(2024). 의료개혁과 비상의료대책을 반영한 건강보험 재정전망. 나보포커스, 84.
권김현영(2016). 젠더 개념에 대한 이해. DAK 전문교육 프로그램 결과 자료집 국제개발협력과 젠더. DAK 젠더분과위원회.
권석만(2011). **긍정심리학**. 서울 : 학지사.
권신영 · 공정원 · 김미영 · 방미나(2025). **가족복지론**. 경기 : 어가.
기획재정부 저출산고령사회위원회(2020). 제4차 저출산고령사회 기본계획.
김경신 · 김정란(2002). 가정폭력가해자개입 프로그램 효과분석-아내학대를 중심으로. **한국가족관계학회**, 7(1), 137-158.
김경호 · 차은진(2012). 중학생 사이버비행의 영향요인 탐구 및 인과관계 분석. **한국자치행정학보**, 26(3), 359-384.
김도환(2022). 독일고령자 고용정책의 변화와 시사점. **사회법 연구**, 49, 1-35.
김동진 · 최지희 · 황도경(2024). 지방소멸 위기에 대응한 건강관리서비스 개선방안 연구. 한국보건사회연구원.
김만호(2009). **지역사회복지론**. 경기 : 양서원.
김미경(2023). 외국인근로자 장기체류 정책의 필요성과 과제. **노동복지정책연구**, 9(1), 33-57.
김범수 외(2007). **다문화사회복지론**. 경기 : 양서원.
김선미(2015). 주거복지 주거권 그리고 주거빈곤의 실태.
김성봉(2012). 문제행동청소년의 가족경험에 대한 통합적 접근. 원광대학교 대학원 박사학위논문.
김양희 · 박정윤(2004). 한국 가족의 위기 개입을 위한 전문가의 역할. **생활과학논집**, 20, 1-13.
김영모 편(1982). **현대사회문제론**. 서울 : 한국복지정책연구소출판부.
김용하(2020). 노인장기요양보험의 장기수요 예측과 재정전망에 기초한 공사간 역할분담 방안. 보험연구원.
김원규 · 황원식(2017). 저출산 고령화의 경제적 영향 분석. **산업연구**, 1(1), 108-135.
김유경(2015). 가족변화에 따른 가족갈등양상과 정책과제. **한국보건사회연구원**, 33(2), 480-524.
김윤정 · 이기학(2009). 학대받는 노인의 유형별 특성 및 삶의 질 향상 방안. **한국노년학**, 29(2), 450-475.
김은지 · 김수정 · 민현주 · 정수연(2010). 저출산 고령화가 가족형태 및 개인의 삶의 질에 미치는 영향. 한국보건사회연구원.
김정진(2022). **정신건강론**. 서울 : 학지사.
김정혜 · 황정임 · 주재선 · 정수연 · 송란희(2022). 2022년 가정폭력실태조사 연구 보고서. 여성가족부.
김준환 · 이장욱 · 최세영(2025). **사회문제론**. 경기 : 어가.
김진숙 · 강진구(2000). 청소년 문제 유형분류체계 개발연구 VII. 한국청소년상담복지개발원.
김진화 · 송병국 · 고운미 · 이채식 · 최창욱 · 임형백 · 양승춘(2002). **청소년 문제행동론**. 서울 : 학지사.
김창대 · 이정윤 · 이영선 · 남상인(1994). 청소년문제 유형분류체계; 기초연구. 청소년대화의 광장.
김춘남 · 박수희(2022). 노인의 여가활동과 인지건강:경기도를 중심으로. **한국인지재활치료학회지**, 14(2), 51-65.
김태완 외(2023). 2023년 빈곤통계연보. 한국보건사회연구원.
김태원 · 김유리(2011). 다문화가족 정책을 통한 사회통합수준 분석. **인문연구**, 62, 323-362.
김현미(2022). 한국의 젠더 논쟁 : 어떻게 보아야 할 것인가?. 동아시아재단 정책논쟁, 174.
김현정(2018). 한국의 저출산 대응정책에 관한 인식유형 분석 : Q방법론의 적용. **한국사회복지행정학**, 20(1), 209-234.
김현희(2024). 학교폭력 예방과 대응을 위한 법제 개선방안 연구. 한국법제연구원.
김형수 · 최강훈(2024). 제도변화를 고려한 기초연금 재정추계 모형. 국민연금연구원.
김호식 · 정미녀 · 손경숙(2009). 고령화 사회의 노인문제에 대한 세대간 해결방안. **한국정책과학학회보**, 9(1), 73-93.
김홍래 · 이근영(2022). 노인관련 문제 해결을 위한 현행 법규정의 문제점과 정립방향. **법학논고**, 76, 29-67.
김효창(2005). 종교, 문화 그리고 스트레스. **대한스트레스학회**, 13(3), 213-219.
김희년 · 박정란 · 이선우 · 이성기 · 이영호 · 이정우 · 장수한 · 황세인(2021). **사회문제론**(제2판). 경기 : 공동체.
문정희 · 김성순(2019). 가치관 분석을 통한 저출산 대응방안. 부산여성가족개발원.
문준혁(2016). 주거권 보장에 대한 사회보장법적 검토 -「주거기본법」을 중심으로,「사회보장법연구」 5(1) : 31-64, 서울대 사회보장법연구회.
미래창조과학부(2015). 2014년 인터넷중독 실태조사.
박규리(2024). 고령시대 저출산의 원인과 다자녀 양육자의 삶의 질에 대한 인식도 분석. **융합과 통섭**, 7(3), 120-139.
박미숙 · 이미정(2014). 다문화가정 청소년들이 경험하는 갈등원인에 관한 연구. **교육문화연구**, 20(3), 149-174.

박상규 · 강성군 · 김교훈 · 서경헌 · 신성만 · 이형초 · 전영민(2009). **중독의 이해와 상담실제**(p. 353). 서울 : 학지사.
박석돈 · 박순미 · 이경희(2016). **노인복지론**. 경기 : 양성원.
박수미(2008). 둘째 출산 계획의 결정요인과 가족내 성 형평성. **한국인구학**, 31(1), 59-77.
박윤영(2018). 주거기본법의 한계와 개정방안 : 사회복지적 관점에서, **사회복지법제연구** 9(3), pp. 65-82, 사회복지법제학회.
박주희(2023). **가족복지론**. 경기 : 양서원.
박지윤(2024). **교류분석중심의 자기돌봄과 전국민 마음건강 방안**. 2024년 한국교류분석상담학회 추계학술대회 주제발표.
박지현(2024). 학교폭력 피해로 학업을 중단한 학교 밖 청소년의 경험에 관한 현상학적 질적 연구. **한국청소년연구**, 35(4).
박휴용(2012). 다문화주의에 대한 비판적 이해와 비판적 다문화교육론. 교육철학 연구.
방송통신위원회(2021). 2021 방송매체 이용행태 조사. 방송통신위원회.
배은경(2004). 사회 분석 범주로서의 '젠더' 개념과 페미니스트 문화 연구 : 개념사적 접근. **페미니즘 연구**, 4(1), 55-100.
배은경(2009). '경제 위기'와 한국 여성 -여성의 생애전망과 젠더/계급의 교차-. **페미니즘연구**, 9(2), 39−82.
배호중 · 천재영(2018). 출산전후 휴가 및 육아휴직 활용가능성이 출산에 미치는 영향 : 신혼 여성을 중심으로. **여성연구**, 96(1), 79-118.
법무부(2024). 2023년 출입국 체류외국인 통계연보. 법무부 출입국. 외국인정책본부.
변수정 · 아지혜 · 이소영 · 최선영 · 박종서 · 신옥주 · 김동식 · 김수진(2022). 인공임신중절 실태조사. 한국보건사회연구원.
보건복지부(2014). 2014년 국민기초생활보장사업안내.
보건복지부(2019). 2019년 정신건강사업안내.
보건복지부(2023). 2022년도 장애인직업재활시설 및 판매시설 운영실적 분석보고서.
보건복지부(2023). 노인실태조사.
보건복지부(2023). 노인학대현황보고서.
보건복지부(2023). 제5차 국민연금 재정추계 결과.
보건복지부(2024). 2023 아동학대 주요통계.
보건복지부(2024). 2024 고독사 사망자 실태조사 결과발표. 보도자료.
보건복지부(2024). 2024 정신건강사업 안내.
보건복지부(2024). 2024년 국민 정신건강 지식 및 태도 조사.
보건복지부(2024). 국민기초생활보장수급자 현황.

보건복지부(2025). 2025년 국민기초생활보장사업안내.

보건복지부(2024). 2024 고독사 사망자 실태조사 결과발표. 보건복지부 보도자료.

부산대 여성연구소(2011). **왜 아직도 젠더인가?**. 부산 : 부산대학교 출판부.

사행산업통합감독위원회(2024). 2024 사행산업 이용실태조사.

삼성경제연구소 최홍(2010). 금융위기와 외국인 고용환경의 변화. 삼성경제연구소.

서 미 · 유민상 · 손영민 · 최수정(2022). 청소년 문제유형 분류를 위한 기초연구. 한국청소년상담복지개발원.

성 원 · 유인경 · 정종우(2024). 초저출산 원인 및 정책효과 분석 : OECD 국가 분석을 중심으로. **경제분석**, 30(3).

세계경제포럼(WEF)(2023). 글로벌 젠더 격차 보고서 2023.

송유미 · 이제상(2011). 저출산의 원인에 관한 연구: 산업사회의 변화와 여성의 사회진출을 중심으로. **보건사회연구**, 31(1).

송유미 · 이제상(2016). 사회경제적 발전, 양성평등 그리고 출산율의 결정요인 : 가족중심축의 수평화 2단계 모형을 중심으로. **한국산학기술학회논문지**, 17(11), 256-270.

시몬 드 보부아르(Beauvoir, S. de.)(1949), 김정순 역(2021). **제2의 성**. 서울 : 을유문화사.

식품의약품안전청 · 한국마약퇴치운동본부(2009). 약물오 · 남용 예방교육 총론.

신경아(2024). 노동시장은 성평등해지고 있나? : '젠더 갈등'과 노동시장의 성별 격차. **여성학논집**, 41(2), 47-81.

신용상 · 김영도(2016). 주택자산의 금융상품화 방안연구: 금융기관 인수 주택자산을 중심으로. 서울 : 한국금융연구원.

신재욱 · 신지민 · 이윤경(2023). 저출산 실태의 이원론적 분석과 제도적 개선방안. 서울대학교 법학전문대학원.

안창일(2019). **이상심리학**. 서울 : 학지사.

양난주(2022). 무엇을 위해 가족을 넘어서려는가. **한국사회복지학**, 72(4), 247-252.

여성가족부 폐지 저지와 성평등 정책 강화를 위한 범시민사회 전국행동(2022. 11. 8). 성평등이 민주주의의 완성이다! 여성가족부 폐지 저지와 성평등 정책 강화를 위한 범시민사회 전국행동 발족 기자회견문.

여성가족부(2021). 2021년 전국 다문화가족실태조사.

여성가족부(2021). 양성평등 실태조사.

여성가족부(2023). 2023년 성별 통계집.

여성가족부(2023). 제3차 양성평등정책 기본계획(2023~2027).

여성가족부(2023). 제4차 다문화정책 기본계획(2023~2027).

여성가족부(2023). 청소년백서.

여성가족부(2024). 2023년 전국다문화가족실태조사.

여성가족부(2024). 2024 청소년통계.

여성가족부(2024). 다문화가족 실태조사.

여성가족부(2025). 2024년 한부모가족실태조사.

여성문화이론연구소(2015). **페미니즘의 개념들**. 경기 : 동녘.

오윤선 · 최아람(2019). **청소년 문제와 보호**. 경기 : 양서원.

우수명(2021). **사회복지와 문화다양성**(2판), pp. 60-62. 경기 : 양서원.

울프 울펜스버거, 김용득 · 엄정금 옮김(2004). **사회복지서비스와 정상화이론**. 서울 : 나눔의집.

원석조(2010). **사회문제론**. 경기 : 양서원.

유경훈(2013). 여성과 평등 정치 : 울스턴크래프트를 중심으로. **18세기영문학, 10**(2), 89-136.

윤홍식 · 송다영 · 김인숙(2020). **가족정책 : 복지국가의 새로운 전망**. 경기 : 공동체.

이경희(2011). 이주민 통합정책의 문제점 및 통합정책의 목표에 대한 비판적 분석. 교육사회학 연구.

이미리 · 노성호 · 김승혜 · 박재연 · 정혜원 · 박철현 · 이경상 · 황성현 · 이은경 · 서보람 · 오승근 · 김호연 · 곽대훈(2020). **청소년 문제와 보호**. 경기 : 교육과학사.

이미숙 · 최경희(2022). 노인의 사회적 여가활동과 일상생활만족도 관계에서 사회적 지지의 매개효과. **인문사회 21, 13**(14), 1433-1446.

이병호(2020). 제2차 인구변천 이론, 1986-2020 : 특징, 논쟁, 함의. **한국인구학, 43**(4), 37-68.

이삼식(2006). 저출산 원인구조와 정책방향. 한국보건사회연구원.

이성용(2021). 인구학 패러다임과 인구정책에 관한 일고찰. **한국인구학, 44**(1).

이영호 · 박지윤 · 이윤지(2021). **정신건강론**. 경기 : 공동체.

이영호 · 심경순 · 김태준(2021). **정신건강사회복지론**. 서울 : 학지사.

이원숙(2016). **가족복지론**. 서울 : 학지사.

이윤정 · 박수선 · 이무영 · 강기정(2021). **가족복지론**. 경기 : 공동체.

이은기(2016). 주거기본법의 제정과 주거권, 그 함의, **공법연구 44**(4), pp. 267-299, 한국공법학회.

이인수(2003). 한국 가족문제의 유형과 특성(1940-1980년대 신문 기사를 중심으로). **한국가정관리학회지, 21**(3), 171-180.

이정현(2013). 외상후 스트레스 장애에서 소뇌의 회질 밀도 변화 및 임상양상과의 관계 : 종적 추적 연구. 서울대학교 대학원 의학과 정신과학 박사학위논문.

이제상(2017). 사회경제적 발전에 따른 출산율의 결정요인과 양성평등. 경북대학교 대학원 박사학위논문.

이제상 · 송유미(2016). 사회경제적 발전, 양성평등 그리고 출산율의 결정요인-가족중심축의 수평화 2단계 모형을 중심으로. **한국산학기술학회논문지, 17**(11), 256-270.

이제상 · 송유미(2023). 사회경제적 발전에 따른 출산율과 성평등의 관계에 관한 연구. **보건사회연구, 43(4)**, 179-193.

이종복 외(2013). **다문화사회의 이해와 복지**. 경기 : 양서원.

이지민 · 김영근(2021). 은둔형 외톨이 경험이 있는 청소년의 은둔 경험에 관한 현상학적 연구. **한국아동심리치료학회지, 16(2)**, 61-91.

임영신 · 김매이(2024). 전기노인과 중기노인의 여가참여 유형과 노인차별 경험 및 삶의 만족도 간의 관계. **한국여가레크리에이션 학회지, 48(4)**, 97-109.

임재옥 · 서연숙 · 송노원 · 송혜자 · 이승준 · 정태명 · 조수동 · 한승협(2015). **노인복지론**. 경기 : 양서원.

장민선(2022). 청소년복지 지원 법령 체계 개선방안 연구. 한국법제연구원.

장수한(2020). **청소년문화론**. 경기 : 공동체.

장수한 · 김현주 · 임 혁 · 채인숙(2017). **인간행동과 사회환경**. 경기 : 공동체.

저출산고령사회위원회(2020). 제4차 저출산고령사회 기본계획.

전승봉(2020). 직무긴장, 삶의 만족도, 그리고 가사노동 분배가 OECD 국가들의 출산율에 미치는 영향. **한국콘텐츠학회논문지, 20(8)**, 251-261.

전진아 · 강혜리(2020). 정신건강서비스 전달체계의 현황과 과제. 한국보건사회연구원.

전진영 · 송진미 · 황선주(2024). "여성할당제 도입 20년: 여성의원 충원패턴의 변화와 지속", 국회입법조사처.

전홍규, 아시아 대도시의 주거 빈곤 실태와 정책방향, 세계와 도시 Vol. 9, 2015.

정문주(2025). 재난 초기 대응과 이후 지원 과제 : 매뉴얼을 넘어 시스템으로. 한국상담학회 학술대회.

정상수 · 김동환 · 김철진 · 정영민 · 문정란(2014). **노인복지론**. 경기 : 정민사.

정성호(2009a). 산업국가에서의 제2차 인구변천. **한국인구학, 32(1)**, 139-164.

정성호(2009b). 저출산에 관한 이론적 접근. **한국인구학, 32(2)**, 161-183.

정성호(2018). 저출산 대책의 패러다임 전환을 위한 과제. **한국인구학, 41(3)**, 41-63.

정신신경의학회(2020). **정신건강의학에서의 인권**. 정신신경의학회 출판부.

정옥분 · 김동배 · 정순화 · 손화희(2016). **노인복지론**. 서울 : 학지사.

정우현 외(2025. 3). 한국의 SDG 이행보고서 2025. 통계청 국가통계연구원.

정원철(2010). **정신보건사회사업론**. 경기 : 공동체.

정유선(2024). 노인건강정책 및 사업의 문제점과 개선방안. **이화간호과학연구소, 36(1)**, 21-29.

정철호(2009). 인터넷상의 명예훼손에 관한 소고. **스포츠엔터테인먼트와 법, 12(4)**, 367-394.

조선주(2010). 가족문제 예방의 사회적 비용 절감 효과측정 연구. 서울 : 한국여성정책연구원.

조성남 · 강향숙 · 김선민 · 김주은 · 문봉규 · 박상규 · 신성만(2021). **마약류 중독의 이해와 치료**.

서울 : 학지사.
조준택 · 송영진 · 안재경(2024). 디지털성범죄 대응체계 개선 연구. 한국형사법무정책연구원.
조흥식 · 김인숙 · 김혜란 · 김혜련 · 신은주(2025). **가족복지학**. 서울 : 학지사.
지은구 · 장현숙 · 김민주 · 이원주 공저(2015). **최신사회문제론**. 서울 : 학지사.
진미윤 · 최상희 · 임덕영 · 이경애 · 김경미 · 최은영 · 정진선 · 이원호 · 김기태 · 김두겸 · 이채윤(2018). 주택이외의 거처 주거실태조사(통계보고서), 국토교통부, 통계청, 한국토지주택공사 토지주택연구원, 한국도시연구소.
진성재(2023). 합리적 선택이론의 관점에서 본 저 출산의 사회적요인에 관한 연구. 한양대학교 대학원 석사학위논문. 미간행.
차주환 · 이창호 · 이동훈 · 손영민 · 이미현 · 김찬미(2023). 2023 청소년상담연구 : 사이버 비행 청소년 상담개입 매뉴얼 개발. 한국청소년상담복지개발원.
채혜원 · 홍형옥(2002). 지역공동체에 관한 연구의 접근방법과 쟁점. **가정과삶의질연구**, 20(1), 33-44.
천정운 · 이지민 · 성윤숙(2019). **청소년문제와 보호**. 경기 : 양서원.
최선화 · 박광준 · 황성철 외 공저(2014). **사회문제와 사회복지**. 경기 : 양서원.
최윤희 · 원숙연(2020). 자녀비용이 출산율에 미치는 영향 : OECD 국가를 대상으로. **한국정책학회보**, 29(3), 103-133.
최은희 · 권치홍 · 임덕영 · 이슬해(2018). 주거빈곤가구 유형별 주거지원 강화 방향 연구, 한국토지주택공사 토지주택연구원.
최일섭(2000). **실업과 가족해체 : 사회복지차원에서의 접근**. 서울 : 집문당.
통계청 보도자료(2021. 12. 24.). 2020 인구주택총조사 표본 집계 결과: 가구 · 주택 특성 항목.
통계청(2012). 장래가구특별추계 : 2010~2040.
통계청(2022). 장래가구특별추계 : 2020~2050.
통계청(2023a). 육아휴직통계.
통계청(2023b). 사회조사로 살펴본 청년의 의식변화.
통계청(2024). 2023년 인구주택총조사.
통계청(2024). 고령자 통계.
통계청(2024). 국내 인구이동 및 이주 통계.
통계청(2024). 다문화 인구 및 가족통계.
통계청(2025a). 2024년 혼인 · 이혼통계조사.
통계청(2025b). 2024년 한국의 사회지표조사.
통일부(2024). 북한이탈주민 실태조사. 정책지원 현황.
하태선(2021). **청소년 문제와 보호**. 서울 : 동문사.

한건수(2006). 한국사회의 다민족 다문화사회의 이행과 사회문화적 통합의 과제와 현실. 다문화와 가족상담.

한국도시연구소(2014). 서울시 청년가구의 주거실태와 정책연구.

한국보건사회연구원(2023). 2023년 장애인 실태조사.

한국복지패널(2023). 13차년도 원자료 분석.

한국여성정책연구원(2023). 디지털 시대의 젠더 불평등 실태조사.

한국은행(2023). 경제전망보고서. 서울 : 한국은행.

한국장애인고용공단 고용개발원(2024). 2023년 하반기 장애인경제활동실태조사.

한국장애인개발원(2024). 2024년 장애통계연보.

한국청소년상담복지개발원(2020). 코로나19로 바뀐 일상 : 청소년, 보호자 체감도 조사 및 대응방안. **청소년상담 이슈페이퍼**, 5(2), 1-14.

한국청소년쉼터협의회(2019). 가정 밖 청소년의 효율적 지원을 위한 청소년쉼터 실태조사. 서울 : 한국청소년쉼터협의회.

한국청소년정책연구원(2016). 한국 아동·청소년 패널조사Ⅶ : 기초분석보고서1- 청소년 비행의 실태와 추이분석: 현실비행과 사이버비행. 세종 : 한국청소년정책연구원.

한국형사정책연구원(2015). 청소년 사이버폭력의 유형분석 및 대응방안 연구. 서울 : 한국형사정책연구원.

한성민(2023). 지역대학의 구조적 전환과 발전과정. KDI.

한종수(2010). 한국 저출산의 원인. **평화학연구**, 11(3).

홍성희(2021). 여성의 경제활동참가율이 출산율에 미치는 영향 : OECD 국가를 대상으로. **가족자원경영과 정책**, 25(2), 41-52.

홍승아·최인희·김난주·김지미(2018). 성평등 관점에서 본 저출산 대응전략 연구 : 한국과 일본의 비교연구. 한국여성정책연구원.

홍윤경·송경희(2017). 청소년의 자아개념과 부모-자녀 관계가 청소년 정서에 미치는 영향. **한국심리학회지**, 32(3), 451-474.

홍인옥·남기철·남원석·서종균·김혜승·김수현(2011). **주거복지의 새로운 패러다임**. 서울 : ㈜사회평론.

황세인(2015). 쪽방거주자의 삶에 대한 질적 연구-분산형(分散形) 쪽방지역 중 부산을 중심으로-, **인문사회과학연구** 16(4), pp. 404-438, 국립부경대학교 인문사회과학연구소.

황세인·윤진·쉬징보·박정란(2025). 숙박업소 거주자 실태에 관한 탐색적 연구, **미래기술융합논문지** 4(3), pp. 133-141, 한국융합학회.

황종원(2018). 재난피해자의 외상후 스트레스 중재효과에 대한 메타분석. 인제대학교 대학원 박사학위논문.

角一典(2008). コミュニティを形作るものは何か？-70-80年代の日本の社会学におけるコミュニティ論を手がかりに-,『2007旭川オープンカレッジ連続講座「あさひかわ学」報告集』.
岡本祥浩, "居住貧困と居住福祉政策," 社会政策, 第1(4)号, pp. 41-50, 2010.
岡本栄一(1989). ボラ汐リズムの思想. 大塚達雄・阿部志郎・秋山智久 編. 社会福祉実践の思想. ミネルヴァ書房.
谷川 一男(1996).「공생」시대의 경제학. 娥野書院.
大橋謙策(1999). 地域福祉論. 放送大学教育振興会.
飛永高秀(2008), 飛永高秀(2008).「社会福祉における「住」の意味づけと検討枠組 : 居住を捉える視点」純心人文研究 14, 77-86.
小林雅彦・山路憲夫・原田正樹・村川浩一 編(2004). 地域福祉論. 第一法規.
小田川華子(2008).「居住と地域福祉」井岡 勉(監修), 牧里 毎治(編集), 山本 隆 (編集)『住民主体の地域福祉論ー理論と実践ー』法律文化社.
岩田正美(2007). 現代の貧困ーワーキングプア/ホームレス/生活保護. 筑摩書房.
岩田正美(2009). 現代の貧困と社会福祉の役割. 脱・格差社会をめざす福祉. 明石書店.
岩田正美(2010). 貧困と社会的排除ー福祉社会を蝕むもの. 日本図書センター.
岩田正美(2013). 公的扶助とソーシャルワーカー. 岩田正美・杉村宏 編. 公的扶助論ー低所得者に対する支援と生活保護制度. ミネルヴァ書房.
岩田正美(2008). 社会的排除ー参加の欠如・不確かな帰属, 有斐閣.
奥田道大(1983). 都市コミュニティの理論 〈現代社会学叢書11〉. 東京大学出版会.
全泓奎, 居住貧困層の社会的包摂と地域包括型対応に関する研究 韓国 `ソウル市を中心として, 東京大学博士論文, 2004.
定藤丈弘(1995). 地域福祉理念の新展開. 右田紀久 編. 地域福祉總合化への途. ミネルヴ書房.
早川和男(1997). 居住福祉, 岩波新書.
早川和男(2011).「生活空間の使用価値と居住福祉資源の構造」, 東京経済大学経済学会269号.
湯浅誠(2008). 反貧困ー「すべり台社会」からの脱出. 岩波書店.
坂田義教 外(1996). 공생사회의 사회학. 文化書房博文社.

APA, 권준수 역(2024). DSM-5-TR 간편 정신질환 진단 및 통계 편람. 서울 : 학지사.
APA, 박용천・오대영 공역(2017). DSM-5 정신장애 쉽게 이해하기. 서울 : 학지사.
Caldwell, J.(1981). Mass education as a determinant of the timing of fertility decline. Population and Development Review, 6(2).
Carol, S. Dweck, 김준수 역(2023). 성장마인드셋. 서울 : 스몰빅라이프.
Castles, S., & Miller, M. J.(2009). *The Age of Migration : International Population Movements in the*

*Modern World*(4th ed.). Palgrave Macmillan.

Coleman, D.(1998). Reproduction and Survival in an unknown world : what drives today's industrial populations and to what future?. NIDI Hofstee182 한국인구학 Lecture Series, No. 5, Netherlands Interdisciplinary Demographic Institute, The Hague.

Deegan, P. E.(1988). Recovery : The lived experience of rehabilitation. *Psychosocial Rehabilitation Journal, 11*(4), 11.

Easterlin, R. A.(1976). The conflict between aspirations and resources. *Population and development review*, 417-425.

Giddens, A., & Sutton, P. W.(2017). 김봉석 역(2020). 사회학의 핵심 개념들. 경기 : 동녘.

Inglehart, R.(1997). *Modernization and postmodernization : Cultural, economic, and political change in 43 societies*. Princeton, NJ : Princeton University Press.

Lesthaeghe, R., & van de Kaa, D. J.(1986). *Two Demographic Transitions? Population : Growth and Decline*(pp. 9-24). Van Loghum Slaterus.

Luci-Greulich, A., Thévenon, O(2013). The Impact of Family Policies on Fertility Trends in Developed Countries. *Eur J Population 29*, 387–416. https://doi.org/10.1007/s10680-013-9295-4

McDonald, P.(2000a). Gender equity, social institutions and the future of fertility. *Journal of Population Research, 17*(1), 1-16.

McDonald, P.(2000b). Gender equity in theories of fertility transition. *Population and Development Review, 26*(3), 427-439.

Mulder, C. H., & Billari, F. C.(2006). Home-ownership regimes and lowest-low fertility. In International workshop: Home ownership in Europe : policy and research issues. Delft, The Netherlands, November 23-24, 2006. Delft University of Technology, OTB Research Institute for the Built Environment.

Nirje, B.(1969). *The Normalization Principle and Its Human Management Implications;* 河東田博ほか 訳編(2000). ノーマライゼーションの原理. 現代書館 : Tokyo.

OECD(2020). Promoting an Age-Inclusive Workforce.

OECD(2022). OECD Economic Surveys : Korea 2022. OECD.

OECD(2024). Society at a Glance 2024.

OECD(2025). OECD 고용전망 2025 : 인구구조 위기를 돌파할 수 있는가?. 파리 : OECD 출판부.

Oppenheimer, V. K.(1997). Women's employment and the gain to marriage : The specialization and trading model. *Annual Review of Sociology, 23*, 431–453.

Poplin(1985). 嬪島朗・竹内郁郎 外 共編(1982). 社會學小辭. 有斐閣.

Rindfuss, R. R., & Brewster, K. L.(1996). Childbearing and Fertility. *Population and Development*

*Review, 22*(Suppl.), 258-289.

Rosemarie Putnam Tong · Tina Fernandes Botts(2013). 김동진 역(2019). **페미니즘 : 교차하는 관점들**. 서울 : 학이시습.

Seligman, M. E.(2002a). Positive psychology, positive prevention, and positive therapy. *Handbook of positive psychology, 2*(2002), 3-12.

Seligman, M. E.(2002b), 김인자 역(2006). **긍정심리학**. 서울 : 물푸레.

Shulamith Firestone(1970), 김민예숙 · 유숙열 공역(2016). **성의 변증법 : 페미니스트 혁명을 위하여**. 경기 : 꾸리에북스.

Spitzer, R. L., Kroenke K., Williams J. B., & Lowe, B.(2016).. A brief measure for assessing generalized anxiety disorder : the GAD-7. Archives of internal medicine. 2006;166(10):1092-1097.

UNESCO(1998). World Culture Report.

Wang, Y., & Wu, Z.(2023). The effect of family fertility support policies on fertility, their contribution, and policy pathways to fertility improvement in OECD countries. *International Journal of Environmental Research and Public Health, 20*(4), 3485. https://doi.org/10.3390/ijerph20043485

WHO(2019). Quality Rights materials for training, guidance and transformation. Geneva : WHO.

WHO(2019). Recovery practices for mental health and well-being.

Wolfensberger, W.(1972). The Principle of Normalization in Human Services(6th ed.), 1979; 中園康夫 · 清水貞夫 編訳(1982). **ノーマリゼーション——社会福祉サービスの本質**. 学苑社 : Tokyo.

[신문기사]

경향신문(2023). 한국에는 인권이 없냐… 미등록 이주 노동자 '헤드록' 연행 영상 논란. 경향신문.

경향신문(2023. 6. 28). "세계 100위권 밖으로 밀려난 한국의 성평등 수준", https://www.khan.co.kr/article/202306281530001. (2025. 3. 10. 인출)

대검찰청(2025). "2024년 마약류 범죄백서 발간". 보도자료.

매일노동뉴스(2025. 3. 7). "노동시장 내 성별 격차는 정말 완화됐을까", https://www.labortoday.co.kr/news/articleView.html?idxno=226610. (2025. 3. 8. 인출)

법률신문(2024. 7. 3). "법원 53개 법원 중 7곳, 가사 조사관 0" https://www.lawtimes.co.kr/news/199596

법률신문(2024. 7. 18). "[판결] 전합, 동성 동반자에 건강보험 피부양자 자격 첫 인정", https://www.lawtimes.co.kr/news/199989. (2025. 3. 13. 인출)

서울신문(2024. 3. 7). "韓, 머나먼 남녀평등…OECD 국가 중 '유리천장 지수' 12년째 꼴찌",

https://www.seoul.co.kr/news/international/2024/03/07/20240307500215#:~:text. (2025. 2. 9. 인출)

여성신문(2025. 3. 7). "2025년에도 '여성의 날'이 필요한 이유", https://www.womennews.co.kr/news/articleView.html?idxno=259072. (2025. 3. 8. 인출)

여성신문(2025. 5. 7). "성평등 외치는 것만으로는 부족, 투명한 임금 공시 우선", https://www.womennews.co.kr/news/articleView.html?idxno=261706. (2025. 5. 7. 인출)

한겨레(2022. 12. 2). https://www.hani.co.kr/arti/society/women/1069959.html. (2025. 3. 10. 인출)

한겨레(2024. 4. 29). "날로 두꺼워지는 성차별 보고서. https://www.hani.co.kr/arti/opinion/column/1138644.html. (2025. 3. 10. 인출)

한겨레신문(2024. 10. 17). '고독사' 또 늘어 작년 3661명...절반은 '5060 남성'.

한국일보(2019. 4. 18). 눈 온 날 학교 데려다 주니 점심시간…장애학생 머나먼 등굣길.

한국일보(2021). '일탈이 아닌 일상'이 된 마약. 보도자료(2021. 6. 14).

한국일보(2024. 5. 30). "비행 악순환 빠진 '정신질환 소년범'… 대법, 치료기관 확충 연구" https://www.hankookilbo.com/News/Read/A2024052914020000344

한국일보(2024. 7. 13). 장애학생 2283명, 집에서 특수학교까지 1시간 넘는 원거리 통학.

Able News(2009. 6. 25). 월 2천만원 넘는 활동보조비 지원하는 스웨덴.

BBC 코리아(2024. 4. 12). "22대 총선 여성 당선인 '역대 최다'…기대감과 동시에 아쉬움 존재하는 이유는?" https://www.bbc.com/korean/articles/cqqnvw79v3zo. (2025. 2. 4. 인출)

[웹사이트]

경찰청(2024). "경찰청 가정폭력 검거 및 조치 현황", https://www.data.go.kr/data/15037060/fileData.do. (2025. 5. 3. 인출)

국가건강정보포털 홈페이지. health.mw.go.kr

국가정신건강정보포털 http://www.mentalhealth.go.kr/portal/disease/diseaseDetail.do?dissId=28 에서 인출

국립국어원 홈페이지, '주거', https://stdict.korean.go.kr/search/searchResult.do

법무부(2024). 「보호관찰통계」, https://www.index.go.kr/unity/potal/main/EachDtlPageDetail.do?idx_cd=1736

부산시 누리집 희망북구, https://www.bsbukgu.go.kr/news/board/view.do?boardId=NEWS&menuCd=DOM_000000703000000000&paging=ok&startPage=97&categoryCode1=3&dataSid=316192

사회조사(KOSIS) https://kosis.kr/

전국교직원노동조합(2025. 3. 14). "LGBTQ+(성소수자)교사의 학교 경험 설문조사 결과", https://eduhope.net/bbs/board.php?bo_table=maybbs_eduhope_4&wr_id=239739&page=3&menu_id=2010. (2025. 3. 15. 인출)

지표누리 https://www.index.go.kr/

질병관리청(2023. 10. 24). "우리나라 여성의 건강 이슈를 한눈에, 제5차 여성건강통계 결과 발표", https://www.kdca.go.kr/board/board.es?mid=a20501000000&bid=0015&list_no=723692&act=view&nPage=1. (2025. 2. 20. 인출)

채희태(2022). "가장 오래된 역설, 페미니즘", https://brunch.co.kr/@back2analog/640.

통계청 https://www.kostat.go.kr/

통계청 홈페이지, 인구주택총조사에서의 거처, 주택, 주택 이외의 거처, https://sri.kostat.go.kr/board.es?mid=a10502100200&bid=3236&act=view&list_no=71989&tag=&nPage=1&ref_bid=,%202024.11.10.

통계청(2020). "2019년 생활시간조사 결과", https://kostat.go.kr/board.es?mid=a10301060400&bid=220&tag=&act=view&list_no=384161&ref_bid=&keyField=T&keyWord=&nPage=1. (2025. 2. 5. 인출).

통계청(2023). "2023년 육아휴직통계 결과(잠정)", https://kostat.go.kr/board.es?mid=a10301030600&bid=11814. (2025, 3. 4. 인출)

통계청(2025). "2023년 임금근로일자리 소득(보수) 결과", https://kostat.go.kr/board.es?mid=a10301030500&bid=11113. (2025. 3. 4. 인출)

한국성폭력상담소(2024). "2023년 한국성폭력 상담소 상담통계", https://sisters.or.kr/consult/stat. (2025. 2. 10. 인출)

한국정보진흥화 홈페이지. www.nia.or.kr

OECD Family Database(2024). https://web-archive.oecd.org/2024-06-21/69263-database.htm

OECD 홈페이지, '빈곤률 통계' https://www.oecd.org/en/data/indicators/poverty-rate.html

# 찾아보기

## 인명



## 내용

## 저/자/약/력


■ **김소연**

서울대학교 사회복지학 박사(Ph.D)
현) 인제대학교 사회복지학과 교수

■ **박은복**

인제대학교 사회복지학 박사(Ph.D)
현) 가야대학교 사회복지상담학과 강사

■ **박지윤**

인제대학교 사회복지학 박사(Ph.D)
현) 이안심리상담연구소 소장

■ **신성희**

인제대학교 사회복지학 박사(Ph.D)
현) 인제대학교 다이음센터 연구교수

■ **안은영**

인제대학교 사회복지학 박사(Ph.D)
현) 성운대학교 노인재활복지학과 교수

■ **윤남식**

인제대학교 사회복지학 박사(Ph.D)
현) 인제대학교 사회복지학과 강사

■ **이선우**

Univ. of California Berkeley 사회복지학 박사(Ph.D)
현) 인제대학교 사회복지학과 교수

■ **이수경**

인제대학교 사회복지학 박사(Ph.D)
현) 거제대학교 사회복지과 교수

■ **이윤지**

인제대학교 사회복지학 박사수료(Ph.D. Cand)
현) (주)온자람 대표이사

■ **정지민**

인제대학교 사회복지학 박사(Ph.D)
현) 경남위기청소년지원센터장

■ **최나래**

인제대학교 사회복지학 박사(Ph.D)
현) WelACE통합상담복지센터장

■ **황세인**

일본여자대학 사회복지학 박사(Ph.D)
현) 인제대학교 사회복지학과 교수


* 저자 약력 가나다순

【제3판】

# 사회문제론

|공저자| 김소연 · 박은복 · 박지윤 · 신성희 · 안은영 · 윤남식
이선우 · 이수경 · 이윤지 · 정지민 · 최나래 · 황세인

|1판 1쇄| 발행 2016년 3월 10일
|1판 2쇄| 발행 2017년 3월 10일
|2판 1쇄| 발행 2020년 3월 10일
|2판 5쇄| 발행 2025년 2월 20일
|3판 1쇄| 발행 2025년 8월 30일

|발행인| 김동훈
|발행처| 공동체

|주소| 경기도 고양시 일산동구 호수로 358-39, 동문타워 I 905호(백석동)
|전화| 031) 814-3000(대표)
|팩스| 031) 814-3100
|홈페이지| www.compub.co.kr
|전자우편| compub@naver.com
|출판등록| 2005년 10월 6일
|등록번호| 제396-2005-36호

|ISBN| 979-11-6725-951-6
정가 23,000원